O QUE É
FILOSOFIA ANALÍTICA?

Conselho Editorial de Filosofia

Maria Carolina dos Santos Rocha (Presidente). Professora e Doutora em Filosofia Contemporânea pela ESA/Paris e UFRGS/Brasil. Mestre em Sociologia pela Escola de Altos Estudos em Ciências Sociais (EHESS)/Paris.

Fernando José Rodrigues da Rocha. Doutor em Psicolinguística Cognitiva pela Universidade Católica de Louvain, Bélgica, com pós-doutorados em Filosofia nas Universidades de Kassel, Alemanha, Carnegie Mellon, EUA, Católica de Louvain, Bélgica, e Marne-la-Valle, França. Professor Associado do Departamento de Filosofia da Universidade Federal do Rio Grande do Sul.

Nestor Luiz João Beck. Doutor em Teologia pelo Concordia Seminary de Saint Louis, Missouri, EUA, com pós-doutorado em Teologia Sistemática no Instituto de História Europeia em Mainz, Alemanha. Bacharel em Direito. Licenciado em Filosofia. Bolsista da Fundação Alexander von Humboldt, Alemanha.

Roberto Hofmeister Pich. Doutor em Filosofia pela Universidade de Bonn, Alemanha. Professor do Programa de Pós-Graduação em Filosofia pela PUCRS.

G562q   Glock, Hans-Johann.
        O que é filosofia analítica? / Hans-Johann Glock ; tradução: Roberto Hofmeister Pich. – Porto Alegre : Penso, 2011.
        240 p. ; 25 cm.

        ISBN 978-85-63899-39-2

        1. Filosofia. I. Título.

CDU 1

Catalogação na publicação: Ana Paula M. Magnus – CRB 10/2052

O QUE É FILOSOFIA ANALÍTICA?

HANS-JOHANN GLOCK
Professor de Filosofia da Universidade de Zurique

Consultoria, tradução e supervisão desta edição:
Roberto Hofmeister Pich
Doutor em Filosofia pela Universidade de Bonn, Alemanha.
Professor do Programa de Pós-Graduação em Filosofia pela PUCRS.

2011

Obra originalmente publicada sob o título *What is analytic philosophy?*
ISBN 978-0-521-69426-1

© 2008 Cambridge University Press, The Edinburgh Building, Shaftesbury Road,
Cambridge CB2 8RU, England.
All Rights Reserved

Capa
Tatiane Sperhacke

Ilustração de capa
iStockphoto

Preparação do original
Josiane Santos Tibursky

Leitura final
Jonas Stocker

Editora Sênior – Ciências Humanas
Mônica Ballejo Canto

Projeto e editoração
Armazém Digital® Editoração Eletrônica – Roberto Carlos Moreira Vieira

Reservados todos os direitos de publicação, em língua portuguesa, à
ARTMED® EDITORA S.A.
Av. Jerônimo de Ornelas, 670 – Santana
90040-340 – Porto Alegre, RS
Fone: (51) 3027-7000 Fax: (51) 3027-7070

É proibida a duplicação ou reprodução deste volume, no todo ou em parte,
sob quaisquer formas ou por quaisquer meios (eletrônico, mecânico, gravação,
fotocópia, distribuição na Web e outros), sem permissão expressa da Editora.

SÃO PAULO
Av. Embaixador Macedo de Soares, 10.735 – Pavilhão 5
Cond. Espace Center – Vila Anastácio
05095-035 São Paulo SP
Fone: (11) 3665-1100 Fax: (11) 3667-1333

SAC 0800 703-3444 – www.grupoa.com.br

IMPRESSO NO BRASIL
PRINTED IN BRAZIL

Para Sonja e Helen
Com um carinhoso olhar para trás
E um olhar cheio de esperança para frente!

... alle Begriffe, in denen sich ein ganzer Prozess semiotisch zusammenfasst, entziehen sich der Definition; definierbar ist nur das, was keine Geschichte hat.
　(...todos os conceitos nos quais um processo todo se resume semioticamente escapam à definição; definível é só aquilo que não tem nenhuma história).

Friedrich Nietzsche (*Genealogia da Moral* II, p. 13)

Movíamo-nos com Carnap, como capangas, através do acampamento dos metafísicos. Ficávamos radiantes, com orgulho partidário, quando ele contrapunha uma diatribe de Arthur Lovejoy em seu modo caracteristicamente razoável, explicando que, se Lovejoy quer dizer A, então p, e que, se ele quer dizer B, então q. Tive de aprender, contudo, o quão insatisfatório esse jeito de Carnap podia ser às vezes.

W. V. Quine (1976, p. 42)

SUMÁRIO

Prefácio 11

1 Introdução 15
   1 Por que a pergunta é importante? 17
   2 De que modo a pergunta deveria ser abordada? 21
   3 A estrutura e o conteúdo do livro 27

2 Inspeção histórica 31
   1 Pré-história 31
   2 Primeiras insinuações: matemática e lógica 34
   3 A rebelião contra o idealismo 37
   4 A virada linguística 40
   5 Construcionismo lógico *versus* análise conceitual 44
   6 O colapso do positivismo lógico 48
   7 A reabilitação da metafísica 51
   8 Da linguagem à mente 54
   9 Questões de valor 57

3 Geografia e linguagem 61
   1 Nevoeiro por sobre o canal – o continente cortado fora! 61
   2 *Vorsprung durch Logik*: raízes germanófonas da filosofia analítica 64
   3 Empirismo britânico *versus* romantismo alemão 67
   4 O eixo anglo-austríaco 70
   5 Fracassos contemporâneos das concepções geolinguísticas 75

4 História e historiografia 82
   1 Historiofobia *versus* historicismo intrínseco 83
   2 Historicismo instrumental *versus* historicismo fraco 88

    3 Anacronismo *versus* antiquarismo 92
    4 Equidade hermenêutica 97

5 Doutrinas e tópicos 102
    1 A cruzada contra a metafísica 104
    2 Linguagem, contextualismo e antipsicologismo 107
    3 Filosofia e ciência 116
    4 Definições tópicas 124

6 Método e estilo 129
    1 Pondo a análise de volta na filosofia analítica 130
    2 O espírito científico 135
    3 Fragmentando a questão 138
    4 "Clareza" não é o suficiente! 141
    5 A voz da razão 146

7 Ética e política 151
    1 A filosofia analítica evita a ética e a teoria política? 152
    2 É a filosofia analítica moralmente neutra e conservadora? 153
    3 É a filosofia analítica progressista e emancipatória? 158
    4 O caso Singer 163
    5 Um antídoto à ideologia? 166

8 Conceitos contestados, semelhanças de família e tradição 170
    1 Um conceito essencialmente contestado? 171
    2 A filosofia analítica como um conceito de semelhança de família 176
    3 A filosofia analítica como uma categoria histórica ou genética 181
    4 Os contornos da tradição analítica 185

9 Presente e futuro 191
    1 Impostores, trapalhões e relativistas 192
    2 O que está errado, se algo o está, com a filosofia analítica? 199
    3 Para onde vai a filosofia analítica? 209

Referências 215
Índice 231

PREFÁCIO

Há introduções úteis aos problemas e às técnicas da filosofia analítica, notadamente a de Hospers (1973) e a de Charlton (1991). Há também relatos históricos eminentes, por exemplo, Skorupski (1993), Hacker (1996), Stroll (2000), Baldwin (2001) e Soames (2003). O atual estado da filosofia analítica, em diferentes áreas temáticas, ganhou uma visão geral por uma *plethora* de obras de apoio* e guias de estudo. Finalmente, há defesas inflamadas da filosofia analítica, tais como as de Tugendhat (1976), Cohen (1986) e Engel (1997).

Este livro não pertence a nenhum desses gêneros, ainda que faça contribuições a todos eles. É uma tentativa de responder, de uma maneira direta e abrangente, à pergunta sobre o que é a filosofia analítica. Ele leva em consideração o passado, o presente e o futuro; e ele tenta diferenciar e excluir, de um modo sólido, respostas alternativas. No quanto é de meu conhecimento, trata-se do primeiro livro devotado a essa tarefa. Como o título indica, a obra influente de Dummett, *As origens da filosofia analítica*, concentra-se nas raízes históricas e não se envolve com concepções rivais da filosofia analítica. Por contraste, a obra de Cohen, *O diálogo da razão*, ignora amplamente questões históricas, e sua segunda metade é devotada não à análise da filosofia analítica, mas à prática de um tópico específico. Finalmente, *Analíticos e continentais*, de D'Agostini, oferece um panorama tanto da filosofia analítica quanto da continental, o que é mais do que aquilo a que aspiro. No entanto, lançarei repetidos e, assim espero, acurados olhares a modos não analíticos de filosofar. Afinal, uma de minhas ambições é determinar o que, se significa alguma coisa, o contraste analítico *versus* continental vem a significar, não *somente* no passado, mas também no presente e no que concerne ao futuro. Tampouco estou em condições de me abster de fazer filosofia (analítica), pois ocorre que as questões históricas e taxonômicas com as quais o livro se ocupa levantam uma miríade de questões filosóficas importantes e interessantes, de um tipo conceitual e de um tipo metodológico. Terei de me estender sobre a natureza do significado linguístico, os propósitos de definição e classificação, o papel do conhecimento histórico na resolução de problemas filosóficos, a ameaça de incomensurabilidade entre teorias, os méritos do relativismo histórico, os princípios de interpretação, a natureza da clareza, os diferentes tipos de argumento filosófico, os conceitos essencialmente contestados, a ideia de semelhança de família, o modo próprio de demarcar tradições intelectuais e o papel próprio da filosofia no debate público, entre outros assuntos.

A audiência que se tem em vista inclui não só filósofos analíticos, sejam estudantes ou profissionais, mas também filósofos não analíticos, e com efeito qualquer um interessado em um dos fenômenos intelectuais mais excitantes, importantes e controversos do século XX. Alguma familiaridade com a história da filosofia constitui uma vantagem,

---

* N. de T.: No original, *"companions"*.

sem ser um pré-requisito. Fiz uso de fórmulas lógicas quando apropriado, mas pode-se escapar delas sem qualquer perda essencial. Também tentei explicar todo e qualquer vocabulário técnico que emprego, e informação adicional nesse particular se encontra prontamente disponível na agora grande quantidade de obras de referência.

Embora esse não seja um esforço exclusivamente histórico, um sentido de tempo e de progressão é essencial. Fiz uso, portanto, das datas de publicação originais em minhas referências aos clássicos, mesmo em casos em que cito a partir de edições ou traduções posteriores. Para tais obras, a Bibliografia exibe a data original em colchetes no início, e procede especificando, em seguida, a edição a que se faz referência. Contudo, não tentei impôr esse sistema consistentemente sobre obras recentes acerca da filosofia analítica, ou sobre escritos póstumos com datas de publicação muito distantes da composição original. Ao mesmo tempo, sinto um certo mal-estar acerca de anacronismos como "Aristóteles, 2001". Em vez disso, tais gigantes de há muito são citados usando um título e um sistema estabelecido de referência.

As dívidas nas quais entrei ao escrever este livro são tanto diversas quanto profundas. Sou grato pela permissão de fazer uso de material dos seguintes artigos de minha autoria: "Philosophy, Thought and Language", in: J. Preston (ed.), *Thought and Language: Proceedings of the Royal Institute of Philosophy Conference* (Cambridge: Cambridge University Press, 1997), p. 151-169; "Insignificant Others: the Mutual Prejudices of Anglophone and Germanophone Philosophers", in: C. Brown and T. Seidel (eds.), *Cultural Negotiations* (Tübingen: Francke Verlag, 1998), p. 83–98; "*Vorsprung durch Logik*: The German Analytic Tradition", in: A. O'Hear (ed.), *German Philosophy since Kant* (Cambridge: Cambridge University Press, 1999), p. 137-166; "Philosophy", in: J. Sandford (ed.), *Encyclopedia of Contemporary German Culture* (London: Routledge, 1999), p. 477-480; "Imposters, Bunglers and Relativists", in: S. Peters; M. Biddiss; I. Roe (eds.), *The Humanities at the Millennium* (Tübingen: Francke Verlag, 2000), p. 267-287; "Strawson and Analytic Kantianism", in: H. J. Glock (ed.), *Strawson and Kant* (Oxford: Clarendon Press, 2003), p. 15-42; "Was Wittgenstein an Analytic Philosopher?", in: *Metaphilosophy* 35 (2004), p. 419-444; "Wittgenstein and History", in: Alois Pichler and Simo Säätelä (eds.), *Wittgenstein: The Philosopher and His Works* (Wittgenstein Archives at the University of Bergen, 2005), p. 177-204.

Eu gostaria de agradecer à Universidade Rhodes (África do Sul) por me conceder uma Bolsa Hugh Le May, em 2002, e ao Departamento de Filosofia, especialmente a Marius Vermaak, por tornar nossa estada tão prazerosa. Estou em dívida com o Conselho de Pesquisa em Artes e Humanidades, por um semestre sabático como parte de seu Esquema de Licença de Pesquisa. Uma vez mais sou grato à Fundação Alexander von Humboldt por uma bolsa que me permitiu passar um período acadêmico na Universidade de Bielefeld, em 2004, e a meus anfitriões, Ansgar Beckermann, Johannes Roggenhofer e Eike von Savigny. Gostaria de agradecer à Universidade de Reading por seu apoio, por muitos anos, a minha pesquisa. Tem sido tanto um privilégio quanto um prazer trabalhar no Departamento de Filosofia, e sou para sempre grato a John Cottingham por me atrair para lá, há todos esses anos. Também gostaria de agradecer a meus novos colegas na Universidade de Zurique pela recepção calorosa e construtiva. Julia Langkau e Christoph Laszlo, em particular, deram suporte logístico a esse projeto.

Cobrir uma área tão imensa e diversa está além de qualquer indivíduo isolado. Por essa razão, tive de me apoiar não só em uma vasta quantidade de literatura, mas também em incontáveis conversas e no conselho oferecido por colegas, estudantes e amigos. Mesmo uma lista incompleta teria de incluir David Bakhurst, Mike Beaney, Ansgar Beckermann, Jerry Cohen, John Cottingham, Jonathan Dancy, Michael Dummett, Simon Glendinning, Oswald

Hanfling, Martina Herrman, Brad Hooker, Geert Keil, Andreas Kemmerling, Anthony Kenny, Vasso Kindi, Wolfgang Künne, Julia Langkau, Diego Marconi, Ray Monk, Kevin Mulligan, Herman Philipse, Carlo Penco, Aaron Preston, John Preston, Alan Richardson, Jay Rosenberg, Katia Saporiti, Eike von Savigny, Joachim Schulte, Peter Schulthess, Hans Sluga, Philip Stratton-Lake, Roger Teichmann, Alan Thomas, Paolo Tripodi e Daniel Whiting. Eles foram muito generosos e prestativos em providenciar respostas, e posso apenas esperar que eu tenha feito pelo menos algumas das perguntas corretas. Assim como em ocasiões anteriores, também me beneficiei da participação no grupo de discussão do *St. John's College*, o qual agora, a propósito, chegou ao término.

Partes deste livro foram arejadas em Berlim, Bielefeld, Dortmund, Edimburgo, Erfurt, Genova, Oxford, Reading e Zurique. Sou grato a essas várias audiências por suas perguntas e objeções. Também gostaria de agradecer a dois leitores anônimos da editora por suas recomendações e correções. Peter Hacker, John Hyman e Christian Nimtz fizeram comentários sobre diversos capítulos. Agradecimentos especiais se dirigem a Javier Kalhat, que leu e preparou a edição de todo o manuscrito. Suas críticas e sugestões foram de incalculável valor, e eles me salvaram, para não mencionar meus leitores, de numerosas confusões, infelicidades, excessos e floreios retóricos. Tenho um débito mais geral e duradouro para com Peter Hacker, por me introduzir tanto na filosofia analítica quanto em sua história. Ele não concordará com algumas das respostas oferecidas neste livro, mas me estimulou a fazer as perguntas.

Como sempre, meu débito maior é para com minha família. Eles me inspiraram e me deram apoio em bons e maus momentos, e ainda encontraram a força para rir deste projeto, de carreiras acadêmicas e, por último, mas não de menor importância, do filósofo em seu meio.

1
INTRODUÇÃO

A filosofia analítica tem aproximadamente cem anos de idade, e é agora a força dominante dentro da filosofia ocidental (Searle, 1996, p. 1-2). Ela prevaleceu por diversas décadas no mundo de fala inglesa; está em ascendência nos países germanófonos; e tem feito incursões significativas mesmo em lugares antes considerados hostis, tais como a França. Ao mesmo tempo, existem rumores contínuos sobre a "derrocada" da filosofia analítica, sobre ela estar "defunta" ou ao menos em "crise", bem como queixas sobre seus "amplamente percebidos males" (Leiter, 2004a, p. 1, 12; Biletzki e Matar, 1998, p. xi; Preston, 2004, p. 445-447, 463-464). Um sentido de crise é palpável não só entre comentadores, mas também entre alguns dos principais protagonistas. Von Wright notou que, no caminho de se elevar de um movimento revolucionário para o *status quo* filosófico, a filosofia analítica também se tornou diversificada a ponto de perder seu perfil diferenciador (1993, p. 25). Essa opinião ganha eco em incontáveis observadores, que acreditam que a distinção habitual entre a filosofia analítica e a continental tornou-se obsoleta (p. ex., Glendinning, 2002; May, 2002; Bieri, 2005).

Perda de identidade é uma preocupação geral, perda de vigor é outra. Putnam repetidamente clamou por "uma revitalização, uma renovação" da filosofia analítica (por exemplo, 1992, p. ix). E Hintikka sustentou que "a sobrevivência da filosofia analítica" depende de um novo começo, baseado na exploração das possibilidades construtivas na obra tardia de Wittgenstein (1998).

Searle é um dos advogados mais tenazes e inabaláveis da filosofia analítica. Contudo, até mesmo ele concede que, ao mudar de "um ponto de vista de minoria revolucionária" para o ponto de vista do *status quo* convencional, a filosofia analítica "perdeu algo da sua vitalidade" (1996, p. 23). Não é de se admirar muito que aqueles mais céticos sobre a filosofia analítica estiveram por algum tempo antecipando sua substituição por uma "filosofia pós-analítica" (Rajchman e West, 1985; Baggini e Stangroom, 2002, p. 6; Mulhall, 2002).

Tal combinação de triunfo e crise de forma alguma deixa de ter precedentes. Mas, oferece uma oportunidade adequada para se dirigir à natureza da filosofia analítica a partir de uma nova perspectiva. Nos anos de 1970, Michael Dummett abriu um debate sobre as origens históricas da filosofia analítica com sua alegação de que ela é "filosofia pós-fregeana" e de que ela está baseada na convicção de que a filosofia da linguagem é o fundamento da filosofia em geral. Ao longo dos últimos 15 anos, o ritmo do debate acelerou-se. Em adição à obra de Dummett, *Origens da filosofia analítica*, surgiram diversas inspeções históricas da filosofia analítica (Skorupski, 1993; Hacker, 1996; Stroll, 2000; Baldwin, 2001; Soames, 2003), detalhados tratados sobre aspectos mais específicos (p. ex., Hylton, 1990; Stadler, 1997; Hanna, 2001) e ao menos seis coletâneas de ensaios sobre a história da filosofia analítica (Bell e Cooper, 1990; Monk e Palmer, 1996; Glock, 1997c; Tait, 1997; Biletzki e Matar, 1998; Reck, 2002).

Se Hegel tem razão e a coruja de Minerva levanta voo somente ao crepúsculo, a filosofia analítica deve estar moribunda. Agora, morte por autoconsciência histórica pode não ser um mau caminho para se seguir. Ainda, mesmo que a empreitada analítica esteja ferida, o processo deveria ser menos unilateral.

Até aqui, o debate acerca da natureza da filosofia analítica enfocou duas questões: quem deveria contar como o verdadeiro progenitor da filosofia analítica? E em que ponto emergiu a divisão analítico/continental?[1] Não houve nenhuma tentativa bem sustentada em língua inglesa de combinar tais questões históricas com uma elucidação do que vem a ser presentemente a filosofia analítica, e de que maneira ela difere da assim chamada filosofia "continental". A primeira parte da obra *O diálogo da razão: uma análise da filosofia analítica*, de Jonathan Cohen, cumpre a expectativa em seu subtítulo. Mas, ela se mantém somente em seu foco no presente, deixando explicitamente de lado a dimensão histórica (1986, p. 6-7). Além disso, ela tem pouco a dizer acerca da filosofia continental. Contudo, a filosofia ocidental contemporânea está notoriamente dividida em duas tradições, a filosofia analítica, por um lado, e a filosofia continental, por outro. Apesar de mais de 40 anos de tentativas de diálogo e síntese, essa ruptura ainda é muito real, tanto filosófica quanto sociologicamente. Portanto, uma abordagem da filosofia analítica deveria também contrastá-la com as principais alternativas, e não apenas no ponto de seu surgimento.

A relativa desatenção ao estado atual da filosofia analítica é surpreendente, e não só por causa da reputação geral da filosofia analítica como a-histórica. A partir de Dummett, as questões históricas estiveram intimamente ligadas à pergunta sobre o que é a filosofia analítica, bem como a combates apaixonados pela alma e pelo futuro da filosofia analítica. A maioria dos participantes no debate tendeu a identificar a filosofia analítica com o tipo de filosofia que eles consideram próprio, e espero mostrar que essa tendência levou a várias distorções.

Minha ambição é abordar a questão de uma maneira que possa parecer ser, a uma só vez, mais analítica e mais continental. Mais analítica no sentido que escrutina o estatuto e o propósito de demarcações entre tradições filosóficas, no sentido que avalia, de uma forma desapaixonada, os prós e os contras de várias definições da filosofia analítica e no sentido que discute alguns dos problemas conceituais e metodológicos que cercam o debate. Embora eu não venha a dissimular o fato de que eu mesmo sou um filósofo analítico, quero abordar a questão sem assumir que a filosofia analítica deve, em qualquer medida, equivaler à boa filosofia. Pondo isso de um modo diferente, meu principal projeto neste livro é contribuir para uma metafilosofia descritiva em vez de prescritiva. Nesse sentido, meu projeto difere dos projetos explicitamente apologéticos de Cohen (1986, p. 1-2), Føllesdal (1997) e Charlton (1991). Isso não é o mesmo que dizer que me abstenho de defender a filosofia analítica contra algumas objeções. Mas, também ponho pressão em críticas que se me revelam bem fundadas e concluo sugerindo modos de como a filosofia analítica contemporânea poderia ser melhorada.

De qualquer modo, minhas opiniões sobre como a filosofia analítica poderia ser perseguida serão baseadas em uma tentativa, anterior, de entender ao que ela realmente equivale. Minha abordagem àquela questão pode parecer mais "continental" no sentido de que dá atenção ao pano de fundo histórico e às implicações políticas e culturais mais amplas da filosofia analítica, bem como a seu crescente conflito com outros estilos de filosofar. Contudo, não estou interessado exclusivamente, ou mesmo primariamente, nas raízes da filosofia analítica, mas no que ela presentemente vem a ser, incluindo o estado atual da divisão analítico/continental.

Minha perspectiva é continental também em um sentido literal. Como um alemão que passou a maior parte de sua vida de trabalho na Grã-Bretanha, dificilmente posso ser desafiado linguisticamente e tenho conhecimento de filósofos analíticos contemporâneos fora do mundo anglófono. Como é comum em diásporas, esses filósofos mostram um elevado grau de autoconsciência, e pelos últimos 20 anos fundaram várias associações e periódicos devotados à promoção da filosofia analítica. Os "pronunciamentos de missão" desses projetos são uma fonte importante de informação sobre a atual autoimagem da filosofia analítica, e assim o são alguns escritos a favor, contra ou sobre a filosofia analítica que se encontram disponíveis apenas em línguas exóticas como o francês, o alemão e o italiano. Devido à larga escala dessa investigação, ocasionalmente serei forçado a pronunciar-me sobre questões históricas, exegéticas e substantivas sem um argumento bem sustentado. Algumas alegações controversas serão defendidas em notas de rodapé, mas outras serão cobertas simplesmente por referências à literatura relevante. Espero que fique claro, contudo, de que modo minhas opiniões sobre as perguntas gerais às quais o livro é dedicado dependem de minhas opiniões sobre esses tópicos mais específicos.

1. POR QUE A PERGUNTA É IMPORTANTE?

Como o título deixa claro, meu principal foco recai sobre "O que é a filosofia analítica?" em vez de "De onde vem a filosofia analítica?". No entanto, a segunda questão se mostrará ampla, não só por causa dela mesma, mas também por causa de suas implicações com respeito à primeira. Mas, essas duas questões são importantes? Em um sentido, é manifestamente óbvio que elas são. Os mais profissionais filósofos têm opiniões fortes sobre elas. Muitos deles reservam o arejamento dessas opiniões à conversa cortês ou descortês. Mas também houve pronunciamentos impressos sobre o que é a filosofia analítica, não por último por aqueles que, oficialmente, declaram o tópico como "não compensador" (por exemplo, Williams, 2006, p. 155). Esses pronunciamentos oferecem um segundo motivo fundamental para envolver-se com a questão.

Enquanto a maior parte deles são instrutivos e interessantes, muitos deles são falsos. E eu não tenho conhecimento de nenhuma razão melhor para que um filósofo ponha a caneta no papel do que a necessidade de combater falsas opiniões, não importa se essas são defendidas por filósofos, cientistas, historiadores ou pessoas leigas.

Mas deveríamos tentar substituir essas respostas incorretas por respostas corretas, ou deveriam as perguntas sobre o que é a filosofia analítica e de onde ela vem ser simplesmente descartadas como irrespondíveis e confusas? Naturalmente, a prova última daquele pudim é o ato de comê-lo. Mas, é instrutivo ponderar se alguém deveria dar uma chance para a atitude de responder a essas perguntas.

Marx, famosamente, observou que *"En tout cas, moi, je ne suis pas marxiste"*.* Muitas pessoas, desde então, sentiram que rótulos para posições, escolas e tradições filosóficas são simplesmente palavras vazias, supérfluas, na melhor das hipóteses, desviantes e confusas, na pior. Com efeito, esse sentimento tem sido particularmente vivo entre alguns eminentes filósofos analíticos, embora por diferentes razões. Alguns dos primeiros pioneiros tinham desconfiança com respeito a escolas porque sentiram que todas as diferenças de opinião entre filósofos poderiam ser resolvidas por meio de chegada de métodos analíticos. Nesse espírito, Ayer escreveu que "não há nada na natureza da filosofia que autorize a existência de partidos filosóficos ou 'escolas'" (1936, p. 176, ver também p. 42). Tais esperanças dissiparam-se. Mas mesmo filósofos analíticos contemporâneos associam escolas e –ismos com dogmatismo e procratisnação.

Assim, pois, Dummett deplora a divisão analítico/continental do seguinte modo:

> A filosofia, não tendo nenhuma metodologia acordada e dificilmente tendo triunfos incontroversos, é peculiarmente

---

* N. de T.: "Em todo caso, eu mesmo não sou marxista".

sujeita a cismas e sectarismo; mas eles só prejudicam a matéria. (1993, p. xi)

O mais bem sustentado ataque analítico a filósofos que estipulam divisões em escolas ou posições é anterior e procede de Ryle.

> Não há lugar para "ismos" em filosofia. As alegadas questões partidárias não são nunca as questões filosóficas importantes, e ser afiliado a um partido reconhecível é ser o escravo de uma pré-concepção não filosófica em favor de um artigo de crença (normalmente não filosófico). Ser um "esse-ou-aquele--ano"* é ser filosoficamente fraco. E, embora esteja pronto para confessar ou ser acusado de tal fraqueza, eu não deveria me vangloriar disso mais do que me vangloriar de astigmatismo ou de *mal de mer***. (1937, p. 153-154)

Há uma mensagem salutar, aqui, e não apenas para aqueles que vilificam Ryle como um "behaviourista lógico" de mente estreita e teimoso. No primeiro exemplo, a professa "repugnância" de Ryle é dirigida àqueles que não somente aplicam rótulos filosóficos a si mesmos e seus adversários, mas também os empregam como armas de argumento filosófico. Tal procedimento é irritante e difundido em igual medida, especialmente quando ele emprega "frases de descarte" (Passmore, 1961, p. 2) como "materialismo crasso", "realismo ingênuo", "idealismo selvagem" ou "escolasticismo". Mesmo nos casos em que um sentido claro se liga a um "ismo" filosófico e um pensador ou uma teoria particular se encaixa perfeitamente, o peso argumentativo deve ser conduzido pelas reflexões em favor da ou contra a posição em questão.

Lamentavelmente, veremos que, depois da II Guerra Mundial, o próprio Ryle envolveu-se em alguns dos mais divisivos "eles e nós" e, por implicação, em uma das retóricas mais formadoras de escola na história da divisão analítico/continental (Capítulo 3.1). Ainda mais importante, há também um uso menos repugnante de rótulos filosóficos. Podemos classificar pensadores, obras, posições ou argumentos sem intenção polêmica ou dialética, a saber, no intuito de clarificar qual é sua importância e o que está em jogo em quaisquer controvérsias a que eles possam dar origem. Ryle concede que

> para certos fins, como aquelas da biografia ou da história das culturas (ainda que não aqueles da própria filosofia), é com frequência útil e correto classificar os filósofos de acordo com certos tipos gerais de pensamento ou temperamentos. (1937, p. 157)

Ele tem em vista dicotomias tais como aquelas entre os filósofos "de-mente-delicada" e os "de-mente-dura" (James 1907, p. 10-19, 118-120), entre os filósofos "inflacionistas" e "deflacionistas" (Berlin, 1950), ou entre filósofos "proféticos" e "engenheiros".

Contudo, não é desnecessário dizer que tais classificações não têm nenhum lugar na própria filosofia. Por um lado, é debatível (e será debatido no Capítulo 4) se existem divisões rígidas e rápidas entre a filosofia, a história da filosofia e a história das ideias mais ampla. Por outro lado, mesmo se existem barreiras claras e estáveis entre essas disciplinas, por que o rotulamento não deveria desempenhar um papel legítimo em todas elas? Seria errado rejeitar essa sugestão por apelo ao ponto que eu recém concedi, a saber, que rótulos filosóficos não portam nenhum peso argumentativo. Ryle, por um lado, presumivelmente concederia que argumentar não é a única atividade na qual os filósofos legitimamente se envolvem. Eles também descrevem, classificam, clarificam interpretam, glossam, parafraseiam, formalizam, ilustram, resumem, pregam, etc. Se todas essas demais atividades devem, em última análise, permanecer a serviço do argumento, é um ponto incerto. O que está

---

* N. de T.: Isto é, um "kantiano", um "hegeliano", etc.
** N. de T.: Isto é, de "maresia".

fora de controvérsia é que a filosofia não se reduz a argumento, mesmo se o último é concebido em um sentido muito geral.

De fato, a rejeição, por Ryle, dos "ismos" está baseada em duas linhas de pensamento distintas. De acordo com a primeira, não pode haver diferentes escolas filosóficas A e B que se opõem uma à outra sobre questões muito fundamentais de princípio ou método, pois os defensores de A teriam de apresentar os proponentes de B como nem se envolvendo em um tipo diferente de filosofia, e tampouco como se envolvendo em má filosofia, mas, antes, como simplesmente não fazendo filosofia (e vice-versa).

> Assim, o abismo seria um entre filósofos e não filósofos, e não entre um conjunto de filósofos e outro (astrônomos não ostentam um partido de antiastrólogos)... Os membros da escola oponente, defendendo com vigor, como fazem, uma filosofia que tem a corrente geral equivocada, são as vítimas de um equívoco em princípio, não importa que grande talento eles possam exercitar em questões de detalhe. De acordo com isso, toda escola de pensamento que é consciente de si mesma deve como tal manter e com efeito mantém que a escola ou as escolas de pensamento oponente(s) são de, alguma maneira, filosoficamente inescrupulosas. Afinal, elas são cegas àqueles princípios que fazem sua filosofia uma filosofia e a filosofia. (1937, p. 158, 161)

A propósito, esse argumento repousa em uma suposição que não é simplesmente questionável, mas errada. Ryle toma por garantido que a filosofia está casada com as ciências especiais no aspecto de que uma discordância suficientemente fundamental, notadamente uma sobre princípios, tarefas e métodos, simplesmente desqualifica um dos disputantes de ser um praticante da matéria. Diferentemente das ciências especiais, contudo, fazer filosofia carece de qualquer estrutura metodológica aceita de maneira geral. A natureza da filosofia é ela mesma uma questão filosófica contestada, e as opiniões sobre essa questão são filosoficamente controversas. Muito embora a investigação dos objetivos e métodos próprios da filosofia seja hoje conhecida como "metafilosofia", ela não é uma disciplina distinta de ordem superior, mas uma parte integral da própria filosofia (Tugendhat, 1976, p. 17-18; Cohen, 1986, p. 1).

As ciências naturais têm de estabelecer seus próprios campos e métodos não menos do que a filosofia. Contudo, pelo menos desde a revolução científica do século XVII, elas têm feito isso de maneiras que têm sido crescentemente menos controversas, com o resultado de que disputas sobre a natureza do assunto não mais desempenham um papel significativo. Mesmo em tempos de revoluções científicas, os debates científicos normalmente não dizem respeito a questões como o que é a astronomia. E uma introdução àquele assunto não será um panorama de escolas em guerra sobre essa questão – como poderia muito bem ser em filosofia.

Há duas razões interligadas para essa tendência rumo ao consenso. Alguém que tem diferentes opiniões sobre o objeto de uma ciência particular simplesmente não está envolvido naquele campo particular. E, embora haja debate metodológico durante as revoluções científicas, alguém com métodos radicalmente desviantes, que, por exemplo, desconsidera totalmente observação e experimento em favor de considerações estéticas, simplesmente cessa de ser um cientista. Em contraste, atividades intelectuais disparatadas, enfrentando diferentes problemas por métodos incompatíveis e com diferentes objetivos, ainda são chamadas de filosofia. Existem, por exemplo, filósofos que manteriam que a filosofia não deveria se esforçar nem por conhecimento nem por cogência de argumento, mas por beleza e inspiração espiritual. Se alguém que consistentemente evita argumentos de qualquer tipo ainda se qualifica como um filósofo, esse é um outro ponto controverso. Mas existem filósofos, incluindo filósofos analíticos, que negariam a alegação de Ryle de que os princípios de "qualquer 'ismo' reputável são estabelecidos, e somente estabelecidos, por argumento filosófico" (1937, p. 162; ver Capítulo 6.5).

Isso nos leva ao segundo argumento de Ryle contra a existência de escolas e tradições genuinamente distintas e genuinamente filosóficas.

> A verdadeira raiz de minha objeção é, creio, a visão que assumo sobre a natureza da investigação filosófica. Não irei expô-la em detalhes, mas uma parte da visão é que ela é uma espécie de descoberta. E parece absurdo para descobridores dividir-se em *whigs* e *tories*.* Poderia haver um partido pró-Tibete e um partido anti-Tibete na esfera da geografia? Existem adeptos do Capitão Cook** e nansenistas? (1937, p. 156)

Bem, existem sim, tal como acontece. Existem defensores de Alfred Cook e defensores de Richard Peary no que diz respeito à questão de quem primeiramente atingiu o Polo Norte – "cookistas" e "pearinistas", se você quiser. E existem aqueles que aceitaram e aqueles que rejeitaram a ideia de que há uma grande massa de terra em torno do Polo Norte, que *El Dorado* existe ou que há um grande continente no Oceano Pacífico. Há espaço para visões fundamentalmente opostas dentro de qualquer área de investigação, seja o quão fatual ou científica ela possa ser. Nas ciências especiais, tais disputas estão eventualmente estabelecidas. Aqueles que ainda acreditam que a terra é plana ou que π é racional serão desbancados pela astronomia ou matemática séria, respectivamente. Mas, mesmo nas ciências, essa demarcação nem sempre é explícita. Eu, por um lado, hesito em decidir se, por exemplo, lysenkoísmo* ou teorias de desígnio inteligente são simplesmente não científicas, ou se, em vez disso, são má ciência, ciência ideologicamente motivada. Não hesito em afirmar que nenhuma catarse desse tipo teve lugar na filosofia. Literalmente, não há posição alguma sobre questões vagamente filosóficas que não tenha sido adotada por alguém que, em geral, é considerado um filósofo.

Os argumentos de Ryle a favor da futilidade dos rótulos filosóficos falham, portanto. Isso deixa uma preocupação mais geral. Por certo, o que importa não é como um filósofo ou uma obra particular deveriam ser rotulados. Quem se importa se alguém é um entusiástico hegeliano, um bradleiano moderado, um positivista lógico em derradeiro esforço, um pragmatista inabalável,

---

* N. de T.: Os *whigs* ou "Partido Whig", na origem conhecidos também como o "Partido do Interior", foram um partido de tendências liberais do Parlamento Inglês que rivalizou com o partido dos *tories* – "Partido Tory" –, de linha conservadora e, na origem, conhecidos como o "Partido da Corte", aproximadamente de 1680 a 1850. Os *whigs* tinham base no monarquismo constitucional, ao passo que os *tories* sustentaram o regime absoluto. Em tese, ambos eram compostos por políticos de elite. Mostrando ao longo do século XVIII tendências diferentes, os *whigs* deram apoio às grandes famílias aristocráticas, à suceção hannoveriana protestante e pregaram tolerância com respeito a protestantes dissidentes (tinham nos presbiterianos uma base de sua sustentação), ao passo que alguns *tories* defenderam as reivindicações da exilada família real Stuart pelo trono (jacobitismo), e praticamente todos os *tories* tinham ligação com a Igreja da Inglaterra. Os *whigs* ganhavam apoio dos interesses industriais emergentes e dos comerciantes ricos, ao passo que os *tories* ganhavam suporte dos proprietários de terras e da Coroa Britânica.

** N. de T.: No original, "*Captain Cook-ites*".

---

* N. de T.: Dito de forma simples, "lysenkoísmo" ou "lysenkismo" é o termo usado para descrever a manipulação do processo científico, no intuito de atingir uma conclusão pré-determinada, em função de preconceito ideológico, relativo a objetivos sociais ou políticos. A expressão também significa o princípio de herança biológica a que Trofim Lysenko subscreveu e se deriva de teorias da transmissão hereditária de características adquiridas. O sentido ideológico da expressão se relaciona a campanhas políticas e sociais em ciência e agricultura lideradas por Lysenko, em seus cargos diretivos na Academia Soviética de Ciências Agriculturais, entre os anos de 1920 e 1964.

um externalista quitado, um consequencialista inexperiente ou um eliminativista incompassivo? O que conta, com certeza, é o conteúdo da obra, o que o filósofo em realidade escreveu e se os argumentos são convincentes e as conclusões verdadeiras!

Há um claro perigo em colocar peso excessivo na taxonomia ou doxografia filosófica. Ao mesmo tempo, classificações são indispensáveis ao pensamento humano. No intuito de dar sentido às coisas, sejam elas fenômenos materiais ou produções intelectuais, precisamos distingui-las por seus traços relevantes. E fazemos isso aplicando rótulos de acordo com certos princípios. Investigações históricas, exegéticas e metafilosóficas não são nenhuma exceção a essa regra. Contrastes como filosofia oriental *versus* ocidental, filosofia antiga *versus* medieval *versus* moderna, empirismo *versus* racionalismo, filosofia analítica *versus* continental, ou rótulos como "tomismo", "neokantismo" ou "pós-modernismo" podem ser simplistas, potencialmente errôneos e profundamente feios. Todavia, alguns contrastes e alguns rótulos são essenciais se queremos detectar importantes semelhanças e diferenças entre vários pensadores e posições, e se devemos fazer uma narrativa coerente sobre o desenvolvimento de nosso assunto. Dificilmente alguém pode se envolver em uma avaliação do desenvolvimento histórico e dos méritos da filosofia analítica sem alguma concepção daquilo que ela vem a significar. Precisamos, portanto, não de uma evitação puritana ante classificações, mas de classificações que sejam escrupulosas e iluminadoras.

Naturalmente, alguns rótulos podem ter adquirido usos e conotações tão diferentes que seu uso lança mais escuridão do que luz. Lamentando as explicações radicalmente disparatadas do termo "deflacionismo", Wolfgang Künne aconselha:

> Em vista do caos terminológico, proponho pôr o termo "deflacionismo" naquilo que Otto Neurath uma vez chamou, de brincadeira, de *Index Verborum Prohibitorum*. (2003, p. 20)

Se esse é ou não o caminho para frente no caso do "deflacionismo", não é, contudo, uma opção atrativa com respeito à "filosofia analítica". O termo é usado muito mais amplamente do que "deflacionismo". Além do mais, aquele uso tornou-se ele mesmo uma parte importante da história da filosofia no século XX. Em terceiro lugar, enquanto "deflacionismo" é com frequência empregado com um significado específico introduzido *a novo*,* "filosofia analítica" é, em sua maior parte, usada conscientemente como um rótulo com um significado estabelecido, muito embora um significado que pode ser vago. Em quarto lugar, não obstante essa vagueza, há uma concordância geral sobre o modo como aplicar o termo a uma classe aberta de casos. Por fim, enquanto existem alternativas potencialmente mais claras para o rótulo "deflacionismo", não existem quaisquer alternativas desse tipo no caso de "filosofia analítica". Por essas razões, clarificação em vez de eliminação deveria ser a ordem do dia.

2. DE QUE MODO A PERGUNTA DEVERIA SER ABORDADA?

Permanece um motivo *prima facie* forte a favor da ideia de que a filosofia analítica constitui um fenômeno filosófico distinto, seja ela uma escola, um movimento, uma tradição ou um estilo. Peter Bieri propôs recentemente o seguinte experimento árduo. Durante um mês inteiro, leia o *Journal of Philosophy* pela manhã e, depois, Sêneca, Montaigne, Nietzsche, Cesare Pavese e Fernando Pessoa à tarde. Alterando levemente o conjunto de Bieri, e tornando-o até mesmo mais sádico, devote as sessões da tarde a Plotino, Vico, Hamann, Schelling e Hegel, ou a Heidegger, Derrida, Irigaray, Deleuze e Kristeva. Creio que o experimento de pensamento feito por Bieri é iluminador. Todavia, ele aponta para a direção radicalmente oposta da conclusão que ele favorece. De acordo com Bieri, a distinção entre

---

* N. de T.: Ou seja, "de maneira nova".

filosofia analítica e continental é "simplesmente um aborrecimento" que não pode ser tolerado (2005, p. 15). Em contraste, creio que três coisas surgem a partir das justaposições propostas: primeiramente, há pelo menos alguma sobreposição no que concerne aos problemas endereçados; em segundo lugar, pelo menos alguns desses problemas são filosóficos segundo padrões comumente aceitos; em terceiro lugar, o que se passa nas páginas do *Journal of Philosophy* é uma atividade intelectual distinta, uma atividade que difere das atividades (elas mesmas diversas) com que as outras figuras se ocupam.

Não admira muito, pois, que os rótulos "filosofia analítica" e "filosofia continental" continuem a ser amplamente utilizados. Isso é válido mesmo quando é sugerido que a distinção não é uma distinção rígida e apertada. Em resenhas, por exemplo, é lugar comum ler não só que um livro ou um autor é típico do movimento analítico ou do continental, mas também que X é incomumente sensível ou de mente aberta "para um filósofo analítico" ou que Y é, de forma não característica, claro ou cogente "para um pensador continental". A distinção analítico/continental dá cores à percepção filosófica mesmo entre aqueles que não a consideram absoluta. De maneira mais geral, não há como negar o fato de que a ideia de uma filosofia analítica distinta continua a dar forma à prática institucional da filosofia, seja isso por meio de periódicos distintos, sociedades, anúncios de emprego ou institutos (ver Preston, 2007, Capítulo 1). Por exemplo, é comum e perfeitamente auxiliar explicar a estudantes que um departamento particular ou um curso possui orientação analítica.

À época em que o contraste analítico/continental estava surgindo, R. M. Hare sustentou que há "dois modos diferentes" em que a filosofia é agora estudada, modos que, "poderia-se ser perdoado por pensar... são realmente dois assuntos bastante diferentes" (1960, p. 107). E, muito embora Dummett busque fazer uma ponte entre a divisão analítico/continental, essa ambição é predicada na observação de que "um abismo absurdo abriu-se antigamente entre filosofia 'anglo-americana' e 'filosofia continental'"; com efeito, "atingimos um ponto no qual é como se estivéssemos trabalhando em assuntos diferentes" (1993, p. xi, 193).

Esse *status quo* não pode ser nem desejável nem estável. Pode ocorrer que tanto a filosofia analítica como a continental estejam perseguindo o caminho do justo, caso em que seguidores do outro lado deveriam simplesmente seguir conformemente. De forma alternativa, pode transparecer que há um prêmio em filosofia, constituindo um empreendimento unificado, tal como a filosofia ocidental fez até pelo menos o começo do século XX (ver Quinton 1995b, p. 161). Se a filosofia opera do melhor modo como uma disciplina coesa ou pelo menos como uma área singular de discurso, impedindo facções e barreiras comunicativas, nesse caso, cabeças deveriam trabalhar em conjunto, independentemente se um lado tem um monopólio em sabedoria filosófica.

Mas, mesmo que a divisão analítico/continental seja lamentável por motivos filosóficos ou de outra natureza, ela permanece real. Deve ser um ponto de partida para qualquer tentativa de ganhar clareza sobre o fenômeno da filosofia analítica, mesmo se apenas para o propósito de superá-la ou de descontruí-la. A questão, pois, não é nem se é legítimo e frutífero investigar em que consiste a filosofia analítica, mas de que modo isso deveria ser feito.

Algumas caracterizações da filosofia analítica são claramente pretendidas como definições de algum tipo, no sentido de que *ipso facto* aqueles incluídos se qualificam e aqueles excluídos não se qualificam como filósofos analíticos (por exemplo, Cohen, 1986, Capítulo 2; Dummett, 1993, Capítulo 2; Hacker, 1996, p. 195; Føllesdal, 1997). Outras são formuladas superficialmente e sem qualificação – "Filosofia analítica é...", "Filósofos analíticos fazem...", "Um filósofo analítico jamais...". Todavia, elas podem ser pretendidas como generalizações não analíticas que não necessariamente se aplicam a todos e somente a filósofos analíticos. Em outras palavras, elas especificam traços característicos da filosofia analítica que não precisam ser traços essenciais ou constitutivos. Finalmente, há caracterizações que são explicitamente qualificadas em escopo, e tomam formas como "Em sua maior parte, a filosofia analítica é...", "A maioria dos filósofos analíticos fazem...", etc.

Mas tais caracterizações, sejam elas restritas ou irrestritas, repousam em um certo entendimento do que é a filosofia analítica. De outro modo, elas carecem de uma amostra demarcada sobre a qual poderiam estar baseadas. Precisamos saber em virtude do que alguém se qualifica como um filósofo analítico e, portanto, o que determina o escopo dos termos "filosofia analítica" ou "filósofos analíticos". Por essa razão, meras generalizações não são substituto para uma explicação do que, se algum, constitui a filosofia analítica ou um filósofo analítico. É tal relato que deveríamos buscar em primeiro lugar. De fato, a maioria das caracterizações irrestritas têm o propósito de oferecer esse relato. E mesmo com respeito a caracterizações restritas, é proveitoso perguntar se elas poderiam ser utilizadas para definir a filosofia analítica.

Alguns filósofos, influenciados pelo ataque de Quine à distinção entre enunciados analíticos e sintéticos, têm escrúpulos gerais sobre a distinção entre traços constitutivos, definitórios ou essenciais de um fenômeno X, por um lado, e traços acidentais, por outro. Em outro lugar, argumentei que esses escrúpulos são injustificados (Glock, 2003a, Capítulo 3). De todo modo, seria inapropriado excluir definições de filosofia analítica *ab initio* sob essas bases. Se a filosofia analítica não pode ser definida, seja por razões gerais ou específicas, isso é algo que deveria surgir no curso de nossa exploração. Isso deixa inteiramente em aberto a questão sobre qual tipo de definição ou de explicação é apropriado. Uma distinção importante, aqui, é aquela entre definições nominais, que especificam o significado linguístico das palavras, e definições reais, que especificam a essência das coisas denotadas por elas. Alguns filósofos, incluindo Wittgenstein e Quine, rejeitam a ideia de essências reais.

Mas, mesmo que esse repúdio geral do essencialismo seja injustificado, há motivos para duvidar que a filosofia analítica seja a matéria própria de uma definição real.

Não pode haver nenhuma questão sobre o rótulo "filosofia analítica" ter um único significado correto ou intrínseco, independentemente de como o explicamos e utlizamos. Como Wittgenstein sabiamente nos lembra:

> uma palavra não obtem um significado dado a ela, por assim dizer, por um poder independente de nós, de modo que poderia haver um tipo de investigação científica sobre o que a palavra realmente significa. Uma palavra tem o significado que alguém deu a ela. (1958, p. 28)

De forma semelhante, Davidson escreve: "Não é como se as palavras tivessem alguma coisa maravilhosa chamada de significado, ao qual aquelas palavras se tornaram de algum modo anexadas" (1999, p. 41). Tal como está, isso não significa mais do que a observação superficial, se incontroversa, de que o significado é convencional no sentido em que é arbitrário que utilizemos um padrão de som ou um padrão de inscrição particular para significar alguma coisa específica. Em vez de "filosofia analítica", poderíamos ter feito uso de qualquer número de outros sinais. Uma variação trivial – "filosofia analisadora"* – é empregada por Dummett, entre outros. Mais significativamente, em alemão, um rótulo com diferentes conotações costumava predominar, ou seja, a *sprachanalytische Philosophie*.**

---

* N. de T.: *"analytical philosophy"*, no original. A expressão corrente, em inglês, é *"analytic philosophy"*. Em verdade, as expressões significam rigorosamente o mesmo, apenas permitindo-se em um e outro caso diferentes formas de terminações adjetivas. Nos dois casos, *"analytic"* ou *"analytical"* significa "o que procede por meio de análise".
** N. de T.: Ou seja, "filosofia analítico-linguística" ou "filosofia analítica da linguagem".

Esse ponto trivial deixa em aberto a possibilidade de que a filosofia analítica seja um fenômeno distintivo robusto, um fenômeno que tem uma essência a ser capturada por uma definição real. Nesse caso, qualquer esquema de classificação que seja fiel à realidade teria de incluir um rótulo ou outro para a filosofia analítica. Mas não é fácil ver de que modo tal reivindicação poderia ganhar sustentação. Caso se deva confiar na abordagem corrente mais popular sobre essências reais e definições, a filosofia analítica é um candidato pouco auspicioso. De acordo com a influente "semântica realista" de Kripke (1980) e de Putnam (1975, Capítulo 12), a referência de termos de espécie natural como "água" ou "tigre" não é determinada pelos critérios para sua aplicação – os traços fenomenais pelos quais as pessoas leigas distinguem as coisas como pertencendo àquelas espécies (tal como o modo como alguma coisa se parece ou o gosto que tem). Antes, ela é dada por uma "relação de igualdade" exemplar paradigmática e apropriada que todos os membros da espécie devem ter com esse exemplar. "Água", por exemplo, refere-se a toda matéria que é relevantemente parecida com uma amostra paradigmática, ou seja, qualquer substância que tem a mesma microestrutura que aquele paradigma. De acordo com isso, espécies naturais não possuem simplesmente uma "essência nominal", mas também uma "essência real", na terminologia de Locke (*Ensaio* III.3), a qual, em nosso caso, é consistir em H_2O.

Se essa abordagem é adequada a termos de espécie natural para os quais existem paradigmas concretos que podem ser investigados pela ciência, isso é um tópico a debater (Hanfling, 2000, Capítulo 12; Jackson, 1998, Capítulo 2). De todo modo, rótulos para escolas filosóficas não são termos de espécie natural. Um relato essencialista de termos taxonômicos em filosofia está totalmente em inconsistência com seu papel real. Ninguém poderia seriamente sugerir que o termo "filósofo analítico" se aplica a todas e somente àquelas criaturas com a mesma microestrutura ou com o mesmo código genético que Rudolf Carnap ou Elizabeth Anscombe, digamos, por mais que eles sejam filósofos analíticos. Muito embora os rótulos e as distinções de ciência natural possam ser capazes de "esculpir a natureza em suas juntas", para fazer uso da notável frase de Platão (*Fedro*, 265d–266a), isso não pode razoavelmente ser esperado de rótulos e de distinções históricas.

Mesmo se uma definição de filosofia analítica é nominal em vez de real, contudo, ela não é livre para todos. Definições nominais se dividem em definições estipulativas, por um lado, e reportadas ou lexicais, por outro lado. Definições estipulativas simplesmente estabelecem *a novo* o que uma expressão deve significar em um contexto particular, em completa desconsideração de qualquer uso estabelecido que ela possa ter. Tais definições não podem ser corretas ou incorretas. Mas podem ser mais ou menos frutíferas, no sentido que pode ser mais ou menos auxiliar especificar um fenômeno particular por meio de um rótulo separado. Todavia, com respeito a termos estabelecidos, a estipulação irrestrita é raramente aconselhável. Por um lado, ela convida à confusão em troca de nenhum ganho visível. Por outro, termos existentes, como empregados em realidade, têm relações com outros termos que teriam de ser redefinidos também. Mesmo se ela deliberadamente diverge de seu uso estabelecido, uma explicação de "filosofia analítica" pode entrar em conflito com os empregos dos termos constituintes. Assim, pois, esperar-se-ia ao menos que "analítico" indicasse uma analogia com análise química ou matemática e um contraste com síntese. E certamente seria inaceitável se a filosofia analítica fosse definida como qualquer coisa outra que um tipo de filosofia.

De forma não surpreendente, a maioria das definições ou explicações de filosofia analítica fazem reivindicação a algum tipo de exatidão reportadora. Por essa razão, elas podem ser julgadas pelo grau no qual são verdadeiras para o uso estabelecido e para a prática institucional. Ao avaliar essas explicações/definições, dever-se-ia, portanto, tomar nota do uso costumeiro de "filosofia analítica", de seus cognatos e antônimos. A propósito, alguns contemporâneos podem achar qualquer apelo ao uso costumeiro algo datado e radicalmente ofensivo. Mas eles deveriam ser relembrados de alguns pontos.

Aristóteles, o primeiro a embarcar em uma busca sistemática por uma concepção de filosofia, deu início a partir do modo como as pessoas costumavam fazer uso do termo *sophia* (*Metafísica* I 2; ver Tugendhat, 1976, Capítulo 2). Semelhantemente, o apelo ao uso costumeiro de "filosofia analítica" tem sido um traço padrão de debates contemporâneos sobre a natureza da filosofia analítica, especialmente quando se trata de criticar concepções alternativas.

Além do mais, Aristóteles e metafilósofos contemporâneos estão *corretos* em dar importância ao uso costumeiro de seus *definienda* respectivos. Ao perseguir qualquer pergunta da forma "O que é X?", inevitavelmente nos basearemos em uma *noção preliminar* de X, uma ideia do que constitui o tópico de nossa investigação. Em nosso caso, pressupomos um entendimento preliminar de filosofia analítica. Essa não é uma concepção plenamente articulada, a qual teria de surgir a partir do debate subsequente sobre o que é a filosofia analítica, mas simplesmente uma ideia inicial de sobre o que trata aquele debate. Tal entendimento pré-teórico está incorporado no uso estabelecido do termo "filosofia analítica". Posto diferentemente, o modo como utilizamos e entendemos um termo não é só um ponto de partida inócuo para elucidar seu significado, ele é a única deixa que temos de início para nossa investigação.

Esse tanto seria subscrito não só pelos assim chamados filósofos da linguagem ordinária, mas também por alguns de seus oponentes, destacadamente Quine (1953, p. 106-107). No espírito de Quine, poder-se-ia insistir, contudo, que precisamos nos elevar de nosso uso costumeiro para um uso mais especializado, baseado em escrutínio mais exigente dos fenômenos. Mas essa não é uma objeção a meu procedimento. O termo "uso costumeiro"* é ambíguo. Ele pode se referir tanto ao uso padrão de um termo enquanto oposto a seu uso irregular, em qualquer área em que ele for empregado, como a seu uso do dia a dia enquanto oposto a seu uso especializado ou técnico (Ryle, 1953, p. 301-304). Diferentemente de "filosofia", "filosofia analítica" é um termo técnico utilizado principalmente por acadêmicos profissionais, estudantes e intelectuais. E por certo não pode haver nada de errado em fazer com que definições sugeridas sejam testadas contra o uso estabelecido ou padrão dos especialistas no campo relevante, desde que apenas com o intuito de estabelecer se esse uso exemplifica de fato um padrão coerente.

Mesmo que alguém aceite minhas reivindicações gerais (semântico-metafilosóficas), pode-se levantar dúvidas sobre esse caso particular. Ninguém fez mais para defender o apelo ao uso costumeiro contra as críticas contemporâneas do que Peter Hacker. Todavia, ele nega que o termo "filosofia analítica" tenha um uso estabelecido (1998, p. 14). Hacker está certo em indicar que a "filosofia analítica" é um termo de arte e bastante recente nesse sentido. Não se segue, contudo, que ele não tenha nenhum uso estabelecido. Um uso estabelecido não precisa ser um uso do dia a dia. De fato, o que Grice e Strawson (1956) apontaram sobre os termos "analítico" e "sintético" vale igualmente ao termo "filosofia analítica". Embora possamos prescindir de uma explicação clara e convincente, concordamos amplamente em nossa aplicação desses termos.

A propósito, mesmo as taxonomias filosóficas mais estabelecidas e claramente circunscritas estão sujeitas ao abuso. Brian Magee, por exemplo, refere-se a Fichte, Schelling e Hegel como neokantianos (1983, Apêndice 1). Com neokantianos desse tipo, quem precisa de idealistas alemães? "Filosofia analítica" não está em situação pior do que rótulos mais veneráveis. Ainda que existam abusos ocasionais, eles são

---

* N. de T.: No original, *"ordinary use"*.

em geral reconhecidos. Considere a questão seguinte, presumivelmente retórica, de uma circular do *Continuum International Publishing Group** (21 Outubro de 2003):

> Você está interessado na filosofia continental de Gilles Deleuze ou Theodor Adorno, ou na filosofia da tradição analítica, tais como a de Friedrich Nietzsche ou de Mary Warnock?

Sem prêmios para localizar o engano.

Por esse mecanismo, obviamente contaria contra uma definição de filosofia analítica, se ela implicasse que Heidegger e Lacan são filósofos analíticos, enquanto Carnap e Austin não são. Contaria também contra uma definição, se ela implicasse que Russell e Quine são filósofos analíticos, enquanto Frege e Hempel não o são. Além disso, concordamos não só sobre o que são os casos claros, mas também sobre o que conta como casos limite por várias razões, por exemplo, Bolzano, Whitehead, o último Wittgenstein, Popper, Feyerabend, neurofilósofos. Finalmente, a concordância não é com uma lista, mas pode ser estendida a uma classe aberta de novos casos. Por exemplo, exame de currículos porá a maioria dos profissionais em uma posição de identificar filósofos explicitamente analíticos e continentais dentre uma lista de candidatos a emprego.

Embora não haja nenhuma pretensão de estipulação completa, pode haver boas razões para modificar explanações geralmente aceitas de "filosofia analítica". Ao avaliar tais sugestões, precisamos encontrar suas consequências. Definições revisionárias podem ser mais ou menos iluminadoras para os propósitos de historiografia e de taxonomia. Assim, pois, contaria contra uma definição se implicasse ou que nenhum filósofo se classifica como analítico ou que todos os filósofos se classificam dessa forma. Pois, nesse caso, o rótulo não funciona, tendo se tornado um mecanismo inútil. Caracterizações distintas da filosofia analítica têm outras consequências menos imediatas, não só para o autoentendimento da filosofia analítica, o modo em que ela concebe sua história, seus objetivos, métodos e resultados, mas também para o contraste com outros movimentos filosóficos, tais como a filosofia tradicional ou continental.

Como eu indiquei anteriormente, ao avaliar essas consequências precisamos nos basear em uma ideia preliminar do que os filósofos geralmente contam como analítico, e por que motivos. Por essa razão, serei guiado pela pergunta se as definições sugeridas incluem todas as instâncias geralmente reconhecidas de filósofos analíticos e excluem todas as instâncias geralmente reconhecidas de filósofos não analíticos. Em outras palavras, medirei concepções de filosofia analítica no primeiro caso contra a extensão comumente reconhecida do termo. De fato, mesmo se uma definição genuína de filosofia analítica fosse uma divagação, seria proveitoso assegurar se e em que medida as incontáveis reivindicações gerais sobre ela de fato se mantêm. Ao testar essas reinvindicações por sua adequabilidade como definições, também as testamos por sua exatidão como generalizações.

Embora paradigmas reconhecidos da filosofia analítica sejam especialmente importantes, tambem considerarei, contudo, de que modo definições propostas lidam com casos que, por diversas razões, poderiam ser considerados limite ou controversos. Esses casos problemáticos podem oferecer um importante teste do limite para definições sugeridas, especialmente se for possível identificar os traços que os tornam problemáticos. Pela mesma razão, menciono movimentos como o racionalismo crítico de Popper, que se distanciaram da filosofia analítica, mas que, não obstante isso, parecem pertencer à tradição analítica.

Nesse contexto, eu deveria enfatizar que autodescrições não são confiáveis. Os filósofos investigaram e promoveram o autoconhecimento, mas eles não se sobressaíram uniformemente nisso. Tratar declarações

---

* N. de T.: Ou seja, Grupo de Publicação Internacional Continuum.

abertas como uma pedra de toque significaria, por exemplo, incluir Derrida entre os filósofos analíticos e excluir Fodor (ver Capítulo 8.1). Nenhuma explicação frutífera poderia ser forjada para adequar-se a tal extensão de "filosofia analítica".

3. A ESTRUTURA E O CONTEÚDO DO LIVRO

Embora meu foco último seja no presente, não me confinarei a concepções de "filosofia analítica" que são *correntemente existentes*. Como qualquer tradição intelectual, a filosofia analítica é um fenômeno intrinsecamente histórico, mesmo que esse fato sozinho não possa fornecer uma concepção adequada dele. E o mesmo vale para o rótulo "filosofia analítica", para seus cognatos e antônimos. Sem algum entendimento de desenvolvimentos relevantes na história da filosofia, não se pode apreciar o ponto da noção de filosofia analítica e as diversas razões para concebê-la de diferentes modos. Tal entendimento também facilitará minha discussão de questões metodológicas e conceituais, que surgem na busca de uma explanação da filosofia analítica.

Por essas razões, inicio o Capítulo 2 com um "Panorama histórico" da filosofia analítica, um esboço do surgimento e do desenvolvimento do movimento ao qual o rótulo "filosofia analítica" é geralmente aplicado. Diferentemente de especialistas precedentes, examinarei tanto as raízes anglófonas como as germanófonas, ao passo que também mantenho em vista desenvolvimentos relevantes para além da filosofia analítica.

Na base desse panorama histórico, os capítulos seguintes discutem diversos modos de como a filosofia analítica foi definida ou concebida, em algum momento ou outro de seu curso. Organizei-os não de acordo com explanações *específicas* da filosofia analítica, das quais existem demasiados modos, mas de acordo com *tipos* de explicações. Com efeito, cada capítulo é destinado a um parâmetro segundo o qual a filosofia analítica, ou qualquer outro movimento filosófico para aquele propósito, poderia ser definida. Os primeiros cinco desses parâmetros revelam-se inapropriados.

O Capítulo 3, "Geografia e linguagem", lida com definições geolinguísticas. A imagem da filosofia analítica como um fenômeno anglófono é ainda surpreendentemente comum e incorporada no contraste analítico/continental. Mas o próprio rótulo "filosofia continental" é um termo impróprio, especialmente em vista das raízes centro-europeias da filosofia analítica. No entanto, argumentarei, o contraste entre a filosofia analítica e a continental aperta-se com e é reforçado por diferenças estereotípicas entre a filosofia e a cultura acadêmica anglófona, por um lado, e suas contrapartes continentais, por outro. No curso do século XIX, um conflito entre o empirismo britânico e o racionalismo continental foi gradualmente substituído por divisões geográfica e intelectualmente mais complexas. Também exploro o modo como desdobramentos políticos, tais como o surgimento do nazismo, e os desenvolvimentos filosóficos, tais como a reabilitação da metafísica a partir dos anos de 1960, transformaram o agora impropriamente negligenciado contraste entre filosofia analítica e continental na divisão analítico *versus* continental como agora a conhecemos. Ainda, a concepção anglocêntrica da filosofia analítica é indefensável, e assim o é também sua prima mais sofisticada, a concepção anglo-austríaca. No presente, a filosofia analítica floresce em muitas partes do continente, enquanto a filosofia continental é extremamente popular na América do Norte. A filosofia analítica não é nem uma categoria geográfica nem uma categoria linguística. Finalmente, o rótulo "filosofia continental" falha em distinguir entre os movimentos vanguardistas do século XX, inspirados por Nietzsche e Heidegger, e a filosofia tradicional ou tradicionalista, que, em realidade, domina a filosofia acadêmica no continente da Europa.

O Capítulo 4, "História e historiografia", debate se a filosofia analítica difere da continental e, em especial, da filosofia tradicionalista, em sua falta de consciência histórica. Em anos recentes, mesmo alguns praticantes acusaram a filosofia analítica de ser impropriamente a-histórica. Tenho o propósito de mostrar, contudo, que a filosofia analítica em geral não é caracterizada por uma atitude de desconsideração com respeito ao passado. Com efeito, tem havido uma virada recente em direção à história. Além do mais, defenderei a filosofia analítica contra criticismos historicistas que, até aqui, não têm sido desafiados. Contra a objeção de que os filósofos analíticos ignoram o passado, argumento que, em sua maior parte, eles só têm resistência à alegação infundada de que um entendimento da história é essencial em vez de meramente vantajoso à filosofia. Contra a objeção de que as histórias analíticas da filosofia são anacrônicas, argumento que abordar o passado em um espírito analítico fez, em realidade, um bem maior à historiografia.

No Capítulo 5, "Doutrinas e tópicos", dirijo-me à ideia de que a filosofia analítica destaca-se em virtude de um espectro particular de problemas e/ou de respostas a esses problemas. As definições por referência a doutrinas específicas tendem a ser demasiadamente restritas. A rejeição da metafísica jamais foi universal entre filósofos analíticos e desapareceu quase completamente. Dummett define a filosofia analítica como baseada na concepção de que uma análise do pensamento pode e deve ser dada por uma análise da linguagem. Mas ter uma concepção linguística do pensamento e de sua análise não é nem necessária nem suficiente para se ser um filósofo analítico. A definição de Dummett ignora a diferença entre a emergência da análise lógica e conceitual, por um lado, e a virada linguística, por outro. Semelhantemente, a filosofia analítica não é caracterizada nem por uma insistência de que a filosofia é distinta da ciência nem pela assimilação naturalista da filosofia à ciência. Finalmente, os filósofos analíticos nem sequer concordam acerca dos tópicos sobre os quais discordam. Embora uma preocupação com tópicos teóricos não tenha sido acidental à emergência da filosofia analítica, ela certamente não mais reduz o gênero.

Os resultados de abordagens doutrinais encorajam definições metodológicas ou estilísticas. O Capítulo 6, "Método e estilo", argumenta que mesmo tais definições são inadequadas. *Prima facie*, é atrativo ligar a filosofia analítica ao método de análise. Infelizmente, essa abordagem encara um dilema. Se a análise é entendida literalmente, a saber, como a decomposição de fenômenos complexos em constituintes mais simples, ela exclui o último Wittgenstein e a filosofia linguística de Oxford, entre outros. Mas, se ela é entendida de forma ampla o bastante para acomodar tais casos, ela também capturará figuras que se estendem de Platão a filósofos continentais como Husserl. Dificuldades semelhantes surgem para a ideia de que a filosofia analítica é "centrada na ciência" em oposição a "centrada em artes", no sentido que ela está uniformemente interessada na ciência e infundida de um espírito científico. Poderia ser tolerável que tal definição excluísse um caso exótico como Wittgenstein. Mas, que ela também excluiria Moore, Ryle e Strawson, conta como uma objeção decisiva.

Se a filosofia analítica não tem nenhum método distinto, talvez ela ao menos apresente um estilo particular. Nesse sentido, Bernard Williams sugeriu que a filosofia analítica difere da variedade continental no sentido que evita a obscuridade ao fazer uso de "linguagem moderadamente simples" ou, quando necessário, de idiomas técnicos. Mas a noção de clareza se encontra ela mesma em necessidade urgente de clarificação. Já que ela é uma questão direta de prosa e de apresentação, ela não é nem universal entre os filósofos analíticos nem confinada a eles. Se uma característica estilística separa a filosofia continental e a analítica no presente, trata-se, antes, de tipos diferentes de obscurantismo – esteticismo, de um lado, escolasticismo, do outro. Isso deixa uma sugestão final, a saber, que a filosofia analítica ao menos aspira clareza de pensamento e rigor argumentativo. Concepções racionalistas definem a filosofia analítica como uma atitude geral com respeito a problemas filosóficos, uma atitude geral que enfatiza a necessidade de argumento e justificação. Mas isso tornaria analítico o grosso da filosofia. Desde Sócrates, a tentativa de abordar questões fundamentais a modo de argumento bem refletido tem sido uma característica distintiva da filosofia como tal, por exemplo, vis-à-vis à religião ou à retórica política, e não o selo de um movimento filosófico particular.

O capítulo seguinte, "Ética e política", tem início com a demonstração de que a tradição analítica não é caracterizada pela exclusão da filosofia moral e da teoria política. Logo em seguida, desminto dois rumores conflitantes, a saber, que a filosofia analítica é inerentemente apolítica ou conservadora e que encoraja uma atitude progressiva ou liberal, tornando seus praticantes resistentes ao extremismo político. Também atento para o que o caso de Singer mostra sobre atitudes analíticas e continentais com respeito à liberdade de expressão e à capacidade da filosofia de prescrever cursos específicos de ação. Finalmente, considero se a filosofia analítica tem uma margem sobre suas rivais por meio da recusa em fazer da reflexão filosófica serva de ideais políticos e morais pré-concebidos.

No Capítulo 8, "Conceitos contestados, semelhanças de família e tradição", volto-me a explanações da filosofia analítica que não tomam a forma de definições em termos de condições necessárias e suficientes. Uma explanação desse tipo surge a partir da concepção racionalista, que faz da filosofia analítica um "conceito essencialmente contestado". Em resposta, defendo que há um uso honorífico de "filosofia analítica". Mas, argumentarei, ele é menos arraigado do que o uso descritivo e inferior para propósitos de taxonomia e de debate filosófico. No restante, defendo minha própria concepção de filosofia analítica, parcialmente por combinar duas abordagens. A primeira abordagem é a ideia de que a filosofia analítica deveria ser explicada em termos de semelhanças de família. O que mantém juntos os filósofos analíticos não é um conjunto único de condições suficientes e necessárias, mas uma linha de semelhanças que se justapõem (doutrinais, metodológicas e estilísticas). Assim, pois, filósofos analíticos atuais podem ser associados a Frege e Russell em seus métodos lógicos, ou ao positivismo lógico e a Quine em seu respeito pela ciência, ou a Wittgenstein e à filosofia linguística em sua preocupação com o *a priori*, significado e conceitos, etc. Rebaterei críticas à ideia mesma de semelhança de família. Ao mesmo tempo, uma concepção de filosofia analítica a modo de semelhança de família uma vez mais vai além da extensão reconhecida do termo.

Esse resultado é evitado ao combinar uma semelhança de família com uma concepção genética ou histórica. De acordo com a última, a filosofia analítica é primeiramente e acima de tudo uma sequência histórica de indivíduos e escolas que se influenciaram e se engajaram em debate uns com os outros, sem partilhar qualquer doutrina, problema, método ou estilo particular. Essa concepção histórica se conforma com a prática comum. Mas ela requer suplementação, em particular porque permanece obscuro de que modo a adesão a essa tradição é determinada. Contar como um filósofo analítico não é o bastante para ficar em relações, até mesmo de mútua influência, com os membros dessa lista; de outro modo, ter-se-ia de incluir, por exemplo, Husserl e Habermas. Além do mais, uma concepção puramente histórica ignora o fato de que filósofos podem ser mais ou menos analíticos por razões outras que ligações históricas. Essas preocupações podem ser deixadas de molho se reconhecermos que a filosofia analítica é uma tradição agrupada não somente por relações de influência, mas também por semelhanças que se justapõem. Na seção final, delineio os contornos da tradição analítica e me pronuncio sobre a questão de quem a fundou e quando ela rompeu com as filosofias tradicional e continental.

Tendo respondido à questão que dá título ao livro, o capítulo final, "Presente e futuro", volta-se ao estado atual da filosofia analítica e da divisão analítico/continental. Espero mostrar que a divisão desempenha um papel importante em três áreas de relevância contemporânea mais ampla: a "cultura" e "guerras da ciência"; temores europeus de "imperialismo cultural" anglo-americano; e a crescente insularidade da cultura anglo--americana *vis-à-vis* à Europa continental. Também considero algumas fraquezas reais ou alegadas do cenário analítico atual. Na Seção Final, considero o futuro da filosofia analítica e seu contraste com o pensamento continental. Concluo que as barreiras entre as duas ainda existem no presente, e que a superação delas não é um fim primordial em si mesmo. A filosofia analítica precisa aperfeiçoar seu jogo em diversos aspectos; todavia, o objetivo último não deveria ser um cenário filosófico unificado, mas simplesmente uma melhor filosofia.

NOTA

1. Dummett, 1993: especialmente capítulos 2 a 4. Hacker (1996, caps. 1-2; 1997) e Monk (1997) se aliaram a Dummett na primeira pergunta, Friedmann (2000) implicitamente o contradiz na segunda.

2
INSPEÇÃO HISTÓRICA

Este capítulo traça a carreira da filosofia analítica. Depois de considerar o papel da análise na filosofia antes do século XIX, ele atenta para a emergência gradual da análise lógica e conceitual em Bolzano, Frege, Moore e Russell. Ele considera, então, duas subsequentes mudanças de águas. Primeiramente, a virada linguística da filosofia analítica nas mãos de Wittgenstein, o positivismo lógico e a análise conceitual; em seguida, o reverso daquela virada, notadamente por meio da reabilitação da metafísica, o surgimento do naturalismo, o triunfo de abordagens mentalistas sobre mente e linguagem e o reavivamento da teoria moral e política de primeira ordem.

1. PRÉ-HISTÓRIA

A palavra "análise" origina-se do grego *analusis*, que significa "soltar" ou "dissolver". Duas noções de análise têm sido centrais à filosofia quase desde seu início (ver Beaney, 2003). A primeira se deriva da busca de Sócrates por definições de termos como "virtude" e "conhecimento", e ela aparece em Platão, que fala dela como "divisão". Tal análise decomposicional ou "progressiva" se aplica primariamente ao que hoje chamamos de conceitos. Trata-se da dissecação ou da resolução de um dado conceito em conceitos componentes, componentes que por sua vez podem ser usados para definir o conceito complexo. Assim, pois, o conceito de um ser humano – o *analysandum* – é analisado naqueles de um animal e de racionalidade, portanto, dando a definição de um ser humano como um animal racional – o *analysans*. Enquanto a classe de seres humanos está contida na classe de animais como um subconjunto próprio, o conceito de um ser humano contém o conceito de um animal, em que o último é parte da explanação do primeiro.

A segunda noção deriva-se da geometria grega e predomina em Aristóteles. Ela pode ser chamada de análise regressiva e se aplica primariamente a proposições. A filosofia analítica é algumas vezes erroneamente concebida como um empreendimento dedutivo que deriva teoremas a partir de axiomas e definições por meio de prova formal. Contudo, até Kant, esse procedimento caracteristicamente matemático de deduzir consequências a partir de primeiros princípios ou axiomas era conhecido como o método sintético. O método analítico, por contraste, começa com uma proposição que tem ainda de ser provada e opera para trás até os primeiros princípios, a partir dos quais ela pode ser derivada como um teorema. O que une análise decomposicional e regressiva é a ideia de começar com alguma coisa dada (respectivamente, um conceito a ser analisado ou uma proposição a ser provada) e de identificar alguma coisa mais básica (os componentes do *analysandum* ou os axiomas a partir dos quais deduzir o teorema) a partir da qual aquela pode ser derivada (definida ou provada).

Enquanto Spinoza buscava raciocinar *"more geometrico"*, para Descartes, síntese é meramente o método de exposição ou prova. A descoberta de novas percepções é analítica e consiste em identificar as "naturezas simples" que constituem a realidade e os axiomas ("noções primárias") que especificam as ligações entre elas (*Meditações, Respostas* II). Leibniz foi ainda mais longe. De acordo com ele, em todas as proposições verdadeiras, o predicado está contido no conceito do sujeito; e, portanto, todas elas podem ser provadas ao se analisar o último. Toda verdade pode ser reduzida a uma "verdade idêntica" ao se fazer uso das definições que resultam a partir de tais análises. Assim, pois, as equações aritméticas podem ser reduzidas a verdades idênticas, ao se explorar o fato de que cada número natural pode ser definido como seu predecessor mais um. Por exemplo:

$7 =_{def} 6 + 1$; $5 =_{def} 4 + 1$ e $12 =_{def} 11 + 1$

Na base disso

1. $7 + 5 = 12$

pode ser transformado em

(1') $(6 + 1) + (4 + 1) = (11 + 1)$

e assim por diante, até que alcançamos

(1*) $(1 + 1 + 1 + 1 + 1 + 1 + 1) + (1 + 1 + 1 + 1 + 1)$
$= 1 + 1 + 1 + 1 + 1 + 1 + 1 + 1 + 1 + 1 + 1 + 1.$

Leibniz buscava uma *characteristica universalis*, uma notação científica que providenciasse um algoritmo tanto para o método analítico de descoberta (a definição dos conceitos relevantes por meio de análise decomposicional) quanto para o método sintético de prova (de derivar o teorema com a ajuda de tais definições).

Enquanto Leibniz propagava a análise lógica e Descartes a análise ontológica, a análise psicológica-mais-epistemológica era o instrumento favorito dos empiristas britânicos, notadamente no projeto de Locke de quebrar ideias "complexas" em ideias "simples" (*Ensaio* II.2, 22) ou na *Análise dos Fenômenos da Mente Humana*, de James Mill (1829). O objetivo era descobrir não tanto os constituintes últimos da realidade em geral, mas da mente humana, e mostrar que elas eram abastecidas pela experiência sensória.

Em Kant, a resolução dos episódios mentais dá lugar àquela de faculdades mentais como a sensibilidade, o entendimento e a razão. A Analítica Transcendental é uma "lógica da verdade"; ela oferece uma "pedra de toque negativa" no sentido de que ela examina princípios cognitivos que nenhum juízo empírico pode contradizer sem perder sua referência a objetos e, a partir daí, seu estatuto como um portador de um valor-de-verdade – o que é chamado hoje de sua aptidão-à-verdade. Por contraste, a Dialética Transcendental é uma "lógica da ilusão"; ela expõe falácias às quais a razão está propensa quando ela faz alegações sobre objetos que residem além de toda experiência possível (*Crítica da Razão Pura* B 85-87).

Kant também faz uso de "analítico" de um modo que se relaciona com análise decomposicional (B 1-3, 10-15). Em um juízo analítico, o predicado já está contido no conceito do sujeito ao menos implicitamente, tal como em

2. Todos os corpos são extensos.

Por contraste, o predicado de um juízo sintético como

3. Todos os corpos são pesados.

adiciona alguma coisa ao conceito-sujeito em vez de meramente exprimir o que já está implícito nele. A distinção analítico/sintético está conectada àquela entre conhecimento *a posteriori*, que é baseado na experiência – seja observação ou experimento –, e conhecimento *a priori*. Diferentemente das ideias inatas postuladas pelos racionalistas e repudiadas pelos empiristas, juízos *a priori* são independentes da experiência não com respeito a sua origem, mas com respeito a sua validade. Embora tenhamos de aprender até mesmo um juízo *a priori* como (1), podemos demonstrar sua verdade por meio de cálculo, sem apelo à experiência.

A metafísica aspira a ser tanto *a priori*, diferentemente das ciências empíricas, incluindo a "fisiologia do entendimento humano" de Locke, quanto sintética, diferentemente da lógica formal, dado que faz reivindicações substantivas sobre a realidade (A ix, B 18). Apesar de Leibniz, Kant está confiante de que os juízos da aritmética e da geometria oferecem instâncias claras de conhecimento sintético *a priori*. Mesmo (1) é sintético: ao pensar na soma de 7+5, ainda não pensamos o resultado = 12, dado que de outra maneira não precisaríamos calcular. Ao mesmo tempo, Kant percebe que a ideia de conhecimento sintético *a priori* é *prima facie* paradoxal. Dado que a experiência é nosso único modo de entrar em contato com a realidade, como pode um juízo ser sintético, ou seja, dizer-nos alguma coisa sobre a realidade, e, contudo, ser *a priori*, isto é, ser conhecido independentemente da experiência?

Kant soluciona esse enigma por meio de sua "Revolução Copernicana": "podemos saber *a priori* das coisas somente o que nós mesmos colocamos nelas" (B XVIII). Há uma diferença entre nossas experiências e seus objetos, e o conteúdo da experiência é *a posteriori*. Mas, a forma ou a estrutura da experiência é *a priori*, dado que ela é determinada não pelo *input* contingente dos objetos, mas pelo aparato cognitivo do sujeito. Experimentamos os objetos como localizados no espaço e no tempo, e como centros de mudanças qualitativas que são sujeitos a leis causais. De acordo com Kant, esses não são fatos contingentes seja sobre a realidade ou sobre a natureza humana, mas pré-condições "transcendentais" para a possibilidade da experiência, características com as quais qualquer objeto da experiência tem de se conformar. Juízos metafísicos como "Todo evento tem uma causa" são verdadeiros dos objetos da experiência (isto é, são sintéticos) independentemente da experiência (ou seja, *a priori*), porque eles expressam pré-condições dos objetos de experiência, pré-condições que, ao mesmo tempo, determinam o que é ser um objeto da experiência.

As dicotomias de Kant e sua reivindicação de que há conhecimento *a priori* sintético colocam a agenda para um debate sobre a natureza da lógica, da matemática e da metafísica que continua sendo central para a filosofia analítica. Em uma escala ainda maior, ele alterou a autoimagem e a organização institucional da filosofia. Antes de Kant, a filosofia era considerada como a "Rainha das Ciências". Ela oferecia a estrutura para as ciências especiais, que é o motivo pelo qual a física costumava ser chamada de "filosofia natural". No curso dos séculos XVII e XVIII, contudo, um contraste inegável surgiu: enquanto a metafísica permanecia um "campo de batalha" de controvérsia fútil (B XV), as ciências da natureza progrediam, ao combinar pesquisa empírica com instrumentos matemáticos. Isso colocava um desafio fundamental: pode a filosofia preservar um papel distinto como uma disciplina acadêmica separada? Ou ela encara a escolha severa entre se tornar parte das ciências da natureza ou se transformar em um ramo das *belles lettres*, sem a repressão de padrões de verdade e racionalidade?

De acordo com Kant, a filosofia é uma disciplina cognitiva. Todavia, distinta das ciências empíricas, porque, como a lógica e a matemática, ela aspira a um conhecimento *a priori*. Mas ele rejeitou a explanação recebida desse estatuto especial. De acordo com os platonistas, a metafísica examina entidades abstratas além do espaço e do tempo; de acordo com os aristotélicos, ela examina "o ente *qua* ente", os traços mais gerais da realidade, aos quais ascendemos ao abstrair das características específicas dos objetos particulares. Kant produziu uma reorientação fundamental ao insistir que a metafísica transcendental está "ocupada não tanto com os objetos como com o modo de nosso conhecimento dos objetos" (B 25). A ciência e o senso comum descrevem ou explanam a realidade material na base da experiência. A filosofia, por contraste, é *a priori* não porque ela descreve objetos de um tipo peculiar, sejam eles formas platônicas ou essências aristotélicas, mas porque ela reflete sobre as pré-condições não empíricas de nosso conhecimento empírico dos objetos materiais ordinários.

Kant reabilita somente uma metafísica "transcendental" da experiência, não a metafísica "transcendente" dos racionalistas que buscam o conhecimento de objetos além de toda experiência possível, como Deus e a alma. Ele varre para longe as pretensões da metafísica tradicional, sem renunciar ao projeto da filosofia como uma disciplina *sui generis*, distinta das ciências especiais. A propósito, essa combinação, de resto atrativa, tem um preço, a saber, uma forma de idealismo. Kant nem nega a existência de objetos independentes da mente nem alega que a mente cria a natureza, apesar das caricaturas por parte de alguns comentadores analíticos. Contudo, ele de fato sustenta que a mente impõe suas leis estruturais sobre a realidade. Desde uma perspectiva filosófica, o espaço, o tempo e a causação são "ideais" em vez de "reais". Eles se aplicam somente a "aparências", coisas tal como podem ser experimentadas por nós; elas não são válidas das "coisas como elas são em si mesmas", das quais não podemos ter nenhum conhecimento, seja ele qual for.

Esse "idealismo transcendental" cria numerosas tensões. Por exemplo, enquanto se supõe que a causação se aplica somente a aparências, as últimas resultam das coisas em si mesmas, afetando causalmente o aparato cognitivo do sujeito. Os idealistas alemães tentaram superar essas tensões, ao levar o idealismo a extremos. O sujeito fornece não só a forma da cognição, mas também seu conteúdo. A realidade é uma manifestação de um princípio espiritual que transcende as mentes individuais, como o "espírito" de Hegel. Dado que a realidade é ela mesma inteiramente mental, ela pode ser plenamente apreendida pela mente. A filosofia uma vez mais se transforma em uma superciência que compreende todas as outras disciplinas. Todo conhecimento genuíno é *a priori*, dado que a razão pode derivar até mesmo fatos aparentemente contingentes por meio do método de "dialética", que foi reabilitado em face das exigências estritas de Kant.

Essas grandiosas pretensões se provaram incompatíveis com os rápidos avanços primeiramente das ciências naturais e depois das ciências culturais no século XIX. O resultado foi o "colapso do idealismo" logo depois da morte de Hegel, em 1831. Duas reações principais surgiram. Uma foi o naturalismo. Os naturalistas eram fisiologistas por treinamento, que tratavam o fracasso do idealismo alemão como um sinal da bancarrota de toda especulação metafísica e de todo raciocínio *a priori*. Eles defenderam que todo conhecimento é *a posteriori*, porque as disciplinas alegadamente *a priori* podem ou bem ser reduzidas a disciplinas empíricas como psicologia ou fisiologia – essa era sua linha preferida em lógica e matemática, parcialmente inspirada pelo empirismo radical de John Stuart Mill – ou ser rejeitadas como ilusórias – seu tratamento favorito da filosofia. A outra reação foi o neokantismo, um movimento que dominou a filosofia acadêmica alemã entre 1865 e a I Guerra Mundial. Se a filosofia quisesse preservar seu estatuto como uma disciplina *sui generis* digna de respeito, ela tinha de abandonar a competição inútil com as ciências especiais. Sob o grito de batalha "De volta a Kant!", os neokantianos retornaram à ideia de que a filosofia é uma disciplina de segunda ordem. Ela nem investiga uma realidade supostamente aceita além daquela acessível à ciência nem compete com a ciência, ao explicar a realidade empírica. Em vez disso, ela clarifica as pré-condições lógicas, conceituais e metodológicas do conhecimento empírico, bem como as pré-condições dos modos não filosóficos de pensamento, mais geralmente.

2. PRIMEIRAS INSINUAÇÕES: MATEMÁTICA E LÓGICA

Enquanto o florescimento das ciências especiais durante o século XIX pôs ênfase na ideia da filosofia como uma disciplina autônoma, ele também criou uma necessidade para a filosofia. Tanto o surgimento de novas disciplinas, como a psicologia, como a rápida transformação de assuntos estabelecidos levantaram questões conceituais e metodológicas e atraíram os próprios cientistas ao território filosófico.

Em lugar nenhum isso é mais evidente do que nos fundamentos da matemática, que se tornou um campo próspero, especialmente na Alemanha (Gillies, 1999). Por um lado, a matemática se tornou crescentemente abstrata e independente de suas aplicações empíricas. A álgebra não era mais quantitativa, e Weierstrass expurgou a análise de intuições geométricas e da noção paradoxal de infinitesimais. Ambas foram "aritmetizadas" no sentido de que seus conceitos básicos foram definidos em termos dos números naturais e das operações aritméticas sobre eles. Por outro lado, a introdução de geometrias não euclidianas e de álgebras não padronizadas lança dúvida sobre a certeza da matemática, ameaçando seu estatuto recebido de serem o paradigma do conhecimento humano. Seguiu-se então uma "crise de fundamentos". Matemáticos se convenceram de que o que importava não era tanto a verdade intuitiva de teoremas, mas sua derivação à prova d'água a partir de axiomas e definições. Eles também desenvolveram um interesse na natureza dos números naturais, que levou a rupturas na teoria do número, tais como as definições de Dedekind de infinitude e de continuidade e a invenção por Cantor da teoria dos conjuntos transfinitos. Finalmente, a interação entre lógica e matemática prometeu meios tanto para o crescimento do rigor formal de provas matemáticas como para assegurar os fundamentos daquele ramo da matemática ao qual todos os outros pareciam ser redutíveis – a aritmética.

Diversos ancestrais da filosofia analítica tiveram um papel de liderança nesses desenvolvimentos. Bernard Bolzano antecipou por décadas tanto a aritmetização do cálculo quanto os resultados em teoria do número e dos conjuntos – por exemplo, que um conjunto infinito pode conter um subconjunto próprio que é igualmente infinito (1851). A inovação mais importante da lógica formal de Bolzano foi o seu método de "variação" (1837, II §§ 147-62), que considera o que acontece ao valor de verdade de uma proposição complexa quando alteramos um de seus componentes – seja ele um conceito ou uma outra proposição. A variação lhe permitiu oferecer definições precisas de uma balsa inteira de conceitos lógicos. Sua noção de dedutibilidade antecipou a noção de consequência lógica de Tarski (1936), e sua noção de proposições "logicamente analíticas" antecipou a noção de Quine de verdade lógica (1960, 65n). Em uma verdade lógica, somente as partículas lógicas "ocorrem essencialmente"; ou seja, podemos variar todos os outros componentes à vontade, sem produzir uma mudança no valor de verdade. Assim, pois, em

4. Brutus matou César ou Brutus não matou César.

podemos fazer qualquer substituição (consistente) para todos os componentes diferentes de "ou" e "não", e o resultado ainda será verdadeiro.

A filosofia da matemática de Bolzano (1810) retoma Leibniz. Em seguimento a Kant, a aritmética é analítica, e ela não está mais fundada na intuição *a priori* do tempo do que a geometria está fundada naquela do espaço. O rigor lógico deve ser atingido por métodos puramente analíticos", que não exigem recurso a intuições subjetivas e a ideias pictóricas. O mesmo antisubjetivismo e antipsicologismo guia o platonismo semântico de Bolzano, que antecipa aquele de Frege e de Moore. Ele distinguiu entre juízos mentais, sentenças linguísticas e proposições (*Sätze an sich*). Uma proposição como o teorema de Pitágoras pode ser expressa por sentenças em diferentes linguagens. Ela não é verdadeira ou falsa em uma linguagem ou em um contexto, mas é verdadeira ou falsa *simpliciter*, independentemente de alguém jamais chamá-la ou julgá-la verdadeira. Diferentemente de enunciados ou juízos, proposições são "não atuais", ou seja, elas ficam fora da ordem causal do mundo espaço-temporal. Uma proposição é o conteúdo de um juízo, e também o sentido do enunciado que o expressa. Por semelhante modo, devemos distinguir os componentes de proposições – conceitos ou "representações-como-tais" – dos componentes linguísticos das sentenças e dos componentes mentais de juízos.

Por todas essas inovações visionárias, a lógica formal de Bolzano era antiquada em um aspecto crucial. Ele se fixou à lógica silogística aristotélica ao insistir que todas as proposições se dividem em sujeito e predicado. Mas, a aplicação de ideias matemáticas à lógica (que até então tinha sido a área reservada aos filósofos) também levou a sistemas formais de um tipo inteiramente novo. Ao tirar proveito de uma analogia entre a disjunção/conjunção de conceitos e a adição/multiplicação de números, George Boole matematizou a lógica silogística em termos de operações algébricas sobre conjuntos e apresentou a lógica como uma ramificação da matemática e a álgebra como uma ramificação do pensamento humano (1854, Capítulos 1, 22).

O divisor de águas no desenvolvimento da lógica formal, contudo, foi a *Begriffsschrift** (1879), de Gottlob Frege. O sistema de Frege era baseado na teoria da função em vez de álgebra. Tal como Boole, ele matematizou a lógica. Todavia, longe de buscar exibir a lógica como uma ramificação da matemática, ele foi pioneiro do logicismo, o projeto de oferecer à matemática fundamentos seguros, ao derivá-la da lógica. O logicismo busca definir os conceitos da matemática em termos puramente lógicos (incluindo o conceito de conjunto) e derivar suas proposições de princípios lógicos autoevidentes.

Para perseguir esse programa, Frege tinha de superar as limitações da lógica silogística. A *Begriffsschrift* oferece a axiomatização completa da lógica de primeira ordem (cálculo proposicional e de predicados) e exibe a indução matemática como uma aplicação de um princípio puramente lógico. A ideia básica é analisar proposições não em sujeito e predicado, como a gramática da escola e a lógica aristotélica, mas em *função* e *argumento*. A expressão "$x^2 + 1$" representa uma função da variável x, porque o valor de $x^2 + 1$ depende unicamente do argumento que substituímos para x – ela tem o valor 2 para o argumento 1, 5 para o argumento 2, etc. Frege estendeu essa noção matemática de maneira que funções não simplesmente tomam números como argumentos, mas objetos de *qualquer* tipo. Assim, pois, a expressão "a capital de x" denota uma função que tem o valor Berlim para o argumento Alemanha. Por um artifício semelhante, uma sentença como

5. César conquistou a Gália.

pode ser vista como o valor de uma função diádica (ou "conceito") *x conquistou y* para os argumentos César e Gália. Frege analisa (5) não no sujeito "César" e o predicado "conquistou a Gália", mas em uma expressão de função diádica "*x* conquistou *y*" e duas expressões de argumento "César" e "Gália". No sistema maduro de Frege, conceitos são funções que mapeiam objetos para um "valor-de-verdade". Assim, pois, o valor do conceito diádico *x conquistou y* é ou "o Verdadeiro" (por exemplo, para os argumentos César e Gália) ou o Falso (por exemplo, para Napoleão e Rússia), dependendo se a proposição resultante é verdadeira ou falsa.

Frege, além disso, estendeu a ideia de uma função de verdade a conectivos proposicionais e a expressões de generalidade. A negação, por exemplo, é uma função de verdade que mapeia um valor-de-verdade para o valor-de-verdade contrário: "*p*" tem o valor Verdadeiro se e somente se (a partir daqui "sse") "~*p*" tem o valor Falso. Semelhantemente,

6. Todos os elétrons são negativos.

é analisada não em um sujeito "todos os elétrons" e um predicado "são negativos", mas em um nome-função monádico "se *x* é um elétron, então *x* é negativo" e um

---

* N. de T.: Ou seja, a *Conceitografia*.

quantificador universal ("Para todo *x*...") que liga a variável *x*. "Todos os elétrons são negativos" reivindica de todas as coisas no universo que, *se* ela é um elétron, ela é também negativa. Proposições existenciais ("Alguns elétrons são negativos") são expressas por meio do quantificador universal mais a negação ("Não é o caso que para todo *x*, se *x* é um elétron, então *x* não é negativo"). Essa notação de quantificador-variável é capaz de formalizar proposições envolvendo generalidade múltipla, que são essenciais à matemática. Ela captura, por exemplo, a diferença entre a proposição verdadeira "Para todo número natural, há um maior" – "$\forall x \exists y (y>x)$" – e a proposição falsa "Há um número natural que é maior do que todos os outros" – "$\exists y \forall x (y>x)$". Ela também é capaz de revelar as lacunas no argumento ontológico. Diferentemente de onipotência, existência *não* é um "componente" do conceito *Deus*, uma característica que poderia ser parte de sua definição. Antes, ela é uma "propriedade" daquele conceito, a saber, a propriedade de ter pelo menos um objeto que cai sob ele. "Deus existe" atribui uma propriedade a um conceito em vez de a um objeto (sua forma é "$\exists x Gx$" em vez de "Eg").

Frege estava interessado somente no "conteúdo" lógico dos sinais, não em sua "coloração", as associações mentais que eles evocam. Em "Sobre sentido e significado" (1892), ele distinguiu dois aspectos daquele conteúdo: seu significado (*Bedeutung*), que é o objeto ao qual eles se referem, e seu sentido (*Sinn*), o "modo de apresentação" daquele referente. Enquanto as ideias (representações) que os indivíduos associam a um sinal são subjetivas (psicológicas), seu sentido é objetivo. Ele é apreendido por qualquer indivíduo que entende o sinal – todavia, existe independentemente de ser apreendido. O significado de uma sentença é seu valor-de-verdade; seu sentido é o "pensamento" que ela expressa. Tal como valores-de-verdade e conceitos, pensamentos são entidades abstratas independentes da mente. Eles são verdadeiros ou falsos independentemente de alguém apreender ou acreditar neles, e podem ser partilhados e comunicados entre diferentes indivíduos. Frege faz uso desses truísmos não só para combater o psicologismo, mas também para erigir uma ontologia de três mundos (mais tarde reativada por Popper). Pensamentos são "não atuais", ou seja, não espaciais, a-temporais e imperceptíveis, todavia "objetivos". Eles habitam um "terceiro reino", um "domínio" além do espaço e do tempo que contrasta com o "primeiro reino" de ideias privadas (mentes individuais) e o "segundo reino" de objetos materiais, os quais são ambos objetivos e atuais.

De acordo com Frege, embora proposições aritméticas sejam *a priori*, elas são analíticas no sentido de serem demonstráveis a partir de axiomas lógicos e definições somente. Em *Grundlagen der Arithmetik** (1884), ele brilhantemente criticou tanto a ideia de Kant de que a aritmética é baseada em intuição *a priori* quanto a visão empirista de Mill de que ela é baseada em generalizações indutivas. Ele também abordou o desafio principal encarado pelo logicismo, ao oferecer uma definição da noção de número cardeal em termos da noção lógica de conjunto. O logicismo de Frege culminou em seus *Grundgesetze der Arithmetik*** (1893 e 1903). Em verdade, terminou em fracasso, porque fez uso irrestrito de conjuntos que têm outros conjuntos como seus membros, produzindo, portanto, o notório paradoxo do conjunto de todos os conjuntos que não são membros de si mesmos.

3. A REBELIÃO CONTRA O IDEALISMO

Quando Bertrand Russell divisou esse paradoxo em 1903, ele estava no processo de desenvolver um sistema lógico estreitamente semelhante ao de Frege. Ele se esforçou em proteger o logicismo do paradoxo por meio

---

* N. de T.: Ou seja, *Os fundamentos da aritmética*.
** N. de T.: Ou seja, *As leis básicas da aritmética*.

de uma teoria de tipos, um "conjunto definido de regras para decidir se uma dada séria de palavras era ou não significativa" (1903, p. xi). Essa teoria proíbe como "assignificativas" fórmulas que dizem de um conjunto *x* o que pode somente ser dito dos membros de *x*, notadamente que *x* é (ou não é) um membro do próprio *x*. O resultado eventual foi a obra *Principia Mathematica* de Russell e de Whitehead (1910–1913), que ofereceu uma afirmação definitiva do logicismo e o ponto de partida para um crescimento rápido da lógica formal. Ironicamente, um dos resultados obtidos acusava um sério golpe no projeto logicista. De acordo com os "teoremas de incompletude" de Gödel (1931), nenhum sistema lógico forte o bastante para derivar a aritmética pode estabelecer sua própria consistência. Portanto, não há nenhum sistema de axiomas autoevidentes e demonstrativamente consistentes capaz de gerar todas as verdades matemáticas, o que milita contra a aspiração epistemológica por detrás do logicismo, a saber, assegurar os fundamentos da matemática contra qualquer ameaça concebível de dúvida ou inconsistência. Como resultado, a importância filosófica contemporânea do logicismo reside mais em seus lucros colaterais para os métodos de análise lógica do que em ter atingido seu objetivo original.

Tal como Frege, Russell pensou que seu sistema formal fosse uma *linguagem ideal*, uma linguagem que evita os defeitos lógicos aparentes das linguagens naturais – ambiguidade, indeterminação, fracasso referencial e confusão-de-categoria. Mas, seus interesses eram mais amplos. Ele aplicou as novas técnicas lógicas não só aos fundamentos da matemática, mas também a problemas tradicionais da epistemologia e da metafísica. Com efeito, ele tinha a esperança de que elas colocariam a filosofia, como um todo, no caminho seguro de uma ciência. A razão para esse escopo mais amplo reside nas raízes intelectuais de Russell. Embora inicialmente treinado como matemático, ele também obteve um grau em filosofia e ficou impregnado de um sistema filosófico, a saber, o "idealismo britânico", epitomado por Bradley e McTaggart.

O idealismo britânico foi uma assimilação tardia do idealismo alemão, que teve influência na Grã-Bretanha entre os anos de 1870 e os de 1920. Para os idealistas britânicos, a visão de que existem coisas individuais independentes da mente leva a contradições que podem ser expostas pela dialética hegeliana. O senso comum e a ciência são, na melhor das hipóteses, "parcialmente" ou "relativamente verdadeiros", e suas descobertas devem ser qualificadas pela filosofia. De acordo com Bradley, as coisas individuais são mera aparência, e a realidade subjacente é um todo singular indivisível, o "Absoluto" hegeliano que tudo abrange. Uma vez que se pode distinguir quaisquer aspectos desse todo, as relações entre eles são necessárias ou "internas", isto é, constitutivas dos *relata*, em vez de contingentes ou "externas" (Passmore, 1966, Capítulos 3-4).

Russell e seu contemporâneo de Cambridge, G. E. Moore, tinham inicialmente simpatizado com o idealismo britânico. Sua "revolta" contra ele marcou um momento decisivo na emergência da filosofia analítica.

> Foi para o fim de 1898 que Moore e eu nos rebelamos tanto contra Kant como contra Hegel. Moore abriu o caminho, mas eu segui de perto suas pegadas... Senti uma grande libertação, tal como se eu tivesse escapado de uma casa abafada para um promontório varrido pelo vento... Nessa primeira exuberância de libertação, tornei-me um realista ingênuo e me regozijei no pensamento de que a grama é realmente verde. (1959, p. 42, 62)

Para Moore, a negação monista de relações externas entre objetos independentes dá origem a confusões respectivas à identidade e à diferença, e corre contra a percepção de senso comum de que alguns fatos são contingentes. Ele também acusou o idealismo de ser "um ponto de vista por demais psicológico" (1898, p. 199). Por um lado, a revolução copernicana de Kant erroneamente torna verdades *a priori* dependentes da natureza da mente humana, que é uma questão contingente. Por outro, se uma proposição é verdadeira, isso não é uma questão de grau e não deve ser confundido com a pergunta se ela é pensada ou conhecida como verdadeira. Finalmente, os objetos do conhecimento ou do pensamento não são fenômenos psicológicos na mente dos indivíduos. Eles são proposições, complexos de conceitos que existem independentemente de serem conhecidos ou pensados. Embora Moore e Russell tenham repudiado a teoria da verdade por coerência, advogada pelos idealistas (e de acordo com a qual uma proposição é verdadeira se ela é parte de um sistema coerente de proposições), eles não optaram imediatamente por uma teoria de correspondência. Uma proposição verdadeira não corresponde a um fato, ela é um fato e, portanto, ela mesma é parte da realidade. Semelhantemente, os conceitos que aparecem em proposições existem independentemente de nossas mentes e de suas atividades (Moore, 1899, p. 4-5).

Os idealistas britânicos tinham *prima facie* argumentos convincentes para suas respostas paradoxais a questões filosóficas. Em resposta, Moore insistiu que as próprias questões devem ser questionadas. As "dificuldades e discordâncias" que seguiam os passos da filosofia são devidas principalmente

> à tentativa de responder a perguntas sem primeiramente descobrir, precisamente, *qual* é a pergunta a que você deseja responder... [os filósofos] estão constantemente se esforçando em provar que "Sim" ou "Não" responderá a perguntas às quais *nenhuma* das respostas é correta... (1903, p. vi)

De acordo com Moore, a filosofia necessita do senso comum e de análise esmerada em vez de dialética deslumbrante: "uma coisa se torna inteligível primeiramente quando ela é analisada em seus conceitos constituintes" (1899, p. 182). Ele considerou a análise como uma decomposição de conceitos complexos – incluindo proposições – em conceitos mais simples, a modo de definição.

Russell foi até mais expansivo em seu louvor à análise. Ele sustentou apoditicamente que "toda filosofia sã começa com análise lógica", e que essa realização representa "o mesmo tipo de avanço que foi introduzido na física por Galileu" (1900, p. 8; 1914, p. 14, ver também p. 68–69). Na forma de uma recapitulação, ele escreveu:

> Desde que abandonei a filosofia de Kant e Hegel, busquei soluções de problemas filosóficos por meio da análise; e permaneço firmemente persuadido, apesar de algumas tendências modernas para o contrário, de que somente por meio de análise o progresso é possível. (1959, p. 11)

Enquanto Moore estava preocupado sobretudo em combater a negação idealista de objetos independentes-da-mente, o principal incômodo de Russell foi a negação monista de uma pluralidade de entidades. Para Russell, existem dois tipos de filósofos, aqueles como Bradley, que tomam o mundo como uma bacia de geleia – um todo indivisível – e aqueles que, como ele mesmo, pensam nele como um balde de balas, consistindo em átomos discretos, físicos ou lógicos (Monk, 1996a, p. 114).

Russell inicialmente descreveu a análise em termos decomposicionais, a saber, como a identificação das partes simples de complexos independentes-da-mente, não linguísticos (1903, p. xv, p. 466). Pela mesma razão, ele adotou uma ontologia luxuriante, semelhante àquelas de Moore e Meinong, aceitando como reais todas as coisas pelas quais nossos termos significativos parecem estar, incluindo não só objetos abstratos, mas também entidades fictícias, como os deuses homéricos, e entidades impossíveis, como o quadrado redondo.[1]

Mas a concepção de análise de Russell era também inspirada na descoberta anteriormente mencionada de que as noções matemáticas, como infinitude e continuidade, poderiam ser definidas de um modo que não levasse às contradições diagnosticadas pelo hegelianismo. Como Frege, e diferentemente de Moore, Russell foi um pioneiro da lógica, e não da análise conceitual. A nova lógica providenciava maneiras de parafrasear proposições filosoficamente enigmáticas em uma linguagem formal. Mais especificamente, a análise oferece um meio de mostrar que nossas proposições geralmente aceitas não nos comprometem com a existência de entidades duvidosas. Isso tornou possível que o "robusto senso de realidade" autoproclamado por Russell (1919, p. 170) reafirmasse a si mesmo.

Para Frege, uma sentença da forma "F é G" tem sentido, mas carece de significado, se nada que é F existe. Por esse mecanismo,

7. O atual rei da França é careca.

expressa um pensamento, mas carece de um valor-de-verdade, ou seja, não é nem verdadeiro nem falso. Russell rejeitou a distinção sentido/significado de Frege. Sua famosa teoria das descrições analisava tais sentenças em uma conjunção quantificada, a saber,

7' Há uma e somente uma coisa que é um atual rei da França, e todas as coisas que são um atual rei da França são carecas.

Em notação formal, (7) é expressa como

7* $\exists x((x$ é um atual rei da França & $\forall y$ (y é um atual rei da França $\rightarrow y = x$)) & x é careca)

Expressões como descrições definidas ("o assim-e-assim") são "símbolos incompletos". Elas não têm nenhum significado – elas não representam alguma coisa – por si mesmas; todavia, podem ser parafraseadas no contexto das sentenças significativas em que ocorrem.

A teoria das descrições foi descrita por Frank Ramsey como um "paradigma da filosofia" (1931, p. 263), dado que ela parecia capaz de resolver antigos enigmas sobre existência e identidade. Análise não mais consistia simplesmente na decomposição das entidades aparentemente denotadas pelos termos de uma sentença; ela se tornou a transformação de uma sentença inteira em uma sentença da qual símbolos incompletos foram eliminados. Tal análise tem em vista pôr a descoberto a forma lógica verdadeira de proposições e fatos, uma forma que pode diferir substancialmente da forma gramatical, frequentemente equivocada, da sentença no vernáculo que expressa o fato. Russell pôs a forma lógica a serviço de um projeto reducionista. No espírito da navalha de Ockham e dos empiristas anteriores, a reificação desnecessária de objetos do discurso é evitada por "analisar para longe" as expressões problemáticas (1956a, p. 233; ver Hylton, 1990, Capítulo 6; Hacker, 1996, p. 9-12). De forma mais geral, ele perseguiu um objetivo metafísico por meios lógicos: supõe-se que sentenças verdadeiras propriamente analisadas são isomórficas aos fatos que expressam, e, portanto, a análise lógica pode revelar os componentes e as estruturas últimas da realidade.

4. A VIRADA LINGUÍSTICA

Frege e Russell tinham revolucionado a lógica formal e demonstrado seu potencial filosófico. Ao mesmo tempo, tinham deixado obscura a natureza da lógica. Essa, de todo modo, era a visão de Ludwig Wittgenstein, um austríaco que veio para Cambridge em 1911, inicialmente como estudante de Russell, mas, em pouco tempo, como seu igual e crítico sem remorsos. À época, havia quatro explanações da natureza da lógica. De acordo com Mill, proposições lógicas são generalizações indutivas extremamente bem corroboradas. De acordo com o psicologismo, as verdades lógicas ou as "leis do pensamento" descrevem o modo como os seres humanos (o mais comumente) pensam, suas básicas operações mentais e como elas são determinadas pela natureza da mente humana. Contra ambas as posições, platonistas como Frege protestavam que verdades lógicas são objetivas e necessárias, e que essas características podem somente ser explicadas assumindo-se que seu objeto – objetos lógicos e pensamentos – são entidades abstratas que habitam um "terceiro reino" além do espaço e do tempo. Finalmente, Russell sustentou que as proposições da lógica são verdades supremamente gerais sobre os traços mais difundidos da realidade, traços aos quais temos acesso por abstração a partir de proposições não lógicas. Por exemplo, "Platão ama Sócrates" gera a forma lógica "$x\Phi y$" e, a partir daí, uma proposição como "Alguma coisa está de algum modo relacionada com alguma coisa".

O *Tractatus* de Wittgenstein (1922) põe de escanteio todas as quatro alternativas. As proposições da lógica como "$(p \vee \sim p)$" não são nem generalizações indutivas nem descrições de como as pessoas pensam, de um *mundo de fundo* platonista ou dos traços mais difundidos da realidade. Antes, elas são "tautologias" vazias. Elas não dizem nada, dado que combinam proposições empíricas de tal maneira que toda informação fatual se anula. "Está chovendo" diz alguma coisa sobre o tempo – verdadeiro ou falso –, e assim o faz "Não está chovendo". Mas, "Ou bem está chovendo ou não está chovendo" não diz. A necessidade de tautologias simplesmente reflete o fato de que elas não fazem quaisquer reivindicações cujo valor-de-verdade dependa de como as coisas realmente são. Assim como as proposições lógicas não são afirmações sobre uma realidade especial, as constantes lógicas (conetivos e quantificadores proposicionais) não são nomes de entidades lógicas peculiares, tal como Frege e Russell supuseram. Antes, expressam as operações verofuncionais por meio das quais proposições complexas são criadas a partir de outras mais simples.

De acordo com Wittgenstein, todas as relações lógicas entre proposições são devidas à complexidade de proposições moleculares, o fato de que elas são construídas a partir de "proposições atômicas" ou "elementares" unicamente por meio de operações vero-funcionais. Pelo mesmo artifício, proposições totalmente significativas podem ser analisadas em proposições elementares logicamente independentes. Os constituintes últimos de tais proposições são "nomes" inanalisáveis (os componentes mais simples da linguagem). Esses nomes têm como significado, ou seja, estão para, "objetos" indestrutíveis (os componentes mais simples da realidade). Um tipo semelhante de *atomismo lógico* foi desenvolvido por Russell. Além disso, Wittgenstein partilhava a convicção de Russell (1900, p. 8; 1914, Capítulo 2; 1918, p. 108) de que a filosofia é idêntica à análise lógica de proposições em seus constituintes últimos, e de que isso também exibiria as peças constituintes da realidade.

Enquanto Russell foi movido pela ideia empirista de que esses constituintes da realidade deveriam ser objetos de "conhecimento direto"[*] sensório, Wittgenstein perseguiu um projeto kantiano. Seu interesse primário não era estabelecer a natureza precisa de objetos, mas antes mostrar que eles *devem existir* caso sejamos capazes de representar a realidade. Ecoando a ambição de Kant de traçar as fronteiras entre discurso legítimo e especulação ilegítima, o objetivo do *Tractatus* é "traçar um limite para o pensamento". Ao mesmo tempo, Wittgenstein deu uma virada linguística ao relato kantiano. A linguagem não é simplesmente uma manifestação secundária de alguma coisa não linguística. Afinal, os pensamentos não são nem processos mentais nem entidades abstratas, mas são eles mesmos, proposições, sentenças que foram projetadas sobre a realidade. Pensamentos podem ser completamente expressos na linguagem, e a filosofia pode estabelecer os limites do pensamento ao estabelecer os limites da expressão linguística do pensamento. Com efeito, esses limites não podem ser traçados por pensamentos sobre ambos os lados do limite, dado que, por definição, tais pensamentos

---

[*] N. de T.: No original, *"acquaintance"*.

seriam sobre alguma coisa que não pode ser pensada. Os limites do pensamento podem apenas ser traçados "na linguagem" (1922, Prefácio), a saber, ao mostrar que certas combinações de sinais são destituídas de sentido, tal como no caso de "A-sustenido é vermelho".

Para Wittgenstein, o cálculo lógico desenvolvido por Frege e Russell não é uma linguagem ideal, uma linguagem que evita os alegados defeitos das linguagens naturais, mas uma notação ideal que exibe a estrutura lógica que todas as linguagens naturais devem ter em comum sob sua superfície equívoca. Wittgenstein tenta capturar as pré-condições da representação linguística por meio de sua assim chamada teoria pictórica. A essência das proposições – "a forma proposicional geral" – é afirmar como as coisas são. A estrutura lógica da linguagem é idêntica à estrutura metafísica da realidade, porque ela compreende aquelas características estruturais que a linguagem e a realidade devem partilhar se aquela é capaz de retratar essa. Proposições elementares são figuras ou modelos que retratam um "estado de coisas", uma possível combinação de objetos. Para fazer isso, seus nomes constituintes devem ser representantes desses objetos, e eles devem ter a mesma "forma lógica" que o estado de coisas retratado. Uma proposição elementar é verdadeira sse o estado se dá, isto é, sse os objetos nomeados são realmente combinados como ela diz que eles são.

Proposições empíricas têm sentido em virtude de retratarem um possível estado de coisas, e proposições lógicas são "sem sentido", dado que não dizem nada. Por contraste, os pronunciamentos da metafísica são "absurdos". Eles tentam dizer o que não poderia ser diferente, por exemplo, que a classe de leões não é um leão. Mas qualquer tentativa de se referir a alguma coisa absurda, mesmo que somente para excluí-la, é ela mesma absurda. Ora, não podemos nos referir a alguma coisa ilógica como a classe de leões ser um leão por meio de uma expressão significativa. O que tais "pseudoproposições" metafísicas tentam *dizer* é *mostrado* por proposições empíricas propriamente analisadas. De fato, os pronunciamentos do próprio *Tractatus* são no fim condenados como absurdos. Ao dar as linhas gerais da essência da representação, eles conduzem alguém ao ponto de vista lógico correto. Mas, uma vez isso atingido, deve-se jogar fora a escada que se escalou. A filosofia não pode ser uma "doutrina", dado que não existem proposições filosóficas significativas. Ela é uma "atividade", uma "crítica da linguagem" por meio da análise lógica. Positivamente, ela elucida as proposições significativas da ciência; negativamente, ela revela que as afirmações metafísicas são absurdas (1922, 4.0031, 4.112, 6.53–6.54).

Com envolvente modéstia, Wittgenstein achava que o *Tractatus* tinha solucionado os problemas fundamentais da filosofia e abandonou o assunto após sua publicação. Enquanto isso, o livro tinha ganho a atenção dos positivistas lógicos do Círculo de Viena. Os positivistas lógicos tinham em mira o desenvolvimento de um "empirismo consistente". Eles concordavam com o empirismo britânico e com Ernst Mach em relação à tese de que todo o conhecimento humano é baseado na experiência, mas tentavam defender essa posição de uma maneira mais cogente, com o auxílio da lógica moderna, um ponto que enfatizavam fazendo uso do rótulo "empirismo lógico". Inspirados por Frege, Russell e Wittgenstein, eles empregaram a análise lógica em vez da psicológica para identificar os elementos da experiência, da realidade e da linguagem (Carnap et al., 1929, p. 8). Além disso, invocaram o *Tractatus* para dar conta das proposições da lógica e da matemática, sem reduzi-las a generalizações indutivas (Mill), tendo de cair no platonismo (Frege) ou de admitir verdades sintéticas *a priori* (Kant). A lógica e a matemática, concederam, são necessárias e *a priori*; todavia, não resultam em conhecimento sobre o mundo, pois todas as verdades *a priori* são analíticas, ou seja, verdadeiras unicamente em virtude dos significados de suas palavras constituintes. Verdades *lógicas* são tautologias que são verdadeiras em virtude do significado das constantes lógicas somente, e verdades *analíticas* podem ser reduzidas a tautologias substituindo-se sinônimos por sinônimos. Assim, pois,

8. Todos os solteiros são não casados.

é transformada em

8' Todos os homens não casados são não casados.

uma tautologia da forma "$\forall x \, ((Fx \& Gx) \to Gx)$". Proposições necessárias, longe de espelharem a essência da realidade ou a estrutura da razão pura, são verdadeiras em virtude das convenções que governam nosso uso das palavras (Carnap et al., 1929, p. 8-10, 13; Blumberg e Feigl, 1931; Ayer, 1936, p. 21-24, Capítulo 4).

Hoje os positivistas lógicos são mais bem conhecidos pelo verificacionismo, a concepção de que o significado de uma proposição é seu método de verificação (o "princípio de verificação"), e que somente são "cognitivamente significativas" aquelas proposições que são capazes de ser verificadas ou falsificadas (o "critério de significatividade" verificacionista). Na base desse critério, eles condenaram a metafísica como assignificativa, porque ela não é nem *a posteriori*, como a ciência empírica, nem analítica, como a lógica e a matemática. Pronunciamentos metafísicos são vazios: eles nem fazem afirmações que de fato podem, em última análise, ser verificadas pela experiência sensória, nem explicam o significado de palavras ou proposições.

A filosofia legítima se reduz ao que Rudolf Carnap chamou de "a lógica da ciência" (1937, p. 279). Sua tarefa é a análise lógico-linguística daquelas proposições que sozinhas são, estritamente falando, significativas, a saber, aquelas da ciência. Completando a sua virada linguística, Carnap reformulou problemas e proposições filosóficas do "modo material" tradicional – no que diz respeito à natureza ou à essência de objetos – para o modo formal – no que diz respeito a expressões linguísticas, a sua sintaxe e a sua semântica.

Os positivistas lógicos assumiram os métodos analíticos do atomismo lógico, embora repudiassem as bases metafísicas (diversas) dadas para eles por Russell e Wittgenstein. Do último, herdaram a virada linguística, do primeiro, a ambição de fazer vingar o empirismo por meio da análise redutiva. Eles estavam comprometidos com a "unidade da ciência", a ideia de que todas as disciplinas científicas, incluindo as ciências sociais, podem ser unificadas em um sistema único, com a física como fundamento. Os termos teóricos da ciência são definidos por meio de um vocabulário observacional mais primitivo, e isso torna posível quebrar todas as proposições significativas em proposições sobre o que é "dado" na experiência.

Essas assim chamadas "sentenças-protocolares" ou "sentenças-de-observação" ocasionaram a primeira ruptura mais séria dentro do movimento positivista. De acordo com os "fenomenalistas", liderados por Schlick, essas sentenças são sobre experiências sensórias subjetivas; de acordo com os fisicalistas, liderados por Neurath, e mais tarde acrescidos por Carnap, elas são sobre objetos físicos em vez de episódios mentais. A opção fisicalista faz justiça ao fato de que os objetos da ciência devem ser intersubjetivamente acessíveis. O preço a ser pago é que mesmo as proposições que constituem as fundações empíricas da ciência são falíveis, uma opinião que também foi defendida por Karl Popper, um associado do Círculo de Viena.

Uma outra controvérsia surgiu sobre o estatuto da filosofia vis-à-vis à ciência. Todos os positivistas lógicos acreditavam que a filosofia deveria perseguir o rigor e o espírito cooperativo das ciências formais e empíricas. Mas, enquanto Schlick e Carnap insistiam em uma distinção qualitativa entre a investigação empírica da realidade e a análise filosófica das proposições e dos métodos da ciência, Neurath adotou uma postura naturalista, de acordo com a qual a própria filosofia se dissolve em uma ciência fisicalista unificada.

Carnap tinha originalmente ficado impressionado pelas restrições de Wittgenstein contra qualquer tentativa de falar sobre a relação entre linguagem e realidade, e, portanto, tinha restringido a análise da linguagem à *sintaxe* lógica, às regras intralinguísticas para a combinação de sinais. Mas, em 1935, Alfred Tarski publicou um ensaio seminal que definiu a noção semântica central de verdade de uma maneira que evita paradoxos semânticos (como aquele do mentiroso). Isso persuadiu Carnap a abandonar a restrição à sintaxe, e suas tentativas subsequentes de explicar noções semânticas – notavelmente, por meio da ideia de mundos possíveis (1956) – tiveram uma influência profunda sobre a filosofia analítica da linguagem.

O verificacionismo também ficou sob pressão. O princípio de verificação foi atacado por analistas conceituais, que apontaram que o significado linguístico se liga não só a sentenças declarativas capazes de serem verdadeiras ou falsas e, portanto, de serem verificadas ou falsificadas, mas também, por exemplo, a sentenças interrogativas, imperativas e performativas. Em resposta, os positivistas lógicos restringiram o princípio ao que eles chamavam de significado "cognitivo" em oposição ao significado, por exemplo, emotivo (Carnap, 1963, p. 45; ver Stroll, 2000, p. 84-86).

Essa concessão tira do princípio de verificação seu papel semântico, a menos que possa ser mostrado que mesmo afirmações não declarativas têm uma aptidão à verdade e, portanto, um componente verificável. Isso não ameaça a crítica verificacionista da metafísica, dado que a metafísica aspira a descrições de realidade com conteúdo cognitivo. Mas filósofos tradicionais objetaram que o critério de significatividade é autorrefutador, dado que ele não é nem empírico nem analítico, sendo, portanto, assignificativo por sua própria luz (Ewing, 1937). E positivistas lógicos como Hempel (1950) perceberam que o critério é ou bem *estrito demais*, no sentido de que exclui sentenças que são parte da ciência ("Todos os quasares são radioativos" não pode ser verificada de maneira conclusiva, e "Alguns quasares não são radioativos" não pode ser falsificado de forma conclusiva), ou é *demasiado liberal*, no sentido de que permite sentenças metafísicas como "Somente o Absoluto é perfeito".

5. CONSTRUCIONISMO LÓGICO *VERSUS* ANÁLISE CONCEITUAL

Nesse meio tempo, em Cambridge, surgia uma nova geração de analistas lógicos, sendo Ramsey preeminente entre eles. Os analistas de Cambridge não partilhavam nem do fervor antimetafísico dos positivistas lógicos nem de seu verificacionismo. Contudo, partilhavam da "tese da extensionalidade" de Wittgenstein (proposições simples ocorrem em uma proposição complexa somente de maneira tal que o valor-de-verdade da última depende unicamente dos valores-de-verdade das primeiras). Também partilhavam da aspiração empirista de Russell de analisar proposições e conceitos em construções que se referem exclusivamente aos conteúdos da experiência. A propósito, suas tentativas de reduzir todas as proposições significativas a construções verofuncionais a partir de proposições elementares sobre dados sensoriais não foram mais bem-sucedidas do que o esforço heroico de Carnap na obra *Der Logische Aufbau der Welt** (1928).

A análise funcionou suficientemente bem quando se tratava de mostrar que – não obstante aparências gramaticais – não estamos comprometidos com a existência do atual rei da França, o quadrado redondo ou o britânico comum. Tal análise "lógica" ou "de mesmo nível" tem em mira apresentar a forma lógica atual de uma proposição e, a partir daí, suas implicações. Ela contrasta com a "análise de novo nível" ou a "análise metafísica", um procedimento reducionista que supostamente elimina coisas de um tipo em favor de coisas de um tipo ontologicamente mais básico (Stebbing, 1932; Wisdom, 1934). O lado reverso da análise de novo nível era a *construção lógica*, a demonstração

---

* N. de T.: Ou seja, *A construção lógica do mundo*.

de como proposições e termos que pareciam denotar as entidades eliminadas podem ser construídos a partir de proposições e termos que se referem somente a entidades do tipo menos problemático.

A análise de novo nível tinha sido mais ou menos bem-sucedida na matemática, onde os números tinham sido reduzidos a conjuntos, mas ela falhara em outras áreas. Mesmo a análise *prima facie* não exigente de proposições sobre Estados-nações em proposições sobre indivíduos e suas ações provou-se ardilosa. Quando se chegou à redução fenomenalista de proposições sobre objetos materiais a proposições sobre dados dos sentidos, as dificuldades se provaram insuperáveis. Outros impedimentos incluíam atribuições de crença: o valor-de--verdade de "Sara crê que Blair é honesto" não é determinada simplesmente por aquele valor-de-verdade de "Blair é honesto", contrariamente à tese da extensionalidade (ver Capítulo 6.1 e Urmson, 1956, p. 60-74, 146--162).

No que concerne à análise de conceitos, uma barreira adicional foi o assim chamado "paradoxo da análise" (Langford, 1942), que é, com efeito, um dilema. Suponha que "irmão" é analisado como "nascido de mesmo genitor* do sexo masculino". Ou bem o *analysandum* tem o mesmo significado do *analysans*, caso em que a análise é *trivial* e nada se aprende por ela; ou os dois não são sinônimos, caso em que a análise é *incorreta*.

É tentador criticar o fracasso da análise redutiva por causa das vaguezas da linguagem ordinária: a análise proposta falha em dizer precisamente a mesma coisa que o *analysandum* simplesmente porque o *analysandum* não diz qualquer coisa precisa, só para começar. Essa é a atitude de uma corrente dentro da filosofia analítica que é conhecida como "filosofia da linguagem ideal", incluindo Frege, Russell, Tarski, os positivistas lógicos e Quine. Ela sustenta que, devido a suas limitações lógicas, as linguagens naturais precisam ser substituídas por uma linguagem ideal – um cálculo lógico interpretado –, pelo menos para os propósitos da ciência e da "filosofia científica".

De acordo com Carnap, a tentativa de revelar a forma lógica subjacente às sentenças no vernáculo é fútil; a análise deveria, em vez disso, tomar a forma da *construção lógica*, não simplesmente no sentido de que frases eliminadas são reconstruídas a partir de frases aceitáveis, mas no sentido de divisar *linguagens artificiais inteiramente novas*. "A análise lógica de uma expressão particular consiste no estabelecimento de um sistema linguístico e na colocação daquela expressão nesse sistema" (1936a, p. 143). O procedimento de Carnap de "reconstrução racional" ou "explicação lógica" evita o paradoxo da análise (1928, §100; 1956, p. 7-9). O objetivo não é fornecer um sinônimo do *analysandum*, mas *substituí-lo* com uma expressão ou construção alternativa, uma construção que serve aos propósitos cognitivos da expressão original igualmente bem, enquanto evitando inconvenientes como obscuridade e comprometimentos ontológicos indesejáveis. Por exemplo, discurso sobre números pode ser substituído por um discurso sobre conjuntos de conjuntos. Encorajado pelo surgimento da lógica intuicionista de Brouwer, Carnap abraçou um "princípio de tolerância" em lógica (1937, §17). Temos a liberdade de construir cálculos novos, restritos somente pela exigência por consistência e considerações como facilidade de explanação e evitação de enigmas. Essa atitude pragmatista colocou-o em estranheza não só com o *Tractatus*, para o qual há uma única "sintaxe lógica" comum a *todas* as linguagens significativas, mas também com aqueles como Russell, que mantinham que uma linguagem ideal deveria espelhar de forma única a estrutura metafísica da realidade.

Uma alternativa tanto à análise redutiva quanto ao construtivismo lógico surgiu a partir de 1929, quando Wittgenstein

---

* N. de T.: A palavra inglesa *"sibling"* não tem cognato na língua portuguesa, podendo significar tanto "irmão" como "irmã", ou seja, o parente próximo nascido dos mesmos pais ou do mesmo pai ou da mesma mãe.

retornou a Cambridge e sujeitou sua própria obra anterior a uma crítica desdenhosa. O resultado eventual foi as *Investigações filosóficas* (1953).

Wittgenstein veio a perceber que possivelmente nada poderia se encaixar em proposições elementares logicamente independentes. Isso tinha a consequência adicional de que há relações lógicas entre proposições que não resultam da combinação verofuncional de tais proposições elementares. A linguagem ordinária não é "um cálculo de acordo com regras definidas" (§81). Suas regras são mais diversas, difusas e sujeitas à mudança do que aquelas dos cálculos artificiais. A ideia atomista de objetos indecomponíveis e inanalisáveis é uma quimera. A distinção entre simples e complexo não é absoluta, mas relativa aos instrumentos e propósitos analíticos de alguém. O colapso do atomismo lógico também mina a teoria pictórica. A explicação de como proposições representam fatos possíveis não pode ser a de que elas são disposições de átomos lógicos que partilham uma forma lógica com uma disposição de átomos metafísicos. Além do mais, a possibilidade de representação linguística não pressupõe uma correlação um-a-um entre palavras e coisas. A concepção referencial de significado subjacente está duplamente errada. Nem todas as palavras se referem a objetos. Com efeito, mesmo no caso de expressões referentes, seu significado não é o objeto que representam. O significado de uma palavra não é uma entidade de qualquer tipo, mas seu uso de acordo com regras linguísticas (§43).

Tanto a teoria pictórica quanto o verificacionismo restringem proposições significativas a afirmações de fato. Wittgenstein agora nega que a única função da linguagem seja a de descrever a realidade. Em adição a afirmações de fato há não somente perguntas e comandos, mas "incontáveis" outros tipos de jogos de linguagem, como, por exemplo, contar piadas, agradecer, amaldiçoar, saudar, orar. Além do mais, as regras constitutivas de uma linguagem como um todo – Wittgenstein se refere a elas como a "gramática" daquela linguagem – não espelham a estrutura da realidade, mas são "autônomas". Não são responsáveis nem pela realidade empírica nem por um reino platônico de "significados". Os signos *por si mesmos* não têm significados; nós lhes damos significado ao explaná-los e usá-los de dada maneira. A linguagem não é o sistema abstrato autossuficiente tal como é apresentada no *Tractatus*. Antes, ela é uma prática humana que, por sua vez, está imiscuída em uma "forma de vida" social (§23).

Wittgenstein ainda manteve que os problemas filosóficos estão enraizados em mal-entendidos da linguagem. Mas ele rejeitou tanto a análise lógica quanto a construção lógica como meios de adquirir clareza. Não há proposições elementares logicamente independentes ou nomes indefiníveis para que, com eles, a análise tenha termo. Com efeito, nem todos os conceitos legítimos podem ser agudamente definidos por referência a condições suficientes e necessárias para sua aplicação. Tal *definição analítica* é somente uma, entre outras formas de explicação. Muitos conceitos filosoficamente contestados são unidos por "semelhanças de família", justapondo semelhanças, em vez de unidos por uma marca característica comum. Em particular, as proposições não partilham uma essência comum, uma forma proposicional única. Finalmente, a ideia de que a análise pode fazer descobertas inesperadas sobre o que as expressões ordinárias realmente significam é equivocada. As regras da linguagem não podem ser "ocultas". Antes, falantes competentes devem ser capazes de reconhecê-las, uma vez que são os padrões normativos que guiam suas enunciações. Para lutar contra o "enfeitiçamento de nosso entendimento através dos meios da nossa linguagem", não requeremos nem a construção de linguagens artificiais nem a descoberta de formas lógicas por baixo da superfície da linguagem ordinária. Em vez disso, precisamos de uma descrição de nossas práticas linguísticas públicas, que constituem uma variedade de "jogos de linguagem" (§§65–88, 108, 23).

As novas ideias de Wittgenstein, combinadas com a filosofia do senso comum de Moore, tiveram um impacto profundo em um movimento que surgiu em torno da virada dos anos de 1930 e dominou a filosofia britânica até os anos de 1960. Seus oponentes chamaram-no de "filosofia da linguagem ordinária" ou "filosofia de Oxford", dado que seus proponentes mais eminentes – Ryle, Austin e Strawson – tinham aquele lugar como base.[2] Eles mesmos preferiam rótulos como "análise conceitual" ou "filosofia linguística". Afinal, consideravam os problemas filosóficos como conceituais, e os conceitos, como incorporados à linguagem. Possuir um conceito é saber o significado de certas expressões; pelo mesmo mecanismo, os conceitos não são nem ocorrências mentais nem entidades além do espaço e do tempo, mas abstrações a partir de nosso uso de palavras.

Os filósofos linguísticos tentavam resolver os problemas filosóficos não por meio da substituição de termos e construções artificiais pelos idiomas das linguagens naturais, mas pela clarificação das últimas. Mais especificamente, descreviam os usos ordinários de termos filosoficamente problemáticos e contrastavam-nos com seus usos na teorização filosófica. Se os problemas filosóficos se originam em nossa estrutura conceitual atual, como presumiram os filósofos da linguagem ideal, a introdução de um novo esquema meramente varrerá esses problemas para baixo do carpete, *a menos* que sua relação como o antigo esquema seja entendida propriamente. Uma vez que tenhamos elucidado a linguagem ordinária, assim analistas conceituais como Strawson continuavam a argumentar, não mais requeremos uma linguagem artificial. Afinal, os problemas surgem não a partir da linguagem ordinária como tal, mas a partir de sua distorção e de seu mal-entendimento em teorias filosóficas (1963; ver Rorty, 1967, p. 15-19).

O que sobrevive à rejeição da análise lógica e redutiva é a análise conceitual e a paráfrase linguística. Problemas filosóficos são resolvidos ao se explanar expressões e ao se estabelecer o estatuto e os poderes inferenciais das afirmações em que ocorrem. A estrutura de "Eu sinto dor" é a mesma de "Eu sinto um formigamento"; todavia, Wittgenstein manteve que essas proposições são movimentos inteiramente desanálogos no jogo de linguagem (1953, §§ 572-573). Semelhantemente, Ryle advogou que a filosofia deveria fazer um mapeamento da "geografia lógica" de nossos conceitos. Em *O conceito de mente*, argumentou que o dualismo cartesiano de mente e corpo resulta de "equívocos categoriais": ele trata conceitos mentais que significam disposições comportamentais como se referissem a processos que são exatamente como processos físicos, apenas mais etéreos. Ryle rejeitou a imagem terapêutica de Wittgenstein de acordo com a qual "o filósofo trata uma questão como uma doença" (1953, §255). Todavia, aceitou que a filosofia é uma metadisciplina que não "fala adequadamente com conceitos", mas tenta "falar adequadamente sobre conceitos" (1949, p. 9-10). O paradoxo da análise desaparece, dado que a tarefa não é prover nova informação sobre um reino extrínseco a nós. De acordo com Wittgenstein, a filosofia nos lembra de regras que dominamos na prática, mas que nos levam a equívocos no curso das reflexões filosóficas. De acordo com Ryle, ela nos leva do *conhecimento de como* usamos palavras para um conhecimento explítico de que elas são usadas de acordo com certas regras. Em ambos os modos, a análise não é uma busca trivial, porque a explicação de conceitos filosoficamente interessantes é complexa e rica, especialmente quando ela coloca esses conceitos em seus contextos diversos (cotidiano, científico, filosófico).

J. L. Austin exemplificou a filosofia linguística, especialmente para seus inimigos, dado que era um mestre em observar minúcias do uso linguístico – "*o que deveríamos dizer quando*, e assim por que e o que deveríamos querer dizer por aquilo". Por exemplo, ele cuidadosamente contrastou termos aparentemente equivalentes tais como "*appear*", "*look*" e "*seem*"* ao atentar para as diferentes situações que permitem sua aplicação. Mas seu interesse na linguagem não era motivado unicamente pelo desejo de retificar confusões, e ele brincou com a ideia de que a análise linguística poderia tornar-se um ramo da linguística (1970, p. 181, 231-232). Por um mecanismo semelhante, enquanto alguns filósofos linguistas consideravam a busca por teorias sistemáticas como uma intrusão equivocada de métodos científicos na filosofia, Austin fundou uma abordagem sistemática com respeito à linguagem, a saber, a teoria do ato de fala. Ao mesmo tempo, também Austin suspeitava do anseio por uniformidade que o positivismo lógico partilhava com a filosofia tradicional. Alinhado a Wittgenstein e Ryle, condenou como uma "falácia descritiva" o dogma de que a linguagem tem somente uma única função, a saber, descrever ou reportar fatos. Além disso, insistiu que, embora a "linguagem ordinária *não* seja a última palavra... ela *é* a *primeira* palavra" (1970, p. 103, p. 185; Wittgenstein, 1953, §120). Todos os neologismos, incluindo aqueles da ciência, precisam ser explicados, e isso pode ser feito de maneira última só em termos ordinários que já são entendidos. Portanto, é uma pré-condição da filosofia sã que ela deva dar atenção para o modo como noções centrais são empregadas em seus contextos normais, sejam eles a linguagem do cotidiano ou a linguagem especializada de uma disciplina científica.

6. O COLAPSO DO POSITIVISMO LÓGICO

O surgimento do nazismo forçou a maior parte dos positivistas lógicos a emigrar, sobretudo para os Estados Unidos. Nos anos de 1940, suas concepções tinham atingido o estatuto de ortodoxia. Rótulos como "lógico", "filosófico" e "análise conceitual" tinham sido amadurecidos desde Russell e Moore, e cedo juntaram-se a eles a "filosofia linguística" e a "análise da linguagem". Mas os usos pertinentes de "filosofia analítica" vieram relativamente tarde. Um dos primeiros ocorre em Ernest Nagel (1936; também Bergmann, 1945, p. 194). Mas o nome se difundiu somente depois da guerra, talvez por meio de Arthur Pap (1949; cf. von Wright, 1993: p. 41n; Hacker, 1996, p. 275-276n). Mais tarde, ele foi estendido do positivismo lógico até a análise conceitual (Beck, 1962; Ayer, 1959, p. 3; Butler, 1962; Montefiori e Williams, 1966). Mesmo antes disso, tanto a obra *Philosophical Analysis** de Urmson (1956) quanto o Prefácio de Feigl e Sellars a *Readings in Philosophical Analysis*** (1949) haviam sugerido que o movimento de Cambridge, liderado por Moore, Russell e Wittgenstein, e o empirismo lógico de Viena e Berlim, juntamente com suas continuações mais recentes, deveriam ser considerados como parte de uma única abordagem à filosofia.

Assim, pois, entre os anos de 1930 e os anos de 1950, a filosofia analítica se estabeleceu como um movimento ou uma tendência filosófica autoconsciente, muito embora uma tendência que se dividia em duas ramificações distintas – construtivismo lógico e análise conceitual. Ao mesmo tempo, contudo, algumas suposições que uniam essas duas ramificações vieram a ser questionadas. O principal protagonista desse desenvolvimento foi o lógico de Harvard W. V. Quine. Quine tinha uma profunda dívida para com os positivistas lógicos. Ele partilhava de sua predileção por linguagens artificiais, da

---

* N. de T.: Em um primeiro momento, o significado lexical de cada um desses verbos é "parecer". O primeiro (*to appear*), porém, etimologicamente, associa-se ao "aparecer" das coisas ao que vê ou conhece; o segundo (*to look*) associa-se, etimologicamente, ao modo como o que vê ou conhece imagina ou concebe as coisas que vê ou conhece; o terceiro (*to seem*), finalmente, associa-se etimologicamente ao modo como as coisas se mostram em comparação com outras ou com termos de comparação que ajudam a conferir o modo e o sentido como as vemos e conhecemos.

---

* N. de T.: Isto é, *Análise Filosófica*.
** N. de T.: A saber, *Leituras selecionadas em análise filosófica*.

convicção de que a ciência natural constitui o paradigma do conhecimento humano, de sua visão de uma ciência unificada, de sua suspeita sobre entidades abstratas e do credo empirista de que a experiência sensória oferece não só a evidência sobre a qual repousam nossas crenças, mas também conferem significado à nossa linguagem. "Seja qual for a evidência que *há* para a ciência, *é* evidência sensória", e "toda inculcação de significado de palavras deve repousar, em última análise, na evidência sensória" (1969, p. 75). Mas, assim como os positivistas lógicos tinham tentado melhorar partindo de Hume e Mach, Quine tentou melhorar partindo deles, substituindo seu empirismo lógico por uma variedade mais pragmatista.

Quine primeiramente ganhou fama em 1951, com "Dois dogmas do empirismo". O artigo atacou vigorosamente os dois pilares da concepção de filosofia dos positivistas lógicos, a saber, a distinção entre proposições analíticas e sintéticas, bem como o projeto da análise redutiva. A virada linguística prometeu um papel distintivo para a filosofia, sem apelos dúbios a um reino platônico de entidades abstratas, essências aristotélicas ou razão pura kantiana. Enquanto a ciência resulta em proposições empíricas que descrevem a realidade – e são, portanto, sintéticas –, a filosofia resulta em proposições analíticas que desdobram o significado dos termos empregados pela ciência e/ou pelo senso comum.

Uma linha semelhante foi tomada por Wittgenstein e pelos filósofos linguísticos. Apesar de suas discordâncias consideráveis, esses filósofos aceitavam que há uma diferença qualitativa entre a ciência, que diz respeito a questões de fato sendo, portanto, *a posteriori*, e a filosofia, que diz respeito a questões conceituais, sendo, portanto, *a priori*. Quine virou de cabeça para baixo esse quadro, ao negar que haja uma diferença qualitativa entre as disciplinas aparentemente *a priori* como a matemática, a lógica e a filosofia, por um lado, e a ciência empírica, por outro. Diferentemente de Mill, Quine não assimilou simplesmente proposições necessárias a generalizações empíricas. Em vez disso, questionou as distinções que tinham tradicionalmente sido utilizadas para separar filosofia e ciência, em particular a distinção analítico/sintético. Ele, portanto, desafiou a ideia de que haja um tipo distinto de proposição que articula conexões conceituais em vez de fatos empíricos, e reforçou o empirismo radical, de acordo com o qual mesmo disciplinas aparentemente *a priori* estão baseadas, em última análise, na experiência.

O ataque de Quine à distinção analítico/sintético envolvia duas linhas de raciocínio – uma dizendo respeito à epistemologia e ao método científico, a outra dizendo respeito à semântica e à epistemologia. O ímpeto da primeira linha é que a distinção analítico/sintético pressupõe um segundo dogma do empirismo, a saber, o "reducionismo", a visão de que toda afirmação significativa é traduzível em uma afirmação sobre as experiências imediatas que a confirmam. O reducionismo permitiria que alguém definisse as afirmações analíticas como aquelas que são confirmadas, venha qual experiência vier. Contudo, assim Quine argumenta, isso está em conflito com a natureza holística da formação da crença científica: nossas crenças formam uma "rede" na qual cada crença está ligada com todas as outras, e, em última análise, com a experiência. Isso significa que é impossível especificar evidência confirmadora para afirmações particulares. Também significa que qualquer crença pode ser abandonada em função de preservar outras partes da rede, e, portanto, que não existem afirmações *a priori*, ou seja, afirmações imunes à revisão empírica.

O argumento semântico de Quine é que a analiticidade é parte de um círculo de noções intensionais – noções concernentes ao que expressões significam ou dizem – que não podem ser reduzidas a noções puramente extensionais – noções que dizem respeito àquilo que expressões representam ou ao que se aplicam como referência. Mas, ele insistiu, todas essas noções são obscuras, porque não existem critérios quaisquer de identidade para "intensões": enquanto sabemos o que significa duas expressões terem a mesma extensão, não sabemos o que significa terem a mesma intensão. Em *Palavra e objeto*, Quine deu sustentação a essa afirmação ousada ao focalizar na "tradução radical", a tradução de uma língua completamente estranha a partir da estaca zero (1960, Capítulo 2). Porque tal tradução não pode assumir qualquer entendimento anterior, ela ajuda a apreciar a ideia de que a tradução é "indeterminada": não há nenhuma questão de fato quanto a serem duas expressões sinônimas, e, portanto, não há critérios de identidade para intensões. Como um resultado, a filosofia científica deveria eliminá-las de sua ontologia.

O resultado da assimilação de Quine do analítico ao sintético, do *a priori* ao empírico, é um naturalismo profundo. A filosofia é uma ramificação da, ou está em continuidade com, a ciência natural (naturalismo metafilosófico). Não há nenhum conhecimento genuíno fora da ciência natural (naturalismo epistemológico), e a última oferece o único padrão para o que é real (naturalismo ontológico). A concepção naturalista do conhecimento, por sua vez, requer uma nova "epistemologia naturalizada". Como a epistemologia tradicional, essa disciplina nova investiga a relação entre nossas crenças e a evidência empírica para elas. Todavia, ela faz isso não ao oferecer uma "reconstrução radical" *a priori* (à la Carnap) das *razões* que temos para aceitar teorias científicas, mas por meio de uma investigação *científica* – psicologia behaviorista ou neurofisiologia – do que *causa* que nós as adotemos. Na esteira de Quine, essa concepção naturalista da filosofia atingiu o estatuto de ortodoxia, especialmente nos Estados Unidos.

O reducionismo e o verificacionismo provaram ser um calcanhar de Aquiles do positivismo lógico, não somente na filosofia da linguagem, mas também na filosofia da ciência. Seu fracasso minou o empirismo *lógico*, mas outras versões logo vieram à tona. Tal como o *holismo* de Quine, o *falibilismo* de Popper (1934) rejeita a ideia de sentenças protocolares infalíveis. Popper também criticou o critério verificacionista de significatividade por diversos motivos. Primeiramente, separar ciência significativa de metafísica absurda não é *nem* realizável *nem* desejável, dado que a especulação metafísica oferece um estímulo inestimável à pesquisa científica. Em segundo lugar, o que é necessário é uma demarcação não entre sentido e absurdo, mas entre ciência empírica e outras disciplinas. Finalmente, o critério para essa demarcação não pode ser a verificabilidade. A ciência depende de leis universais, e essas jamais podem ser verificadas de forma conclusiva, dado que cobrem um número infinito de casos. Em vez disso, é a *falsificabilidade*. Uma teoria é científica se ela permite a derivação de predições que podem ser falsificadas por dados empíricos. A ciência procede não pela sintonização de generalizações, mas por conjeturas ousadas, pela dedução lógica de predições a partir dessas conjeturas e pela refutação impiedosa delas à luz de novos dados.

Para os positivistas lógicos, a formação de teoria científica era uma atividade a-histórica, a saber, de construir estruturas teóricas para se adequar à evidência empírica disponível. Popper introduziu um elemento histórico, porque uma teoria científica é julgada amplamente pela extensão em que ela pode explanar as observações que refutaram suas predecessoras. Entretanto, manteve a imagem de progresso científico como um processo racional linear, em que teorias são falsificadas de forma conclusiva e substituídas por novas teorias que crescentemente se aproximam da verdade. Essa imagem foi questionada por Thomas Kuhn (1962) e por Paul Feyerabend (1975). Eles defenderam que a história da ciência não consiste em mudanças racionais de teorias inferiores para superiores, mas de "mudanças-de-paradigma" que são parcialmente ditadas por fatores não cognitivos (sociais, estéticos, etc.). Não há nenhuma racionalidade científica universal que nos permitiria afirmar que as teorias mais recentes são objetivamente melhores do que suas predecessoras. Eles também questionaram a distinção kantiana entre o "contexto de descoberta" e o "contexto de justificação", que tinha permitido que os positivistas lógicos mantivessem a reconstrução racional das teorias científicas separadas de uma explanação de suas origens, sejam elas fisiológicas ou sociológicas.

Embora poucos tenham digerido suas conclusões relativistas, Kuhn e Feyerabend transformaram a filosofia da ciência de questões metodológicas a-históricas na história da ciência e, em uma medida menor, na sociologia da ciência. Desde os anos de 1970, a preocupação com metodologia também ficou sob pressão a partir da metafísica. Desconsiderando as proscrições positivistas, filósofos da ciência crescentemente defenderam que entidades teóricas inobserváveis e as leis da natureza são características da realidade independentes da mente, em vez de meramente expedientes linguísticos para a explicação e a predição da experiência.

7. A REABILITAÇÃO DA METAFÍSICA

Nesse sentido, a filosofia pós-positivista da ciência foi parte de uma corrente mais geral. O terreno para essa reabilitação da metafísica tinha sido clareado pela retirada anteriormente mencionada do critério verificacionista de significatividade. Nesse solo, filósofos analíticos plantaram três sementes metafísicas distintas.

A primeira foi a abordagem naturalista de Quine com respeito à ontologia. Para Carnap, as únicas questões genuínas quanto à existência são questões científicas como "Existem neutrinos?" ou "Existem números primos maiores do que 10^{10}?" Elas dizem respeito a grupos particulares de entidades e podem ser solucionadas dentro de uma "estrutura linguística" específica. Por contraste, questões filosóficas como "Existem objetos materiais?" ou "Existem números?", concernentes a categorias inteiras de entidades, são ou bem sem significado ou "práticas" em natureza. Elas se reduzem à questão pragmática de se, para propósitos científicos, é conveniente adotar uma estrutura linguística como aquela dos números naturais.

Por contraste, o naturalismo de Quine resultou em "borrar a fronteira entre a metafísica especulativa e a ciência natural" (1951, p. 20). A filosofia diz respeito ao "delineamento dos traços mais gerais da realidade". Ela investiga o fundamental "material constitutivo de nosso universo", diferindo da ciência só quantitativamente, na generalidade e na amplitude de suas questões. Quine não é "nenhum campeão da metafísica tradicional". Ele nega que a reflexão filosófica *a priori* possa estabelecer quais tipos de coisas existem, no estilo do racionalismo. No entanto, ele encontra um lugar para a ontologia (1960, p. 161, 254; 1966, p. 203-204). Tal como a ontologia tradicional, a variedade naturalista de Quine busca estabelecer que tipos de coisas existem. Mas ela não busca essa aspiração diretamente ou em isolamento. Em vez disso, auxilia a ciência em traçar um inventário do mundo. Ela traduz nossas teorias científicas em uma linguagem formal ideal ("notação canônica") e, a partir daí, clarifica e, onde possível, reduz seus "comprometimentos ontológicos", os tipos de entidade cuja existência essas teorias pressupõem. Uma notação canônica exibe nossos comprometimentos ontológicos e permite que os parafraseemos no intuito de mantê-los em um mínimo. Enquanto

9. Vermelho é uma cor.

contém um nome para uma propriedade, e, portanto, parece nos comprometer com a existência de uma entidade intensional, a paráfrase

9' $\forall x\ (x$ é vermelho $\to x$ é uma cor$)$

evita tal comprometimento. Decisões sobre admitir ou não entidades que não podem ser parafraseadas são guiadas por uma negociação pragmática entre a eficácia sistemática (o poder explanatório) atingida por admiti-las e a economia ontológica atingida por excluí-las.

Tal como Carnap, Quine não analisa nossas noções existentes, mas as explica, isto é, as substitui por noções análogas consideradas cientificamente mais respeitáveis.

Mas, enquanto os positivistas lógicos aspiravam a uma linguagem ideal que evitasse problemas metafísicos, a linguagem ideal de Quine visava a revelar *a metafísica da ciência*. Esse se tornou um princípio guia dos naturalistas contemporâneos. Ao explorar quais coisas nossas melhores teorias científicas correntes *consideram* existir, eles também têm o propósito de oferecer o melhor relato de quais coisas *realmente* existem.

Uma reabilitação contrastante da metafísica foi oferecida por Strawson. Seus primeiros escritos criticaram ortodoxias da análise lógica por referência ao uso ordinário. Mas, em *Individuals*,* a preocupação de Strawson voltou-se para o que ele chamou de *metafísica descritiva*. Esse empreendimento kantiano difere da análise conceitual prévia em seu escopo e generalidade maiores, dado que ele busca "estabelecer os traços mais gerais de nossa estrutura conceitual". Esses não são discerníveis na heterogeneidade do uso ordinário, mas em funções fundamentais do discurso, notavelmente aquelas de *referência* – particularizando um item individual – e de *predicação* – dizendo alguma coisa sobre ele. A metafísica descritiva "contenta-se em descrever a estrutura atual de nosso pensamento sobre o mundo", por contraste à *metafísica revisionista*, que aspira a "produzir uma estrutura melhor" baseada ou bem em percepções *a priori*, como na metafísica tradicional, ou nas exigências percebidas da ciência, como no naturalismo. Ela também difere de ambos no sentido de que elucida não os traços mais abstratos do *mundo*, mas as pré-condições de nosso *pensamento* sobre o mundo, de nosso "esquema conceitual" (1959, p. 9).

Essa ideia é também central para a epistemologia de Strawson, que reavivou a ideia de *argumentos transcendentais*. Tais argumentos têm em vista mostrar que as dúvidas céticas são incoerentes ou autorrefutadoras, porque elas questionam pré-condições de qualquer discurso significativo, incluindo as dúvidas do próprio cético. O cético passa o serrote no galho sobre o qual está sentado, porque suas dúvidas empregam conceitos que fazem sentido somente na acepção tácita de conexões conceituais que ele explicitamente rejeita.

Críticos protestaram que argumentos transcendentais estabelecem, na melhor das hipóteses, que devemos empregar conceitos tais como aquele de objeto independente da mente, não que *realmente* estejam satisfeitos por qualquer coisa na realidade (Stroud, 1968). No entanto, a ideia de estabelecer as pré-condições da experiência, do pensamento ou do discurso continua a inspirar os filósofos que desejam evitar tanto a Scylla do ceticismo quanto a Charybdis da epistemologia naturalizada, a qual simplesmente passa ao lado da questão normativa de se nossas crenças são justificadas. O mesmo se aplica à metafísica descritiva, a tentativa de tornar explícitas as noções e as implicações fundamentais de nosso esquema conceitual (por exemplo, Jackson, 1998, p. 31-33).

A fonte final da metafísica analítica contemporânea tem duas raízes inter-relacionadas. A primeira é o florescimento da lógica modal, em particular a ideia de que a lógica de termos como "necessariamente" e "possivelmente" pode ser explicada em termos da noção leibniziana de mundo possível. A segunda é o surgimento de teorias de "referência direta", de acordo com as quais, muitas expressões, notavelmente nomes próprios e termos de espécie natural, referem-se diretamente aos seus *denotata*, sem a mediação de sentidos fregeanos, isto é, de "modos de apresentação", que são, o mais diretamente, concebidos como propriedades que os *denotata* possuem de forma única. Quine tinha seguido os positivistas lógicos ao tratar o necessário, o analítico e o *a priori* como equivalentes. Isso está em conflito não só com Kant, mas também com o essencialismo contemporâneo. Para Kripke (1980, p. 34-39), o *a priori* é uma categoria epistemológica, a necessidade é uma categoria metafísica e a analiticidade é uma categoria lógica. Na esteira de Kripke,

---

* N. de T.: A saber, *Indivíduos: um ensaio de metafísica descritiva*.

as seguintes definições encontraram favor: uma verdade é *a priori* sse ela pode ser conhecida independentemente da experiência; ela é necessária sse ela é verdadeira em todos os mundos possíveis; ela é *analítica* sse ela é verdadeira em virtude do significado. De acordo com a "semântica realista" de Kripke e Putnam, essas categorias diferem não só em sua intensão, mas também em sua extensão. Identificações teóricas como

10. Água é H_2O.

são tanto *a posteriori*, porque são descobertas pela ciência, *quanto* necessárias. Afinal, termos de espécie natural (como os nomes próprios) são "designadores rígidos". Em todos os mundos possíveis nos quais eles distinguem algo em absoluto, distinguem a mesma coisa, a saber, uma substância com uma microestrutura (H_2O, em nosso caso), e essa microestrutura constitui a *essência* da espécie natural.

Com característico poder de previsão, Quine tinha antecipado as implicações essencialistas da lógica modal, todavia, ridicularizou a ideia de que os filósofos são capazes de obter essências nas intersecções de seus periscópios intelectuais. Ironicamente, em vez de minar a lógica modal, suas advertências levaram a uma reavivamento do essencialismo. Mais ainda, esse reavivamento pode apelar ao próprio naturalismo de Quine. Quine sustenta que a filosofia deve abandonar a necessidade e as essências porque ela está em continuidade com a ciência. Mas, se algumas verdades necessárias – verdades sobre a essência das coisas – são *a posteriori*, a filosofia se torna contínua com a ciência precisamente porque escrutiniza tais essências.

Isso pressupõe, contudo, que se possa dar sentido a noções modais como aquela de mundos possíveis. Em linha com seu ataque geral a intensões, Quine queixou-se de que não existem critérios para uma identidade transmundo. As características essenciais de uma coisa individual são aquelas que ela possui em todos os mundos possíveis em que ela existe. Mas, o que determina quem é quem em mundos possíveis diferentes? Uma outra questão é o estatuto ontológico dos mundos possíveis. De acordo com o hiper-realismo de Lewis, mundos possíveis são simplesmente tão reais quanto o mundo atual. Cada mundo é um espaço-tempo autocontido que não tem nenhuma conexão com qualquer outro mundo. De acordo com o realismo de Kripke, por contraste, um mundo possível é um modo como esse mundo poderia ter sido, é algo real, embora abstrato. E, de acordo com o ficcionalismo, um mundo possível é uma ficção, uma totalidade de representações consistentes. Dizer que é possível que *p* é dizer que há uma descrição consistente de um mundo de acordo com o qual *p* [seria o caso]. A realidade não se anexa às próprias possibilidades não atualizadas, mas a nossas representações delas (ver Glock, 2003a, p. 95-101; Baldwin, 2001, Capítulo 6).

Independentemente dessas disputas, o essencialismo procriou um novo gênero, um gênero no qual perguntas metafísicas são respondidas por apelo a intuições modais, intuições sobre se há um mundo possível que satisfaça certas condições. Por exemplo, a pergunta sobre se a mente é idêntica ao corpo é abordada ao se considerar se há um mundo possível com "zumbis", criaturas fisicamente idênticas a nós, contudo desprovidas de qualquer tipo de vida mental (Chalmers, 1996).

Não obstante suas ambições metafísicas, todos os três projetos permanecem fiéis à virada linguística, uma vez que procedem por meio de reflexões sobre a linguagem. A contribuição de Quine à investigação da realidade reside em divisar uma notação canônica para a formulação ontologicamente parcimoniosa de teorias científicas. Para Strawson, as categorias metafisicamente fundamentais são aquelas que desempenham um papel central em nosso esquema conceitual tal como incorporado na linguagem. E muito embora o essencialismo esteja atrás de necessidades que são concernentes à realidade, em vez de concernentes a nosso esquema conceitual, ele identifica essas necessidades por meio das operações da linguagem, notadamente a maneira rígida pela qual os nomes próprios e os termos de espécies naturais designam. É por causa disso que Kripke e Putnam (1975) constantemente apelam ao "que nós diríamos" sobre certas situações contrafatuais, por exemplo, uma "Terra Gêmea" na qual uma substância que tem todas as propriedades de superfície da água revela ao final possuir uma composição química diferente de H_2O.

8. DA LINGUAGEM À MENTE

Para o positivismo lógico, Wittgenstein e a filosofia linguística, a linguagem tinha importância porque ela oferecia um meio para resolver problemas filosóficos. Para o atomismo lógico, bem como para Quine e o essencialismo, ela tem importância porque oferece um guia para a constituição ontológica da realidade. Mas a virada linguística também encorajou um interesse na linguagem como um tópico em seu próprio direito. Dos anos de 1960 em diante, tornou-se comum contrastar a *filosofia linguística* desfavoravelmente com a *filosofia da linguagem* (Searle, 1969, p. 3-4; Dummett, 1978, p. 441-443). Duas diferenças foram diagnosticadas. Primeiramente, enquanto a filosofia da linguagem é uma *disciplina* exatamente como a filosofia do direito, a filosofia linguística é um *método*, a saber, um método para a resolução de problemas de todas as áreas da filosofia. Em segundo lugar, a filosofia linguística procede por uma investigação meticulosa de expressões, construções e locuções particulares, enquanto a filosofia da linguagem requer uma abordagem *sistemática* da linguagem. Até mesmo entre aqueles ávidos em utilizar análises linguísticas para a solução de problemas filosóficos, muitos sentiram que, sem tal abordagem, essas análises careceriam de um fundamento próprio.

A filosofia da linguagem está interessada nas operações de linguagens reais em vez de na construção de linguagens artificiais. Mas isso não determina o papel que a lógica formal tem a desempenhar. Strawson (1971, p. 171-172) destacou a "batalha homérica" entre semanticistas formais, que tratam a linguagem primariamente como um sistema abstrato de regras formais complexas, e aqueles que a consideram primariamente como um tipo de atividade humana. Contudo, muitas figuras escarrancham-se sobre essa divisão. Isso é válido no que diz respeito a Quine e a seu discípulo Donald Davidson (1984b). Ambos combinam semântica formal com uma ênfase pragmatista sobre a linguagem como uma forma de comportamento humano social. Ainda que Quine, em última análise, esteja interessado em linguagens artificiais, Davidson, contudo, foi o mais eminente promovedor de uma *teoria de significado para linguagens naturais*. Antes dele, tomava-se que uma teoria de significado oferecia uma análise – em um sentido apropriadamente solto – do conceito de significado (tal como nas teorias de significado referenciais, comportamentais, verificacionistas e de uso). Por contraste a tais teorias *analíticas*, Davidson tem em vista uma teoria *construtiva* que não explica diretamente o que é o significado. Em vez disso, para cada sentença de uma linguagem natural específica, como o swahili, a teoria gera um teorema que especifica o significado daquela sentença. Essa teoria é empírica, e, em realidade, construí-la é tarefa da linguística empírica. A causa do filósofo é estabelecer as exigências que tais teorias devem preencher. Isso é feito por reflexões como a do *Tractatus* sobre as pré-condições essenciais da linguagem. Assim, pois, argumenta-se que os falantes podem produzir um número potencialmente infinito de sentenças, e que essa "produtividade semântica" exige uma teoria "composicional", uma teoria que exibe o significado de cada sentença como rigidamente determinado por aquele de seus componentes (tomados a partir de um léxico finito) e pelo modo de sua composição.

De acordo com Davidson, uma teoria da verdade a modo de Tarski satisfaz essas exigências, porque com um número finito de axiomas ela permite, para cada sentença de L, a derivação de uma "sentença-T". Por exemplo, uma teoria para a língua alemã tem como resultado que

11. *"Schnee ist weiss"** é verdadeira sse a neve é branca.

Ao passo que Tarski tentou definir a *verdade*, Davidson emprega sentenças-T para afirmar o significado de sentenças, ao especificar *as condições sob as quais elas são verdadeiras*. Diferentemente de Tarski, Davidson é otimista que tais teorias possam ser divisadas não simplesmente para linguagens formais, mas também para linguagens naturais. Ele argumenta que elas permitem confirmação empírica sob condições de "interpretação radical" (uma variante da tradução radical), a saber, se alguém averigua as condições sob as quais falantes estranhos assentem a sentenças de sua própria linguagem.

Para Davidson, é uma pré-condição da interpretação radical e, portanto, de um entendimento linguístico em geral, que os intérpretes mantenham crenças que são na maioria dos casos corretas. De acordo com seu "princípio de caridade", falantes de linguagens naturais interpretáveis não podem estar fundamentalmente equivocados. Portanto, uma teoria de significado pode responder a perguntas sobre a realidade ao averiguar a forma lógica das linguagens naturais. Em particular, ela pode demonstrar a existência de eventos, ao mostrar que certos padrões inferenciais do discurso ordinário nos comprometem ontologicamente com eventos (1980, Capítulo 7). O "antirrealismo" de Dummett (1978) também considera teorias de significado como um guia para percepções metafísicas. No entanto, contra a semântica das condições-de-verdade de Davidson, ele sustenta que o significado de sentenças é determinado não pelas condições sob as quais as sentenças são verdadeiras, as quais são independentes de nossa habilidade de decidir se elas se dão ou não, mas pelas condições que "autorizam sua asserção".[3]

Em outro aspecto, Davidson e Dummett estão do mesmo lado. Assim como muitos ícones da filosofia analítica de meados do século XX (Wittgenstein, filosofia linguística, Quine, Sellars), eles adotam uma *perspectiva de terceira pessoa* sobre a linguagem, defendendo que o significado das palavras e das sentenças é determinado pelo comportamento observável. Todos os ícones mencionados anteriormente tendem também a atribuir prioridade à linguagem sobre o pensamento. Ambas as reivindicações entram em conflito com uma tendência recente poderosa. O *slogan* de que significado é uso veio a receber escrutínio pela teoria de implicaturas conversacionais* de Grice. Grice (1989) sustentou que muitos dos padrões de uso linguístico destacados pelos analistas conceituais são semanticamente irrelevantes, dado que são devidos não ao significado de expressões específicas, mas aos princípios pragmáticos que governam o discurso em geral. Além disso, um tema comum na filosofia linguística é que a linguagem é uma forma de comportamento intencional. Isso sugeriu a Austin que a filosofia da linguagem é um ramo da filosofia da ação. Levando essa proposta um passo adiante, Grice e Searle a tornaram um subdomínio da filosofia da mente ao tentarem reduzir noções semânticas a noções psicológicas como a intenção.

As teorias de Grice sustentam, ainda, que as expressões derivam seu significado a partir do uso ao qual os falantes as submetem. Abordagens influenciadas pela "revolução na linguística", por Chomsky (1965), apagaram qualquer vestígio da ideia do senso comum de que significado e linguagem estão enraizados na comunicação. Assim, pois, Fodor (1975) argumentou que tanto o significado de linguagens públicas quanto a intencionalidade do pensamento podem ser explicados por uma "linguagem do pensamento". Sentenças *externas* são significativas porque estão correlacionadas com símbolos *internos*, representações a modo de sentenças no cérebro que constituem nossos

---
* N. de T.: A sentença significa "A neve é branca".

* N. de T.: No original, *"theory of conversational implicatures"*.

pensamentos. A "hipótese da linguagem do pensamento", por Fodor, é altamente representativa das abordagens contemporâneas. Ela exalta a prioridade de mentes privadas sobre linguagens públicas, enquanto retém o maquinário e o vocabulário (significado, conteúdo) da análise lógico-linguística, porque considera o pensamento como um processo de computações lógicas sobre sentenças internas.

Esse reverso da virada linguística tornou a filosofia da mente a parte mais próspera da filosofia analítica. No entanto, o assunto recebeu seu ímpeto inicial, depois da guerra, da parte de Wittgenstein e Ryle.[4] Por meio da corrente principal da filosofia moderna, de Descartes ao fenomenalismo, corre a ideia de que as experiências privadas oferecem os fundamentos não somente do conhecimento empírico, mas também da linguagem. Parece que o significado das palavras pode ser fixado somente se o falante individual as associa com experiências que somente ele pode ter e conhecer. O famoso argumento da linguagem privada, de Wittgenstein, desafiou essa acepção (1953, §§243-314). Uma cerimônia de nomear só pode estabelecer padrões para distinguir entre usos corretos e incorretos de uma palavra e, portanto, conferir à última um significado, se ela pode ser explanada para e entendida por outros. Esse ataque ao cartesianismo foi reforçado pelo ataque de Ryle ao mito do "fantasma na máquina",* a ideia de que a percepção e a ação são casos de uma alma imaterial interagindo com o mundo físico.

Tanto Wittgenstein quanto Ryle distinguiram agudamente entre estabelecer as pré-condições causais de fenômenos mentais, tais como o disparo de neurônios, e a análise de conceitos mentais, a qual especifica traços que são *constitutivos* de fenômenos mentais. O naturalismo quineano levou a uma perspectiva bastante diferente, de acordo com a qual a filosofia da mente é um ramo da psicologia, da biologia e da neurociência. A tarefa amplamente aceita é a de *naturalizar* os fenômenos mentais, ou seja, mostrar que eles são plenamente explicáveis nos termos da ciência física.

Os ataques de Wittgenstein e Ryle ao dualismo cartesiano encontraram aprovação. Mas sua negação de que os termos mentais se referem a estados internos que causam nosso comportamento exterior foi repudiada, especialmente pelos "materialistas australianos" como Place, Smart e Armstrong (ver Baldwin, 2001, p. 47-52, 201-203). E, se esses estados internos não são irredutivelmente mentais, eles devem ser físicos. O resultado foi a teoria da identidade mente-cérebro: a mente é idêntica ao cérebro, e as propriedades mentais são idênticas a propriedades neurofisiológicas. A teoria da identidade não foi apresentada como uma redução *semântica* ou *analítica* que mostra que os termos mentais significam o mesmo que termos que se referem a fenômenos neurofisiológicos. Em vez disso, ela foi lançada como uma redução *científica* ou *sintética* na base de descobertas *a posteriori*. Supõe-se que a identidade da mente com o cérebro esteja em mesmo pé com aquela da identidade da água com H_2O. Com efeito, porém, a teoria da identidade combinou a reivindicação conceitual de que os termos mentais se referem a estados internos que causam o comportamento com a reivindicação científica de que esse papel causal é desempenhado por certos estados neuronais.

Essa combinação em breve fracassou. Como apontaram Putnam (1975, Capítulos 18-21) e Fodor (1974), fenômenos mentais são *multiplamente realizáveis* por meio de fenômenos psicoquímicos, não só em princípio (um ser humano, um marciano e um computador poderiam todos cogitar o mesmo pensamento), mas de fato, e não só por meio de espécies. Quando diferentes pessoas sob teste solucionam um e o mesmo problema, partes levemente diferentes do cérebro são ativadas. Isso levou a uma forma nova de materialismo. De acordo com o *funcionalismo*, estados mentais são estados funcionais de uma máquina. O que é constitutivo de um fenômeno mental não

---

* N. de T.: No original, *"ghost in the machine"*.

é o processo físico particular, mas o *papel causal* ou a *função* que ele desempenha, um papel que poderia ser realizado ou implementado em estados físicos diversos. A dor, por exemplo, só pode ser identificada com a função de correlacionar um *input* estimulador (por exemplo, um machucado) com um *output* comportamental (por exemplo, chorar), e não com o disparo de neurônios específicos.

A teoria da identidade mente-cérebro sustentava que *tipos* de estados mentais são idênticos a tipos de estados neurofisiológicos. O "monismo anômalo" de Davidson (1980) abandona essa identidade "tipo-tipo". Mas ele retém a ideia de que cada "espécime", cada instância de um estado ou de um evento mental que ocorre em um indivíduo é idêntico a um evento ou estado neurofisiológico particular. Como o funcionalismo, ele defende também a ideia de que as propriedades mentais *sobrevêm* a propriedades físicas. Embora possa haver uma diferença física entre indivíduos sem qualquer diferença mental, não pode haver uma diferença mental sem uma diferença física.

Ainda que seja enormemente popular, o funcionalismo encarou objeções em duas frentes. Em um extremo, ele foi castigado por falhar em fazer justiça à natureza ineludivelmente subjetiva da mente. Assim, pois, Thomas Nagel (1974) e Jackson (1986) argumentaram que o materialismo em geral e o funcionalismo em particular não podem explanar *"qualia"*, o sentimento privado de fenômenos mentais. No outro extremo, alegou-se que o funcionalismo não pode explicar a intencionalidade, e, em particular, o conteúdo de nossos pensamentos. O argumento do quarto chinês, de Searle, faz uso de um experimento mental ao estilo da análise conceitual para mostrar que a mera habilidade "sintática" de produzir um *output* apropriado de símbolos em resposta a um *input* não equivale a um genuíno entendimento ou pensamento sobre o mundo, dado que ele está presente mesmo em um sistema que meramente estimula essas realizações. Além do mais, externalistas negaram que o conteúdo dos pensamentos de um indivíduo *A* é exclusivamente determinado por suas propriedades intrínsecas (mentais ou fisiológicas). Em vez disso, o que *A* pensa depende ao menos parcialmente de fatos "externos" a e, com frequência, desconhecidos de *A*, fatos sobre o ambiente físico (Putnam, 1975, Capítulos 8 e 12) ou sociais (Burge, 1979) de *A*. Dois indivíduos fisicamente idênticos poderiam ter pensamentos diferentes. Quando uma duplicata física de mim em uma "Terra-Gêmea" pensa sobre o líquido transparente, inodoro e potável em torno dela, o conteúdo de seus pensamentos difere do conteúdo dos meus: ela não pode estar pensando sobre a água, dado que ela está cercada por XYZ em vez de por H_2O.

Uma reação radical, alguns diriam desesperada, aos labores das variações existentes do materialismo é o *materialismo eliminativista* (Churchland, 1981). Ele trata nossas crenças e conceitos psicológicos costumeiros como parte de uma teoria – "psicologia popular"* – que é simplesmente errada e que não se refere a fenômenos reais. Portanto, a psicologia popular deveria ser substituída por uma teoria científica, puramente neurofisiológica. Tal como o niilismo de Quine sobre significado, essa é uma forma de naturalismo *eliminativo*. Afirmações que envolvem conceitos que não podem ser acomodados dentro da ciência natural – notadamente, sobre pensamento e significado – não são *analisadas*, nem mesmo no sentido mais fraco da redução científica. Em vez disso, elas são simplesmente *substituídas* por afirmações e noções aceitáveis naturalisticamente.

9. QUESTÕES DE VALOR

Para Moore, a pergunta sobre como "bom" deve ser definido era o problema mais fundamental da ética. Mas seu famoso argumento da "questão aberta" levou-o à conclusão de que "bom" é indefinível, dado

---

* N. de T.: No original, *"folk psychology"*.

que a bondade é uma qualidade simples que não tem partes quaisquer. Considere qualquer definição da forma

12. Bom é X.

(Candidatos para "X" incluem "aquilo que causa prazer"). Para qualquer substituição de "X" – outra que o próprio "bom" – é sempre uma questão inteligível e, nesse sentido, "aberta" se (12) é verdadeira. Portanto, mesmo se coisas que são X são de fato boas, "X" não pode *significar* o mesmo que "bom" e, assim, não pode ser usado para defini-lo. Em particular, qualquer tentativa de definir "bom" em termos de propriedades naturais está fadada ao fracasso, sendo a visão contrária descrita por Moore como "falácia naturalista" (1903, p. 10-16). "Bom" é uma propriedade simples não natural, à qual temos acesso por um tipo de *intuição* racional. No entanto, essa propriedade sobrevém a propriedades naturais: quaisquer duas coisas com exatamente as mesmas propriedades naturais também teriam de ser igualmente boas.

Filósofos analíticos posteriores tenderam a aceitar a conclusão de Moore de que as propriedades morais não podem ser analiticamente definidas em termos de propriedades naturais, enquanto rejeitando seu intuicionismo. Isso levou muitos à conclusão de que os juízos morais não são descritivos ou fatuais e, portanto, não são, em termos estritos, aptos à verdade em absoluto. De acordo com os positivistas lógicos, proposições cognitivamente significativas são ou analíticas ou *a posteriori*. Mas afirmações morais não se encaixam em nenhuma das categorias. Eles concluíram que as afirmações morais não são cognitivamente significativas e que sua função real não é fazer alegações fatuais, mas, antes, expressar nossas emoções, em particular as de aprovação ou de reprovação (Ayer, 1936, Capítulo 6). De acordo com Sevenson (1944), o emotivismo também explica por que as afirmações morais são intrinsecamente condutoras da ação, ao passo que descrições de fato parecem ser motivacionalmente neutras: seria estranho dizer "Φ é a coisa correta a fazer, mas não sou de modo algum a favor de Φ".

O emotivismo corre o risco de reduzir afirmações morais a interjeições como "buh" "urrah" e de ignorar o papel que a razão desempenha no argumento moral. Esse resultado foi apontado por Hare, o filósofo moral mais influente entre os analistas conceituais de Oxford. De acordo com o "prescritivismo universal" de Hare, afirmações morais estão mais próximas de imperativos do que as declarações estão de emoções: seu propósito é guiar a ação. Mas, diferentemente de imperativos, elas são universalizáveis: se alguém condena moralmente uma mentira, alguém está comprometido a condenar todas as mentiras em circunstâncias de tipo semelhante. A pergunta sobre se a pessoa, fazendo uma afirmação moral, pode consistentemente desejar esse tipo de universalização oferece escopo para argumento refletido, muito embora não existam fatos morais.

Por causa desse último ponto, e apesar de sua proveniência kantiana, o prescritivismo universal acabou amontoado com o emotivismo sob o título de "não cognitivismo". A obra de Hare colocou o cenário para o debate subsequente. Alinhado à virada linguística, ele inicialmente restringiu a filosofia moral à "metaética" – uma disciplina de segunda ordem que não faz quaisquer alegações morais, mas, em vez disso, analisa conceitos morais, examina o estatuto de juízos morais e delineia a estrutura do argumento moral. "A ética como eu a concebo é o estudo lógico da linguagem da moral" (1952, p. v). H. L. A. Hart (1962) ofereceu um estímulo comparável à teoria legal e política. Ele tentou evitar disputas metafísicas fúteis sobre a natureza de obrigações e direitos por meio da análise de conceitos legais. Mas, sob a influência de ideias wittgensteinianas, ele rejeitou a busca por definições analíticas em favor de uma elucidação mais contextual do papel que tais conceitos desempenham no discurso legal.

O não cognitivismo foi desafiado, em primeira instância, por analistas conceituais que lançaram dúvida sobre seu quadro do discurso moral. Geach (1972, Capítulo 8.2) argumentou que ele não consegue fazer justiça à ocorrência de afirmações morais em inferências, porque a última requer proposições que sejam aptas à verdade. Cognitivistas tardios deram motivos a isso pelo fato de que costumeiramente chamamos juízos morais de verdadeiros ou falsos e que o discurso moral exibe a plena gramática e lógica de asserções. Foot e Warnock sustentaram que a distinção aguda entre usos descritivos e prescritivos da linguagem é insustentável. Entre os conceitos morais mais pervasivos, estão "conceitos densos",* tais como rudeza,** conceitos que incluem tanto elementos descritivos quanto elementos prescritivos. E Searle (1969, Capítulo 8) argumentou que, por apelo a fatos institucionais, é possível, afinal de contas, derivar afirmações prescritivas a partir de afirmações descritivas, um "deve" a partir de um "é".

Putnam (1981) apontou para uma direção semelhante quando insistiu que a filosofia da ciência não mais dá suporte à distinção fato/valor, dado que o próprio inquérito científico repousa sobre normas. E McDowell (1998) e Wiggins (1991) exigiram repensar a dicotomia não cognitivista do subjetivo (expressão, prescrição) e do objetivo (descrição) ao explorar a analogia entre valores e qualidades secundárias, como as cores. De forma mais geral, as similaridades entre juízos morais e perceptuais foram exploradas por um reavivamento do intuicionismo, especialmente na Grã-Bretanha, sob o rótulo "particularismo" (Dancy, 2004).

Ao mesmo tempo, tanto o não cognitivismo como o intuicionismo tinham de encarar um desafio novo, metodológico. Podem realmente questões metaéticas sobre a lógica do discurso moral ser mantidas em separado de questões morais substantivas? Por um lado, o próprio Hare se moveu de uma metaética alegadamente neutra para uma posição que tenta tirar conclusões éticas substantivas (em seu caso, de um ângulo utilitarista) a partir da natureza de nossos conceitos morais. Por outro lado, havia críticas quinianas contra a proposta de distinguir a análise de conceitos da descoberta de questões de fato (Harman, 1977). Em terceiro lugar, os anos de 1960 e 1970 trouxeram à frente questões como guerra, dissuasão nuclear, aborto, desobediência civil e a destruição do ambiente natural. Por meio da rebelião estudantil, essas preocupações impingiram diretamente sobre os cursos e as pesquisas da universidade. Muitos filósofos perceberam que essas preocupações envolvem questões morais substantivas que não podem ser deixadas seja para o dogma religioso ou para ideologias políticas como o marxismo. "Ética aplicada" se tornou o nome da tentativa de lidar com tais questões morais específicas de uma maneira racional cogente. Finalmente, o renascimento da ética normativa foi completado pela percepção de que uma grande teoria normativa, além da análise conceitual, permanecia possível. A *Teoria da justiça*, de Rawls (1972), foi um convincente fixador de tendência. Ela marcou o surgimento da teoria política, até então negligenciada, dentro da tradição analítica. Rawls tentou justificar um princípio de justiça distributiva ao considerar o tipo de regras por qual agentes ignorantes de seu lugar futuro dentro da sociedade deveriam optar. Rawls também inspirou um reavivamento da ideia kantiana de que há tal coisa como razões práticas objetivas para a ação, acima e para além da racionalidade de meios-e-fim explorada pela teoria da decisão, independente de qualquer ontologia contenciosa de fatos morais.

Esses desenvolvimentos não pronunciaram o fim para a metaética, mas, em vez disso, levaram a um entrelaçamento de discussões metaéticas e éticas. Além disso, o foco passou de noções morais específicas para investigações na natureza da justificação moral e do estatuto metafísico dos valores. O naturalismo também reafirmou a si mesmo nesse nível (ver Railton, 1998). Uma variante sustenta que os conceitos morais podem ser acomodados dentro do naturalismo uma vez que desistamos da ambição

---

* N. de T.: No original, *"thick concepts"*.
** N. de T.: Cf., no original, *"rudeness"*, que também pode ser traduzido como "falta de educação".

equivocada de analisá-los. Os predicados morais satisfazem exigências naturalistas porque as propriedades que eles atribuem – por exemplo, contribuir para o florescimento humano – desempenham um papel nas melhores teorias explanatórias da ciência empírica (Boyd, Sturgeon), ou porque eles são idealizações de propriedades psicológicas (Lewis, Harman). Mas, há também uma versão contrastante, eliminativa do naturalismo. De acordo com a "teoria do erro" de Mackie (1977), conceitos e juízos morais são de fato descritivos ou fatuais. O problema, de acordo com Mackie, é que nada corresponde a conceitos morais na realidade, a qual é puramente física. A partir disso, ele tira a conclusão desconcertante de que nossos juízos morais são todos equivocados.

Um ataque igualmente iconoclasta sobre os próprios termos do debate moral foi lançado por neonietzscheanos como MacIntyre (1984) e Williams (1985). Eles sugeriram que a filosofia é impotente para preencher o hiato moral deixado pelo declínio da religião. A exigência de validação objetiva, racional e impessoal une todas as posições principais na ética normativa. Mas, assim os neonietzscheanos exigem, ela é de origens duvidosas, irrealizáveis e carece de credibilidade suficiente para sustentar o projeto de uma ética filosófica. Embora os neonietzscheanos sejam menos apaixonados pela ciência do que os naturalistas, em um aspecto eles apontam para uma direção semelhante. Mesmo no que diz respeito a questões de valor, a história continua, a filosofia não é uma disciplina autônoma. Antes, ela precisa ser suplementada por outros modos de discurso, sejam eles a ciência natural, as ciências sociais e históricas, ou mesmo a arte e a religião.

NOTAS

1. De acordo com uma leitura revisionista, a ontologia de Russell jamais incluiu entidades não existentes (Griffin, 1996; Stevens, 2055, Capítulo 2). Há passagens que negam, por exemplo, que quimeras sejam coisas denotadas por conceitos. Mas, Russell também opinou que, "em algum sentido, nada é alguma coisa" e escreveu: "O que quer que um objeto de pensamento seja, ou possa ocorrer em qualquer proposição falsa ou verdadeira, ou possa ser contado como uma [proposição], eu chamo um termo... todo termo tem ser, isto é, é em algum sentido. Um homem, um momento, um número, uma classe, uma relação, uma quimera, ou qualquer outra coisa que possa ser mencionada, está segura em ser um termo; e negar que tal e tal coisa é um termo deve sempre ser falso" (1903, p. 73, p. 43). Griffin tenta descarregar essa lista ao insistir que Russell está falando inadvertidamente sobre termos, quando ele tenciona estar falando sobre conceitos que denotam. Mas essa não é uma opção, dado que a lista é parte e parcela de uma passagem-chave, na qual Russell explica sua noção de termo. Notem também que a interpretação ortodoxa está alinhada à própria avaliação tardia de Russell de seu desenvolvimento.

2. O primeiro a fazer uso do contraste filosofia da linguagem "ideal" *versus* filosofia da "linguagem ordinária" foi Gustav Bergmann, ele mesmo identificado com a filosofia da linguagem ideal (Rorty, 1967, p. 6-9, 15-24).

3. Em adição, eles discordam sobre como enfrentar o desafio de dar conta de sentenças não declarativas, em termos ou de condições de verdade ou de condições de asserção (ver Glock, 2003a, p. 159-165).

4. Ainda que Broad (1925) tenha sido uma antecipação presciente do debate subsequente acerca do lugar da mente em um mundo físico.

3
GEOGRAFIA E LINGUAGEM

Este capítulo discute as concepções geolinguísticas da filosofia analítica. A Seção 1 apresenta a versão anglocêntrica de tal concepção, que surgiu em conjunção com o contraste analítico/continental. A Seção 2 rejeita a concepção anglocêntrica por referência às raízes germanófonas da filosofia analítica. A Seção 3 discute um possível retorno, a saber, que os pioneiros germonófonos da filosofia analítica foram aberrações em uma cultura filosófica que era geralmente hostil ao espírito analítico. A Seção 4 volta-se a uma modificação da concepção anglocêntrica. De acordo com a "tese de Neurath-Haller", a filosofia analítica, ainda que não simplesmente anglo-saxônica, é de qualquer maneira anglo-austríaca em origem e em caráter. Ainda que as duas sugestões contenham cernes de verdade, elas distorcem as raízes complexas da filosofia analítica, especialmente o impacto dos pensadores alemães e das ideias kantianas. A Seção Final argumenta que *qualquer* concepção geolinguística entra em confronto tanto com fatos históricos quanto com o *status quo*. A dicotomia entre a filosofia analítica e a continental não é só uma classificação cruzada, ela também falha em exaurir as opções, dado que ignora o pragmatismo e a filosofia tradicionalista. As reais divisões filosóficas atravessam todas as fronteiras geográficas e linguísticas.

1. NEVOEIRO POR SOBRE O CANAL – O CONTINENTE CORTADO FORA!

Uma vez que a filosofia analítica é contrastada com a filosofia continental, é natural e de fato comum concebê-la em termos geográficos. Estritamente falando, esses termos são *geolinguísticos*. Por um lado, encontramos a filosofia analítica que é referida (em termos decrescentemente paroquiais) como "britânica", "americana", "anglo-saxônica", "anglo-americana" ou "anglófona". É o tipo de filosofar que predomina no mundo de fala inglesa – notadamente, na América do Norte, nas ilhas britânicas e na Australásia. Por outro lado, encontramos que o tipo de filosofar que predomina na Europa, e em algumas outras partes do globo, tais como a América Latina, é continental (por exemplo, Charlton, 1991, p. 2-3).

As origens dessa concepção *anglocêntrica* da filosofia analítica estão estreitamente conectadas com aquelas do rótulo "filosofia continental". Essa tarja surgiu em pelo menos três contextos diferentes. O primeiro, ao qual retornaremos abaixo, foi a discussão de J. S. Mill sobre as influências alemãs em Coleridge. Mill fala dos "filósofos continentais" e da "filosofia continental" (1840, p. 191), bem como da "doutrina germano-coleridgiana" e da "filosofia francesa".

O rótulo ressurgiu depois da II Guerra Mundial. Alguns representantes britânicos da filosofia analítica reconheceram que seu estilo de filosofar era claramente *diferente* de correntes simultâneas na Europa continental. O contexto britânico explica a escolha de terminologia. Já que os americanos do período reconheceram uma divisão geográfica dentro da filosofia ocidental, caracterizou-se a filosofia *europeia* como um de seus polos (Blumberg e Feigl, 1931; Nagel, 1936). Por contraste, os britânicos ainda consideravam a si mesmos como europeus. Ao mesmo tempo, o fascismo e a guerra tinham-nos alienado da Europa *continental*, não só política e culturalmente, mas também filosoficamente.

Os filósofos britânicos introduziram o termo "filosofia continental" em primeiro lugar para denotar a fenomenologia e sua origem existencialista. Nos anos de 1920, Ryle tinha oferecido um "indesejado curso de preleções, intitulado 'Objetivismo lógico: Bolzano, Brentano, Husserl e Meinong'. Esses personagens foram em pouco tempo conhecidos em Oxford como 'as três estações de trem austríacas de Ryle e um jogo de azar chinês'" (Ryle, 1970, p. 8). Ele tinha estudado as *Logische Untersuchungen** de Husserl, tinha encontrado o autor pessoalmente e tinha até mesmo publicado uma recensão respeitosa, porém crítica, de *Sein und Zeit*** de Heidegger (Ryle, 1928). À época do colóquio anglo-francês em Royaumont, em 1958, contudo, a atitude de Ryle tinha endurecido drasticamente. Ele estava muito motivado não simplesmente a distanciar sua análise conceitual da fenomenologia – o título de sua comunicação foi "Fenomenologia *versus O conceito de mente*" –, mas também a atacar os filósofos continentais com a ajuda de estereótipos culturais.

(1) À exceção de um ou dois breves flertes, pensadores britânicos não mostraram nenhuma inclinação em assimilar investigações filosóficas com científicas; e *a fortiori* nenhuma inclinação em elevar a filosofia à Ciência das ciências. Investigações conceituais diferem de investigações científicas não em posição de hierarquia, mas em tipo. Imagino que nossos pensadores foram imunizados contra a ideia da filosofia como a Senhora Ciência pelo fato de que suas vidas diárias nas faculdades de Cambridge e Oxford os tenham mantido em contato pessoal com cientistas reais. As alegações de *Fuehrership** desaparecem quando as brincadeiras pós-refeição começam. Husserl escreveu como se jamais tivesse encontrado um cientista – ou uma piada.

(2) Mesmo dentro da filosofia, nenhuma posição privilegiada foi acordada conosco para a filosofia da mente... Não pusemos preocupações em nossas cabeças com a pergunta "Qual filósofo deveria ser o *Fuehrer*?**". Se fizemos a nós mesmos essa pergunta, deveríamos no máximo estar inclinados a dizer que é a teoria lógica que de fato controla ou deveria controlar outras investigações conceituais, ainda que esse controle fosse antes de aconselhamento que ditatorial. Pelo menos as linhas principais de nosso pensamento filosófico durante este século podem ser plenamente entendidas só por alguém que estudou *os desenvolvimentos massivos de nossa teoria lógica*. Esse fato é parcialmente responsável pelo *amplo abismo* que existiu por três quartos de século entre a *filosofia anglo-saxônica* e a *continental*. Pois, no continente, durante este século, os estudos lógicos, infelizmente, foram deixados sem pai pela maioria dos departamentos de filosofia e receberam cuidado, se em absoluto, somente em alguns poucos departamentos de matemática. (1962: p. 181-182, ênfase minha)

---

* N. de T.: Isto é, *Investigações lógicas*.
** N. de T.: Isto é, *Ser e tempo*.

---

* N. de T.: Isto é, "liderança".
** N. de T.: Isto é, o "líder". A expressão faz certa alusão jocosa ao título popular de Adolf Hitler durante o domínio político do nazismo na Alemanha.

Donner und Blitzen![*] Foi Husserl um ganso saltitante filosófico em vez de um judeu perseguido pelos nazistas? E foram os principais avanços em lógica atingidos em Oxford, dentre todos os lugares, em vez de Iena, Göttingen, Viena e Varsóvia?

O golpe ao ler essa passagem é amortecido quando ela transpira que, apesar da menção da matemática, pela expressão "desenvolvimentos massivos de nossa teoria lógica", Ryle quer dizer não os avanços em lógica formal, mas o progresso em *lógica filosófica*, da teoria das descrições de Russell até a abordagem do significado tardia de Wittgenstein. Mas, só levemente. Ryle se refere a esses desenvolvimentos como "A transformação *à la Cambridge* da teoria dos conceitos". Como Monk indica, isso passa de lado do "fato levemente incômodo de que Wittgenstein era mais germânico do que anglo-saxônico. Wittgenstein, por tudo o que escreveu em alemão e porque se sentiu como um estrangeiro na Inglaterra, era, assim parece, um homem de Cambridge do início ao fim, e não de fato um 'continental' em absoluto" (1996b, p. 3). No encontro de Royaumont, Ryle parecia interessado menos em estabelecer se havia um amplo abismo entre a filosofia analítica e a "continental" do que em assegurar que de fato existia. Na discussão que seguiu à comunicação de Ryle, Merleau-Ponty sugeriu "*Notre programme, n'est-il pas le même?*[**]"; ao que Ryle respondeu secamente "*J'espère que non*[***]" (Beck, 1962, p. 7; ver também Glendinning, 1998a, p. 8-10; Rèe, 1993).

Finalmente, o termo "filosofia continental" se tornou institucionalmente estabelecido na América do Norte durante o fim dos anos de 1960. Assim como o positivismo lógico, a fenomenologia, o existencialismo e a teoria crítica foram introduzidos na América por europeus expatriados, em torno da época da II Guerra Mundial, como Horkheimer, Adorno, Alfred Schutz e Herbert Spiegelberg. Durante os anos de 1950 e 1960, autores continentais da Alemanha e da França foram assimilados pelos filósofos, teólogos, literatos, teóricos sociais e políticos americanos (ver Brogan e Risser, 2000). O interesse nesse campo foi estimulado adicionalmente por visitas regulares de famosos pensadores continentais, tais como Gadamer, Habermas, Derrida e Ricoeur. Durante os anos de 1960, os mesmos desenvolvimentos em política e no plano educacional que ventilaram o ressurgimento da ética normativa e o nascimento da ética aplicada dentro da filosofia analítica também levaram a um clamor por cursos devotados a esses pensadores, dado que foram (equivocadamente) supostos como uniformemente da esquerda política e (corretamente) tomados como fora da corrente filosófica principal em língua inglesa. Os títulos desses cursos frequentemente incluíam "filosofia continental" e variantes dela. De um termo de abuso, ele tinha se tornado o nome apropriado para um movimento intelectual e um campo acadêmico. Logo os filósofos anglófonos de todas as localidades e crenças começaram a fazer uso dele. O contraste entre a filosofia analítica e a continental como o conhecemos tinha nascido!

Uma maioria de comentadores recentes repudiaram o modelo geolinguístico simplista da filosofia analítica que esse contraste implica (notadamente Dummett, Sluga, Hacker, Friedmann e os proponentes da "tese de Neurath-Haller"). No entanto, por um longo tempo, ele foi "sabedoria" herdada. Em uma festa da subfaculdade de Oxford, em 1986, minha confissão de ser alemão deu vazão à resposta imediata e sincera "Você deve ser um existencialista, então!", não obstante o fato de eu não estar trajando gola até o alto do pescoço e de que o único *filósofo* existencialista incontroverso (em oposição a um teólogo) da Alemanha – Karl Jaspers – tinha morrido em 1969. Mesmo no presente, a concepção geolinguística exerce uma influência profunda entre um público filosófico mais amplo. Realmente, de modos

---

[*] N. de T.: Expressão alemã – literalmente "Trovões e raios!" – que se aproxima daquela em português "Céus!".
[**] N. de T.: "O nosso programa não é o mesmo?".
[***] N. de T.: "Eu espero que não".

sutis e subliminares, ela afeta até mesmo historiadores contemporâneos da filosofia analítica. Na série "Uma história da Filosofia Ocidental", da Oxford University Press, os dois volumes destinados à filosofia analítica trazem os respectivos títulos *Filosofia de língua inglesa 1750–1945* (Skorupski, 1993) e *Filosofia contemporânea: filosofia em inglês desde 1945* (Baldwin, 2001). Semelhantemente, Soames introduz sua inspeção da "tradição analítica em filosofia" como segue: "Com algumas poucas notáveis exceções, a obra principal nessa tradição foi feita por filósofos na Grã-Bretanha e nos Estados Unidos; mesmo aquilo que não foi escrito em inglês foi, em sua maior parte, rapidamente traduzido e teve seu maior impacto no mundo dos filósofos de fala inglesa" (2003, p. xi). Filósofos continentais contemporâneos também auxiliam o modelo anglocêntrico ao identificar a filosofia analítica com a filosofia anglo-americana (por exemplo, Schroeder, 2005, p. xvi, 346).

A dicotomia analítico/continental e o quadro anglocêntrico da filosofia analítica contêm um cerne de verdade. Não há como negar o fato de que uma maioria substancial dos filósofos analíticos contemporâneos provêm de áreas de fala inglesa e que essas incluem o mais famoso espécime. Em parte, isso é devido a fatos institucionais brutos, especialmente à força numérica de filósofos e de publicações filosóficas norte-americanas (Rescher, 1993), comparada com filósofos e publicações em outros lugares, seja qual for a língua materna ou a crença filosófica. Em parte, isso reflete o fato de que, em filosofia, o centro de gravidade moveu-se durante o curso do século XX, dos países germanófonos para os países anglófonos, inicialmente para a Grã-Bretanha e, então, pelos últimos 40 anos, para a América do Norte.

No entanto, a dicotomia analítico/continental contrasta com uma categoria não geográfica e com uma geográfica e, portanto, envolve "uma estranha classificação cruzada – com efeito, como se alguém dividisse carros em carros de tração dianteira e japoneses" (Williams, 1996a, p. 25). Por razões relacionadas, o quadro anglocêntrico é insustentável. Em sua perspectiva estreita e insular, ele é reminiscente da manchete atribuída ao jornal *The London Times*: "Nevoeiro por sobre o canal – O continente foi cortado fora". Como diz Engel: "Pode-se até admitir que o clima de um país ou seu desjejum seja continental, mas daí sua filosofia?" (1997, p. 9).

2. *VORSPRUNG DURCH LOGIK*[*]: RAÍZES GERMANÓFONAS DA FILOSOFIA ANALÍTICA

É verdade que as raízes do que é conhecido como filosofia continental repousam no continente da Europa. Mais especificamente, no que concerne a suas origens, a filosofia continental é predominantemente filosofia germanófona (sendo exceções notáveis Kierkegaard, Bergson, Croce e Ortega y Gasset). As tradições dialética, existencialista, fenomenológica e hermenêutica foram inauguradas quase exclusivamente por falantes do alemão – respectivamente, Hegel e Marx, Schopenhauer e Nietzsche, Brentano e Husserl, Dilthey e Heidegger. O mesmo vale para a psicanálise, que exerceu uma influência colateral tremenda sobre a filosofia continental; com efeito, em casos como aquele de Lacan é tentador falar de um dano colateral. Embora os filósofos analíticos anglófonos tenham poupado a maior parte da sua bile para a filosofia francesa do século XX, a última consiste amplamente de decolagens a partir de pensadores germanófonos: Sartre e Merleau-Ponty a partir de Husserl, Althusser de Marx, Foucault de Nietzsche, Lacan de Freud e Derrida de Heidegger.[1] Poderia parecer, portanto, que o conflito analítico *versus* continental poderia ser adicionado à lista de contrastes anglo-alemães: chá *versus* café, *ale* [cerveja forte e escura] *versus lager* [cerveja

---

[*] N. de T.: Isto é, "Antecipação pela lógica".

leve e clara], *bangers*[*] *versus* salsicha, *back four versus* varredor, vergonha *versus* culpa.

Nem é preciso dizer que isso também não vai servir, dado que a filosofia analítica é, também, em grande medida, a invenção de falantes do alemão. Naturalmente, seu surgimento se deve muito a Russell, Moore e ao pragmatismo americano. Todavia, ela deve mais até a Frege, Wittgenstein e ao positivismo lógico. Ninguém pensaria na filosofia analítica como um fenômeno especificamente anglófono se os nazistas não tivessem movido muitos de seus pioneiros para fora da Europa Central.

Como vimos no capítulo anterior, a "revolução em rigor" (Gillies, 1999, p. 179) na matemática e na lógica desempenhou um papel crucial no surgimento da filosofia analítica. Aquela revolução foi uma questão altamente internacional. Em adição aos contribuidores anteriormente mencionados, o fundador do pragmatismo americano, C. S. Peirce, reinventou a notação quantificador-variável, independentemente de Frege, e fez importantes contribuições para a lógica das relações. Admitidamente, a obra de Russell constitui o *input* imediato principal daquela revolução do século XIX para o desenvolvimento da filosofia analítica no início do século XX. Mas Russell era um poliglota e um cosmopolita, e se beneficiou imensuravelmente das influências "continentais". A notação lógica que tornou os *Principia Mathematica* tão mais inspecionáveis do que as *Grundgesetze* de Frege foi derivada do italiano Peano. E sobre uma viagem, em 1895, Russell mais tarde escreveu:

> Eu via a América naqueles dias com a superioridade presunçosa do bretão insular. No entanto, o contato com os americanos acadêmicos, especialmente os matemáticos, fez com que eu percebesse a superioridade da Alemanha com respeito à Inglaterra em quase todos os assuntos acadêmicos. Contra minha vontade, no curso de minhas viagens, a crença de que tudo que era digno de conhecer era conhecido em Cambridge gradualmente passou. (1967–1969, p. 135)

Weierstrass, Dedekind e Cantor demonstraram para Russell que os problemas nos fundamentos da matemática, que ele tinha considerado como prova do idealismo absoluto, poderiam em realidade ser solucionados por métodos formais. Por essa razão, eles desempenharam uma parte crucial em sua conversão do monismo idealista para o realismo pluralista (Monk, 1996a, p. 113-115) e na inspiração de seu programa logicista.

Além disso, Russell deveu os instrumentos analíticos com os quais buscar esse programa em larga medida a Frege. Antes de seu estudo de Frege, em 1903, Russell não tinha uma abordagem operável da quantificação (Stevens, 2005, Capítulo 2). No Prefácio dos *Principia Mathematica*, Russell e Whitehead escreveram: "Em todas as questões de análise lógica, nossa dívida principal é para com Frege" (1910-1913, p. viii). Russell também credita a Frege a promoção "do primeiro exemplo completo" do "método lógico-analítico em filosofia" (1914, p. 10). Wittgenstein, por sua vez, proclamou no Prefácio do *Tractatus* sua dívida para com as "grandes obras de Frege".

Em muitos aspectos, a I Guerra Mundial marcou um divisor de águas nas relações filosóficas entre países anglófonos e germanófonos (Kuklick, 1984), bem como no declínio do alemão como língua acadêmica. Todavia, a posição de liderança de pensadores e de publicações germanófonas em lógica formal continuou nos anos de 1930. Quando Quine veio para Harvard, em 1930, para fazer pós-graduação em lógica formal, ficou desapontado ao notar que, apesar da presença de Whitehead e Sheffer, a ação real estava no continente europeu. Esse é o motivo por que sua turnê europeia para Viena, Praga e Varsóvia, em 1933, teve duradouro impacto

---

[*] N. de T.: Típica e popular salsicha inglesa, normalmente feita de carne de porco, que, via de regra, se abre com um "estalo" (*bang*) ao fritar-se.

sobre ele (1986, p. 7-13). Mesmo a obra de lógicos fora da Alemanha e da Áustria (notadamente Skolem e Tarski) atingiu uma audiência mais ampla somente por meio de sua publicação em alemão. Em 1996, Quine me contou, em uma conversa, que, quando teve em mãos a tradução alemã de seu trabalho de doutorado, ele sentiu que "Agora é oficial!".

O papel decisivo de Wittgenstein e dos positivistas lógicos para o desenvolvimento posterior da filosofia analítica é até mesmo mais evidente. Em 1959, Russell notou, ainda que com uma nota de desagrado: "Durante o período desde 1914, três filosofias dominaram sucessivamente o mundo filosófico britânico: primeiramente, aquela do *Tractatus*; em segundo lugar, aquela dos Positivistas Lógicos, e; em terceiro lugar, a das *Investigações Filosóficas* de Wittgenstein" (1959, p. 160). Hacker subscreve a avaliação histórica de Russell e conclui: "Wittgenstein controla 50 anos da filosofia analítica do século XX da mesma forma que Picasso domina 50 anos da pintura do século XX" (1996, p. 1).

Um fator na importância de Wittgenstein é a influência desta última obra na transição da análise de Cambridge para a filosofia linguística de Oxford. Até mais importante, contudo, é a influência de sua primeira obra sobre os positivistas lógicos predominantemente germanófonos (ver Hacker, 1996, Capítulo 3). Em seus encontros semanais, o Círculo de Viena por duas vezes leu e discutiu o *Tractatus*, linha por linha (1924 e 1926). Sua interpretação era altamente seletiva (ignorando em particular a distinção dizer/mostrar e as reflexões sobre a mística). Apesar disso, alguns membros do Círculo de Viena (Schlick, Carnap, Waismann) reconheceram-no como um "ponto de virada decisivo" na história da filosofia (Schlick, 1931/1932), por causa de sua promessa de dar termo aos debates infrutíferos da metafísica com a ajuda da análise lógica. Schlick descreveu o *Tractatus* como "a mais significativa obra de nosso tempo" e suas percepções como "absolutamente cruciais para o destino da filosofia". Carnap considerou Wittgenstein como "o filósofo que, deixando de lado Russell e Frege, teve a maior influência sobre meu pensamento" (1963, p. 24). E Hahn exaltou o *Tractatus* "por ter clarificado o papel da lógica" (1980, p. xii). Neurath ficou menos encantado com Wittgenstein e criticou agudamente a ideia do *Tractatus* de verdades metafísicas inefáveis (1931, p. 535; ver Geier, 1992, p. 26). Por tudo isso, o Manifesto do Círculo de Viena, do qual ele foi coautor, com Carnap e Hahn, fez honra a Wittgenstein como uma das inspirações de uma visão de mundo científica, junto com Russell e Einstein, muito embora muito para o desgosto de Wittgenstein (ver Glock, 2001, p. 207-213).

O positivismo lógico, por sua vez, tornou-se o que, por consentimento comum – ainda que não necessariamente por aclamação comum –, é a mais influente escola filosófica dos últimos cem anos, especialmente devido a seu impacto sobre a filosofia americana (Feigl, 1981, p. 57-94; Hacker, 1996, Capítulo 7.1; Friedman, 1998; Haller, 1993, p. 1). A dispersão do positivismo lógico e de movimentos e pensadores relacionados da Europa Central era inevitável, dado o surgimento do fascismo. Sob os nazistas, os filósofos e os cientistas envolvidos encararam o prospecto de, na melhor das hipóteses, serem silenciados, e de, na pior, serem mortos.[2] Muitos eram politicamente de esquerda, embora a escala variasse de liberais moderados, como Schlick, para socialistas democratas, como Carnap, até marxistas não ortodoxos, como Neurath. Alguns deles, como Tarski, Popper e Waismann, eram judeus.

O êxodo da filosofia analítica foi uma questão gradual. Foi antecipado por visitas de figuras de liderança à América, tais como Schlick, e pela mudança de Feigl para lá, em 1931. Começou para valer em 1933, com a elevação de Hitler ao poder, na Alemanha, o que forçou Reichenbach e Hempel ao exílio. O êxodo acelerou durante os anos de 1930, em parte por causa do surgimento da ameaça fascista, que retirou Neurath e Carnap, e, em parte, por causa do assassinato de Schlick por um estudante alterado, em 1936. Foi completado pela invasão nazista da Polônia em 1939, que destruiu a escola polonesa de lógica. Tarski escapou por pouco porque estava por acaso visitando os EUA, para participar de um dos encontros da Unidade de Ciência que o infatigável Neurath organizou para manter o positivismo lógico vivo no exílio.

O resultado em rede foi o transplante do positivismo lógico para o mundo anglófono. Neurath e Waismann acharam asilo na Grã-Bretanha, e Popper por fim se estabeleceu ali, depois de um breve período na Nova Zelândia. Mas o influxo principal foi para os EUA (ver Hardcastle e Richardson, 2003). Esse processo foi auxiliado pela existência de uma forma nativa de empirismo com tendência lógica, derivado do pragmatismo americano, que incluía Charles Morris, Ernest Nagel e o jovem Quine. A audiência receptiva também incluía cientistas com convicções instrumentalistas ou operacionalistas, tais como Bridgman, e psicólogos behaviouristas, como Skinner. O positivismo lógico em pouco tempo estabeleceu centros na UCLA,* por meio de Reichenbach, e, mais tarde, de Carnap, na Universidade Minnesota, por meio de Feigl e seu jovem associado Sellars, na Universidade de Iowa, onde Bergmann fundou uma escola de positivistas platonistas, em Chicago, por meio de Morris e Carnap, em Princeton, de Tarski e Hempel, e em Harvard, domicílio permanente de Quine e anfitriã para uma série inteira de visitantes ilustres vindos da Europa.

O impacto desses emigrados foi colossal, primeiramente na lógica formal, na filosofia da linguagem e na filosofia da ciência, mais tarde em todas as áreas da filosofia teórica, notadamente a florescente filosofia da mente. Em conversa, Quine datou a chegada da filosofia analítica à América com um incidente que ele também relata de forma impressa, no qual Carnap contra-atacou um ataque violento de Lovejoy de uma maneira caracteristicamente meticulosa e racional (Quine, 1966, p. 42; Beckermann, 2001, p. viii). E é provavelmente não mais do que uma hipérbole suave quando Davidson (1980, p. 261) afirma que passou pela escola de pós-gradução em Harvard, ao final dos anos de 1940, lendo a antologia de Feigl e de Sellars de escritos predominantemente positivistas. Mesmo aqueles filósofos analíticos contemporâneos, nos EUA, que rejeitam virtualmente todas as doutrinas associadas ao positivismo lógico, em particular sua hostilidade à metafísica e seu verificacionismo, prestam homenagem ao fato de terem introduzido métodos e instrumentos lógicos precisos no assunto (Plantinga, 1995, p. 139; Burge, 2003, p. 201n). Borradori escreve: "Na América do Norte, a definição de filosofia analítica foi sempre posta em oposição ao pensamento europeu" (1994, p. 7). *Nein!** Aqueles norte-americanos que cunharam o rótulo "filosofia analítica" o utilizaram explicitamente para se referir a um movimento europeu (Blumberg e Feigl, 1931; Nagel, 1936).

3. EMPIRISMO BRITÂNICO *VERSUS* ROMANTISMO ALEMÃO

Nessa conjuntura, é tentador adotar uma visão radicalmente oposta das origens da filosofia analítica, ainda que uma visão concebida em termos geolinguísticos. Dummett escreve:

> Apesar da importância que Russel e Moore tenham tido, nenhum deles foi a, ou mesmo uma, fonte da filosofia analítica; e o pragmatismo foi meramente um tributário interessante que fluiu para a corrente principal da tradição analítica. As fontes da filosofia analítica foram os escritos de filósofos que escreveram, principal ou exclusivamente, em língua alemã; e isso teria permanecido óbvio para todos, não tivesse sido pela praga do nazismo, que moveu tantos filósofos de língua alemã através do Atlântico. (1993, p. ix)

---

* N. de T.: Universidade da Califórnia Los Angeles.

* N. de T.: O autor conscientemente faz uso da palavra "não", em alemão.

Deixando por enquanto de lado a pergunta sobre quem fundou a filosofia analítica (ver Capítulo 8.4), há muito para aplaudir nessa passagem. Mas não deveríamos simplesmente virar a concepção anglocêntrica de cabeça para baixo e atribuir prioridade exclusiva aos pensadores germanófonos. Como um movimento filosófico distinto, a filosofia analítica é impensável sem Russell e Moore. Além do mais, os defensores da concepção anglocêntrica têm um réplica plausível *prima facie*. Frege, Wittgenstein e o Círculo de Viena se colocam radicalmente aparte da corrente principal da filosofia germanófona (Wedberg, 1984: Capítulo 1; Coffa, 1991, p. 1-4). Uma vez que pertencem a uma tradição em absoluto, diz-se, é aquela da filosofia analítica anglófona, que recebeu ou esses pensadores ou ao menos suas ideias de braços abertos. As origens alemãs e austríacas de Frege, de Wittgenstein e do Círculo de Viena são, ao que parece, meramente uma coincidência desafortunada, tal como as origens de Händel, de Freud, de Einstein, da Casa de Windsor ou da árvore de Natal.

Essa ideia também encontra apoio indireto em alguns filósofos continentais. De acordo com Critchley, a divisão filosofia analítica *versus* continental reflete um conflito cultural mais profundo entre os dois hábitos de pensamento, a que ele se refere como "empírico-científico" e "hermenêutico-romântico" (2001, p. 41-48; 1998, p. 15, nota 4). Referindo-se à introdução anteriormente mencionada do termo "filosofia continental", por Mill, ele associa a divisão analítico/continental à oposição feita por Mill entre Bentham e Coleridge, e, portanto, entre as questões "É verdade?" e "Qual é o significado disso?" (1840, p. 177). Critchley enfatiza que a menção de Coleridge implica que não estamos lidando com uma divisão estritamente geográfica, e então desconsidera o aspecto geolinguístico e compara a divisão analítico/continental com o contraste "interno" de C. P. Snow entre *As duas culturas* (1959), ciência de um lado, artes e humanidades, de outro.

Mas Coleridge não teve nenhum impacto significativo sobre a filosofia britânica. Essa concessão abre a possibilidade, portanto, de se fazer um contraste entre a *filosofia* analítica e a continental juntamente com linhas geolinguísticas, a saber, por referência ao contraste entre a ciência britânica e o empirismo, por um lado, e o romantismo alemão e o racionalismo, por outro. Com efeito, o contraste entre filosofia analítica e continental acaba forçando, e é reforçado por, algumas diferenças estereotipadas entre o pensamento germanófono e o anglófono. O conflito amargo entre a filosofia anglófona e a germanófona não é nada novo. Em 1873, muito antes do surgimento da filosofia analítica, John Stuart Mill reclamou da influência funesta da filosofia alemã: "A visão alemã ou *a priori* do conhecimento humano... provavelmente por algum tempo (ainda que se espere que isso ocorra em um grau decrescente) predominará entre aqueles que se ocupam com tais investigações [lógicas], tanto aqui quanto no continente" (1873, p. 171). Compreensivelmente, Mill achou esse fato tanto mais vexatório, dado seu próprio excelente tratamento da questão em *Um sistema de lógica*.

Praticamente ao mesmo tempo, Marx e Nietzsche satirizaram a natureza a-histórica e superficial do empirismo, do utilitarismo e do pragmatismo anglo-saxônico. Ao longo da obra *Das Kapital*,* Marx reclama do sincretismo superficial de Mill. Jeremy Bentham escapa menos ileso. Ele é descrito como um "fenômeno puramente inglês", um "oráculo de fala altiva, insípido, pedante, do entendimento burguês ordinário" e "um gênio em estupidez burguesa". Por quê? Porque Bentham defende que a condição humana é aquela do "filistino inglês". E sobre o princípio utilitarista de que se deveria promover a felicidade máxima do número máximo [de pessoas], Marx reclama: "Em época nenhuma e em nenhum país jamais

---

* N. de T.: Isto é, *O Capital*.

um lugar comum simplório arrogou-se de forma tão complacente" (1867, Capítulo 22.5). Enquanto Marx condenava o utilitarismo como a ideologia do capitalismo inglês, seus epígonos condenaram o pragmatismo como a ideologia do imperialismo norte-americano (por exemplo, Klaus e Buhr, 1976, p. 963).

Nietzsche, pelo que se sabe jamais superado em rudeza filosófica, desce os olhos sobre os "utilitaristas ingleses infatigáveis, inevitáveis", "com desprezo, ainda que não sem pena", porque eles têm falta de "poderes criativos e de consciência artística". Como Marx, ele deplora o que considera ser pretensões universais autoilusórias de uma perspectiva estreita. Os utilitaristas promovem a "moralidade inglesa", não percebendo que a alegada "felicidade do número máximo [de pessoas]" é, em realidade, "a felicidade da Inglaterra" (1886, §§225, 228). "Alguém tem de ser inglês para ser capaz de acreditar que seres humanos sempre buscam a sua própria vantagem" (1906, §930). Bem, certamente ajuda! Por outro lado, pode ajudar ser alemão caso se diga a alguém, juntamente com Nietzsche, que as "bestas arianas loiras" não deveriam promover nem a felicidade do número máximo nem sua própria felicidade, mas se esforçar heroica e altruisticamente para infligir tanta morte e destruição quanto possível.

Nietzsche chega a ser até mais definitivo do que Marx em recriminar as deficiências do empirismo na psiquê nacional inglesa (como muitos continentais, ele era cego quanto à diferença entre a Inglaterra e a Grã-Bretanha). Os ingleses "não são nenhuma raça filosófica", assim nos informa, eles prescindem de "*real* poder de espiritualidade, de real *profundidade* de percepção espiritual, em poucas palavras, de filosofia". Sua "profunda mediocridade" não é somente a mácula do utilitarismo, ela "certa vez, anteriormente, produziu uma depressão coletiva do espírito europeu", a saber, na forma do empirismo britânico. Contra o *slogan* empirista "existem somente fatos", Nietzsche insiste que o sentido deve ser projetado nos fatos, que não existem "quaisquer fatos em si mesmos", somente interpretações (1886, §§252, 253, 481, 556).

Tão pronunciada foi a repugnância de Nietzsche pelo empirismo anglo-saxônico que esse chegou a levá-lo a invocar o espírito antiempirista de Kant, Schelling e Hegel. Isso é irônico, dado que esses filósofos estão, de outro modo, entre seus alvos prediletos. Todavia, a ambivalência de Nietzsche não é nenhuma coincidência. Embora Kant e Hegel resistissem às alegações do empirismo, sua ênfase no papel da razão colocou-os firmemente na tradição iluminista que Nietzsche buscava desbancar. Outros pensadores alemães, incluindo Schelling e os românticos, estão mais próximos de Nietzsche no sentido de que rejeitaram o iluminismo como tal. Contudo, em contraste agudo com Nietzsche, eles deploravam as raízes ocidentais do iluminismo, às quais se opunham em nome do germanismo. Além disso, seus alvos primários eram os franceses, por conta da revolução francesa e de Napoleão, não os britânicos, que tinham o protorromântico Shakespeare e o reacionário Burke em seu crédito (para uma exposição breve dessa história lamentável, ver Beck, 1967).

Não obstante tais complicações, emerge um contraste entre o senso comum britânico e a profundidade germânica. Na filosofia moral, há um conflito entre uma busca pragmatista de utilidade e uma busca idealista de objetivos "mais elevados", seja a salvação religiosa, a revolução mundial ou o *Übermensch*.* Em filosofia teórica, há um conflito entre uma ênfase *empirista* nos fatos e na ciência e uma ênfase *racionalista* na necessidade de teoria e de interpretação, sendo a alternativa uma rejeição *irracionalista* tanto da razão *quanto* da experiência. Russell aludia a esse conflito, quando anota a propósito dos macacos de Köhler: "Parecia que os animais sempre se comportam de maneira a mostrar a correção

---

* N. de T.: Isto é, o "super-homem".

da filosofia adotada pelo homem que os observa... Animais observados por norte-americanos correm disparatados, freneticamente, até que atingem a solução por acaso. Animais observados por alemães se sentam calmos e coçam suas cabeças, até que desenvolvem a solução a partir de sua consciência interna" (1959, p. 96).

Ao mesmo tempo, esse contraste não coincidia completamente com as fronteiras nacionais. Havia "traidores" de ambos os lados. Assim, pois, em 1831, o ano da morte de Hegel, Friedrich Eduard Beneke condenou a propensão alemã em construir sistemas filosóficos grandiosos, em desconsideração aos resultados da ciência natural. Além disso, recriminou esses defeitos no isolamento cultural da Alemanha:

> Somente nós alemães estamos excluídos dessa associação, como se divididos de todas as nações por barreiras insuperáveis. Enquanto declaramos essas [nações] como destituídas de todo verdadeiro espírito filosófico (de forma suficientemente estranha, dadas suas realizações do passado, e especialmente aquelas da filosofia inglesa), elas nos consideram sonhadores, presos em tal medida em miragens amorfas e presunção que dificilmente seremos jamais capazes de lançar um turvo olhar para o mundo real aqui embaixo. E esse é o motivo por que qualquer um que queira viver pacificamente entre seres humanos e que queira formar uma concepção e um entendimento claro de sua natureza e de suas relações deve ficar de guarda contra nossas produções espirituais. (Beneke, 1831, p. 114; ver Bubner, 1996).

Contudo, o final do século XIX testemunhou algo semelhante a uma troca filosófica de papéis entre a Grã-Bretanha e a Alemanha. As exortações de Beneke foram um documento fundador do neokantismo alemão, um movimento que triunfou sobre o idealismo alemão, o romantismo e o naturalismo fisiológico, ao desenvolver uma perspectiva filosófica estreitamente associada tanto às ciências naturais como às sociais.[3]

Ao mesmo tempo, a Grã-Gretanha estava em amores com o idealismo alemão, uma assimilação tardia do idealismo hegeliano temperado pela moderação britânica. Os idealistas absolutos estavam ansiosos por uma perspectiva filosófica que seria espiritualmente mais nutritiva do que o empirismo, o utilitarismo e o darwinismo, mas que poderia, no entanto, ser reconciliada com a modernidade. O hegelianismo foi simplesmente o bilhete, dado que reconciliava tudo com qualquer coisa em uma "síntese mais elevada", o "Absoluto" (anteriormente conhecido como Deus). Mas, apesar do fato de que o senso comum e o Absoluto estavam brevemente negociando posições, eles jamais puderam negar suas respectivas raízes. Os alemães neokantianos estavam conscientes da dívida que tinham para com a filosofia e a ciência britânicas. Inversamente, os idealistas britânicos proclamaram até o último minuto que, devido a seus esforços, a filosofia britânica estava "ligando-se de novo à corrente principal do pensamento europeu" (Muirhead, 1924, p. 323; ver Hacker, 1996, p. 5).

Pode parecer, portanto, que a filosofia analítica se encaixa melhor no mundo filosófico anglófono do que no germanófono, e que a concepção anglocêntrica dela pode ser defendida, desde que seja tomada em um espírito qualificado e mais contextual.

4. O EIXO ANGLO-AUSTRÍACO

Mesmo esse quadro anglocêntrico modificado não encontrará favorecimento com um grupo de especialistas que sustentam que o pensamento empirista e orientado na ciência, no espírito da filosofia analítica, teve uma longa tradição *dentro* do mundo germanófono. O contraste recebido, eles diriam, falha em perceber que a filosofia germanófona se divide em *duas ramificações extremamente diferentes*. Por um lado, há uma tradição *alemã* que se deriva de Kant e se estende, passando pelos idealistas alemães, até Heidegger. Por outro, há uma tradição *austríaca* que começa com Bolzano, continua com a escola de Brentano e inclui a escola polonesa de metafísica e lógica fundada por Twardowski e Kotarbinski (Smith, 1994; Simons, 1999; Uebel, 1999). Até mesmo Dummett, um defensor robusto da ideia de que a filosofia analítica de origina em Frege, reivindica que a filosofia analítica "deveria antes ser chamada de 'anglo-austríaca' do que 'anglo-americana'" (1993, p. 1-2).

Nessa versão de uma concepção geolinguística, o contraste não é entre anglófono e germanófono, ou entre filosofia analítica e continental *per se*. Antes, há um "Eixo Analítico Anglo-Austríaco" (Simons, 1986) que inclui a Grã-Bretanha, por um lado, e o antigo império dos Habsburgo (especialmente Áustria, Tchecoslováquia e partes da Polônia), por outro. De acordo com esses comentadores, o contraste é entre uma tradição austríaca sensata e realista, próxima a e parcialmente inspirada pelo empirismo britânico, e uma tradição alemã obscurantista e idealista que retorna até Kant.[4]

A ideia de um eixo analítico anglo-austríaco de luz é a versão radicalizada da assim chamada "tese de Neurath-Haller" (Smith, 1994, p. 14-20). De acordo com Neurath, a filosofia austríaca difere marcantemente do resto da filosofia germanófona, uma vez que ela "se poupou do interlúdio kantiano" (1936, p. 676) e, em vez disso, retorna até Bolzano. Ela foi caracterizada, assim Neurath opina, por uma rejeição de todas as formas de idealismo, uma ênfase na análise psicológica e linguística, respeito pela ciência empírica, uma desconfiança face à especulação e, estilisticamente, pela evitação de profundidades obscuras em favor da clareza da exposição. A ideia de Neurath foi assumida e elaborada por Haller (1991). Haller chamou atenção em particular para o "proto-Círculo de Viena", um grupo de filósofos e cientistas do período prévio à I Guerra Mundial, incluindo Neurath e Hahn, que foi fortemente influenciado pelo físico austríaco Ernst Mach.

Proponentes da tese Neurath-Haller fizeram um grande serviço ao trazer à luz um capítulo fascinante da história intelectual, e um capítulo que é de grande relevância para o surgimento da filosofia analítica. Além disso, muitas de suas reivindicações são corretas e importantes. Filósofos de liderança do mundo dos Habsburgo, como Bolzano e Brentano, atacaram Kant veementemente, mesmo em questões sobre as quais essencialmente concordavam com ele, como a definição de verdade ou a distinção analítico/sintético. E eram ainda mais desgostosos dos idealistas alemães que dominaram a filosofia alemã entre 1800 e 1831. Além do mais, o estilo de escritores como Bolzano, Brentano ou Kotarbinski contrasta favoravelmente com aquele dos neokantianos alemães, mesmo quando as buscas filosóficas dos últimos estivessem em proximidade estreita com o empirismo britânico e a ciência contemporânea (Smith, 1994, p. 4).

No entanto, a tese Neurath-Haller apresenta desequilíbrio, e a tese mais forte de um eixo anglo-austríaco é incorreta. O que está errado não é a reivindicação de que existiam correntes filosóficas distintas no império Habsburgo, de que elas tiveram um impacto importante sobre a filosofia analítica, ou de que existiram diferenças notáveis na atmosfera filosófica entre o império Habsburgo e a Alemanha. Trata-se, antes, de três sugestões: primeiramente, de que há uma apenas, isto é, uma única e unificada corrente de filosofia "científica", protoanalítica, que dominava a filosofia austríaca; em segundo lugar, que o movimento protoanalítico/analítico era inteiramente estranho à Alemanha; e, em terceiro lugar, que esse movimento foi universalmente caracterizado por realismo e hostilidade a Kant.

A ideia de que havia *uma só* tradição austríaca singular retornando a Bolzano é uma invenção propagandística de Neurath. Como o próprio Haller reconhece, existem pelo menos duas correntes na filosofia austríaca, uma predominantemente *realista*, indo de Bolzano, passando pela escola de Brentano, especialmente Meinong, até

Husserl e a filosofia polonesa, e uma predominantemente *empirista*, indo de Mach e Boltzmann até o Círculo de Viena. Mas essa cisão não deveria parecer surpreendente. De Locke até Quine, empirismo e realismo têm sempre sido companheiros de quarto inquietos, dado que é tentador supor que o que é imediatamente dado na experiência é algum tipo de intermediário mental que se coloca entre o observador e a realidade material. Nem o sensualismo de Mach nem o fenomenalismo dos primeiros positivistas lógicos é realista por qualquer esticada da imaginação. Em segundo lugar, não poderia haver um contraste maior do que aquele entre as ideias patentemente metafísicas de Bolzano e Meinong, por um lado, e o zelo antimetafísico de Carnap e Neurath, por outro, ou entre a longa lista de Brentano de verdades sintéticas *a priori* e o repúdio puro e simples do sintético *a priori* por Wittgenstein e os positivistas lógicos. Em terceiro lugar, há uma cisão importante entre o antipsicologismo de Bolzano, Wittgenstein e a maioria dos positivistas lógicos, por outro lado, e a invocação de "intuições" mentais na psicologia do ato de Brentano, uma invocação que é devidamente continuada na fenomenologia de Husserl.

Mesmo dentro de qualquer desses vários campos e movimentos, não há nenhuma continuidade austríaca à exclusão de filósofos alemães. É verdade que, por diversas razões políticas, Kant e o idealismo alemão não desempenharam o papel, na Áustria, que desempenharam na Alemanha.[5] Contudo, tanto Leibniz quanto Herbart exerceram uma forte influência sobre a filosofia austríaca, de Bolzano em diante. Brentano, por sua vez, foi um aluno de Trendelenburg, um filósofo alemão importante, que fez a mediação entre os modos de pensamento aristotélico e kantiano. Por contraste, ele praticamente nunca menciona Bolzano. Diferentemente de seu aluno Husserl, para ser exato. Mas esse último é inadequado tanto como realista quanto como progenitor da filosofia analítica. Havia uma ligação tênue entre Bolzano e os últimos desenvolvimentos em Viena, a saber, Alois Höfler. Mas ele não satisfaz a condição de um antikantiano doido varrido, uma vez que advertiu os seus contemporâneos justamente contra o tipo de desprezo por Kant que se pode sentir em alguns proponentes da tese de Neurath-Haller (ver Uebel, 1999, p. 259-266).

De forma mais geral, a tese do eixo analítico ignora as conexões acadêmicas, políticas e culturais íntimas entre a Alemanha e o império dos Habsburgo. Não havia qualquer abismo acadêmico ou cultural entre os estados alemães e a Alemanha Imperial (depois de 1871), por um lado, e as partes e distritos eleitorais de fala alemã do império dos Habsburgo e seus estados sucessores, por outro. Mesmo a divisão política é um artefato relativamente recente da *kleindeutsche Lösung** de Bismarck, de 1866. E havia um movimento completamente livre entre acadêmicos, incluindo aqueles associados à filosofia austríaca por vários comentadores (isso é confirmado, por exemplo, pelas curtas biografias em Haller, 1993, p. 253-261). Husserl e von Mises moveram-se do império dos Habsburgo para a Alemanha. Contudo, mais danoso para a concepção anglo-austríaca é o fato de que o tráfego era ainda mais pesado na direção oposta. Brentano e Stumpf eram ambos alemães de origem (e o último mais tarde retornou para lá, depois de um breve intervalo em Viena). E o mesmo vale para dois dos três membros mais eminentes do Círculo de Viena, a saber, Schlick e Carnap.

De fato, Carnap é amplamente reconhecido como o mais importante positivista lógico. Além disso, o positivismo lógico não consistia simplesmente no *Wiener Kreis*** de Schlick. Havia também a *Gesellschaft für Empirische Philosophie**** de Berlim, mais tarde renomeada *Gesellschaft*

---

* N. de T.: Isto é, a "solução pequeno-alemã".
** N. de T.: Isto é, "Círculo de Viena".
*** N. de T.: Isto é, "Sociedade de Filosofia Empírica".

für Wissenschaftliche Philosophie* (ver Danneberg et al., 1994). Ela foi liderada por Reichenbach, e também ostentou o jovem Hempel, a partir daí contando com outros dois dos mais distintos positivistas lógicos. É também a origem do periódico positivista *Erkenntnis*. Finalmente, mesmo se for deixado de lado o impacto de matemáticos como Weierstrass, Dedekind e Cantor sobre Russell, de longe o mais importante pioneiro inicial germanófono da filosofia analítica foi Frege. Esses fatos não detiveram alguns advogados da supremacia filosófica austríaca. Assim, pois, Smith opina:

> O filósofos nascidos na Alemanha que fizeram sérias contribuições à filosofia exata ou à filosofia da ciência no sentido moderno são, em contraste, notavelmente poucos, e, desses – pensa-se em particular em Hans Reichenbach, Carl Hempel e Kurt Grelling –, pode-se com frequência afirmar que o verdadeiro florescimento de seu pensamento e de sua influência ocorreu precisamente por meio de colaboração formal ou informal com seus professores e contemporâneos na Áustria. (1994, p. 9)

Em nota de rodapé, Smith sugere que até mesmo Frege não é uma exceção direta, dado que "mesmo aqui podemos apontar para o papel de Wittgenstein na disseminação das ideias fregeanas". Pela mesma lógica, o verdadeiro florescimento do pensamento e da influência de Platão e de Aristóteles dependeu de um contexto árabe, por causa do papel essencial que os árabes desempenharam na transmissão de suas ideias à posteridade.

Não há evidência para a alegação de que os filósofos alemães só foram capazes de trabalho analítico quando prontificados por austríacos. Por outro lado, há uma grande quantidade de evidência para uma visão contrastante, mesmo se alguém prescinde da figura imponente de Frege. Brentano escreveu sua melhor e mais influente obra, *Psychologie vom Empirischen Standpunkte** (1874), em Würzburg, *antes* de estabelecer uma loja em Viena. Schlick foi o autor de *Allgemeine Erkenntnistheorie*** (1918) na Alemanha, portanto colocando em movimento o *real* Círculo de Viena, que, por bons motivos, também foi chamado de "Círculo de Schlick". E, caso se deva confiar em Herbert Feigl, Viena teve uma má influência sobre Schlick, por causa do "enorme efeito de Wittgenstein". "Para meu desgosto, Schlick atribuiu a Wittgenstein ideias filosóficas que ele já tinha exposto mais lucidamente em seu livro de 1918 sobre epistemologia. Também fiquei desapontado com o comprometimento de Schlick com o positivismo (versão fenomenalista) – e com o abandono de seu realismo crítico como 'metafisicamente suspeito'" (1981, p. 8). Em uma reversão completa da tese de Neurath-Haller, Feigl opõe o realismo feito na Alemanha ao fenomenalismo austríaco. O *Aufbau**** de Carnap, agora amplamente considerado sua obra mais importante, foi completado em Viena, mas baseado em sua *Habilitação*, escrita na Alemanha. Finalmente, Reichenbach e Hempel receberam sua educação na Alemanha e atingiram seu florescimento último na América do Norte, amplamente distantes de quaisquer musas austríacas.

Defensores da concepção anglo-austríaca poderiam se recusar a defender que as contribuições relevantes à filosofia analítica vieram de cientistas e matemáticos alemães em vez de filósofos alemães. Os primeiros são frequentemente contrastados de forma favorável com os últimos, considerando tanto conteúdo quanto estilo (p. ex.,

---

* N. de T.: Isto é, "Sociedade de Filosofia Científica".

* N. de T.: Isto é, *Psicologia do ponto de vista empírico*.
** N. de T.: Isto é, *Teoria geral do conhecimento*.
*** N. de T.: Remissão abreviada à obra *Der logische Aufbau der Welt* (*A construção lógica do mundo*).

Gillies, 1999). Mas, como defesa da concepção anglo-austríaca isso não funcionará. *Au pied de la lettre*, isso conta para todas as influências alemãs sobre Russell, uma vez que mesmo Frege era professor de matemática. Mas isso alegremente ignora o fato inquestionável de que, durante o final do século XIX e o início do século XX, contribuições filosóficas cruciais foram feitas por pensadores que não estavam trabalhando em departamentos de filosofia, tais como Helmholtz. As implicações filosóficas até mesmo da obra formal de Frege estão livres de discussão. Além do mais, se Frege pode ser desqualificado pelo fato de ser matemático, nesse caso, assim também o pode Bolzano, que detinha uma cátedra em teologia e fez muito de sua obra em matemática, bem como Brentano, que era um sacerdote ordenado e trabalhou como psicólogo. Além disso, o Círculo de Viena consistia em filósofos-cientistas, muitos dos quais não eram filósofos por treino ou afiliação. De todo modo, o refrão incessante de muitos proponentes da tese Neurath-Haller é de que os filósofos científicos fizeram a ponte sobre o abismo entre a filosofia e as ciências.

Voltando para o último ponto da discussão, proponentes da concepção anglo-austríaca não estão sozinhos na consideração da filosofia analítica como uma revolta bem sustentada contra Kant. A ideia tem algum peso. Após flertes com Kant e Hegel, Moore e Russell se rebelaram contra o idealismo e iniciaram os programas complementares de análise conceitual e lógica. Subsequentemente, o credo da mais influente escola de filósofos analíticos, os positivistas lógicos, era a rejeição da ideia de Kant de que existem juízos sintéticos *a priori*. Em seguida, proponentes da análise conceitual de Oxford fizeram cara feia para a construção de sistema que caracterizou tanto Kant quanto o neokantismo, e eles a substituíram por investigações fragmentárias sobre o uso de expressões filosoficamente relevantes. Finalmente, na esteira de Quine, a filosofia analítica tem sido crescentemente dominada pelo naturalismo, e, portanto, pela ideia antikantiana de que a filosofia está em continuidade com a ciência empírica.

No entanto, o contraste recebido entre Kant, por um lado, e a filosofia analítica ou mesmo a tradição austríaca, por outro, é insustentável. Em primeiro lugar, há uma tradição antinaturalista distinta dentro da filosofia analítica, a qual insiste que a filosofia – especialmente a lógica, a epistemologia e a semântica – difere da ciência natural não só quantitativamente, mas qualitativamente (ver subdivisão 5.3). Entre seus patronos estão não só adversários proclamados de Kant, como Bolzano e Moore, mas também Frege e Wittgenstein. Esses dois pensadores desenvolveram o antinaturalismo de Kant, muito embora em modos notavelmente diferentes. Frege defendeu a ideia neokantiana do *a priori* e do estatuto autônomo da filosofia (em particular, da lógica e da epistemologia) contra as invasões da ciência, em agudo contraste com o naturalismo de Brentano (Glock, 1999b). Existem também claros temas kantianos em Wittgenstein, cuja obra deve muito mais a Schopenhauer e a Frege do que à tradição local austríaca de Bolzano e Brentano (Glock, 1997a, 1999a).

Em segundo lugar, a abordagem kantiana da metafísica e do conhecimento *a priori* pôs a agenda até mesmo para aqueles que rejeitaram o sintético *a priori*. A virada linguística do positivismo lógico foi ostensivamente dirigida contra a sugestão de Kant de que as proposições filosóficas são sintéticas *a priori*. No entanto, Reichenbach, Schlick e Carnap tinham fortes raízes não só no convencionalismo de Poincaré – ele mesmo influenciado por Kant –, mas também no neokantismo alemão. Carnap foi um aluno do neokantiano Bruno Bauch, e o convencionalismo de Schlick surgiu dos debates neokantianos sobre física relativista (Friedman, 1998).[6] Apesar de sua rejeição do sintético *a priori* e de sua retórica antikantiana ocasionalmente virulenta, muitos positivistas lógicos aceitaram a ideia kantiana de que filosofia é uma *disciplina de segunda ordem*. Diferentemente da ciência e do senso comum, a filosofia é *a priori* não porque ela descreve objetos de um tipo peculiar, tais como as entidades abstratas ou as essências postuladas pelo platonismo e pelo aristotelismo, respectivamente, mas porque ela articula o esquema conceitual que a ciência e o senso comum empregam em suas descrições e explanações empíricas da realidade.

Essa subcorrente kantiana não é nenhuma coincidência. O *Tractatus*, provavelmente o mais importante texto no surgimento da filosofia analítica, coloca para a filosofia a tarefa kantiana de estabelecer "o limite do pensamento", de demarcar formas legítimas e ilegítimas de discurso, em vez da tarefa de adicionar a nosso conhecimento científico do mundo. Schlick e Carnap aceitaram a divisão de trabalho sugerida por Wittgenstein, presumivelmente porque estavam impregnados de ideias neokantianas por conta de seu aprendizado filosófico na Alemanha. Com efeito, há só um passo da reivindicação da Escola de Marburgo de que a filosofia é a metateoria da ciência para o *slogan* de Carnap de que a filosofia é a "lógica da ciência" (1937, p. 279), sendo esse passo a virada linguística do *Tractatus*, de acordo com o qual os limites lógicos do pensamento devem ser esboçados na linguagem.

O resultado é que a filosofia analítica não contrasta com a filosofia alemã ou francesa. No máximo, contrasta com a corrente irracionalista que inclui o romantismo e a *Lebensphilosophie*.* Mas mesmo aquela corrente influenciou a filosofia analítica – não simplesmente Wittgenstein, mas também Carnap. Mais importante do que isso, como Critchley indica, o espírito romântico e existencialista atravessa todas as fronteiras nacionais. E assim o faz seu antípoda, o espírito do iluminismo. Estereotipização nacional em filosofia é um legado hegeliano funesto, e ele não pode dar sustentação a uma concepção própria de filosofia analítica.

---

* N. de T.: Isto é, a *filosofia da vida*.

5. FRACASSOS CONTEMPORÂNEOS DAS CONCEPÇÕES GEOLINGUÍSTICAS

Que o quadro anglocêntrico não faz jus às origens germanófonas da filosofia analítica, isso foi amplamente reconhecido em anos recentes. É porém menos apreciado que as concepções geolinguísticas da filosofia analítica *em geral* são insustentáveis, e não só por razões históricas. A dicotomia analítico/continental sofre de pelo menos quatro *fraquezas não históricas*. Ela é indiferente a variações geográficas dentro da Europa continental, à ascendência ali presente da filosofia analítica, à importância de modos não analíticos de filosofar em países anglófonos e ao fato de que a filosofia continental não é nem a única nem, em muitos aspectos, a principal alternativa à filosofia analítica.

O termo genérico "continental" oculta importantes diferenças geográficas. Na Escandinávia, a filosofia analítica tem sido a força dominante quase desde seu início, principalmente por meio dos esforços pioneiros de dois finlandeses, Kaila, um antigo convertido ao positivismo lógico, e von Wright, o mais distinto aluno de Wittgenstein (ver Olson e Paul, 1972; Haaparanta e Niiniluouto, 2003).

Na Alemanha e na Áustria, a história foi, a propósito, diferente. A tomada nazista teve relativamente pouco impacto sobre o conteúdo da filosofia acadêmica principal, que se concentrava no trabalho puramente histórico. Sua consequência filosófica principal foi que certos movimentos foram impulsionados no exterior – incluindo não somente o positivismo lógico, mas também o marxismo e a psicanálise. Os únicos movimentos de vanguarda que sobreviveram amplamente intocados foram a fenomenologia e o existencialismo, muito embora indivíduos como Husserl e Jaspers tivessem sido silenciados. Como resultado da emigração, a filosofia germanófona do pós-guerra foi por alguns anos deveras provinciana. Na Alemanha Ocidental, contudo, ela redescobriu e se reapropriou não só de Hegel e Marx, mas também da filosofia analítica.⁷

Alguns filósofos sem filiações anteriores abraçaram a filosofia analítica de todo o coração e se tornaram filósofos analíticos da corrente principal. Isso é verdadeiro especialmente da "Escola de Munique", de Wolfgang Stegmüller, e dos desenvolvimentos respectivos na Áustria, que foram facilitados por relações pessoais e históricas com o Círculo de Viena do pré-guerra. Outros filósofos alemães aproximaram-se da filosofia analítica a partir de sua própria perspectiva local (muitos deles lecionaram por algum tempo em Heidelberg, a universidade de Gadamer). Isso vale para Habermas e Karl-Otto Apel. Eles fizeram uso de Wittgenstein e da teoria do ato de fala para defender a distinção hermenêutica entre as explanações causais oferecidas pelas ciências naturais e o entendimento da ação e da fala humanas buscado pelas ciências sociais contra as objeções positivistas. Mas isso também é devido aos esforços mais genuinamente analíticos de Tugendhat e Künne para reformular e clarificar problemas filosóficos tradicionais em um idioma analítico.

A filosofia analítica é agora próspera na Alemanha, na Áustria e na Suíça. Embora alguns praticantes ainda gostem de pensar em si mesmos como uma minoria perseguida, ela é, sem sombra de dúvida, uma indústria em crescimento e o movimento isolado mais poderoso. Isso é verdadeiro em termos de números – a *Gesellschaft für Analytische Philosophie* (GAP),* que representa os filósofos analíticos germanófonos, conta com 800 membros e mostra crescimento em 2005, e seus encontros trianuais estão entre os maiores congressos sobre filosofia analítica na Europa. Mas isso também vale no sentido de fornecer o ponto de orientação. Posições analíticas sobre qualquer questão dada são aquelas que os outros não podem se dar ao luxo de ignorar. Todo fenomenólogo, hermeneuta e teórico crítico tem uma linha sobre teorias analíticas em seu campo, mesmo que aquela linha possa às vezes soar, para os colegas analíticos, desinformada, preconcebida ou levemente datada. Por contraste, poucos filósofos analíticos da mais nova geração sentem qualquer necessidade de ter uma linha sobre doutrinas não analíticas.

O desenvolvimento da filosofia analítica na França tem sido um processo mais lento e mais doloroso. Isso teve menos a ver com o impacto do fascismo, contudo, do que com o clima acadêmico local. Havia o legado de Bergson, a morte prematura de figuras como Nicod, Jourdain e Herbrandt, a ênfase em estudos históricos e, finalmente, a orientação dos pensadores mais criativos, como Kojève e Sartre, para com figuras germanófonas não analíticas, fossem elas Hegel, Husserl ou Freud. Mas, mesmo na França, a filosofia analítica é, no presente, o movimento que cresce mais rapidamente, graças aos esforços pacientes e, em última análise, bem-sucedidos de pioneiros como Jacques Bouveresse (1983). Não é nenhuma coincidência, além disso, que alguns dos mais vigorosos proponentes da filosofia analítica e oponentes da alternativa continental, como Bouveresse e Pascal Engel (1997), sejam franceses. A situação na Itália, na Espanha e em muitos países do Leste Europeu é semelhante.⁸ De acordo com isso, outro fracasso importante das concepções geolinguísticas é que, no presente, a filosofia analítica floresce na maioria, se não em todas as partes do continente.

Mas concepções geolinguísticas também fracassam na outra ponta filosófica. Depois da II Guerra Mundial, a ascendência da filosofia analítica eclipsou inteiramente outros movimentos na maior parte dos centros de filosofia anglófona. Mas ela não evitou que a fenomenologia, o existencialismo, a hermenêutica e o pós-estruturalismo tomassem raízes em alguns nichos ecológicos, tais como universidades católicas nos EUA e na Irlanda ou A Nova Escola de Pesquisa Social em Nova York. Além disso, a partir dos anos de 1960, os modos continentais de pensamento tornaram-se imensamente populares na América do Norte. Com efeito, é

---

* N. de T.: Ou seja, "Sociedade de Filosofia Analítica".

provável que, dentro desse contexto anglófono, eles tiveram um impacto mais amplo nos tópicos fora da filosofia do que jamais tiveram na Europa continental.

Em sua história da filosofia analítica do pós-guerra, Baldwin associa um interesse "analítico" por argumentos em filosofia à língua inglesa. Ele reconhece devidamente que, "entre muitos escritores sobre filosofia, especialmente aqueles cujo pano de fundo e simpatias principais estão nas humanidades" (2001, p. 273-274), há uma grande simpatia pelo Rorty tardio, que rejeita argumentos filosóficos tanto em teoria quanto em prática. Mas parece que Baldwin deseja contrastar esses "escritores sobre filosofia" com filósofos genuínos. E é comum subestimar o papel do pensamento continental dentro da *filosofia* anglófona ao insistir que seu impacto principal tem sido sobre outras disciplinas. Mas isso seria precipitado. Filósofos *bona fide* com um ceticismo alegadamente "continental" sobre o poder de argumentos racionais incluem não só Rorty e seus seguidores, mas também Cavell e seus admiradores. Eles incluem, também, nietzscheanos e pós-modernos anglófonos, diversos seguidores de Kuhn e Feyerabend, e alguns wittgensteinianos, notadamente proponentes do assim chamado "novo Wittgenstein". De todo modo, o pensamento continental no mundo de fala inglesa não é propriamente um estranho para departamentos de filosofia. A maioria dos colaboradores de uma antologia recente com o título revelador de *American Continental Philosophy*[*] são filósofos por formação e/ou associação institucional.[9] E os filósofos continentais superaram de forma bem-sucedida sua marginalização inicial dentro da Associação Filosófica Americana (ver Preston 2007, p. 12-14).

Um fracasso final e mais sério de concepções geolinguísticas diz respeito à taxonomia das posições atuais com as quais ela está conectada. Por um lado, há ao menos um movimento importante que não se encaixa bem seja na categoria analítica ou na continental, a saber, o pragmatismo americano. O pragmatismo foi fundado por C. S. Peirce, popularizado por William James e posteriormente desenvolvido por John Dewey, G. H. Mead e C. I. Lewis. O fracasso do idealismo alemão em meados do século XIX acendeu a centelha de várias correntes intelectuais que tentaram superar a promoção religiosa e metafísica de mistério ao enfatizar a importância da prática humana. O pragmatismo é a versão anglo-saxônica desse movimento partindo do Absoluto para a ação. Ainda que ele tivesse seguidores em outros lugares, como, por exemplo, E. C. S. Schiller em Oxford, é o único movimento filosófico que é nativo dos Estados Unidos. Ele difere de seus primos continentais – marxismo, existencialismo, hermenêutica – em suas tendências empiristas e utilitaristas, e em sua associação com a ciência natural, em geral, e com o darwinismo, em particular.

Com respeito à divisão analítico/continental, o pragmatismo ocupa um papel ambivalente. Por um lado, o pragmatismo, especialmente nas mãos de Peirce, tem afinidades fortes com a filosofia analítica e, portanto, preparou o terreno para a recepção favorável dela a partir dos anos de 1930. Como mencionado anteriormente, Peirce fez contribuições importantes para o desenvolvimento da lógica formal. Além disso, alinhado à virada linguística, tentou fundamentar sua lógica em uma acepção de significado e referência. Em uma passagem reminiscente do *Tractatus*, ele descreveu a lógica como "só um outro nome para *semiótica*, a doutrina até certo ponto necessária ou formal dos signos" (Hookway, 1998). Finalmente, seu pragmatismo é mais bem conhecido por uma máxima semântica: o conteúdo de um conceito ou de uma crença é determinado pelas consequências experienciais que esperaríamos que nossas ações tivessem, se o conceito se aplicasse ou se a crença fosse verdadeira. Por esse recurso, o significado de uma palavra como "ácido" consiste nos "fenômenos experimentais concebíveis" implicados por se afirmar ou se negar que ele se aplica em um dado caso

---

[*] N. de T.: Isto é, "Filosofia Continental Americana".

(1934, p. 273). Essa posição antecipa diretamente o operacionalismo e o verificacionismo dos positivistas lógicos. Além disso, essas e outras ideias pragmatistas, notadamente uma concepção holista e instrumentalista do conhecimento e a ênfase na ação humana, também influenciaram filósofos analíticos posteriores, notadamente Quine, Davidson, Putnam, Haack e Brandom.[10]

Por outro lado, o pragmatismo tem sido regularmente contrastado com a filosofia analítica. Mais ainda, tal como desenvolvido por James e Dewey ele tem claras afinidades com a filosofia continental. Não é nenhuma coincidência que muitos proponentes contemporâneos do pragmatismo na América, mais notavelmente Richard Rorty (1982), são hostis à filosofia analítica e simpáticos aos modos continentais de pensamento. Seguindo James, muitos pragmatistas concebem a verdade em termos de utilidade. De acordo com James, uma crença é verdadeira se é conveniente que creiamos nela (1907, p. 99-100). Isso não só torna a verdade parcialmente dependente dos seres humanos, isso forja uma ligação entre verdade e bem-estar humano, e, portanto, entre questões cognitivas e morais. Essa conexão é reforçada pela convicção, particularmente pronunciada em Dewey, de que a investigação científica pode funcionar como um ideal em ética e política. Em nosso contexto, essa ideia tem um significado duplo. Por um lado, indica que os pragmatistas americanos gostam de "desbancar dualismos" (Rorty, 1986, p. 333, 339), incluindo dicotomias kantianas como aquelas entre a razão teórica e a prática, e entre a filosofia e outras disciplinas. Isso não só soa como filosofia continental, isso é um resultado direto de influências hegelianas sobre os primeiros pragmatistas americanos. Por outro lado, a ligação significa que o filosofar pragmatista é com frequência inspirado por aspirações políticas e morais que são mais proeminentes na filosofia continental do que na analítica. Com efeito, de acordo com Rorty e West (1989), o pragmatismo atinge seu clímax em uma forma de profecia social que é norte-americana de uma maneira única.

O pragmatismo, pois, apresenta um duplo desafio à divisão analítico/continental. Primeiramente, é um caso de fronteira. Em segundo lugar, pode até mesmo constituir um movimento ou uma tendência filosófica distinta no mesmo nível estratégico grandioso que a filosofia analítica e a continental (por exemplo, Margolis, 2003; Rockmore, 2004). Na minha visão, o pragmatismo é um fenômeno ambivalente, nesse sentido. Por um lado, como alguns movimentos específicos – por exemplo, o tomismo ou a fenomenologia –, ele pode ser caracterizado por referência a certas convicções básicas (por exemplo, com respeito à importância da ação humana). Por outro, ele nem sequer chega perto de possuir um método ou um estilo comum, ou de constituir uma só rede de discussão.

Há, contudo, um movimento ou uma tendência no mesmo nível de generalidade de certo modo difuso que a filosofia analítica e a "continental", e uma tendência cujo reconhecimento está há muito atrasado. Em muitos contextos, a principal *alternativa* à filosofia analítica não se classifica como filosofia continental pelos padrões atualmente estabelecidos. No presente, essa etiqueta é usada predominantemente para se referir a uma família de movimentos de vanguarda dos séculos XIX e XX. Originalmente, contudo, em sua fase positivista e linguística, a filosofia analítica não foi contrastada nem com a filosofia continental nem com a filosofia europeia, mas com a "filosofia tradicional" ou com a "filosofia de escola estabelecida", ambos alvos favoritos da cruzada positivista contra a metafísica. "Olhando para trás, agora vemos claramente a *essência da nova visão de mundo científica*: seu contraste com a filosofia tradicional (*herkömmlichen*)", que é qualquer filosofia que propõe proposições filosóficas em vez de se confinar à análise lógica de proposições científicas (Carnap, Hahn e Neurath, 1929, p. 18; ver também Carnap, 1928, p. xvii).

De forma mais geral, foi a filosofia *tradicional* que ofereceu o ponto de partida bem como o antípoda reconhecido com respeito à filosofia analítica (ver Tugendhat, 1976).

Levando a sério o discurso de uma *Revolução em Filosofia* (Ayer et al., 1956) e de um "ponto de virada" (Schlick, 1930/1931), foi sentido em todos os lados das divisões linguísticas e filosóficas que a filosofia analítica pelo menos aspirava a uma ruptura radical com a *philosophia perennis*, a grandiosa e até então universalmente respeitada tradição da filosofia ocidental, estendendo-se dos pré-socráticos até Kant. Esse contraste entre a filosofia analítica e a tradicional foi suplantado pelo contraste entre a filosofia analítica e a *continental* como agora o conhecemos só por causa de uma combinação de dois desenvolvimentos inteiramente distintos, um político, o outro filosófico. Por um lado, o êxodo de filósofos analíticos da Europa continental, forçado pelo flagelo do nazismo, tornou possível a ideia de contrastar a filosofia analítica com a filosofia no continente. Por outro lado, a reabilitação da metafísica e a reversão da virada linguística dentro da filosofia analítica a partir dos anos de 1960 removeram os conflitos doutrinais mais fundamentais com a filosofia tradicional.

A maioria dos filósofos não analíticos do século XX não pertence à filosofia continental. Isso obviamente é válido para os oponentes anglófonos da filosofia analítica, variando desde os colaboradores de Lewis (1963), passando por Mundle (1970) até Kekes (1980). De forma mais significativa, também é válido de filósofos acadêmicos no continente. A maioria deles é devotada ao estudo – à interpretação e à exposição – da *philosophia perennis* anteriormente mencionada. Em termos *quantitativos*, a filosofia acadêmica no continente permanece dominada pela obra histórica e exegética (ver também Bouveresse, 2000, p. 131). Platão, em vez de redução fenomenológica, Descartes, em vez de *différance*, Spinoza em vez da *Seinsgeschichte** e Leibniz, em vez do logocentrismo são ainda a ordem do dia. Uma típica dissertação na Alemanha tem como título "O conceito de história de Agostinho a Dilthey". Isso explica o fato *prima facie* curioso de que o rótulo "filosofia continental" permanece minimamente popular no continente em questão.

Mesmo se nos confinarmos à filosofia *ocidental*, deixando de lado não só a filosofia islâmica, chinesa e indiana, mas também os campos florescentes de filosofias do mundo e étnicas, a filosofia analítica contrasta não só com a filosofia continental, mas também com dois outros fenômenos estreitamente conectados: a filosofia *tradicional* até e incluindo Kant, por um lado, e a filosofia *tradicionalista*, que busca o estudo acadêmico da filosofia tradicional.

Em conclusão, o presente estado de coisas confunde a divisão analítico/continental e, a partir daí, concepções geolinguísticas de filosofia analítica não menos do que as raízes históricas da última. No nível mais elevado de generalidade, temos de distinguir entre pelo menos três diferentes tendências filosóficas restantes:

– filosofia analítica;
– a assim chamada filosofia continental;
– filosofia tradicional e tradicionalista.

No mais alto nível! Obviamente, a filosofia tradicional não é um fenômeno homogêneo, mesmo sobre a pergunta se a filosofia pode fornecer percepções metafísicas sobre a natureza da realidade. Mas a filosofia analítica deve seu nascimento a uma ruptura com o passado, um passado que ela tendeu a ver como uniforme e predominantemente equivocado.

Tanto no passado quanto no presente, as linhas entre essas tendências atravessam todas as fronteiras geográficas e linguísticas. Portanto, concepções geolinguísticas da filosofia analítica são equivocadas. Pelo mesmo mecanismo, o próprio rótulo "filosofia continental" é um termo impróprio. Alguns que reconhecem esse fato tentaram retificar questões ao fazer uso, em vez disso, de rótulos "filosofia pós-kantiana", "filosofia continental pós-kantiana" ou "filosofia europeia moderna". Mas eles são igualmente errôneos. No que diz respeito ao

---

* N. de T.: Isto é, "história do ser".

primeiro, filósofos analíticos emblemáticos como Strawson, Sellars, Rawls e Bennett (para dar nome apenas aos casos incontestáveis) atraíram-se por Kant, enquanto muitos filósofos continentais o condenaram furiosamente, no caso de Nietzsche, aparentemente mesmo sem muito conhecimento dos textos. Ao adicionar "continental", não se soluciona o problema, dado que os filósofos analíticos com afinidades kantianas importantes incluem Frege, Wittgenstein, Schlick, Reichenbach e Carnap. "A filosofia europeia moderna" deixa as questões em estado ainda pior. Como um prefixo para "filosofia", "moderno" já tem um uso estabelecido, a saber, significar o período após Descartes. "Filosofia europeia contemporânea" também não dará certo. Não deveríamos permitir que demagogos ocultem o fato de que, geográfica e culturalmente, a Grã-Bretanha é parte da Europa, assim como o é a filosofia analítica que floresceu ali. Uma última e derradeira tentativa seria "filosofia continental contemporânea". Mas isso não só ignora o fato de que filósofos tradicionalistas mais filósofos analíticos formam uma maioria decisiva de filósofos profissionais no continente. Isso também exclui figuras e movimentos que constituem uma parte central da filosofia continental como um campo estabelecido de estudo acadêmico, como fica transparente a partir de programas de estudos, livros-texto e obras de referência. Admitidamente, esse campo inclui movimentos vanguardistas contemporâneos, tais como a teoria crítica (Habermas), o feminismo (Irigaray, Kristeva), o pós-modernismo (Lyotard, Baudrillard) e o pós-estruturalismo (Foucault, Derrida, Deleuze). Mas ele também inclui movimentos e figuras dos séculos XIX e XX – o idealismo alemão, a filosofia da vida (Schopenhauer, Kierkegaard, Bergson), a fenomenologia (Husserl, Sartre, Merleau-Ponty), o marxismo ocidental (Lukacs, Horkheimer, Adorno) e Heidegger (Critchley, 2001, p. 13).

Não há nenhuma alternativa obviamente superior à "filosofia continental". Além do mais, o rótulo se tornou firmemente estabelecido mesmo entre aqueles informados de suas conotações errôneas, estejam elas do lado continental ou do lado analítico (respectivamente, Glendinning, 1998a; Glendinning, 2006, Capítulos 4-5; Mulligan, 1991). Resumindo a atitude daqueles bem informados, Cooper escreve: "O continente, para nossos propósitos, não é um lugar, mas uma tendência" (1994, p. 2). Ante essa situação, relutantemente manterei o termo equivocado e omitirei as citações e as qualificações entre aspas pelo restante deste livro. Divergirei até mesmo da prática mais ilustrada, contudo, ao insistir na diferença entre filosofia continental, por um lado, e filosofia tradicional e tradicionalista, por outro. No capítulo seguinte, examinarei uma proposta conectada ao último fenômeno, a saber, que aquilo que coloca a filosofia analítica de lado é sua atitude com respeito à história.

NOTAS

1. Você deveria desconfiar de tal reivindicação, vinda de um alemão que passou 18 anos na Grã-Bretanha. Mas ela foi substanciada por um estudo francês – Ferry e Renaut, 1985. Ver também Critchley, 2001, p. 16.
2. Dos membros do Círculo de Viena, somente Kraft e von Juhos sobreviveram à guerra em Viena, e os nazistas assassinaram Grelling, do grupo de Berlim, bem como diversos membros do grupo de Varsóvia-Lodz (Hacker, 1996, p. 316, nota 3).
3. De acordo com Cooper (1994, p. 8), na virada do século XIX, a França perturba os estereótipos geográficos tanto quanto a Alemanha, dado que estava dominada pelo positivismo à la Comte. Mas a eminência de Bergson, à época, milita contra essa reivindicação.
4. Poder-se-ia até mesmo reverter a prioridade no eixo anglo-austríaco. Bell (1999) argumenta que a contribuição britânica arquetípica para o surgimento da filosofia analítica, a revolta com respeito ao idealismo, foi de fato um revigorante de uma convulsão centro-europeia. De acordo com Bell, Moore e não Russell, foi a força motora por detrás da rebelião, e a concepção realista de proposições, por Moore, foi indiretamente influenciada por Brentano e Meinong, com

Stout servindo como condutor. A conjetura de Bell não pode ser refutada. Ainda assim, a influência alegada não se registra com Moore, que foi honesto em reconhecer suas dívidas intelectuais. Além do mais, a revolta de Russell não se construiu simplesmente em Moore. Ela teve uma diferente trajetória e diferentes raízes, sendo a última a matemática alemã em vez da psicologia austríaca.

5. Smith teria nos feito acreditar que "Kant, Fichte e Hegel são como Goethe e Schiller, ícones populares (*Volksheiligtümer*), e é o dever de todo alemão guardar sua memória sagrada" (2000, p. 16). De fato, a reputação de Kant e dos idealistas alemães cresceu e diminuiu, e eles raramente ocuparam um lugar central mesmo no mundo das letras alemãs. O idealismo alemão jamais recuperou sua reputação depois de 1831. Depois disso, Hegel e Schelling eram melhor conhecidos, respectivamente, por darem à *Geschichtsphilosophie* e à *Naturphilosophie* uma má fama. Seus críticos, Schopenhauer e Nietzsche, eram muito mais populares. Para os nazistas, tinham muito pouca utilidade o racionalismo, o universalismo ético e o cosmopolitismo de Kant, contudo eles adoravam Nietzsche. Inversamente, desde a II Guerra Mundial, o ultranacionalismo e o antissemitismo de Fichte foram corretamente percebidos como fontes de embaraço pelos poucos seletos que ouviram falar dele. Por boas razões, Kant gozou da reputação mais elevada e permanente entre os filósofos alemães; contudo, em uma recente votação envolvendo toda a nação sobre os maiores alemães nem mesmo ele ficou dentre os 10 mais lembrados, diferentemente de Bismarck, Goethe e Bach. Smith dá suporte à sua alegação por referência à impressão pessoal que Sidney Hook obteve em 1930! A única evidência sólida que Hook oferece é que, na Alemanha, algumas ruas são nomeadas seguindo o nome dos filósofos. O bastante para mostrar que os alemães, em certas ocasiões tiveram mais orgulho público de seus filósofos do que os anglo-americanos tiveram dos seus (vamos encarar o fato, eles dificilmente poderiam ter tido menos); isso nem sequer é aproximadamente o bastante para mostrar que os filósofos alemães são ícones públicos que desempenham um papel central na psiquê nacional.

6. Sobre o tópico do neokantismo, a defesa da concepção anglo-austríaca, por Smith, não é convincente. Ele corretamente caracteriza "Natorp e os neokantianos menores" como "verdadeiramente pertencendo à tradição alemã principal" (2000, 9n). Por outro lado, depois de admitir rancorosamente que o interesse anglo-austríaco em ciência foi partilhado por neokantianos alemães como Bauch, Natorp e Cassirer, ele complementa que essas "exceções... são extraordinariamente pensadores fora da corrente principal da filosofia alemã" (2000, p. 4). Todavia, Cassirer foi o epítome de uma figura do *status quo* (ver Friedman, 2000). E, no que diz respeito a Natorp, Smith precisa considerá-lo de ambos os modos.

7. Na Alemanha Oriental, como na Europa Oriental mais geralmente, o formato da filosofia acadêmica era ditado pelas exigências ideológicas dos regimes comunistas. A filosofia analítica foi condenada como um produto do capitalismo burguês e do imperialismo anglo-americano. Sua discussão séria foi largamente confinada à obra histórica e formal, que conseguia passar mostrando devoção aos "clássicos do marxismo-leninismo" no prefácio.

8. Uma organização guarda-chuva, a Sociedade Europeia de Filosofia Analítica (*European Society for Analytic Philosophy*, ESAP), foi fundada em 1991. Seu website http://www.dif.unige.it/esap apresenta *links* com sociedades centro-europeias, croatas, francesas, italianas, portuguesas e espanholas de filosofia analítica. A ESAP também organiza regularmente congressos importantes.

9. Brogan e Risser, 2000. Em sua Introdução, os editores também demonstram que, quando se trata de ironia, os filósofos continentais norte-americanos não ficam atrás de ninguém: "Esse espírito não sedimentado, aberto, que se afasta de uma perspectiva estreitamente nacionalista, torna a América do Norte receptiva, de maneira única, às múltiplas direções da filosofia continental que surgem de muitos países diferentes" (p. 8).

10. Glock, 2003a, p. 18-23, argumenta que Quine e Davidson podem ser descritos como "pragmatistas lógicos", porque a relação deles com o pragmatismo americano é análoga àquela dos empiristas lógicos com o empirismo clássico. Eles desenvolvem algumas ideias pragmatistas de um modo mais claro e cogente, com a ajuda de técnicas e doutrinas da filosofia analítica.

4
HISTÓRIA E HISTORIOGRAFIA

Se não por referência ao espaço (geografia e linguagem), talvez a filosofia analítica possa ser concebida por referência ao tempo. Uma desconsideração por questões históricas é com frequência mencionada como um dos traços distintivos da filosofia analítica (Agostini, 1997, p. 73-74; Engel, 1997, p. 184-196). Além do mais, esse fato alegado é quase universalmente utilizado como um bastão com o qual se possa bater na filosofia analítica. Sem bons motivos, eu acho. Não *somente* porque os filósofos analíticos têm um interesse maior no passado do que aquilo que é comumente assumido, mas *também* porque sua negligência de algumas questões históricas não é o pecado mortal que seus críticos fazem com que seja.

A acusação de que a filosofia analítica carece de consciência histórica une seus dois principais rivais dentro da filosofia ocidental contemporânea, a filosofia continental e a tradicionalista. De forma mais surpreendente, talvez, a crítica é também partilhada por alguns que, por consentimento comum, são eles mesmos filósofos analíticos. De uma perspectiva continental-mais-pragmatista, Rorty acusa a filosofia analítica de ser "uma tentativa de escapar da história" (1979, p. 8-9), e Wilshire ressente-se de seu "ponto de vista radicalmente a-histórico e moderno--progressista" (2002, p. 4). De uma perspectiva tradicionalista, Ayers liquidou os filósofos analíticos por causa de seus fracassos historiográficos (1978), e, de uma perspectiva tradicionalista-mais-continental, Rée reclama de sua "condescendência" com respeito ao passado (1978, p. 28). Os críticos analíticos, finalmente, incluem historiadores do movimento analítico como Sluga (1980, p. 2), Baker (1988, p. ix) e Hylton (1990, p. vii), que condenam sua falta de autoconsciência histórica. Eles também incluem Bernard Williams, que exigiu que a filosofia analítica adotasse uma perspectica mais histórica e genética em geral (2002a).

Para os presentes propósitos, farei uso do rótulo "historicismo" para qualquer posição que promova o pensamento histórico em filosofia e faça advertência contra ignorar ou distorcer o passado. Há um debate contínuo sobre as virtudes de "fazer filosofia historicamente" (Hare, 1988; Piercey, 2003). Mas, ele sofre de uma falha em distinguir diferentes *tipos* de historicismo.

De acordo com o historicismo *intrínseco*, a filosofia própria é *ipso facto* histórica. Assim, pois, Krüger nos assevera que a razão para estudar a história não é simplesmente a razão "pragmática" de "estudar material histórico no intuito de produzir percepção filosófica trans-histórica", uma vez que a única percepção filosófica a ser tida é ela mesma histórica por natureza (1984, p. 79 e nota). Na mesma linha, Critchley repudia a "validade da distinção entre filosofia e a história da filosofia, que opera em boa parte da tradição analítica" (2001, p. 62). De acordo com o historicismo *instrumental*, estudar o passado é *necessário*, todavia, somente como *meio* de atingir fins que não são eles próprios históricos em natureza. Essa visão é exemplificada por Taylor, que sustenta que "não se pode fazer" filosofia sistemática sem também fazer história da filosofia (1984, p.

17). E, de acordo com o historicismo fraco, um estudo do passado é *útil* para essa busca, sem ser indispensável (Hare, 1988, p. 12; Kenny, 2005, p. 24).

É também importante diferenciar duas críticas historicistas da filosofia analítica. A primeira é que os filósofos analíticos tendem a *ignorar* o passado – a acusação de *historiofobia*. A segunda é que, como consideram o passado, eles o distorcem, ao ler nele características do presente – a acusação de *anacronismo*. Meu propósito é mostrar que a filosofia analítica e a história não são incompatíveis, afinal de contas, muito embora tenham passado por alguns terrenos ásperos. Nem historiofobia nem anacronismo são traços característicos da filosofia analítica. Com efeito, não há virtualmente nenhuma abordagem da história que não tenha sido adotada ao menos por alguns filósofos analíticos. Além disso, já que filósofos analíticos tendem a partilhar dessa abordagem, ela é uma abordagem que lhes é muito útil. As seções 1 e 2 lidam com a acusação de historiofobia. Ela fracassa porque os filósofos analíticos aceitam amplamente um historicismo fraco e têm motivos para evitar as posições mais fortes. O historicismo intrínseco é equivocado, e a questão a favor do historicismo instrumental permanece sem prova. As seções 3 e 4 lidam com a acusação de anacronismo. Algumas formas de história analítica sucumbem a essa doença, mas a historiografia orientada a problemas, favorecida pela maioria dos historiadores analíticos, é superior ao relativismo de seus críticos historicistas. Abordar o passado com um olhar para questões substantivas contribui não só para uma melhor filosofia, mas também para uma melhor história.

1. HISTORIOFOBIA *VERSUS* HISTORICISMO INTRÍNSECO

Filósofos analíticos chamam a acusação de historiofobia tendo em vista que com frequência têm se orgulhado da natureza a histórica de seu empreendimento. Mas eles o fizeram por diversas razões.

Aos inimigos analíticos da metafísica, a história da filosofia apareceu primariamente como uma história de absurdo ou de equívocos. De acordo com o *Tractatus*, "o todo da filosofia" está cheio das "mais fundamentais confusões" e "erros" baseados no fracasso de apreender a lógica de nossa linguagem. Como resultado, "a maioria das proposições e questões a serem encontradas em obras filosóficas não são falsas, mas absurdas" (3.323–3.325, 4.003). O primeiro Wittgenstein dirigiu a acusação de absurdo igualmente a toda a filosofia, incluindo não só muitos pioneiros da filosofia analítica, mas mesmo os pronunciamentos metafísicos de seu próprio *Tractatus* (6.54). Por contraste, seus discípulos do Círculo de Viena confinaram a acusação ao que eles, de forma variada, chamaram de metafísica, "filosofia tradicional" ou "filosofia de escola". "Os representantes da visão de mundo científica... confiantemente abordam a tarefa de remover os escombros metafísicos e teológicos de milênios" (Carnap, Hahn e Neurath, 1929, p. 9-10, 19). Eles enfocaram especialmente a filosofia alemã pós-kantiana – o idealismo alemão, o vitalismo e Heidegger (Carnap, 1963, p. 875). Mas a metafísica escolástica, a "metafísica oculta" de Kant e o apriorismo do século XX estavam igualmente na área de ataque, e assim estava até mesmo a tentativa realista de afirmar a existência do mundo exterior ou de outras mentes. Enquanto eles ali estavam, os positivistas lógicos também incluíram a ética e a estética. Essas disciplinas consistiam em "pseudoproposições" destituídas de significado cognitivo, em tentativas equivocadas de responder a "pseudoquestões" ou a "pseudoproblemas" vazios.

No domínio da metafísica, incluindo toda filosofia do valor e teoria normativa, a análise lógica gera o resultado negativo de que as alegadas afirmações nessa área são inteiramente assignificativas... Nossa tese, agora, é que a análise lógica revela que as afirmações alegadas da metafísica são pseudoafirmações. (Carnap, 1932, p. 60-61; ver também 1934b, §2)

Tais acusações generalisadas de absurdo não estão mais *en vogue*. Mas uma concepção naturalista com implicações semelhantes tomou o lugar delas. A filosofia analítica, assim segue a nova história, é uma disciplina científica; ela faz uso de técnicas específicas para abordar problemas discretos, com resultados definitivos e, portanto, ela não tem nenhuma necessidade mais de buscar refúgio na discussão do passado do que o tem a ciência natural. Assim, pois, Quine descarta preocupações exegéticas sobre a atribuição da distinção essência/acidente a Aristóteles ao adicionar "sujeito a contradições por especialistas, sendo essa a penalidade por atribuições a Aristóteles" (1960, p. 199). E credita-se amplamente a ele o dito espirituoso: "Há dois tipos de pessoas interessadas em filosofia, aquelas interessadas em filosofia e aquelas interessadas na história da filosofia" (MacIntyre, 1984, p. 39-40). Finalmente, Williams relata: "em um prestigioso departamento americano, uma figura sênior tinha um aviso em sua porta, onde se lia SIMPLESMENTE DIGA NÃO À HISTÓRIA DA FILOSOFIA" (1996b, p. 18).

O culpado vem a ser Gilbert Harman (Sorell e Rogers, 2005, p. 43). Poderia igualmente ter sido Fodor, que se jacta de sua "ignorância acerca da história da filosofia" e de sua habilidade de escrever um "livro sobre Hume sem na realidade saber qualquer coisa sobre ele" (2003, p. 1). Sobre essa questão, há até mesmo convergência entre naturalistas contemporâneos e Wittgenstein. Wittgenstein confessou:

> O quão pouco de filosofia eu li, eu certamente não li pouco demais, mas antes demais. Vejo que sempre que leio um livro de filosofia ele não melhora em absoluto meus pensamentos, ele os torna piores. (MS 135, 27.7.47; citado a partir de Monk, 1990, p. 495)

De acordo com Ryle, além disso, Wittgenstein "não só propriamente distinguiu problemas filosóficos de problemas exegéticos, mas também, menos propriamente, deu a impressão, primeiramente, de que ele próprio tinha orgulho de não ter estudado outros filósofos – o que ele havia feito, ainda que não muito – e, em segundo lugar, de que ele pensava que pessoas que de fato os estudavam eram acadêmicos e, portanto, filósofos inautênticos, o que era frequente, mas nem sempre verdadeiro". Ryle, por contraste, relutou quanto à atitude superior com respeito à filosofia anterior, que ele detectou em Wittgenstein e no Círculo de Viena. Não só figuras do passado tinham "dito, às vezes, coisas significativas", elas deveriam ser tratadas "mais como colegas do que como alunos" (1970, p. 10-11).

Como essa citação demonstra, a historiofobia não é, contudo, uma aflição universal entre filósofos analíticos. Mesmo para aqueles que se abstêm de discussões históricas, a razão disso, com frequência, não são dúvidas de princípio sobre seu valor filosófico potencial, mas, antes, a relutância em entrar em um campo crescentemente especializado, por medo de serem contraditos por especialistas (Wilson, 1991, p. 461-462). De modo mais importante, muitos filósofos analíticos reivindicaram o manto filosófico de pensadores do passado. Leibniz deu a Russell a ideia inspiradora de que "toda filosofia sã começa com a *análise lógica*" (1900, p. 8). Ayer descreveu o positivismo lógico como "o resultado lógico do empirismo de Berkeley e David Hume" (1936, p. 41). E Reichenbach (1951) tinha a pretensão de estabelecer as raízes históricas tanto do movimento analítico quanto da filosofia especulativa que aspirava a substituir. Mesmo analíticos historiofóbicos ocasionalmente sucumbem ao "precursorismo". Assim, pois, Quine se interessou por questões históricas ao discutir o desenvolvimento ontológico de Russell ou as origens da virada linguística e do contextualismo (1981, Capítulos 7-8). Com efeito, desde os anos de 1960 tem havido um súbito crescimento em obras analíticas sobre a história da filosofia, incitando von Wright a falar de uma "virada retrospectiva" (1993, p. 47; ver também Wilson, 1991, p. 454; Critchley, 2001, p. 61). O interesse analítico no passado sempre incluiu a filosofia grega antiga, com a qual os filósofos analíticos sentiram uma forte afinidade, embora a abordagem deles tenha sido condenada como anacrônica (Annas, 2004). Mas ele de modo algum se confinou a ela, e agora se estende a todos os períodos.

Nesse sentido, a historiofobia não é uma condição necessária para ser um filósofo analítico. Mas, é ela uma condição suficiente? Pelas (minhas) definições, a historiofobia é incompatível com a filosofia *tradicionalista*. Mas ela não é desconhecida entre filósofos tradicionais e continentais. No Prefácio aos *Prolegomena*, Kant escreveu:

> Existem acadêmicos para quem a história da filosofia é ela mesma sua filosofia; os presentes *Prolegomena* não são escritos para eles. Eles terão de esperar até que aqueles que se aventuram a beber da fonte da razão tenham terminado sua empreitada, e, a partir daí, será sua vez de informar ao mundo o que aconteceu.

Para Schopenhauer, admirador de Kant, os estudos históricos representavam o oposto mesmo da verdadeira filosofia, dado que são por natureza assistemáticos e incapazes de penetrar o véu das meras aparências:

> a história tem sido sempre um estudo favorito entre aqueles que querem aprender alguma coisa sem realizar o esforço requerido pelas verdadeiras ramificações do conhecimento, que sobredemandam e sobrecarregam o intelecto. (1851, I I, §233)

Schopenhauer, por sua vez, influenciou Nietzsche. Como veremos, a ideia de genealogia de Nietzsche inspirou pensadores historicistas do lado de dentro e do lado de fora da filosofia analítica. Ironicamente, seu *Vom Nutzen und Nachteil der Historie für das Leben** é de fato um ataque eloquente ao historicismo do século XIX. O conhecimento do passado deve ser evitado, Nietzsche nos informa, quando ele impede, em vez de promover, a "vida", a busca dos interesses do presente.

Revela-se que a historiofobia não é uma característica distintiva da filosofia analítica. Mas sua atitude com respeito ao passado poderia ainda se provar diferenciada. Enquanto a passagem de Ryle repudia a historiofobia, ela também indica um conflito com o historicismo. Ele insiste que a questão *exegética* sobre o que um filósofo acreditou pode e deve ser distinguida da questão *substantiva* sobre se aquelas crenças são corretas (Russell, 1900, p. xi-xii). De forma mais geral, a filosofia analítica é guiada pela convicção de que há uma diferença entre a *filosofia* e a *história da filosofia* (Engel, 1997, p. 193-194), contrariamente ao historicismo intrínseco ao qual boa parte da filosofia continental parece subscrever.

No entanto, nem mesmo a rejeição do historicismo intrínseco é um traço universal da filosofia analítica. Há uma forma de historicismo intrínseco que inverte a historiofobia naturalista, o qual foi proposto por filósofos com formação analítica.

A historiofobia naturalista repousa em duas premissas. A *primeira* é a alegação de que a filosofia propriamente dita é parte das ou está em continuidade com as ciências naturais, e que deveria, portanto, imitar os objetivos e os métodos dessas últimas. A *segunda* premissa é que a ciência natural é um empreendimento profundamente a-histórico. "Uma ciência que hesita em esquecer os seus fundadores está perdida" (Whitehead, 1929, p. 107). Investigações científicas raramente procedem argumentando com os grandes que já morreram, e estudantes das ciências naturais não são introduzidos em seus assuntos por meio da história deles.

No entanto, alguns historicistas intrínsecos deram as boas-vindas à primeira premissa, enquanto repudiaram a segunda. Nisso, foram inspirados por duas ideias tiradas da filosofia pós-positivista da ciência. A primeira é a perspectiva historicista de Kuhn sobre a ciência. "A história, se vista como um

---

* N. de T.: Ou seja, *Da utilidade e da desvantagem da história para a vida*.

repositório para algo mais do que anedota ou cronologia, poderia produzir uma transformação decisiva na imagem da ciência que agora possuímos" (1962, p. 1). A segunda ideia é a tese – associada a Quine e Kuhn – da subdeterminação da teoria por evidência: qualquer conjunto de dados empíricos pode ser acomodado por teorias científicas mutuamente incompatíveis.

Trabalhando nessas ideias, Krüger insiste que uma teoria científica nova T_n não pode ser julgada unicamente em comparação com os dados empíricos; ela também deve ser oposta à teoria T_{n-1} anteriormente aceita. Teorias científicas podem apenas ser entendidas como alternativas a seus *predecessores históricos*, porque a evidência empírica é igualmente compatível com diferentes teorias (1984, p. 93). MacIntyre chega a ser ainda mais direto:

> a história da ciência natural é, de certo modo, soberana sobre as ciências naturais... a teoria superior em ciência natural é aquela que fornece motivos para um certo tipo de explicação histórica.

Pelo mesmo mecanismo, a história da filosofia "é soberana sobre o restante da disciplina". O teste definitivo de uma teoria filosófica "não ocorre em absoluto no nível do argumento", mas repousa em sua capacidade de oferecer uma explanação histórica de suas rivais (1984, p. 44, 47).

Teorias científicas surgem por evolução e, ocasionalmente, por revolução, em vez de saírem do nada. Mas, mesmo se a subdeterminação da teoria, por evidência, está assegurada, ela só acarreta que, ao avaliar as virtudes cognitivas de T_n, não podemos unicamente depender de dados empíricos, e não que devamos compará-la e contrastá-la com uma rival histórica T_{n-1}. Com efeito, algumas teorias científicas não têm predecessoras, seja porque elas marcam o ocaso de uma disciplina ou porque dizem respeito a fenômenos descobertos de modo novo, tais como os quasares ou o autismo. Finalmente, mesmo onde uma teoria científica se coloca contra uma teoria rival, esse processo não é *historiográfico*. Proponentes de T_n têm ampla motivação para explicar tanto os fracassos quanto os sucessos de uma ortodoxia precedente T_{n-1}. Todavia, seu alvo não é oferecer uma explicação *histórica* da própria T_{n-1}, uma abordagem de suas origens e de seu desenvolvimento, das motivações de seus proponentes e de seu contexto cultural e político. Ele consiste, antes, em oferecer uma explicação *científica* dos *fenômenos naturais* que são pertinentes à sustentabilidade de T_{n-1}.

Nem cientistas nem filósofos podem se permitir desconsiderar as teorias de seus predecessores *imediatos*, dado que essas são as rivais contra as quais têm de provar sua têmpera. *Tendo em vista que* os historiofóbicos naturalistas aconselham essa abstinência completa, eles estão claramente enganados. Não fica claro, contudo, até onde isso realmente se estende. Além disso, no que tange a predecessores *mais remotos*, o argumento nem mesmo faz a reivindicação fraca de que é vantajoso ter um interesse por eles, isso para não mencionar a alegação mais forte de que tal façanha é inevitável.

Não é surpreendente, portanto, que a maioria dos historicistas intrínsecos contestam a *primeira* premissa do argumento naturalista, a identidade da filosofia e da ciência natural. Sua rota preferida tem sido alinhar a filosofia às humanidades e às ciências sociais. Para Gadamer (1960), a filosofia é hermenêutica, uma investigação do método de interpretação, porque as estruturas fundamentais e os limites da existência humana são determinados pela interpretação de ações significativas e de seus produtos. A filosofia se torna um diálogo com textos e com a história dos seus efeitos. Supõe-se que um dos pontos cegos históricos dos filósofos analíticos é que eles se esquecem da necessidade de situar a nós mesmos na "conversação" gadameriana "que nós somos" (Rorty et al., 1984, p. 11).

Essa variante hermenêutica do historicismo intrínseco é rara entre filósofos analíticos. Poucos deles aceitariam a alegação de Rorty de que uma tarefa-chave da filosofia é "a coligação de textos até aqui não relacionados" em uma narrativa histórica (1991, p. 94). Mas existem exceções notáveis. Em sua obra reveladoramente entitulada *Tales of the Mighty Dead** (2002), Brandom faz coligações de forma enérgica, ao forjar Spinoza, Leibniz, Hegel, Frege, Heidegger e Sellars em uma tradição "inferencialista", uma tradição oposta à ideia de que a representação da realidade é a função central do pensamento e da linguagem. Além disso, Brandom aceita a reivindicação de Gadamer de que a filosofia é essencialmente uma matéria de "falar com a tradição".

Tem razão a maior parte dos filósofos analíticos em resistir a essas alegações? Não há como negar o fato de que as ciências da cultura são inerentemente históricas, dado que buscam descrever e explicar o desenvolvimento de práticas humanas em evolução. *Se* a filosofia é simplesmente uma das *Geisteswissenschaften*,** ela é inerentemente histórica. Contudo, as ciências da natureza e da cultura não exaurem as opções. Por tradição, a filosofia, como a lógica e a matemática, tem sido considerada como ciência *a priori*, independente da experiência sensória. Seus problemas não podem ser solucionados, suas proposições não podem receber suporte ou serem refutadas por observação ou experimento, não importando se esses dizem respeito ao mundo natural ou à cultura humana. Embora com frequência ridicularizado, no presente, em nome do naturalismo, esse quadro racionalista se enquadra bem com a prática atual dos filósofos, incluindo os filósofos naturalistas. A filosofia como uma busca intelectual diferenciada é constituída, ao menos em parte, por *problemas* de um tipo peculiar. Esses problemas incluem questões como "Podem os seres humanos adquirir conhecimento genuíno?", "Qual é a relação entre a mente e o corpo?" e "Existem princípios morais objetivos?". Elas não são apenas supremamente abstratas e fundamentais, mas também *a priori*, ao menos no sentido de que as discussões caracteristicamente filosóficas sobre elas dizem respeito não às próprias descobertas científicas, mas, no máximo, à relevância que essas descobertas têm para tais problemas.

Essa lição se aplica às ciências da cultura com fúria. Se a neurociência por si mesma não soluciona o problema mente-corpo, e se a biologia por si mesma não pode nos dizer se é possível derivar afirmações normativas a partir de afirmações fatuais (um "deve" a partir de um "é"), as ciências históricas ficarão completamente além da compreensão. Não há nenhuma razão por que as descobertas empíricas dessas disciplinas devessem possuir um potencial maior para solucionar problemas filosóficos do que aquelas das ciências naturais. Mais especificamente, problemas desse tipo não podem ser solucionados ou dissolvidos pelo registro de sua história. A observação de que Descartes abraçou um dualismo de substância em reação a tais e tais circunstâncias históricas nem responde ao problema mente-corpo nem mostra de fato que o problema contém um erro. Se a filosofia fosse simplesmente uma ciência histórica, ela não mais falaria para os problemas filosóficos. Isso também explica uma *ironia profunda* sobre o historicismo intrínseco. Os grandes filósofos que nos induz a estudar precisamente *não* identificaram filosofia com historiografia; abordaram problemas não históricos e aspiraram a percepções de um tipo *não histórico*.

A versão hermenêutica do historicismo intrínseco é sustentável somente se a aspiração de abordar problemas filosóficos pelo modo ou de solução ou de dissolução deva ser abandonada. Essa conclusão derrotista não é somente a visão explícita de alguns filósofos continentais, ela é também uma consequência inevitável do relativismo historicista proposto por alguns historiadores da filosofia analítica, ao qual nós nos

---

* N. de T.: Literalmente, "Contos dos mortos poderosos".

** N. de T.: A expressão alemã significa, literalmente, "ciências do espírito", em princípio equivalente ao que, em português, costuma-se chamar de "ciências humanas".

voltaremos na Seção 3. Exatamente agora deveríamos simplesmente notar que a historiofobia não é nem prevalente na e nem exclusiva à filosofia analítica, e que o historicismo intrínseco não é prerrogativa de filósofos não analíticos.

2. HISTORICISMO INSTRUMENTAL *VERSUS* HISTORICISMO FRACO

A concepção racionalista de filosofia está na base da rejeição de Kant do historicismo crítico. Em um aspecto, contudo, o racionalismo aponta na direção oposta. Se a filosofia é *a priori*, nesse caso, diferentemente da ciência do passado, a filosofia do passado não pode simplesmente ser *suplantada* por novas descobertas empíricas. Portanto, ela pode ter algo a nos ensinar, assim como o historicismo fraco o tem. Kant dá espaço para essa possibilidade. Ele apenas resiste à visão de que a história da filosofia é filosofia o bastante. Essa visão era ainda poderosa no clima doxográfico do século XVIII, e ela ressurge em historicistas intrínsecos do presente.

Querendo ou não, Kant até mesmo ofereceu um ímpeto para o historicismo instrumental. Para Kant, a filosofia é *a priori* não porque ela descreve entidades ou essências abstratas, mas porque ela não diz respeito a objetos de qualquer tipo. Em vez disso, ela é uma *disciplina de segunda ordem*, que reflete sobre as pré-condições da experiência de objetos ordinários, isto é, sobre as estruturas conceituais que as ciências e o senso comum pressupõem em suas descrições e explicações da realidade. Kant trata desse esquema conceitual como uma estrutura mental imutável – "razão pura". Contudo, de Hegel em diante, sustentou-se que nosso esquema pode mudar, ao menos em parte. Para Hegel, "a filosofia [é] seu tempo apreendido no pensamento" (*Filosofia do Direito*: Prefácio). Ela articula e sintetiza as diferentes ramificações da cultura de uma época em uma forma superior de sabedoria. De forma menos ambiciosa, de acordo com Collingwood (1940), a metafísica expressa as "pressuposições absolutas" de uma época, comprometimentos intelectuais fundamentais que podem somente ser trazidos à luz com o benefício de visão retrospectiva de reflexão histórica.

Uma diferente mutação do quadro kantiano emergiu na tradição analítica. Wittgenstein aceitou que os problemas filosóficos desafiam a solução empírica porque estão enraizados em nosso esquema conceitual em vez de na realidade. Diferentemente de Kant, contudo, Wittgenstein considerou esse esquema como incorporado na linguagem. Em sua filosofia tardia, reconheceu, além disso, que a linguagem é uma prática e que, portanto, está sujeita à mudança. Embora Wittgenstein estivesse pessoalmente imune aos charmes da especialização acadêmica histórica, isso abre a porta para um entendimento histórico de conceitos, e, portanto, dos problemas filosóficos nos quais figuram. A filosofia não é *ipso facto* história, todavia, o conhecimento histórico pode ser indispensável para dar conta dos problemas conceituais com os quais ela lida.

Historicistas instrumentais contemporâneos seguem essa trajetória. A ideia subjacente é que a filosofia tem em mira um tipo especial de *autocompreensão*,[*] uma compreensão não tanto do mundo não humano como de nossos pensamentos e práticas. Nas palavras de Williams:

> O ponto de partida da filosofia é que não entendemos a nós mesmos suficientemente bem... Os métodos da filosofia, de nos ajudar a entender a nós mesmos, implicam refletir sobre os conceitos que usamos, os modos em que pensamos sobre essas várias coisas [natureza, ética, política]; e ela às vezes propõe modos melhores de fazer isso. (2002b, p. 7)

Por semelhante modo, para Taylor, a filosofia "envolve uma grande quantidade de articulação daquilo que está inicialmente

---

[*] N. de T.: No original, "*self-understanding*".

inarticulado", a saber, as assunções fundamentais por detrás do modo em que pensamos e agimos (1984, p. 18).

Em vez das "pressuposições absolutas" de Collingwood, façamos uso da palavra mais neutra "estrutura"* para o sistema de conceitos, modos de pensamento e assunções que subjazem a uma determinada cultura. Como Williams e Taylor reconhecem, a tarefa filosófica imediata é articular *nossa* estrutura *presente*, dado que os "conceitos que dão origem às questões são os nossos" (Williams, 2002b, p. 7). Por que, então, a filosofia deveria requerer um entendimento do *passado*? Existem dois modos de responder a esse desafio. Um é argumentar que a filosofia deve olhar para a história das *caracterizações* filosóficas de nossa estrutura; o outro é argumentar que ela deve levar em consideração o desenvolvimento daquela *própria* estrutura.

Taylor adota a primeira estratégia. De acordo com ele, articulações bem-sucedidas de nossa visão de mundo pressupõem recuperar articulações anteriores. Seu exemplo é que os desafiadores mais bem-sucedidos da concepção cartesiana da mente – Hegel, Heidegger e Merleau-Ponty – recorreram à história. Taylor reconhece a objeção de que "não tinha de ser assim"; simplesmente aconteceu que os críticos eram professores alemães e franceses com "uma deformação profissional notória, que os faz se envolver compulsivamente com exposições e reinterpretações dos textos canônicos" (1984, p. 19). Pior ainda, nem sequer foi assim. O ataque de Wittgenstein ao quadro cartesiano é ao menos tão convincente quanto àquele; todavia, ele é inteiramente a-histórico, girando em torno de um diálogo entre o autor e um interlocutor fictício.

O segundo argumento de Taylor exclui essa possibilidade *ab initio*. Ele defende que o único modo de apreciar que uma posição filosófica prevalente "é uma dentre uma série de alternativas" é aprendendo sobre suas origens e as ortodoxias anteriores com que a posição corrente tinha de discutir. "[V]ocê precisa entender o passado no intuito de libertar a si mesmo", porque esse é o único modo de perceber que existem alternativas ao *status quo* (1984, p. 20-22; semelhantemente, Baker, 1988, p. xvii).

Essa linha de raciocínio é vulnerável em três aspectos. Primeiramente, mesmo se alguém puder desafiar uma dada articulação filosófica A_2, tal pessoa só por estar familiarizada com uma alternativa A_1, que não pode residir no passado. A diversidade *sincrônica* pode tomar o lugar da diversidade *diacrônica*. Em segundo lugar, mesmo se algumas articulações estão sem competidores restantes, apenas teríamos de ter conhecimento de uma articulação do passado. Não se seguiria que temos de conhecer a *história* que leva de A_1 a A_2. Mera doxografia (a anotação e o contraste de opiniões defendidas pelos filósofos) serviria igualmente bem. Finalmente, o argumento defende que se pode superar uma posição filosófica A_n somente se se tem familiaridade com uma alternativa A_{n-1} anterior. Essa acepção não é só infundada, mas também produz um regresso vicioso. Ora, ela acarreta que nossos predecessores imediatos só poderiam ter movido de A_{n-1} para A_n porque já tinham familiaridade com A_{n-2}, e assim por diante. Talvez Agostinho tenha antecipado o *cogito* de Descartes, e Hegel tenha antecipado o argumento da linguagem privada de Wittgenstein. Strawson relata de forma boba ter anunciado a George Paul, em 1949, "que eu tinha uma nova teoria da verdade; e a isso ele respondeu de maneira sensível e característica: 'Ora vamos, qual das antigas ela é?'" (1998, p. 8). No entanto, esse é um regresso do qual sabemos que para em algum lugar. Mesmo em filosofia, alguém em algum momento deve ter tido uma ideia genuinamente original.

Voltemo-nos, portanto, para a segunda opção. O propósito é que articular nossa estrutura pressupõe conhecimento de *sua* história. De acordo com Williams, mais maléfico do que a negligência da história da filosofia tem sido a negligência da "história dos conceitos que a filosofia está tentando

---

* N. de T.: No original, *"framework"*.

compreender" (2002b, p. 7). Essa posição subscreve uma forma mais ampla de historicismo, dado que torna a filosofia dependente não só da história da *filosofia*, mas da *história das ideias* inteira e, talvez, até mesmo da *história em geral*, dependendo das forças que dão forma a nossos conceitos. Mas, como isso pode ser sustentado, uma vez que os problemas filosóficos que atualmente confrontamos têm suas raízes em nossa presente estrutura?

Uma sugestão é transpor a necessidade de *alternativas* da articulação filosófica para a estrutura articulada. Saber sobre a história de nossa estrutura presente nos liberta de considerar a última como inevitável. Assim, pois, Skinner escreve que "o valor indispensável de estudar a história das ideias" é aprender "a distinção entre o que é necessário e o que é meramente produto de nossas disposições"* (1969, p. 52-53).

Se devemos entender nossa estrutura de um modo filosoficamente frutífero, é realmente crucial estabelecer quais aspectos dela, se quaisquer, são indispensáveis em vez de produtos opcionais de circunstâncias contingentes. De outro modo, não podemos avaliar, por exemplo, a alegação de Strawson de que "há um núcleo massivo do pensamento humano que não tem nenhuma história – ou nenhuma história reportada em histórias do pensamento", porque não está sujeito à mudanças (1959, p. 10). No entanto, o argumento historicista incorre em dificuldades. No que diz respeito a articulações filosóficas, ao menos não havia nenhuma dúvida quanto à existência de diversidade. No que concerne à própria estrutura, nem sequer está além de discussão que *existem* alternativas genuínas. Desde Kant até Davidson, filósofos de convicção racionalista argumentaram que *au fond* todos partilham a mesma estrutura. Confrontados com diferentes épocas, eles insistem que as alegadas diferenças são meramente superficiais. Se eles estiverem certos, o argumento de que filósofos precisam ter familiaridade com estruturas alternativas do passado é um não começo.

Há boas razões para resistir ao ataque racionalista à possibilidade de estruturas alternativas (Dancy, 1983; Hacker, 1996). Nesse caso, contudo, o argumento historicista falha por outros motivos. Se a aparente diversidade de culturas humanas não pode ser descartada como ilusória, então ela é tanto *sincrônica* quanto diacrônica. Nossa estrutura difere daquela dos antigos gregos; contudo, ela também difere, por exemplo, daquela dos coletores-caçadores que ainda restam. Uma vez mais, a diversidade sincrônica pode tomar o lugar da diversidade diacrônica. A historiografia é só uma fonte para reconhecer a diversidade, sendo a outra a *antropologia cultural*. E, além disso, Wittgenstein e Quine levantaram, de modo autoconsciente, a possibilidade de estruturas alternativas ao fazer uso da antropologia *ficcional* em vez da antropologia real, tendo em vista tribos que fazem uso de regras elásticas ou falam sobre partes de coelho não separadas em vez de sobre coelhos. Isso até pode ter a vantagem de que podemos adaptar as formas de discurso e ação visualizadas para os problemas filosóficos em discussão.

Williams se baseia em um argumento diferente para a necessidade de olhar para a história da estrutura. De acordo com ele, no caso de conceitos científicos como o de um átomo, a pergunta se o mesmo ou se um diferente conceito é empregado em diferentes épocas e culturas não importa muito quanto ao "que pode nos desconcertar sobre aquele conceito agora (em grande medida pela mesma razão de que a história da ciência não é parte da ciência)". Infelizmente, Williams não divulga essas razões. Em vez disso, ele argumenta que a questão *de fato* é de importância para alguns conceitos filosoficamente contestados, aqueles que estão intimamente ligados à interação e à comunicação humanas, como a liberdade, a justiça, a verdade e a sinceridade. Nesses casos, é imperativo, ele insiste, apreciar que suas variantes históricas representam "diferentes interpretações" de um "núcleo comum". Podemos ser

---

* N. de T.: No original, *"arrangements"*.

capazes de entender aquele núcleo por meio de uma reflexão funcionalista sobre o papel que esses conceitos preenchem ao satisfazer as exigências da vida humana, como em ficções de um "Estado de Natureza", que têm o propósito de explicar o surgimento de valores éticos, da linguagem ou do Estado. Tal explicação funcional não é *genética per se*. Uma coisa é conhecer a função de um órgão, outra coisa é conhecer seu surgimento evolucionário. Semelhantemente, pode-se refletir sobre a função de nosso conceito de conhecimento, sem especular sobre suas origens. "Mas", Williams continua, "o relato do Estado de Natureza já implica que deve haver um relato adicional, real e historicamente denso, a ser contado". Portanto, precisamos de uma "genealogia" nietzscheana, um "método que combina uma representação de exigências universais por meio da ficção de um Estado de Natureza com um relato de desenvolvimento histórico real" (2002b, p. 7). Uma genealogia é uma "narrativa que tenta explicar um fenômeno cultural descrevendo um modo como ele surgiu, ou poderia ter surgido, ou poderia ser imaginado ter surgido", fossem as circunstâncias diferentes (2002a, p. 20).

Dentro da filosofia analítica, a distinção de Kant entre *quaestio facti* e *quaestio iuris* e a resultante distinção neokantiana entre gênese e validade deu combustível a uma suspeita pervasiva, se amplamente implícita, da assim chamada "falácia genética", o equívoco de deduzir alegações sobre a *validade* de uma teoria ou o *conteúdo* de um conceito a partir da informação sobre suas origens históricas, incluindo informação sobre as causas de seu surgimento. Assim, pois, Frege garantiu que "a perspectiva histórica" tem uma certa justificação, insistindo, ao mesmo tempo, que não se pode revelar a natureza dos números a partir de investigações psicológicas sobre o modo em que nosso pensamento sobre números evoluiu (1884, Introdução).

Williams defende a genealogia contra a acusação de falácia genética. De acordo com ele, ela "deixa de ver a possibilidade de que o valor em questão possa entender a si mesmo e apresentar a si mesmo, reivindicando autoridade para si em termos que o relato genealógico pode solapar". Assim, pois, concepções liberais de moralidade "alegavam ser a expressão de um espírito que era mais elevado, mais puro e mais estreitamente associado à razão, bem como transcendendo paixões negativas como o ressentimento", e, portanto, uma genealogia é capaz de exibi-las como "autoiludidas nesse sentido" (2002b, p. 7-9; ver 2002a, p. 20-40, 224-226).

Se Williams estiver certo, uma razão por que a história é essencial à filosofia é que a gênese de certos conceitos ou crenças é crucial para seu conteúdo e validade. Mas ele não conseguiu dissipar a acusação de uma falácia genética. Tudo o que ele mostra é isso: *se* uma prática, crença ou modo de pensamento *define* ou se *justifica* em termos de uma origem particular, nesse caso, aquela origem se torna relevante para sua justificação. A razão *não* é que não existe, afinal de contas, nenhuma distinção entre gênese, por um lado, conteúdo ou validade, por outro. Participantes na prática católica de ordenação a defendem, em realidade, por referência à ideia de sucessão apostólica, e, portanto, a uma origem particular. Em outros casos, a gênese de uma prática oferece uma razão a favor dela ou contra ela, mesmo se ela não for efetivamente aduzida, por exemplo, quando uma norma legal não tiver sido adotada por meio de procedimentos próprios. Todavia, a investigação ou das reais ou das melhores razões possíveis não é *per se* genética, ela meramente adota um aspecto genético em casos específicos.

Conceitos como aquele de uma queimadura solar ou de lava são genéticos no sentido de que se aplicam somente a coisas com uma certa origem. Mesmo nesses casos, contudo, não é a história do *próprio conceito* que é parte de seu conteúdo, mas a história de suas *instâncias*. Para elucidar esse conteúdo, a filosofia só precisa notar aquela dimensão histórica. Diferentemente das disciplinas empíricas que aplicam tais conceitos, ela não tem de examinar a origem real de candidatos potenciais.

De forma mais importante, é o *status quo somente* que determina se um dado conceito é genético ou se a justificação real ou ideal de uma crença ou prática menciona suas origens. Mesmo se Williams estiver certo em defender que a moralidade liberal fez originalmente a reivindicação de uma formação superior, isso não acarreta *nem* que seus atuais proponentes a justificam dessa maneira *nem* que essa é a melhor justificação possível. Se nenhuma dessas opções é válida, a genealogia será irrelevante aos méritos filosóficos da moralidade liberal. E, se elas tiverem validade, isso depende exclusivamente do presente.[1]

Williams pode estar certo em alegar que algumas de nossas práticas discursivas *específicas* estão ou deveriam estar baseadas em justificações genéticas ou que alguns conceitos filosoficamente relevantes são genéticos – com efeito, o próprio conceito de filosofia analítica pode ser um caso desses (ver subcapítulo 8.3). Todavia, ele não ofereceu uma razão *geral* do motivo pelo qual qualquer reflexão filosófica sobre um conceito ou uma crença deveria *requerer* ou uma abordagem histórica ou uma abordagem ficcional de seu surgimento.

A ausência de um argumento geral a favor do historicismo instrumental não deveria ser uma surpresa. É notoriamente difícil demonstrar para *qualquer* método específico que ele é *essencial* à filosofia como tal; alguns praticantes chegam até a acreditar que podem atingir *insights* filosóficos sem argumento racional (contudo, ver 6.5). De todo modo, permanece um argumento geral a favor do historicismo fraco. Os pontos erguidos por historicistas instrumentais podem não ser essenciais à filosofia, mas são certamente vantajosos. A razão está na diferença anteriormente mencionada entre filosofia e disciplinas empíricas. Tal como outros esforços filosóficos, a compreensão filosófica é uma conquista comum. Mas, dada a natureza parcialmente *a priori* e conceitual da filosofia, bem como a combinação de continuidade e mudança nos conceitos relevantes, a comunidade de ideias relevantes a nossos problemas filosóficos contemporâneos não é exaurida pelos contemporâneos. Os problemas, os métodos e as teorias do passado não foram simplesmente suplantados pelo progresso empírico. Como resultado, os esforços de pensadores do passado permanecem uma fonte valiosa de inspiração, tanto positiva quanto negativamente.

Benefícios se ligam não só ao conhecimento de reflexões filosóficas passadas, mas também ao conhecimento da evolução de nossa estrutura. Por um lado, alternativas à nossa estrutura corrente que pertencem à nossa própria história provavelmente têm mais pertinência para questões pelas quais nos interessamos, e ganham expressão em uma linguagem ou em um idioma que podemos entender sem realizar um estudo especial. Por outro lado, certas características anteriormente dominantes de nossa própria estrutura podem ter retrocedido, e, contudo, desempenham um papel importante em nossos enigmas filosóficos presentes. Enquanto, em princípio, é possível retomar essas características a partir do emprego atual e da função atual desses conceitos, pode ser mais fácil visualizá-las ao olhar para estágios anteriores. Assim, pois, Anscombe (1958) e MacIntyre (1981) sugeriram que alguns de nossos conceitos deontológicos originalmente se derivavam da ideia de um comando divino. *Se* eles estiverem certos, isso ajudará a explicar por que esses conceitos parecem reivindicar uma autoridade que, desde uma perspectiva secular, pode parecer estranha. Finalmente, se devemos nos beneficiar das reflexões filosóficas do passado, devemos reconhecer as diferenças e as mudanças conceituais com respeito a termos-chave.

3. ANACRONISMO *VERSUS* ANTIQUARISMO

Há fortes argumentos, pois, em favor do historicismo fraco, e essa posição é ocupada por uma maioria de filósofos analíticos. Isso deixa o segundo protesto historicista: a filosofia analítica é anacronista, porque trata as figuras do passado simplesmente como se fossem contemporâneos cujas ideias têm uma conexão imediata com preocupações atuais. De acordo com Ayers, a filosofia analítica busca um "programa de aplanar o passado no presente" (1978, p. 55). Hacking fala da "abordagem de amigo-a-distância com respeito à história da filosofia" (1984, p. 103), enquanto Baker e Hacker acusam os intérpretes da corrente principal de tratarem Frege "como um colega ausente, um companheiro contemporâneo do Trinity [College] em um licença extendida de ausência" (1984, p. 4).

Alguns filósofos analíticos responderam à acusação de *anacronismo* com a de *antiquarismo*. Historicistas, eles diriam, consideram a história da filosofia como um museu que deve ser tratado com veneração em vez de escrutínio crítico. Como resultado, suas narrativas são irrelevantes para problemas filosóficos substantivos, seja qual for sua acurácia histórica. Nessa linha, Broad contrasta sua própria abordagem "filosófica" sobre a história com uma abordagem "histórica e filológica" (1930, p. 2). O espírito de uma história das ideias que põe entre parênteses questões de verdade e de cogência filosófica foi epitomado por Ross. Após uma preleção, um estudante perguntou para o famoso acadêmico se Aristóteles estava certo. Ele respondeu: "Meu filho, você não deve me perguntar essas questões. Eu meramente tento descobrir o que Aristóteles pensava. Descobrir se o que ele pensou é verdadeiro ou não é o que me importa, mas é o que importa aos filósofos" (citado por Künne 1990, p. 212). Tal como essa afirmação indica, contudo, tal história das ideias deixa em aberto as questões *filosóficas* erguidas pelo passado. Portanto, não deveria ser uma surpresa para nós que os historiadores analíticos foram além, embora tenham se movido em direções diferentes.

Uma perspectiva historiográfica com ecos analíticos distintos é o que Passmore chama de "polêmica" (1966, p. 226). Seu objetivo último é expor as próprias concepções do comentador, e ela, portanto, faz de pensadores passados porta-vozes de visões contemporâneas. Nessa linha, Broad sugere que a especialização acadêmica[*] é filosoficamente irrelevante. O único interesse em nossos predecessores, ele argumenta, é que "o choque de suas opiniões pode acender uma luz que nos ajudará a evitar os equívocos em que eles caíram" (1930, p. 1-2).

A abordagem polêmica convida a uma objeção imediata. Não se pode avaliar "se o velho amigo fez alguma coisa certa" a menos que se tenha estabelecido quais eram suas concepções (Rorty et al., 1984, p. 10; também Baker, 1988, p. xii; Rée, 1978, p. 30). O ponto é bem considerado, contudo, pela maioria dos historiadores analíticos. O único modo de evitá-lo é isolar questões de interpretação. De acordo com muitos autores depois dele, Broad declara que está interessado somente nas respostas às questões substantivas "sugeridas" por autores anteriores. Mais recentemente, a discussão de Kripke acerca das considerações sobre o seguimento de regra em Wittgenstein tem o objetivo de oferecer uma abordagem do "argumento de Wittgenstein tal como ele causou impressão a Kripke", em vez de uma exegese fiel (1982, p. 5). Tendo em vista que ela faz uso de uma figura do passado meramente como uma mancha de Rorschach, ou seja, para estimular questões e ideias de um tipo inteiramente não histórico, essa abordagem equivale a uma historiofobia pela porta de trás.

Uma terceira posição analítica é doxografia. Ela não se abstém de atribuir concepções a figuras do passado. Ao mesmo tempo, ela se contenta em comparar e contrastar posições, sem afligir-se com relações cronológicas, linhas de influência intelectual ou o contexto mais amplo. Dummett reconta uma "história do pensamento" – de proposições e argumentos que se acham em relações abstratas de suporte e conflito – em vez de uma "história de pensadores" (1993, Capítulo 1). Esse relato está comprometido com a acurácia exegética, todavia, visto que fala de uma narrativa desenvolvimentista

---

[*] N. de T.: No original, *"scholarship"*.

em absoluto, ele é uma reconstrução ficcional desde uma perspectiva contemporânea ou atemporal. Assim, pois, Dummett, por toda sua criteriosidade como um pensador sistemático, não hesitou em especular que Frege pode ter contribuído para o fracasso do idealismo alemão, quando o último de fato precedeu o nascimento de Frege, em 1848.[2]

Em graus variados, portanto, abordagens polêmicas, a modo de Rorschach e doxográficas convidam à acusação de anacronismo. Felizmente, elas não exaurem as opções para os historiadores analíticos. Uma maioria deles favorece o que Passmore rotula como "histórias respectivas a problemas"* ou a abordagem em termos de "história dos problemas". Essa abordagem é baseada na ideia anteriormente mencionada de que a filosofia tem suas raízes em problemas de um tipo especial, e de que sua história é uma evolução desses problemas e de suas soluções. Historiadores que se voltam a problemas fazem perguntas como: Por que pessoas foram levadas por certos problemas, por que elas fizeram uso de certos métodos para tratar deles e por que acharam atrativas certas soluções?

Uma história respectiva a problemas não é de modo algum prerrogativa de filósofos analíticos. Ela foi antecipada por Hegel e tornada explícita por Windelband (1892). Mas ela tem sido especialmente simpática a historiadores analíticos. Por um lado, historiadores que se voltam a problemas lidam com o desenvolvimento real da filosofia. Por outro, eles o fazem em um espírito filosófico. Buscam entender de que modo esses desenvolvimentos contribuíram para nossa situação filosófica presente.

Uma história respectiva a problemas não tem sido fogo historicista atenuado. Krüger se queixa de que ela "substitui desenvolvimento temporal genuíno por um presente espúrio". Sua "suposição da persistência de problemas está em conflito com a alegação de que a filosofia avança", com a qual ela também está comprometida, e é totalmente inútil para explicar o surgimento de novos problemas. Além disso, problemas filosóficos não são "autônomos", mas mudam junto com o *contexto* cultural e social mais amplo (1984, p. 81-85).

Mas histórias respectivas a problemas não precisam defender que a filosofia inevitavelmente progride. Além disso, o progresso não exclui a persistência de problemas. Afinal, ele pode consistir em ganhar *um entendimento melhor dos problemas* e das opções para se lidar com eles. Esse entendimento é precisamente uma das coisas a que os filósofos analíticos aspiraram. Moore rebaixou as dificuldades filosóficas "à tentativa de responder a questões sem primeiramente descobrir precisamente *qual* é a questão que você quer responder" (1903, p. vi). E, em uma discussão animada a favor da filosofia analítica, Beckermann nota que o progresso filosófico "com frequência equivale à clarificação em vez de à solução de problemas" (2004, p. 10; ver também Kenny, 2005).

Uma história respectiva a problemas também permite a transformação gradual de problemas. Afinal de contas, uma de suas preocupações é precisamente como os problemas do passado evoluíram. Finalmente, ela pode reconhecer o caráter entretecido* da filosofia. Historiadores analíticos como Passmore, von Wright e Kenny são plenamente conscientes do caráter entretecido da filosofia. Entender um texto propriamente requer, com frequência, familiaridade com seu contexto cultural.

Uma discussão realmente acalorada é se ele inevitavelmente requer conhecimento de fatores sociais externos, como historicistas (Rée, 1978, p. 30; Hylton, 1990, p. 3) e sociólogos do conhecimento (Kusch, 1995) sugerem. Quais traços contextuais têm qual tipo de relevância para interpretação é uma

---

* N. de T.: Embora menos literal, essa tradução do original *"problematic histories"* evita a ambiguidade marcante, em língua portuguesa, de uma expressão como *"histórias problemáticas"*.

* N. de T.: No original, *"embeddedness"*.

questão movediça. Como ela tem uma resposta geral, ela depende de questões de hermenêutica das quais os historicistas tenderam a se esquivar (ver Seção 4). Deveria ser óbvio que aqueles aspectos do contexto que o autor defende como familiares aos leitores ou que dizem respeito a suposições tácitas de seus raciocínios são mais importantes do que as condições econômicas da produção do texto. De forma mais geral, se buscamos uma compreensão filosófica do conteúdo de um texto em vez de uma explanação genética (histórica, sociológica, psicológica) de sua criação, há uma alegação forte para insistir que só importam aqueles traços contextuais que o próprio autor poderia dar em sua explanação e defesa (Skinner, 1969, p. 28; Frede, 1987, p. ix–xxvii; Engel, 1997, p. 188–192).

O dilema último é se o caráter entretecido milita contra uma ambição que é central a historiadores analíticos: entender o passado no intuito de derivar lições filosóficas substantivas (ver Sorell e Rogers, 2005, p. 3-4). Enquanto essa ambição é compatível com o reconhecimento do impacto do contexto, ela pressupõe que há também continuidade através do tempo. Os problemas, métodos e soluções de uma teoria filosófica remota devem ser inteligíveis desde uma perspectiva contemporânea, de modo que é possível avaliar a teoria por seus *méritos trans-históricos*. O contexto é importante na compreensão de quais alegações um texto filosófico propõe, mas a validade dessas alegações não é relativa ao contexto histórico.

Por contraste, pelo menos desde Collingwood (1939, p. 69) historicistas dentro e fora do campo analítico insistiram que as concepções do passado só podem ser entendidas propriamente a partir de dentro de seu próprio contexto temporal, não a partir da perspectiva de nossas preocupações e convicções correntes. Como resultado, Baker afirma, "tentativas de julgar sobre o valor de posições filosóficas *sub specie aeternitatis* são mal concebidas" (1988, p. xii). Rée investe contra a ideia de problemas ou posições filosóficas "disponíveis eternamente" (1978, p. 12, 28). MacIntyre defende que o "sentido de continuidade" que impulsiona historiadores analíticos é "ilusório". Há insuficiente "concordância em conceitos e padrões para que sejam oferecidos motivos para decidir entre as alegações rivais e incompatíveis" de diferentes "modos do pensamento filosófico" (1984, p. 33-34). E Rorty resume esse relativismo historicista ao alegar que diferentes posições filosóficas são incomensuráveis: elas não podem ser avaliadas objetivamente desde um ponto de vista neutro (1979, Capítulo 7).

A incomensurabilidade aparece em duas versões, semântica e epistêmica. A incomensurabilidade *semântica* alega que não existe nenhum padrão objetivo por causa da variação semântica entre os vocabulários de diferentes teorias. Mas a *variação de significado* não acarreta *fracasso de tradução*. Não há, por exemplo, nenhuma correspondência uma a uma de tonalidade entre os termos de cor russos e os ingleses, mas isso não milita contra traduções compostas tais como "azul suave". Mesmo em casos mais preocupantes, tais como aqueles familiares a partir das revoluções científicas, nada impede que seguidores de uma teoria T_2 *modifiquem* seu aparato conceitual no intuito de glosar T_1, notadamente pela introdução de novos termos ou novas construções baseadas em seu próprio vocabulário. É uma questão delicada se esses procedimentos sempre produzem um acerto perfeito entre construções sinônimas. Mas mesmo esse tipo de fracasso de tradução não acarreta *ininteligibilidade* mútua, dado que os proponentes de T_2 podem adquirir o aparato conceitual de T_1 sem endossá-lo. Aristotélicos e kantianos que defendem a centralidade de particulares resistentes são capazes de dominar o idioma "perdurantista" de buracos-de-minhoca no espaço-tempo, mesmo que eles o considerem derivado e confuso. "O Etna entrou em erupção" não é sinônimo de "Parte do filamento perpétuo do espaço-tempo assumido pelo Etna é uma erupção". No entanto, não se pode entender ambas as sentenças sem perceber que elas necessariamente têm o mesmo valor de verdade. Por esse mecanismo, não há nenhum obstáculo semântico em comparar afirmações a partir de diferentes teorias pelo seu valor de verdade.

De acordo com o relativismo historicista, as afirmações de um filósofo do passado não podem ser transplantadas de seu contexto original em nosso idioma contemporâneo; afinal, fora desse contexto, essas afirmações não têm mais o mesmo conteúdo. Bennett, por contraste, está convicto de que "só entendemos Kant na proporção em que podemos dizer, claramente e em termos contemporâneos, quais foram seus problemas, quais deles ainda são problemas e qual contribuição Kant fez para sua solução" (1966, capa de trás). Ayers responde que só podemos interpretar um pensador do passado "em seus próprios termos" (1978, p. 54). Tomado literalmente, isso confina intérpretes ao vocabulário do autor. A dificuldade óbvia é que esse vocabulário, com frequência, não é familiar a nós. Em tais casos, a prescrição de Ayers nos obriga a explicar uma frase, uma sentença ou um texto obscuro em outros e igualmente não familiares termos. Mas, no intuito de entender um texto propriamente, devemos ser capazes de explicá-lo em termos que são *inteligíveis a nós*. Pode-se objetar que poderíamos torná-lo inteligível ao nos imergirmos no vocabulário antigo, sem sermos capazes de explicá-lo em nosso próprio vocabulário. A propósito, isso nos deixa com a sugestão mistificadora de que um indivíduo poderia operar com dois vocabulários distintos *com* entendimento, todavia *sem* qualquer capacidade de explicar os termos de um nos termos do outro em qualquer grau. Mesmo que a ideia dessa esquizofrenia semântica fosse coerente, ela deveria ser o último recurso para dar conta da relação entre diferentes teorias.

De qualquer maneira, a incomensurabilidade semântica não é uma opção viável para os historicistas. Se as figuras do passado fossem tão estranhas que jamais pudéssemos compreendê-las em termos contemporâneos, seria fútil estudá-las. Não deveria parecer surpreendente, portanto, que mesmo os historicistas admitem, em última análise, uma comensurabilidade semântica, ao menos quando suas próprias leituras do passado estão em jogo (por exemplo, MacIntyre, 1984, p. 42-43). Aparentemente, a ameaça de incomensurabilidade ronda como uma neblina espessa por sobre a história de nosso assunto quando abordada pelas rudes luzes de busca dos filósofos analíticos. Todavia, ela se levanta miraculosamente quando os historicistas lançam um olhar elegante sobre ela.

O historicismo deve, em vez disso, depender de uma incomensurabilidade *epistêmica*. Assim, pois, para Rorty, não há nenhum ponto de vantagem a partir do qual poderia-se adjudicar entre posições filosóficas de diferentes períodos, dado que não há nenhum "teste *independente* de acurácia de representação", nenhuma maneira de pisar fora de nosso sistema de crença e do aparato conceitual como um todo e compará-lo com a realidade (1991, p. 6).

Como Baldwin aponta, está longe de ser óbvio que uma avaliação filosófica objetiva exige essa façanha incoerente (2001, p. 272-273). Uma alternativa é julgar teorias por sua consistência interna e pela extensão em que atingem seus próprios alvos. Ao mesmo tempo, a incomensurabilidade epistêmica é suscetível a diversas objeções. Por um lado, sua conclusão relativista pode ser autorrefutadora, porque ela está implicitamente comprometida com a reivindicação de um tipo de correção que ela explicitamente rejeita (Engel, 1997, p. 194). Relativistas consistentes teriam de considerar suas próprias críticas contra a historiografia analítica como não mais do que a expressão de um diferente *Zeitgeist*.*

Além disso, do fato de que ideias filosóficas específicas devem ser entendidas diante do pano de fundo de um contexto mais ou menos amplo, não se segue que elas só podem ser entendidas por *se aceitar* aquele contexto. Podemos reconhecer, por exemplo, que uma afirmação particular é inteligível, plausível ou convincente apesar de outras

---

* N. de T.: Isto é, "espírito da época".

suposições aceitas pelo autor. Todavia, isso não nos impede de questionar a afirmação, contanto que tenhamos razões para rejeitar aquelas suposições. Inversamente, podemos criticar uma alegação que talvez consideremos correta por ela ser incompatível com acepções que o próprio autor toma por certas. De um modo ou de outro, a necessidade de contar com o contexto não remove de modo algum a possibilidade de avaliação racional.

Finalmente, assim como um bastão com o qual bater em historiadores analíticos, a incomensurabilidade incorre em petição de princípio. Ela defende o que os últimos negam, a saber, que há insuficiente continuidade para o debate racional. Os relativistas historicistas se inclinam ao raciocínio circular. Por um lado, supõe-se que o relativismo é uma lição a partir da história; por outro, essa lição será revelada só àqueles que abordam a história no espírito relativista correto. Hacking chamou a atenção para o modo imediato como Descartes fala a graduandos contemporâneos (1984, p. 107-108). Não há nenhuma razão para considerá-los iludidos. A alegação de Descartes de que nada em minha experiência indica se estou desperto ou dormindo deve ser entendida historicamente, como um artifício heurístico direcionado a estabelecer os fundamentos para uma nova ciência positiva. Mas isso de modo algum exclui seu uso como um argumento cético. Nem isso impede um confronto racional entre a alegação de Descartes e as contra-alegações dos epistemólogos tardios.

4. EQUIDADE HERMENÊUTICA

Não há qualquer argumento convincente contra o projeto analítico de avaliar teorias filosóficas antigas por sua verdade e cogência. De fato, a situação pode ter se invertido. Longe de ser o único modo de revelar o passado, abster-se de juízo pode até mesmo significar ocultá-lo. Para entender seu assunto, o historiador precisa ter um sentido genuíno do que é ser inquietado por um problema filosófico e tomar uma posição acerca dele. A atitude desligada prescrita e ocasionalmente afetada por historicistas está em conflito com a atitude engajada da maioria dos filósofos do passado. Não teria ocorrido a eles deixar de louvar ou de acusar seus predecessores.

Há um argumento posterior contra a abstinência filosófica. Na tradição hermenêutica, encontramos um "princípio de equidade", de acordo com o qual uma boa interpretação de texto presume que seu autor seja racional, a menos que o oposto tenha sido demonstrado. E, na discussão analítica da tradução radical, encontramos um "princípio de caridade", de acordo com o qual não deveríamos traduzir enunciados de uma linguagem completamente estranha como obviamente falsos.

Para os combatentes na batalha do historicismo, tais princípios de hermenêutica são uma faca de dois gumes. Por um lado, eles entrelaçam questões exegéticas a substantivas, ao sugerir que não podemos chegar a *entender* um texto sem tomar uma posição com respeito a suas alegações. Por outro lado, eles ameaçam propor a alegação substantiva somente para encerrá-la de pronto, dado que parecem sugerir que a postura que devemos adotar é uma atitude *afirmativa*. Em vez de favorecer uma abordagem analítica linha dura, isso daria socorro à atitude reverencial da filosofia tradicionalista.

Mas, de todo modo, o quão afiada é a faca? Note primeiramente que o termo hermenêutico "equidade" é superior ao termo analítico "caridade", dado que evita a sugestão de que o intérprete precisa mostrar algum tipo de tolerância – moral ou cognitiva. Em seguida, devemos deixar de lado pelo menos três dimensões de equidade:

1. assumir que as concepções expressas são amplamente verdadeiras;
2. assumir que essas concepções são amplamente coerentes;
3. assumir que o enunciado texto é apropriado aos propósitos do falante/autor.

Algumas formulações de equidade fazem parecer como se a interpretação própria excluísse a possibilidade de atribuir visões irracionais. De fato, contudo, a equidade exige somente uma *suposição falível* de racionalidade, que pode ser derrubada em qualquer caso individual. Seus proponentes insistem em um "consenso de suporte" (Gadamer, 1967, p. 104-105), um pano de fundo de acepções partilhadas que possibilita a discordância em detalhes, ao passo que exclui o "erro massivo" (Davidson, 1984b, p. 168-169).

Quine proíbe somente a atribuição de crenças que são falsidades empíricas evidentes ou contradições lógicas explícitas. Davidson, por contraste, ocasionalmente aplica a caridade "com respeito a todos", a todos os tipos de crenças, e roga que "maximizemos a concordância" entre os intérpretes. Esse procedimento é forçado sobre nós, assim ele considera, porque, na interpretação radical, nem sabemos o que os nativos pensam nem o que os seus enunciados significam. Assumir que eles acreditam no que fazemos é o único modo de solucionar essa equação com dois desconhecidos (1984b, p. xvii, p. 101, 136-137).

Esse tipo de equidade abriria com efeito o caso dos méritos substantivos de um texto filosófico somente para fechá-lo depois. Mas ele é equivocado. Em comunicação "doméstica" normal – incluindo trocas filosóficas –, corretamente tomamos por certo uma concordância no entendimento da maior parte das expressões, uma concordância que abre a possibilidade de discordar em nossas crenças. Mesmo na interpretação radical, a maximização de concordância não é inevitável; pelo contrário, com frequência levaria à má interpretação (Glock, 2003a, p. 194-199). É errado atribuir a pessoas opiniões que tomamos por corretas mesmo nos casos em que não há nenhuma explicação de como elas poderiam tê-las adquirido. Interpretações deveriam atribuir crenças em termos em que é epistemicamente *plausível* que as pessoas as tenham, coincidam elas ou não com as nossas.

Um segundo argumento para maximizar concordância diz respeito à referência. Seria um erro sugerir a possibilidade de que as crenças de um sujeito sobre um tópico X são *todas* erradas; pois, nesse caso, não temos mais quaisquer motivos para assumir que essas concepções são de fato concepções sobre X. "Erro atribuído em demasia arrisca privar o sujeito de seu objeto de discussão" (Davidson, 1984a, p. 18). Contudo, essa observação não dá suporte à tese mais forte de Davidson de que a maior parte das crenças de um sujeito sobre X deve ser verdadeira, e que os erros com que normalmente sobrecarregamos nossos predecessores são por demais massivos:

> ... o quanto temos clareza de que os antigos... acreditavam que a Terra era chata? *Esta* Terra? Bem, esta nossa Terra é parte do sistema solar, um sistema parcialmente identificado pelo fato de ela ser um bando de corpos grandes, frios, sólidos, circulando em torno de uma estrela fervente muito grande. Se alguém não acredita em *nada* disso sobre a Terra, é certo que é sobre a Terra aquilo em que ele está pensando? (1984b, p. 168)

"Sim!" é a resposta correta, mesmo que não solicitada, à pergunta retórica de Davidson. Para se falar sobre Terra não se precisa estar certo sobre os tópicos científicos de *recherché* que ele menciona. Tudo o que é preciso é uma identificação tal como: "O vasto corpo sobre o qual estamos atualmente nos colocando" ou "O corpo que compreende os continentes e os oceanos". Se alguém apontar para o chão e disser sinceramente: "Estamos presentemente sobre um enorme disco chato. Se você continuar a se mover na mesma direção, você uma hora cairá para fora da borda", nesse caso ele claramente acredita que a Terra é chata, assim como acreditamos que ela é esférica.

Duas dessas lições gerais se aplicam diretamente à interpretação filosófica. Primeiramente, não podemos simplesmente maximizar a concordância, dado que seria flagrantemente anacrônico creditar textos antigos com *insights* (reais ou presumidos) que se tornaram disponíveis só mais tarde. Em segundo lugar, a necessidade de compreender o pano de fundo não acarreta uma obrigação de descrevê-lo em linhas gerais. Entender a *Crítica da Razão Pura*, de Kant, exige uma multidão de conhecimentos contextuais, desde detalhes como o pano de fundo legal de seu termo "dedução" até a tensão estratégica entre sua concepção surpreendentemente apriorística de ciência natural, por um lado, e suas críticas surpreendentemente empiristas contra a metafísica, por outro. Mas um intérprete pode valer-se de qualquer parte desse pano de fundo sem admiti-lo, e sem desviar seus olhos da tensão mencionada.

Em outros aspectos, textos filosóficos apresentam um desafio único. discussões filosóficas são de um tipo muito fundamental, todavia sem revolver em torno dos erros observacionais básicos que mesmo a equidade moderada exclui. Com frequência, o desacordo – seja consciente ou não – não é sobre as verdades fatuais de alegações empíricas, mas sobre o entendimento de conceitos ou de termos particulares. Enquanto podemos tomar muitos termos como garantidos, isso não é válido para aqueles que são filosoficamente contestados em uma passagem particular. De acordo com isso, a verdade fatual é amplamente irrelevante, e a verdade conceitual não pode ser tomada como garantida.

O que dizer sobre o segundo aspecto da equidade? Há um argumento respeitável para a defesa de que não se pode crer em uma contradição *explícita* da forma "$p\&{\sim}p$". Se alguém sinceramente enuncia sentenças dessa forma e sem qualificá-las (por exemplo, com respeito ao tempo ou à relação), esse é um critério para o fato de não ter entendido ao menos um dos termos envolvidos, e é, portanto, incompatível com o fato de expressar, a partir daí, a crença alegada. Se assim ocorre, não é claro como alguém *poderia* entreter um crença desse tipo sem solapar seu estatuto como um agente racional e, portanto, como um sujeito genuíno de crenças. No entanto, pode-se manter crenças que *se revelam* contraditórias, isto é, que resistem em ser expressadas de uma maneira coerente.

Quando se trata de interpretar textos, mesmo a atribuição de contradições explícitas não está fora de limites. Afinal, um texto não é uma expressão imediata de uma única crença. Antes, ele pode manifestar crenças que o autor manteve em diferentes estágios de composição. Por causa da desatenção, um autor pode também falhar em reconhecer que uma crença expressa na página X é incompatível com uma crença expressa na página Y, ou ele pode simplesmente ter cometido um deslize ao escrever o texto.

Tais contratempos afligem até mesmo os gigantes. Kant, por exemplo, chama o princípio "toda alteração tem sua causa" de um juízo sintético *a priori* não puro em B 3, da *Crítica da razão pura*, enquanto, de acordo com B 5, ele é um juízo sintético *a priori puro*. Em vez de impor revisões elaboradas na interpretação do texto, é mais justo diagnosticar uma inconsistência. Com efeito, nesse caso, o conhecimento da gênese atribulada do texto deveria diminuir nossa prontidão em ler uma importância mais profunda em certas inconsistências aparentes. Comentadores que acreditam que não se deve jamais atribuir visões inconsistentes a um autor jamais se incomodaram, suspeito, em reler seus próprios escritos.

Considerações semelhantes se aplicam ao terceiro aspecto da equidade. Em dadas ocasiões, é mais justo considerar um texto como uma expressão obscura da mensagem pretendida do autor, simplesmente porque a alternativa o sobrecarregaria com opiniões que são ou equivocadas ou estão em conflito com outras partes do *corpus*. Isso vem a mostrar que diferentes aspectos da equidade podem entrar em conflito, e que a equidade jamais pode reinar suprema, devendo ser adaptada ao texto e ao autor. Ao final do dia, devemos pesar diferentes considerações, na base de nosso conhecimento total do caso individual.

Vimos que, no intuito de atingir mais do que um entendimento nominal, precisamos relacionar o texto a nossos termos, interesses e crenças. Agora, faz-se notável que precisamos não projetar a maior parte de nossas crenças sobre os itens interpretados. Em conjunção, esses dois pontos favorecem o engajamento crítico defendido pelos historiadores analíticos. Contudo, talvez a formulação mais impressionante dessa conjunção se invoque a partir de Gadamer. Por um lado, devemos relacionar o texto a nossas próprias preocupações e convicções, por outro, o texto nos coloca um desafio, visto que suas reivindicações sobre a matéria em questão estão em variação com respeito àquilo que consideramos ser a verdade (1960, p. 286-290). O resultado ideal é um diálogo, uma "fusão de horizontes". O intérprete está aberto ao texto precisamente porque ele o trata como um desafio filosófico. Ele permite que o texto questione tanto seu próprio entendimento *como* seus pré-julgamentos sobre a matéria em debate. O diálogo pode ou tornar necessária uma revisão da interpretação, ou daqueles pré-julgamentos, ou pode confirmar a atribuição original de erro. Em nenhum desses casos o intérprete pode simplesmente ignorar questões de verdade e cogência.[3]

Resistir à caridade respectiva a todos dá espaço não só para considerar errados os interpretados. Pode revelar que, em algumas questões, eles não só sustentam concepções *diferentes*, mas que estão certos e que nós estamos errados! Ao abordar um texto ou uma cultura estranha, devemos ter em mente a possibilidade de que poderíamos ter alguma coisa para aprender. Essa é uma lição da tradição hermenêutica que seus admiradores analíticos têm ainda de assimilar. Mas é a lição que se encaixa com as atitudes e práticas dominantes dos historiadores analíticos: deveríamos aprender com um texto por levá-lo a sério no sentido de levantar questões e exibir alegações de interesse substantivo.

O isolamento historicista de tais questões falha, em última análise, porque os textos filosóficos fazem alegações cognitivas de um tipo não histórico. A compreensão dessas alegações é auxiliada pelo conhecimento das questões discutidas. A ideia de que a história de um assunto se beneficia por permanecer neutro quanto à validade das alegações examinadas ou mesmo a partir da ignorância sobre o objeto daquelas alegações não é mais plausível com respeito à filosofia do que o é com respeito à ciência. O desrespeito alegado, a saber, de tratar textos filosóficos *sub specie aeternitatis* de fato equivale a não mais do que isso: filósofos analíticos falam em sua própria voz, em vez de constantemente tirarem de cena suas próprias crenças. Cônscios da diferença entre crença e verdade, também o estão da possibilidade de que suas crenças se revelarão falsas. E, se eles estão historicamente cônscios, e um número crescente deles está, também o estarão de que ler um texto do passado põe tanto o autor quanto o intérprete precisamente diante desse teste.

Para finalizar, nem a historiofobia nem o anacronismo são um traço distintivo da filosofia analítica. E, como muitos (ainda que, de forma alguma, todos) dos filósofos analíticos resistem aos excessos do historicismo (historicismo intrínseco e instrumental, relativismo histórico, caridade indiscriminada), eles estão do lado dos anjos.

NOTAS

1. A própria justificativa de veracidade propositadamente genealógica de Williams não pressupõe qualquer história, real ou inventada. Ele considera um Estado de Natureza ficcional. Mas o rendimento bruto do exercício é que uma prática de adquirir crenças verdadeiras e partilhá-las com outros é vantajosa para criaturas sociais, dado que permite que elas reúnam informações que não estão diretamente disponíveis a um indivíduo. Williams argumenta que essa prática seria instável a menos que seus participantes considerassem acurácia e sinceridade como boas em si mesmas. Para esse fim, ele enriquece o relato funcional ao considerar aspectos adicionais do contexto da prática,

bem como ameaças potenciais a ela. Mas a justificativa se baseia puramente no que seria de benefício para criaturas com capacidades, limitações e exigências humanas, dentro de vários cenários. Ela não depende de como as criaturas ou os cenários surgiram. A reivindicação filosófica de Verdade e Veracidade é antropológica-mais-epistemológica em vez de histórica.

2. 1973, p. 683. Quando o erro foi apontado por Sluga, Dummett o corrigiu (1981, p. 71-72, 497).
3. Mulligan (1991, p. 116), de forma bastante própria, queixa-se sobre uma passagem em que Gadamer renuncia à análise crítica de textos antigos. Meu ponto é que alguns dos próprios princípios hermenêuticos de Gadamer apontam para a direção oposta.

5
DOUTRINAS E TÓPICOS

Muitos leitores sentirão que, até este estágio, estive fazendo rodeios. Já que a filosofia analítica constitui um movimento, uma tradição ou uma corrente filosófica genuína, não deveriam seus proponentes estar unidos por certos interesses ou certas visões filosóficas? Está mais do que na hora de poupar pensamento para a sugestão deveras óbvia de que a filosofia analítica é caracterizada por certos tópicos e/ou certas doutrinas. Poderíamos chamar tais concepções tópicas ou doutrinárias da filosofia analítica de "materiais", para distingui-las de concepções formais (metodológicas e estilísticas) a serem consideradas no capítulo seguinte.

Os filósofos têm uma queda notória pela discordância, e uma inspeção mais de perto tende a revelar a diversidade mesmo dentro de escolas ou movimentos paradigmáticos. No caso da filosofia analítica, esse fenômeno geral é particularmente pronunciado. A maioria dos comentadores estaria de acordo com a negação de Soames de que a filosofia analítica é uma "escola ou uma abordagem altamente coesa sobre a filosofia, com um conjunto de doutrinas tecidas de modo bem apertado que a definem" (2003, p. xii). Mesmo com relação a correntes específicas, acadêmicos contemporâneos saem de seu caminho para enfatizar que elas envolveram uma variedade maior do que comumente se pensa. Tanto Hacker (1996, p. 228–229) quanto Warnock (1998) apontam que o rótulo "a filosofia da linguagem ordinária de Oxford" só foi usada pelos oponentes e que a filosofia de Oxford do pós-guerra não constituiu uma escola uniforme.

Por semelhante modo, os historiadores do positivismo lógico sustentam que ele não foi a facção filosófica monolítica de reputação popular (Haller, 1993; Uebel, 1991). Como tivemos ocasião de observar (subcapítulo 1.2), muitos filósofos analíticos consideram escolas filosóficas e -ismos como intelectualmente não saudáveis, dado que cheiram ao tipo de dogmatismo que antes associariam a seus oponentes.

No que diz respeito a correntes específicas dentro da filosofia analítica, contudo, protestos de diversidade e de heterodoxia devem ser tomados com certa desconfiança. Afinal de contas, os positivistas lógicos autoconscientemente divisaram e aplicaram rótulos para sua própria posição: "filosofia científica", "visão de mundo científica", "positivismo lógico", "empirismo lógico", etc. Eles tinham suas próprias sociedades (*Verein Ernst Mach*,[*] em Viena, *Gesellschaft für Wissenschaftliche Philosophie*,[**] em Berlim), periódicos (*Erkenntnis*[***]), séries de publicações (*Schriften zur Wissenschaftlichen Weltauffassung*[****]) e encontros (especialmente sobre a Unidade de Ciência). O Círculo de Viena teve até mesmo seu próprio "Manifesto" (Carnap, Neurath e Hahn, 1929). Os positivistas lógicos também tinhas suas disputas e facções internas

---

[*] N. de T.: "Sociedade Ernst Mach".
[**] N. de T.: "Sociedade de Filosofia Analítica".
[***] N. de T.: "Conhecimento".
[****] N. de T.: "Escritos sobre a Concepção de Mundo Científica".

– notadamente as que agora são conhecidas como a ala esquerda e a ala direita do Círculo de Viena – como é próprio de qualquer escola filosófica. Além disso, abundam em seus primeiros escritos passagens purpúreas sobre objetivos, convicções e inimigos comuns e sobre a necessidade de colaboração e "trabalho coletivo" do tipo que é familiar a partir das ciências naturais (1929, p. 6-7). Além disso, em seus melhores dias, os lógicos positivistas estavam de fato unidos em sua rejeição da metafísica e do conhecimento sintético *a priori* e em seu comprometimento com o empirismo e com a unidade da ciência.

Com a possível exceção de Austin, analistas conceituais não aspiram à colaboração científica ou à formação de um grupo coeso sob um emblema filosófico único. No entanto, partilham um *ésprit de corps* especialmente em seu modo de lidar com os de fora, como os temidos positivistas lógicos e os desprezados continentais (ver subcapítulo 3.1). Além disso, partilharam algumas concepções gerais sobre a natureza da filosofia. Estavam unidos na realização de uma virada linguística, na distinção entre filosofia e ciência e na preferência da análise e da paráfrase do vernáculo sobre a construção de linguagens artificiais.

No presente, existem incontáveis escolas e –ismos dentro da filosofia analítica, mesmo se forem deixados de lado rótulos como "a semântica da Califórnia" e "wittgensteinianos de ala direita", que são usados pejorativamente por oponentes. Alguns –ismos se derivam de grandes pioneiros e heróis. Para nomear apenas alguns poucos, existem wittgensteinianos, neowittgensteinianos, quineanos, sellarsianos e davidsonianos. Em adição, existem "-ismos" de um tipo mais ou menos geral: naturalismo, fisicalismo, descritivismo e antirrealismo (semântico). Há também uma safra de *neo*-ismos (neofregeanos, neorrussellianos) e *quasi*-ismos ("*quasi*-realismo"), e alguns oponentes das concepções metaéticas de Hare e de Mackie que orgulhosamente chamam a si mesmos de "anti-não-cognitivistas". Em poucas palavras, a filosofia analítica vomitou rótulos taxonômicos para rivalizar até mesmo com os mais barrocos esforços continentais. Ao menos um grupo, que se autoproclama "Os Projetistas de Canberra" e tem base na Universidade Nacional Australiana, chega a publicar um *Credo* na internet: <web.syr.edu/_dpnolan/philosophy/Credo (28.10.2004)>. O *Credo* professa, entre outras coisas, o seguinte: "Cremos na correção substancial das doutrinas de David Lewis sobre a maior parte das coisas (exceto sobre a natureza de mundos possíveis)". Ele termina com um "Amém", como é próprio de tais derramamentos de piedade. Apesar da língua afiada, esse *Credo*, no entanto, dá testemunho do fato de que alguns filósofos analíticos sentem o impulso intelectual ou emocional de subscrever publicamente não só um conjunto comum de opinião, mas também uma carranca de proa.

Como a imagem ou a autoimagem da filosofia analítica é determinada por um ou outro dos seus vários movimentos ou escolas, a ideia de defini-la por referência a tópicos ou doutrinas se torna notavelmente plausível. O problema óbvio é que a filosofia analítica figura autores, escolas, movimentos e doutrinas *diferentes* e com frequência *em guerra*. Como resultado, definições materiais de filosofia analítica são demasiadamente estreitas. No entanto, é válido brincar com suas forças e fraquezas, não só porque algumas delas foram propagadas por eminentes praticantes e especialistas.

Filósofos analíticos não são estranhos à controvérsia. Atomistas discordam de holistas, teístas de ateístas e agnósticos, materialistas e realistas de fenomenalistas e idealistas, utilitaristas de deontologistas e teóricos da virtude, são inúmeras as teorias conflitantes de significado e da mente. Portanto, para que sejam sequer remotamente plausíveis, as doutrinas pretensamente definidoras devem ser apropriadamente gerais e ter implicações para o método e a autoimagem da filosofia. Discutirei definições de filosofia analítica por referência a quatro doutrinas: a rejeição da metafísica (Seção 1), a virada linguística (Seção 2), a divisão de trabalho entre filosofia e ciência (Seção 3) e naturalismo (Seção 4). A Seção Final se volta à pergunta se os filósofos analíticos estão unidos pela exclusão de certos tópicos ou por uma obsessão com outros tópicos.

1. A CRUZADA CONTRA A METAFÍSICA

A mais antiga concepção doutrinária associa a filosofia analítica ao repúdio à metafísica. Essa concepção de filosofia analítica era bastante comum entre os primeiros oponentes, muito embora eles frequentemente se referissem a ela sob outros rótulos, notadamente positivismo lógico, análise e filosofia linguística (Blanshard, 1962; Lewis, 1963). Ela persiste até hoje, especialmente no continente (por exemplo, Müller e Halder, 1979, p. 18; Hügli e Lübcke, 1991, p. 35). Como mencionado no subcapítulo 3.5, a divisão corrente entre filosofia analítica e continental foi precedida por uma divisão entre filosofia analítica e tradicional. A filosofia tradicional estava predominantemente comprometida com a ideia de que a metafísica pode nos oferecer *insights* distintivamente filosóficos sobre a natureza da realidade. Para os filósofos tradicionalitas que defendem a filosofia tradicional, a filosofia analítica ainda tende a ser epitomada pela cruzada antimetafísica dos positivistas lógicos. Mesmo filósofos continentais sem uma causa pela metafísica tradicional (Babich, 2003) reclamaram da filosofia analítica por adotar uma atitude deflacionária que busca dissolver problemas filosóficos em vez de se deleitar em sua profundidade.

Os membros do Círculo de Viena caracterizaram sua perspectiva comum como uma *Visão de Mundo Científica*, como no título de seu manifesto (Carnap, Hahn e Neurath, 1929). Essa visão de mundo científica concebe a ciência como o epítome da racionalidade humana que deveria varrer para longe a teologia e a metafísica como os vestígios da Idade das Trevas. Os positivistas lógicos consideravam a metafísica como teologia disfarçada, e, portanto, como uma expressão de superstição ou impulso artístico equivocado. De um modo verdadeiramente teutônico, eles se imaginaram no papel de "soldados de cavalaria rompedores da escola de pesquisa antimetafísica e resolutamente científica" (Frank, 1935, p. 4). Em sua cruzada contra a metafísica, nossos soldados da cavalaria vienense empunhavam três armas devastadoras: a nova lógica de Frege e Russell, a alegação do *Tractatus* de que toda necessidade é tautológica e o critério verificacionista de significatividade, que eles derivaram de seus contatos com Wittgenstein. Nessa veia, Carnap e Ayer queixavam-se de que a noção hegeliana do Absoluto é um mero pseudoconceito. Uma sentença como "Só o Absoluto contém a verdade como tal" não tem mais significado literal ou cognitivo do que a sequência de sons "Ab sur ah", dado que nenhuma experiência poderia estabelecer sua verdade ou sua falsidade. Semelhantemente, os pronunciamentos de Heidegger "Conhecemos o Nada" ou "O Nada nadifica" estão no mesmo nível que "César é e". Eles violam as regras da sintaxe lógica ao tratar o termo "nada" – um quantificador lógico que indica a ausência de coisas de um certo tipo – como se ele fosse o nome de uma coisa particularmente misteriosa (Carnap, 1932; Ayer, 1936, p. 59).

Mas como poderiam alguns dos membros mais inteligentes da raça humana – uma autoimagem prontamente aceita igualmente por filósofos analíticos e continentais – confundir pura bobagem com *insights* profundos na essência da realidade? A resposta dos positivistas a essa questão é igualmente impressionante, e ela deve mais do que um débito passageiro à *Lebensphilosophie* de Nietzsche e à sua crítica da metafísica. Afirmações metafísicas não têm qualquer significado cognitivo, dado que não são nem verificáveis nem falsificáveis. Mas constituem um tipo de "poesia conceitual". Expressam ou erguem certas emoções, ou uma certa atitude com respeito à vida (*Lebensgefühl*). Infelizmente, elas o fazem de uma maneira equivocada e insatisfatória, porque cobrem essas emoções ou atitudes na forma de uma afirmação sobre a essência do mundo (Carnap, 1963, p. 4; 1932, p. 78-80; Ayer, 1936, p. 59-61; Schlick, 1926, p. 158). Metafísicos são "poetas deslocados", ou "músicos sem talento musical". Metafísicos monistas são Mozarts fracassados, porque expressam uma atitude harmoniosa para com a vida, dualistas são Beethovens fracassados, porque expressam uma atitude heroica de uma maneira igualmente errônea. Que tipo de metafísica um Vaughan Williams fracassado produziria? Nem quero imaginar!

Apesar de seu papel designado como um fornecedor de armas, Wittgenstein desaprovou a guerra à metafísica empreendida em seu nome. Ele criticou os positivistas lógicos pelos motivos (justificados) de que "não havia nada novo em abolir a metafísica" (Nedo e Ranchetti, 1983, p. 243). Em conversas com membros do Círculo de Viena, Wittgenstein não só defendeu Schopenhauer, mas até mesmo fingiu entender o que Heidegger quer dizer por *Sein* e *Angst* (1979, p. 68; Carnap, 1963, p. 26-27). Wittgenstein foi alienado pela trajetória cientista da superação positivista da metafísica. No entanto, foi oficialmente hostil a todas as afirmações metafísicas tanto em sua obra inicial quanto na tardia. De fato, o *Tractatus* sustentara que existem verdades metafísicas sobre a estrutura essencial que a linguagem e o mundo devem partilhar. Ao mesmo tempo, ele defendeu que essas verdades não podem ser "ditas" – significativamente expressas em proposições filosóficas –, mas são "mostradas" por proposições empíricas propriamente analisadas. Mas essa ideia de uma metafísica inefável está em contraste severo com a tradição metafísica. Além disso, em sua obra tardia, Wittgenstein abandonou a ideia idiossincrática de uma metafísica inefável, *sem* reintegrar o projeto mais venerável de metafísica efável (Glock, 1996, p. 330-336; Hacker, 2001, Capítulos 4-5). Teorias metafísicas, ele insistiu, são "castelos de cartas" erguidos sobre confusões linguísticas. Eles precisam ser despedaçados ao se trazer "as palavras de volta de seu uso metafísico para o seu uso ordinário", isto é, por nos lembrar do modo em que as palavras são usadas fora do discurso metafísico (1953, §§ 116-119).

Em menor grau, a definição antimetafísica também cobre a abstenção de alegações metafísicas praticada pela maioria dos filósofos de Oxford. Mas essa abstenção foi superada, pelo menos em nome, pela metafísica descritiva de Strawson. Além disso, a definição deixa de fora Moore e Russell, que explicitamente defenderam doutrinas metafísicas profusas ao longo de suas carreiras. Enquanto Russell deu as boas-vindas à aspiração dos positivistas em fazer filosofia científica por meio do uso de análise lógica, ele resistiu a seus ataques à metafísica (1940, p. 21, Capítulos 22 e 25; 1950).

Ao mesmo tempo, tanto Moore quanto Russell contribuíram às ideias que dão forma ao ataque à metafísica. Muitos filósofos do passado depreciaram as teorias de seus predecessores como falsas, infundadas ou inúteis. Mas o primeiro Wittgenstein acusou teorias metafísicas de sofrerem de um defeito mais básico, a saber, aquele de serem absurdas. Não é só o caso de elas oferecerem respostas erradas, mas também de as questões a que se dirigem serem questões equivocadas desde o início (o que os positivistas lógicos chamavam de "pseudoquestões"). Essa *crítica de absurdo* foi inspirada pela tática de Moore de questionar a própria pergunta: Moore tentou *dissolver* em vez de responder a perguntas que levam a alternativas filosóficas equivocadas. Ela também foi inspirada pela teoria dos tipos de Russell, que introduzia uma dicotomia sistemática entre proposições que são verdadeiras ou falsas e afirmações que são privadas de significado, embora possam ser impecáveis no que diz respeito ao vocabulário e à sintaxe (por exemplo, 1919, p. 137).

A ideia de que ao menos *algumas* teorias metafísicas falham em ter sentido aparece ainda antes. No curso da crítica a Fichte, Schelling e Hegel, Bolzano confessa que duvida se deslindou o significado correto desses autores (1837, I §7), antecipando a partir daí escores de confissões semelhantemente irônicas de filósofos analíticos. Mesmo a atitude de Frege à metafísica é ambivalente. Por um lado, sua filosofia da lógica e da matemática o compromete com alegações metafísicas pesadas sobre objetos abstratos. Por outro lado, embora ele não tenha condenado a metafísica, insistiu que ela deveria desempenhar um papel menos importante em relação à lógica. A lógica não pode ser baseada em uma fundação metafísica mais do que em uma fundação psicológica, dado que ela é pressuposta em todas as outras iniciativas cognitivas: "Considero um sinal irreprovável de erro se a lógica fica na necessidade de metafísica e de psicologia, disciplinas que exigem, elas próprias, princípios lógicos. Afinal de contas, onde está aqui a fundação real, na qual tudo repousa? Ou se dá como no caso de Münchhausen, que puxou a si mesmo do atoleiro por seu próprio penacho?" (1893, XIX).

Mesmo essa reivindicação mínima, contudo, é rejeitada por alguns filósofos analíticos contemporâneos. Um tema recorrente em publicações recentes é que a metafísica não só é legítima, mas é o assunto mais fundamental tanto dentro quanto fora da filosofia. Desconsiderando a lembrança de Frege de que, por sua própria definição, é *a lógica* que investiga os princípios do raciocínio pressupostos em *todas* as disciplinas cognitivas, Lowe defende que a metafísica é "a forma mais fundamental do inquérito racional" (1998, p. vi).

Essa mudança de sorte é particularmente impressionante no caso da ontologia. Os positivistas lógicos tinham denunciado a ontologia como ou trivial ou assignificativa. Mas as atitudes mudaram a partir dos anos de 1950, na esteira da concepção naturalista da ontologia de Quine. Em vez de dar uma boa risada sobre "O Nada nadifica", de Heidegger, os próprios filósofos analíticos assumiram a ontologia, e com uma vingança. O grito de guerra de que a própria filosofia deveria se preocupar com coisas em vez de palavras, com a realidade em vez de conceitos, tinha ganho ocorrência ampla (por exemplo, Wolterstorff, 1970, p xii; Armstrong, 1980, p. 37-39). Mesmo hoje, a maioria dos filósofos analíticos repudiaria a ideia de que a ontologia investiga o "Ser" ou o "Nada" como baseada em reificação (mas ver Jubien, 1997, p. 1; Jacquette, 2002). No entanto, geralmente considera-se que a ontologia lida com dois problemas que são mais fundamentais do que aqueles da epistemologia, da semântica e talvez mesmo da lógica (por exemplo, Laurence e MacDonald, 1998, p. 3-4; cf. Glock, 2003, Capítulo 2).

Que tipo de coisas existem?

Qual é a natureza ou a essência desses tipos?

Enquanto a concepção naturalista de Quine reabilitava a primeira questão contra o positivismo lógico, a segunda questão foi retomada contra Quine pelo reavivamento do essencialismo conduzido por Kripke. Como resultado de ambos os desenvolvimentos, a maioria dos praticantes contemporâneos consideram a hostilidade anterior à ontologia e à metafísica como uma desordem de infância da filosofia analítica. Putnam escreve: "embora durante um tempo (no período do positivismo lógico) [a filosofia analítica] tenha sido um movimento antimetafísico, ela se tornou recentemente o movimento mais pró-metafísico da cena filosófica do mundo" (1992, p. 187). Embora eu não saiba quais alternativas ele tem em mente, partilho de seu diagnóstico. Muitos filósofos continentais subscrevem ao projeto de desconstruir a metafísica. E a história ensinou muitos filósofos tradicionalistas a respeitar os sistemas metafísicos mais por sua ingenuidade do que por oferecerem informação apodítica sobre a natureza da realidade. A corrente analítica principal da atualidade está, por contraste, confiante de que um último empurrão irá colocá-los para trás (ver subcapítulo 9.2). Em poucas palavras: a hostilidade à metafísica está ausente tanto no começo da filosofia analítica como no presente. Portanto, ela não oferece uma caracterização aceitável do movimento analítico, embora seja adequada a representantes importantes entre as guerras.

2. LINGUAGEM, CONTEXTUALISMO E ANTIPSICOLOGISMO

Aos olhos de filósofos tradicionalistas, a filosofia analítica não é só caracterizada negativamente pela rejeição da metafísica, mas positivamente pela ideia de que a filosofia deveria voltar-se à análise lógica ou conceitual da linguagem. Essa reorientação em direção à linguagem é frequentemente referida como a "virada linguística" – seguindo Rorty (1967) – ou como o método de "assensão semântica" – seguindo Quine (1960, §56).

Quando a filosofia do século XX é comparada a seus predecessores, uma obsessão com a linguagem de fato emerge como uma de suas características mais impressionantes. Em sua maior parte, esse fenômeno é saudado com incredulidade hostil por observadores externos. Certamente, assim eles dizem, se a filosofia é a disciplina profunda e fundamental que ela se propôs a ser por mais do que 2 milênios, ela deve lidar com alguma coisa mais séria do que meras palavras, a saber, as coisas que representam, e, em última análise, a essência da realidade ou da mente humana.[1]

Essa reação não está confinada a homens e mulheres leigos, mas é partilhado por muitos filósofos que estão bem longe do senso comum. Com efeito, Dummett reivindicou que a preocupação com a linguagem é o fator elusivo, há muito buscado, em vão, por congressos anglo-europeus, que separam a tradição fenomenológica no continente fundada por Husserl da filosofia analítica anglófona. Dummett propôs a seguinte "definição sucinta":

> a filosofia analítica é filosofia pós-fregeana... podemos caracterizar a filosofia analítica como aquela que segue Frege ao aceitar que a filosofia da linguagem é o fundamento do restante do assunto...

Somente com Frege o objeto próprio da filosofia foi finalmente estabelecido: a saber, primeiramente, que o objetivo da filosofia é a análise da estrutura do pensamento; em segundo lugar, que o estudo do pensamento deve ser agudamente distinguido do estudo do processo psicológico de pensar; e, finalmente, que o único método próprio para analisar o pensamento consiste na análise da *linguagem*. (1978, p. 441, 458).

Sem a ênfase sobre Frege, a proposta ocorre de novo em *Origens da Filosofia Analítica*:

> O que distingue a filosofia analítica, em suas manifestações diversas, de outras escolas, é a crença, primeiramente, de que uma abordagem filosófica do pensamento pode ser obtida por meio de uma abordagem filosófica da linguagem e, em segundo lugar, que uma abordagem abrangente só pode ser obtida assim... A filosofia analítica nasceu quando a "virada linguística" foi realizada. (1993, p. 4-5, ver capítulos 2, 12-13).

Dummett contrasta a filosofia analítica com a filosofia do pensamento – desenvolvida na fenomenologia de Husserl – que retém a ideia de que a filosofia deveria investigar o pensamento, mas reivindica que sua investigação é independente de e anterior a um entendimento da linguagem.

A definição de Dummett tem sido tremendamente influente, mesmo que talvez mais a modo de provocação do que de inspiração (por exemplo, Williamson, 2004). A maioria dos comentadores contemporâneos rejeita a ideia de que uma virada linguística é o traço definitório da filosofia analítica. Mas a ideia continua a encontrar favor, não por último entre aqueles que, seja de forma correta ou errada, rejeitariam o rótulo para si mesmos (ver subcapítulo 8.1). Ao avaliá-la, devemos ter em mente que críticas a Dummett no sentido de que a virada linguística faz com que a filosofia se desencaminhe (ou mesmo se torne insana) não dizem respeito ao ponto em apreço. Nossa questão não é se realizar uma virada linguística é necessário e/ou suficiente para o sucesso filosófico, mas se ela é necessária e/

ou suficiente para ser um filósofo analítico.[2] É imperativo, além disso, distinguir as diferentes alegações que constituem a virada linguística e, portanto, a filosofia analítica como retratada por Dummett:

1. A tarefa básica da filosofia é a análise da estrutura do pensamento.
2. A estrutura do pensamento deve ser distinguida da estrutura do pensar.
3. O modo próprio de analisar a estrutura do pensamento consiste em analisar a estrutura da expressão linguística do pensamento.
4. Por conseguinte, a filosofia da linguagem é o fundamento da filosofia.
5. Central para a virada linguística é o contextualismo, a ideia de que sentenças são semanticamente anteriores a seus componentes.

De acordo com Dummett, a virada linguística foi tomada primeiramente por meio do famoso "princípio de contexto" de Frege (Dummett, 1993, p. 4-5). Por semelhante modo, Kenny afirma: "Se, portanto, a filosofia analítica nasceu quando a "virada linguística" foi realizada, seu nascimento deve ser datado na publicação de *Os Fundamentos da Aritmética*, em 1884, quando Frege decidiu que o modo de investigar a natureza do número era analisar sentenças em que ocorrem numerais" (1995, p. 211). Como veremos, a qualificação de Kenny concernente ao vínculo entre a filosofia analítica e a virada linguística é sábia. O que dizer sobre o vínculo entre a virada linguística e o princípio de contexto?

Entre os "princípios fundamentais" de Frege para a condução do inquérito lógico está não somente "sempre separar agudamente o lógico do psicológico, o subjetivo do objetivo", mas também "jamais pedir pelo significado de uma palavra em isolado, mas só no contexto de uma sentença". Mais adiante, ele adota um princípio de contexto restritivo: "Só no contexto de uma proposição as palavras de fato significam alguma coisa" (1884, Prefácio e §62).

Na esteira de Frege, ideias contextualistas de vários tipos e forças foram repetidas por inúmeros filósofos da linguagem, sendo Wittgenstein, Quine e Davidson pré-eminentes entre eles (Glock, 1996, p. 86-89; 2003a, p. 141-146). O contextualismo e seu primo mais radical, o holismo, constituem correntes altamente importantes dentro da filosofia analítica. No entanto, é problemático amarrar a virada linguística ou a filosofia analítica ao contextualismo.

Como Quine (1953, p. 37-42; 1981, p. 68-69) e Hacker (1996, p. 281) notaram, a ideia de que "o modo de investigar X é olhar para sentenças em que 'X' ocorre" foi primeiramente proposta na teoria de ficções de Bentham (1817, Apêndice IX), mais de 50 anos antes dos *Fundamentos*, de Frege. De forma mais importante, o contextualismo não é nem necessário nem suficiente para realizar uma virada linguística. A ideia de que o todo apto à verdade é em algum sentido anterior a seus componentes pode facilmente ser transposta de um plano linguístico para um plano mentalista ou platonista, de sentenças e palavras para, respectivamente, juízos e conceitos, ou proposições e conceitos. Assim, pois, Kant famosamente (ou não tão famosamente, julgando pelos debates analíticos sobre o contextualismo) insistiu que a função única do conceito é serem usados em juízos (*Crítica da Razão Pura*, B, p. 92-93). Além disso, é possível realizar uma virada liguística endossando uma concepção atomista em vez de uma concepção contextualista de significado e linguagem. Isso foi feito pelos empiristas pré-analíticos (ver Quine, 1981, p. 67-68). Além disso, é certo que combinar o atomismo com uma virada linguística não desqualificaria alguém de ser um filósofo analítico.

Tendo descartado a sugestão de que o contextualismo é item definidor da virada linguística, voltemo-nos à pergunta se a virada linguística é definidora da filosofia analítica. Dummett merece crédito não só por ter reaberto o debate sobre a natureza da filosofia analítica, mas também por chamar a atenção para o papel importante que o contraste entre pensamento e linguagem desempenhou em seu curso. Tomadas com um tanto de dúvida, além disso, suas quatro alegações podem ser retratadas como temas centrais no primeiro Wittgenstein, nos positivistas lógicos, Quine e Davidson. Contudo, mesmo se alguém leva em consideração o escopo da moldura sobre o qual Dummett pinta, suas pinceladas são inacuradas.

No que diz respeito a (1), podemos prontamente conceder que o pensamento é um tópico importante na filosofia da mente. Mas por que ele deveria ser o tópico da filosofia como um todo? Agora, de acordo com (2), aquilo que (1) está acionando não é o processo de pensar – ocorrências nas mentes de indivíduos –, mas pensamento no sentido do que é pensado. Isso significaria que a tarefa fundamental da filosofia é analisar proposições. (2) tem o mérito de chamar a atenção para o papel desempenhado pelo *antipsicologismo* na formação da filosofia analítica. Apesar do progresso revolucionário nos aspectos formais ou técnicos da lógica, o debate do século XIX sobre a *natureza* da lógica procedia na assunção tradicional de que a lógica estuda as *leis do pensamento*, leis do pensar e do raciocinar corretos, tal como no título da obra principal de Boole – *Uma Investigação das Leis do Pensamento* (1854). O que une todas as abordagens psicologistas da lógica é a ideia de que essas leis descrevem como os seres humanos (como um todo) pensam, suas operações mentais básicas, que essas são determinadas pela natureza da mente humana. Pelo mesmo mecanismo, lógica é, em última análise, um ramo da psicologia, como Mill insistia (1865, p. 245-246). Para além desse consenso geral, contudo, o psicologismo aparece em pelo menos três formas diferentes – transcendental, empirista e naturalista.

As primeiras duas estão unidas em explicar as leis lógicas por referência a ocorrências mentais *subjetivas* que são acessíveis à introspecção. De acordo com a versão empirista, as estruturas e as operações da mente são contingentes à natureza humana, devendo ser investigadas pela psicologia empírica (Mill, Erdmann). De acordo com a versão transcendental, elas são traços imutáveis e necessários, sem os quais a experiência seria ininteligível. O psicologismo naturalista concorda com a versão empirista sobre a natureza empírica da lógica-*qua*-psicologia, mas rejeita seu subjetivismo e introspectivismo. Assim, pois, os naturalistas alemães seguiram Mill ao defenderem que a psicologia, e não a lógica ou a metafísica, é a ciência fundamental (Czolbe, 1855, p. 8). Contudo, diferentemente dos empiristas britânicos, conceberam a psicologia e a experiência em termos fisiológicos, no sentido de dizerem respeito a movimentos do sistema nervoso.

Contra o psicologismo, Frege protestou que as leis da lógica não descrevem de que modo realmente pensamos, mas prescrevem de que modo "pensar". Elas são leis estritamente necessárias e objetivas da "verdade", não leis contingentes do "tomar por verdadeiro" (1893, p. xv–xix). Enquanto a psicologia é uma ciência empírica, lidando, por um lado, com mentes individuais, a lógica, por outro, é uma disciplina *a priori* que se preocupa com princípios objetivos. Devemos distinguir agudamente entre *pensar* como um ato ou episódio mental subjetivo e um *pensamento* como o conteúdo objetivo de tal episódio.

O antipsicologismo une Frege a Bolzano, Moore, ao Russell intermediário, Wittgenstein e Carnap. O último reclama, por exemplo, que a epistemologia como até então praticada é uma "mistura inclara de constituintes psicológicos e lógicos" (1936b, p. 36). Isso, contudo, não é verdade (2). Por um lado, o antipsicologismo não é um traço uniforme da filosofia analítica. De fato, tantos seus traços empiristas como seus traços naturalistas tendem fortemente ao psicologismo. A explicação de significado fornecida pelo Russell tardio foi psicologista. E, ao passo que aquela explicação pode ter tido um impacto pequeno (Green, 2001, p. 520--521), o oposto é verdadeiro da epistemologia naturalizada de Quine. Todavia, esse assunto dissolve a epistemologia e a semântica em psicologia empírica não menos do que os sistemas de Fries, Beneke, Mill e Hamilton o fazem. De fato, a preleção na qual o epônimo de Quine, "Epistemologia Naturalizada", foi baseado tinha originalmente o subtítulo "O caso a favor do psicologismo" (Willard, 1989, p. 287-288). Com efeito, Quine evita o subjetivismo de formas empiristas de psicologismo, dado que a base psicológica tanto do conhecimento como do significado é oferecida por estímulos neurais acessíveis de forma intersubjetiva, em vez de ideias ou dados sensórios privados (Glock, 2003, p. 185-188). Mas isso simplesmente exibe uma abordagem fisiológica para com a própria psicologia, reminiscente dos naturalistas alemães. De todo modo, uma maioria de naturalistas contemporâneos simpatiza com a virada cognitiva na filosofia da linguagem, na filosofia da mente e nas ciências do comportamento; e eles se apoiam pesadamente na noção de uma representação mental, concebida como um fenômeno na mente de indivíduos. Como Smith aponta, a "aversão anterior dos filósofos analíticos à psicologia foi abandonada" na "maioria das obras contemporâneas em favor da lógica e do significado no campo da ciência cognitiva" (1994, p. 189; também Willard, 1989, p. 286-287).

Por outro lado, o antipsicologismo não é o interesse principal dos filósofos analíticos. As *Logische Untersuchungen** de Husserl é um *locus classicus* do antipsicologismo. Husserl insiste que as leis lógicas, longe de serem redutíveis a regularidades psicológicas, "pertencem a um círculo teoricamente fechado de verdade abstrata, que não pode de qualquer modo ser encaixado em disciplinas teóricas anteriormente delimitadas" (1900, p. 80, ver também p. 76). Admitidamente, esse antipsicologismo pode ter sido influenciado pela crítica de Frege à *Philosophie der Arithmetik*,** obra juvenil de Husserl. Além disso, as *Logische Untersuchungen* podem ser retratadas como uma obra protoanalítica de um filósofo austríaco que, mais tarde, foi induzido ao erro (Mulligan, 1990, p. 228-232). Contudo, isso é um conforto frio para Dummett, dado que reivindicar isso para a filosofia analítica está fora de questão se esse rótulo estiver ligado à virada linguística especificada em (3) e (4).

Além disso, os oponentes não analíticos do psicologismo não estavam confinados a Husserl. É popular acusar Kant, Hegel e seus vários sucessores do século XIX de confundirem a lógica não só com a metafísica e a epistemologia, mas também com a psicologia (Kneale e Kneale, 1984, p. 355; Carl, 1994, Capítulos 1-2; cf. Dipert, 1998). Há alguma justiça nesse quadro. O idealismo transcendental de Kant trata as pré-condições necessárias da experiência como traços aos quais os objetos da experiência têm de se conformar porque elas são impostas sobre eles por nosso aparato cognitivo no curso de processar os dados que entram. Essa psicologia transcendental foi uma das principais fontes da lógica psicologista do século XIX (sendo a outra a psicologia associacionista e introspeccionista), porque sugere que a mente pode dar sustentação a proposições aparentemente necessárias em lógica, em matemática e em metafísica.

Ao mesmo tempo, Kant também inaugurou modos de pensamento antigenéticos e antipsicologistas cruciais. O que torna uma crença *a priori* não é o modo como a adquirimos, mas, antes, de que modo ela pode ser verificada. Além disso, ele distinguiu entre a pergunta sobre como adquirimos um certo tipo de experiência ou de crença (*quaestio facti*) e a pergunta sobre qual é o estatuto lógico e epistemológico daquela experiência ou crença (*quaestio iuris*). Pelo mesmo mecanismo, ele separou a filosofia transcendental da "psicologia empírica", notadamente da "fisiologia do entendimento humano" de Locke (ver A, p. 84-85/B, p. 116-117; A, p. ix; 1783, §21a). No que concerne à lógica, ele insistiu na pureza da lógica *formal* – um termo que cunhou, casualmente –, separando-a da psicologia, da metafísica e

---

* N. de T.: Isto é, *Investigações lógicas*.
** N. de T.: Isto é, *Filosofia da aritmética*.

da antropologia.[3] Como Frege, ele também insistiu na *neutralidade de tópico* e na *normatividade* das leis lógicas (B, p. VIII; ver Trendelenburg, 1840, p. 35).

Kant inspirou Lotze, Sigwart, Liebmann e a escola de neokantismo do sudeste, que, por sua vez, antecipou e influenciou abordagens centrais do antigeneticismo e antipsicologismo de Frege (Sluga, 1997; Glock, 1999b; Anderson, 2005; cf. Dummett, 1973, p. 676). Eles estão unidos na concepção de que a lógica e a epistemologia são autônomas, distintas não só da psicologia, mas também de outras ciências naturais como a fisiologia. Assim, pois, Lotze (1874, p. 316--322) e Windelband (1884, I p. 24) distinguiram explicitamente entre a gênese de nossas crenças e sua validade. Enquanto ser (*Sein*) e gênese (*Genese*) são investigadas pela ciência empírica, investigar a validade de alegações de conhecimento é a prerrogativa da filosofia (lógica e epistemologia). No mesmo fôlego, esses pensadores *separaram* a lógica da ciência natural ao insistirem em seu caráter normativo, assim como Frege fez. Por fim, fizeram uma distinção crescentemente acentuada entre o ato de julgar – o que Frege chama de um juízo – e o conteúdo do juízo – o que Frege chama de conteúdo judicável ou pensamento.

O antipsicologismo estende-se até mesmo ao hegelianismo. Os idealistas absolutos na Grã-Bretanha não foram menos pródigos em rejeitar qualquer tentativa de fundar a lógica em operações mentais do que Moore e Russell o foram (Hacker, 1996, p. 5-6). E, mais ainda, o próprio Hegel já tinha reclamado sobre o "idealismo psicológico" de Kant (1816, II p. 227; ver Aschenberg, 1982, p. 61). E isso não é simplesmente insincero. Não obstante sua imagem entre os filósofos analíticos (por exemplo, Dummett, 1973, p. 683), nem o idealismo alemão nem o britânico reduziram a realidade a episódios nas mentes de indivíduos. Em vez disso, insistiram que a realidade é inteligível somente porque ela é manifestação de um espírito divino ou de um princípio racional. Embora obviamente problemática por outras razões, essa posição é inteiramente imune às críticas de Bolzano e de Frege ao idealismo e ao psicologismo subjetivo.

(1) não pode servir como um credo definidor da filosofia analítica mais do que (2). Um contraexemplo é invocado por Williamson (2004, p. 108), a saber, os filósofos da mente que trabalham com representações não conceituais que não podem classificar como pensamento. Mas a investigação da mentalidade não conceitual é compatível com o que Williamson chama de "virada representacional" e o que eu chamei de "virada reflexiva" (1997b). Ela não contradiz a ideia kantiana de que a filosofia é uma disciplina de segunda ordem que reflete sobre o modo como representamos a realidade, seja na linguagem, no pensamento conceitual ou na percepção não conceitual.

Outros filósofos analíticos rejeitam essa ideia em todas as suas manifestações. Ao longo de sua carreira, Russell insistiu que a tarefa fundamental da filosofia é "entender o mundo da melhor forma possível", em vez de meramente analisar o pensamento ou a linguagem. Com efeito, essa foi sua queixa sincera contra o Wittgenstein tardio e a análise conceitual de Oxford. Por sua própria admissão, antes da exposição ao primeiro Wittgenstein, ele não estava interessado em linguagem e significado, dado que as considerava "transparentes". A lógica é central à filosofia precisamente porque ela está "preocupada com o mundo real tão verdadeiramente quanto a zoologia, ainda que com seus traços mais abstratos e gerais", porque ela provê um "inventário" das "diferentes formas que os fatos podem ter" (Russell, 1959, p. 161, 108; 1919, p. 169; 1918, p. 216). Semelhantemente, para Moore, "O primeiro e mais importante problema da filosofia é: oferecer uma descrição geral do universo todo" (1953, p. 1-2). Por fim, mas não de menor importância, há numerosas manifestações recentes dessa concepção. Elas incluem todos aqueles que realizaram uma virada ontológica e consideram a investigação metafísica da realidade como a vocação que define a filosofia, e eles se estendem desde naturalistas quineanos, passando por metafísicos kripkeanos até Searle, que busca uma "teoria unificada da realidade" (2004).

Em uma passagem, Dummett atribui à filosofia analítica o objetivo metafísico de descrever "os traços estruturais mais gerais da realidade", mas isso por meio "da reflexão pura, sem o auxílio da investigação empírica" e, portanto, "extrapolando os traços estruturais mais gerais de nosso pensamento ou de nossa linguagem". "Não faz nenhuma diferença se a linguagem é considerada como anterior ao pensamento na ordem da explicação filosófica, ou se o pensamento é considerado anterior à linguagem. A primeira é, de fato, a ordem de prioridade tradicional na filosofia analítica, e até bem recentemente uma marca comum da filosofia analítica" (1992, p. 133-134). De acordo com Green, isso remove a ameaça posta à sua definição pelo fato inquestionável de que Moore e Russell estavam interessados no mundo em vez de no pensamento ou na linguagem. Pois, "o que Dummett quer dizer por uma abordagem do pensamento é uma abordagem dos objetos de nosso pensamento, ou uma abordagem do mundo sobre o qual pensamos", uma abordagem "do material do universo sobre o qual pensamos e falamos" (2001, p. 519-520).

Mas essa defesa ocorre em um equívoco entre o *conteúdo* de nosso pensar e seu *objeto*. O conteúdo de uma de minhas crenças de longa duração é que o Vesúvio é um vulcão, seu objeto é o Vesúvio. Somente o objeto, não o conteúdo, é parte do "mundo sobre o qual pensamos". A análise do pensamento, por Dummett, não escrutina os objetos predominantemente materiais sobre os quais são a maioria de nossos pensamentos, senão ela teria precisamente de ser uma investigação empírica. Ela analisa, antes, o que os filósofos contemporâneos gostam de chamar de "conteúdo proposicional", o que é pensado pelo sujeito e dito pela sentença que expressa o pensamento.

Green está correto em notar o paralelo entre a passagem de Dummett e os filósofos analíticos que afirmam ou assumem que analisar os conteúdos de nossos pensamentos ou de nossas sentenças pode gerar conhecimento sobre os constituintes últimos da realidade.[4] Mas ela falha em perceber que isso é inconsistente com a definição original de Dummett. De acordo com (1), analisar o pensamento não é um *método* para atingir *insights* metafísicos na realidade, mas é o *objetivo* intrínseco da filosofia analítica. Isso, em conjunção com (3), supostamente oferece o motivo fundamental para (4), a alegação de que a filosofia da linguagem é o fundamento do tópico, o qual Dummett trata como definidor da filosofia analítica.

Oponentes dessa reivindicação incluem todos aqueles que consideram a filosofia da linguagem como um ramo da filosofia da mente. Eles também incluem pensadores, que se estendem desde Foot, passando por Rawls, até Williams, que buscam teoria moral e política sem depender de uma teoria de significado. Finalmente, e do modo mais decisivo, eles incluem proponentes paradigmáticos de uma virada linguística. De acordo com o *Manifesto* do Círculo de Viena, a "tarefa da obra filosófica" reside na "clarificação" de "problemas filosóficos tradicionais" em vez de na "proposição de 'declarações filosóficas' especiais" (1929, p. 8), incluídas nisso declarações sobre linguagem e significado. E Wittgenstein explicitamente reunciou à sugestão de que a filosofia da linguagem é o fundamento da filosofia. A tarefa fundamental da filosofia não é investigar *seja* o pensamento *ou* a linguagem, mas *resolver problemas filosóficos*, questões que parecem intratáveis porque não são atribuíveis à ignorância factual. Ao contrário, ele também negou que possamos clarificar conceitos como "linguagem" e "significado" antes que possamos clarificar outros conceitos (ver Glock, 1996, p. 247).

O que acontece se nos concentrarmos em (3)? O vínculo enfraquecido entre a filosofia analítica e a virada linguística ficaria então mais ou menos como segue: *já que* a filosofia está preocupada com a análise do conteúdo do pensamento, em vez de com a gênese do pensar, com a constituição da realidade ou com a sustentabilidade de princípios morais, ela faz isso pela análise de expressões significativas do pensamento.

Entendido de um modo adequadamente solto, essa abordagem geral é, de fato, a que é defendida por Wittgenstein e por seus seguidores, por uma maioria dos positivistas lógicos e por analistas conceituais, Quine, Davidson e, é claro, o próprio Dummett. Ayer, por exemplo, uma vez a sustentou pela franca afirmação: "O processo de pensamento não é distinto de sua expressão" (1947, p. 25).

Ao mesmo tempo, essa concepção linguística do pensamento é repudiada por muitos representantes da corrente principal contemporânea na filosofia anglófona. Eles revertem a ordem da prioridade explanatória entre pensamento e linguagem, contam com a possibilidade de pensamentos pré-linguísticos e de "conteúdo não conceitual" e, portanto, consideram a filosofia da linguagem como secundária não só em termos do objetivo último, mas também em termos do método da filosofia. O próprio Dummett reconhece isso para os filósofos de Oxford Gareth Evans e Christopher Peacocke (1993, p. 11, 112). John Searle, Thomas Nagel e Colin McGinn também pulam para o lado da mente, e assim fazem Chisholm e Castañeda, de uma geração anterior.

Dummett está preparado para morder a isca de aceitar que tais filósofos não mais contam como filósofos analíticos. Sua atitude inabalável foi defendida, além disso, pelo fato de que esses pensadores simplesmente indicam que, em parte como resultado de seu enredamento com a ciência cognitiva, a filosofia analítica está perdendo sua identidade e seu título distintivo para uma reaproximação com a fenomenologia (Green, 2001, p. 512-513, 526-528). Contudo, o problema é muito mais abrangente.

A ideia de que o pensamento é independente da linguagem e anterior a ela mesmo na ordem de análise retorna ao alvorecer da filosofia analítica. É, portanto, imperativo distinguir entre o *surgimento da filosofia analítica*, por um lado, e sua *virada linguística* tardia, por outro. Como o próprio Dummett reconhece, "a imposição de pensamentos a partir da mente" (1993, Capítulo 4) leva, no primeiro momento, a uma concepção platonista, em vez de linguística, dos pensamentos, uma concepção em que pensamentos aparecem como entidades abstratas em vez de abstrações a partir do que as pessoas dizem ou poderiam dizer. Para Bolzano e Frege, parecia que a objetividade e a necessidade da lógica só podem ser asseguradas se seu objeto – proposições ou pensamentos – for restituído do reino mental para um terceiro reino abstrato, além do espaço e do tempo. Diversos acadêmicos argumentaram que essa concepção platonista impediu que Frege, o filósofo analítico de Dummett *par excellence*, jamais assumisse uma virada linguística (por exemplo, Baker e Hacker, 1983). Frege considerou suas reflexões semânticas como subservientes ao projeto logicista (Sluga, 1997), um projeto que é, em última instância, um projeto epistemológico, dado que busca pôr à disposição a matemática sem fundações seguras. Com efeito, ele mostrou um interesse considerável em linguagens naturais e, ocasionalmente, baseou-se na gramática comum para construir seu sistema formal. Ele também considerou a linguagem como o único espelho de pensamentos que temos. Mas ele rebaixou isso a limitações da cognição humana em vez de à natureza intrínseca dos pensamentos. A linguagem é um espelho distorcido, e é por causa disso que o roteiro respectivo ao conceito tem como ponto de partida a linguagem comum no intuito de espelhar mais fielmente a estrutura do pensamento. A lógica deveria realizar uma "luta incessante contra... aquelas partes da gramática que falham em oferecer expressão desimpedida para o que é lógico". "Não pode ser a tarefa da lógica investigar a linguagem e determinar o que está contido em uma expressão linguística. Alguém que quer aprender lógica a partir da linguagem é como um adulto que quer aprender a pensar a partir de uma criança. Quando os homens criaram a linguagem, eles estavam no estágio de pensamento pictórico infantil. As linguagens não são feitas no sentido de corresponder à régua da lógica" (1979, p. 6-7; 1980, p. 67-68).

Nos escritos de Russell, encontramos afirmações diversas sobre essa questão. "O estudo da gramática, em minha opinião, é capaz de lançar muito mais luz sobre questões filosóficas do que os filósofos supõem comumente. Embora uma distinção gramatical não possa ser defendida acriticamente como correspondendo a uma diferença filosófica genuína, ainda assim uma é *prima facie* evidência para a outra" (1903, p. 42). Mas ele também sustentou que a natureza abstrata da lógica frustra as linguagens naturais, pois "a linguagem ordinária é enraizada em certo sentimento sobre a lógica, certo sentimento que tinham nossos ancestrais primitivos" (1918, p. 234).

Moore estava preocupado em analisar ou definir conceitos; ele considerava proposições e conceitos como componentes do mundo em vez de o serem parte do pensamento ou da linguagem (1953, p. 1-2; 1899, p. 4-8). Por essa razão, buscava definições *reais* em vez de *nominais* dos *analysanda*. Isso equivale a dizer que ele não tentou reportar o significado de expressões (não obstante alguns de seus admiradores tardios entre filósofos linguísticos), mas escrutinar os elementos dos conceitos e das proposições que elas representam. Ele distinguiu agudamente entre estabelecer a definição verbal de uma palavra e inspecionar no olho da mente o conceito que ela denota (1903, p. 6; 1942, p. 664; ver Hacker, 1997b).

É correto que o atomismo lógico do Russell intermediário e do primeiro Wittgenstein move-se em torno da ideia de que a lógica tem implicações metafísicas, porque a estrutura da realidade é idêntica à estrutura do pensamento, assim como, para Kant, a epistemologia tem implicações metafísicas porque a estrutura da realidade é idêntica àquela da experiência. Mas isso não equivale a aceitar a identificação adicional da estrutura de *proposições* com a estrutura de *sentenças* e da análise de proposições com a análise da linguagem. Contrariamente a Frege, o primeiro Moore e o primeiro Russell consideravam proposições e conceitos como componentes imediatos da realidade em vez de serem sentidos das expressões linguísticas, e sua análise não tinha qualquer vínculo intrínseco com uma análise da linguagem (Monk, 1997, p. 47-50).

Permanece uma possível réplica em favor de Dummett. Os dissidentes mais notáveis de uma abordagem linguística do pensamento são ou contemporâneos ou figuras do começo da filosofia analítica. Mas, assim alguém poderia argumentar, tanto o início como o fim de uma tradição constituem casos difíceis para qualquer taxonomia, e casos difíceis contribuem para uma lei ruim. Contudo, mesmo que essa resposta fosse legítima, ela não solucionaria um outro problema. A definição linguística de Dummett não só *exclui* os filósofos analíticos paradigmáticos, sejam eles antigos platonistas ou mentalistas tardios, mas também *inclui* os filósofos continentais paradigmáticos. Uma obra de Heidegger traz o título de *A caminho da linguagem*. Goste-se ou não, os seguidores de Heidegger atingiram esse destino. O jargão de uma boa parte da filosofia corrente no continente – notadamente do pós-estruturalismo francês – é tomado não da metafísica ou da psicologia, mas da linguística e da semiótica (Derrida, 1967; Foucault, 1973, p. 386; ver Rorty, 1982, p. xx). Além disso, a ideia de que o pensamento e a experiência humanos são essencialmente linguísticos é um lugar comum entre filósofos hermenêuticos. Gadamer escreve que "O Ser que pode ser entendido é linguagem" (1960, p. 450; ver também 1967, p. 19), e Ricoeur é bem conhecido por seu aforismo "o símbolo nos põe a pensar" (citado em Thiselton, 1998).[5]

De fato, a corrente empirista dominante na filosofia analítica, para sempre obcecada com o dado cru apresentado a mentes individuais (impressões, dados sensórios, estímulos neurais), parece menos equipada para fazer justiça a um fenômeno intersubjetivo complexo como a linguagem do que a tradição hermenêutica. Em 1918, quando filósofos alemães como Hamann, Herder, Humboldt e Schleiermacher tinham se ocupado por mais de cem anos em explorar a natureza histórica do entendimento linguístico, um gênio analítico como Russell permanecia tão obcecado com a ideia de que os significados das palavras são dados sensórios privados, que era capaz de alegar que as pessoas "não seriam capazes de falar umas com as outras a menos que ligassem significados bastante diferentes a suas palavras" (1918, p. 195). Contraste isso com Gadamer: "A compreensão deve ela própria ser concebida não tanto como um ato de subjetividade, mas, antes, como um movimento para um lugar dentro da tradição ocorrente" (1960, Prefácio).

Mulligan (1991, p. 17–18) pede cautela. Comparações entre as viradas analítica e continental à linguagem são "vazias", assim ele alega, dado que desconsideram o fato de que a última está presente em várias formas de idealismo (transcendental). Em minha opinião, Nietzsche e Gadamer são claras exceções a essa alegação. Mas, se ela fosse correta, ela forneceria evidência em meu favor. Pois, naquele caso, o traço distintivo da filosofia analítica é, precisamente, não uma preocupação com a linguagem *per se*. Mas o realismo é igualmente inadequado como traço distintivo. É notoriamente confuso ao que o contraste realismo/idealismo equivale em qualquer tradição filosófica. Além disso, literalmente, não há qualquer forma de idealismo que não tenha sido defendida por algum filósofo analítico ou outro: desde o solipsismo transcendental do *Tractatus* passando pelo fenomenalismo de Russell e o primeiro Círculo de Viena até o idealismo berkeleiano (Foster, 1982), ou desde o verificacionismo dos positivistas até o realismo interno de Putnam e o antirrealismo dummettiano.[6]

Deixem-me terminar com um tom mais positivo. Devemos distinguir a teoria metafilosófica e a prática filosófica de contraexemplos à definição de Dummett. A última deve sua plausibilidade ao fato de que os filósofos podem fazer uma virada linguística em seus procedimentos reais sem tê-la endossado. Mas a análise de conceitos de Moore e a análise redutiva de Russell na teoria das descrições operam com efeito em um nível linguístico – no primeiro caso, verificando a definição de um termo contra visões comumente aceitas sobre sua aplicabilidade; no segundo caso, parafraseando sentenças com o auxílio de uma notação nova. Com efeito, mesmo aqueles mentalistas que distribuem as cartas como Fodor permanecem preocupados com a linguagem e com temas semióticos. Isso não é coincidência. Primeiramente, a virada linguística situou a natureza da intencionalidade no centro da filosofia. Ela, portanto, impôs a pauta para as presentes teorias de significado e de conteúdo. Mesmo a abordagem linguística a essa pauta segue sendo pertinente. Seja ela anterior ao pensamento ou não, a linguagem oferece o caso paradigmático e mais claro de intencionalidade, e dá forma à discussão dessa última. Em segundo lugar, quando se trata da elucidação filosófica do pensamento, nem mesmo o subjetivista mais entusiasta pode deixar de considerar sentenças. Pois, é somente por meio de sua expressão linguística que os pensamentos são acessíveis à paráfrase intersubjetiva e à análise em componentes. Em terceiro lugar, pelo menos na prática, a maioria dos filósofos analíticos reconhece não só que a análise de conceitos e a paráfrase de proposições constituem uma *parte* importante da filosofia (mesmo se, talvez, uma parte propedêutica); eles também aceitam a conexão entre conceitos e proposições, por um lado, e entre o significado de palavras e o de sentenças, por outro. Por fim, a filosofia analítica é, em uma medida considerável, lógica informal – "pensamento crítico" no linguajar dos programas universitários contemporâneos – aplicada ao discurso filosófico. Todavia, quando se trata de assegurar o significado de questões, o conteúdo de alegações e a cogência de argumentos, é crucial ganhar clareza sobre o significado preciso das expressões em que tais perguntas, alegações e argumentos são postos em palavras.

No entanto, muito embora a filosofia analítica continue empregando, querendo ou não, métodos linguísticos, a virada linguística não é uma doutrina à qual todos e apenas filósofos analíticos subscrevam.

3. FILOSOFIA E CIÊNCIA

Um terceiro grupo de definições doutrinárias move-se em torno da relação entre filosofia e ciência, em particular as ciências naturais. Mas é de certo modo desconcertante notar que existem de fato duas abordagens diametralmente opostas sobre como a filosofia analítica vê essa relação.

De acordo com uma concepção, a filosofia analítica subscreve a uma distinção kantiana-mais-wittgensteiniana entre o *a priori*, a análise conceitual da filosofia, e o *a posteriori*, descrições fatuais e explanações da ciência. Essa visão é intimada por Hacker em passagens em que defende que Quine desafia o movimento analítico em vez de formar uma parte do mesmo.[7] Ela cobre Wittgenstein e, nessa mesma trilha, a análise conceitual praticada em Cambridge e mais tarde em Oxford. Ela também cobre a posição oficial do Círculo de Viena, que distinguia entre ciência e filosofia e tratava a última como uma disciplina de segunda ordem que reflete sobre a "lógica da ciência".

Mas a ideia de filosofia como qualitativamente distinta da ciência não se encaixa nem nos primórdios da filosofia analítica em Russell nem na corrente naturalista principal. Para Russell, como vimos, a filosofia não está menos no propósito de investigar a realidade do que a ciência. Ela lida com os traços mais gerais e difundidos da realidade. Russell também considerava a filosofia como uma protociência, lidando com questões que ainda não são acessíveis aos métodos da ciência empírica. Ela luta com um problema que pode parecer insolúvel, até que, como resultado do progresso filosófico e, mais tarde, do avanço científico, ela pode ser substituída por uma nova disciplina empírica que se separa da filosofia. Subjacente a ambas as visões está um anseio por um "método científico em filosofia", um método que conduza a uma "filosofia verdadeiramente científica" capaz do tipo de progresso passo a passo, todavia constante, atingido pelas ciências naturais (Russell, 1903, p. xv, p. 3-11, 106; 1912, p. 90; 1914, Capítulo 2; 1925, p. 32).

De acordo com Quine, a filosofia própria ou "científica" não imita apenas os métodos das ciências dedutivo-nomológicas; ela mesma está "em continuidade com a ciência" e é de fato *parte* da ciência. Quine quer "apagar ou ao menos borrar a distinção entre a filosofia e as diversas ciências" (1970, p. 2; 1994, p. 57, 47, 51). Mas ele oferece diversas abordagens do papel que a filosofia deve desempenhar dentro da ciência. Em alguns lugares, ele segue a imagem famosa de Locke da filosofia como um *subtrabalhador*: a filosofia é uma "serva da ciência" com a tarefa de "amarrar as pontas soltas", tais como paradoxos e questões de evidência, problemas que cientistas em ação tendem a ignorar. Em outros lugares, ele está mais próximo da imagem aristotélica, mais lisonjeira, da filosofia como a *rainha* das ciências. Ela lida com os "conceitos gerais, básicos, da ciência" tais como verdade, existência e necessidade (1994, p. 57, p. 47-48). Em passagens mais típicas, ele segue a Russell e expressa a mesma visão por referência à realidade em vez de referência a conceitos. A filosofia se preocupa com "um delineamento dos traços mais gerais da realidade". Ela investiga o "material" fundamental "de nosso universo", diferindo da ciência só quantitativamente, na generalidade e na amplitude de suas questões e categorias (1960, p. 161, 254, 228-229, 275-276).

Naturalmente, Hacker está consciente de que a concepção de filosofia analítica de Quine como contínua com a ciência volta, em muitos aspectos, àquela de Russell. Ele defende, contudo, que isso não milita contra sua concepção de filosofia analítica baseado que essa concepção russelliana tinha ficado dormente por 40 anos e que Quine não partilhava da abordagem de Russell sobre a análise lógica (1996, p. 319-320n). Ambas as alegações são questionáveis. Nem os convertidos americanos ao positivismo lógico (Nagel, Morris) nem o ramo antiwittgensteiniano forte do Círculo de Viena liderado por Neurath subscreveram a uma demarcação entre filosofia e ciência. Testemunhe-se o seguinte contraste. Em 1930, Schlick escreveu:

Mas, o que é [a filosofia], então? Bem, não é uma ciência, com efeito, mas ainda alguma coisa tão grande e significativa que pode continuar a ser honrada daqui em diante, como em dias antigos, como a rainha das ciências; afinal, não está dito em nenhum lugar que a rainha das ciências deve ela mesma ser também uma ciência. Nós agora vemos nela... não um sistema de conhecimento, mas um sistema de atos; a filosofia, de fato, é a atividade de onde o *significado* dos enunciados é estabelecido ou descoberto. A filosofia elucida proposições, a ciência as verifica. (1979, II p. 157)

Em 1931, Neurath respondeu:

Todos os membros do Círculo de Viena concordam que não há qualquer "filosofia" com seus próprios enunciados especiais. Algumas pessoas, contudo, ainda desejam separar as discussões dos fundamentos conceituais das ciências do corpo da obra científica e permitem que isso continue como "filosofar". Reflexões detalhadas mostram que mesmo essa separação não é fatível e que a definição de conceitos é parte e parcela da obra de uma ciência unificada. (1983, p. 52)

Além disso, mesmo que antes de Quine não tivessem existido quaisquer adeptos das opiniões de Russell sobre a relação entre a filosofia e a ciência, as opiniões de Russell jamais foram sequer remotamente esquecidas, mesmo entre aqueles sob o domínio de seu antípoda Wittgenstein. Elas permaneceram sendo um ponto de referência indispensável para todos os filósofos analíticos, mesmo durante os dias de glória da distinção entre filosofia e ciência, entre os anos de 1930 e os de 1960. Com efeito, Austin até mesmo partilhava da imagem de filosofia sugerida por Russell, a saber, como uma protociência:

Na história da investigação humana, a filosofia tem o lugar do sol central inicial, seminal e tumultuoso: de tempos em tempos, ele joga fora alguma porção de si mesmo para assumir posição como uma ciência, um planeta, frio e bem regulado, progredindo firmemente para um estado final distante... Não é possível que o próximo século possa ver o nascimento, por meio do labor conjunto de filósofos, gramáticos e numerosos outros estudantes da linguagem, de uma verdadeira e abrangente *ciência da linguagem*? Nesse caso, teremos nos livrado de mais uma parte da filosofia (ainda restarão muitas) do único modo como podemos jamais nos livrar da filosofia, chutando-a para o andar de cima. (1970, p. 232)

Esse é precisamente o tipo de visão que move esforços interdisciplinares atuais na ciência cognitiva, uma visão inspirada pelo naturalismo quineano.

Os motivos para considerar Quine como emblemático de uma corrente particular da filosofia analítica são impressionantes. Ele é considerado o filósofo analítico mais eminente depois de Wittgenstein pela maioria daqueles que se consideram filósofos analíticos, incluindo muitos que não aderem a suas doutrinas. Além disso, Quine está explicitamente preocupado com análise lógica e paráfrase. Exemplos disso "são abundantes em *Palavra e Objeto*", e, assim como Ramsey tratou da teoria das descrições como um paradigma de filosofia, Quine faz o mesmo para a explicação daquele par ordenado (Hylton, 1998, p. 50). Por fim, a análise lógica de Quine é bastante próxima a de Russell, não só em seus instrumentos, notadamente a teoria das descrições, mas também em um outro aspecto (e aqui discordo de Hylton). Ele se esforça em divisar uma linguagem ideal ou uma notação canônica que exibirá a estrutura real da realidade, em vez de, por exemplo, a forma lógica disfarçada que subjaz a toda linguagem comum.

Alguns acadêmicos, tais como certos "neurofilósofos", tomam Quine literalmente e tentam solucionar problemas filosóficos diretamente por meio de investigações empíricas, em completa desconsideração de questões *a priori* e conceituais. Pode haver um motivo para insistir que não mais os considerássemos filósofos analíticos, ou mesmo filósofos *tout court*. Mas não se pode negar o fato de que importantes filósofos analíticos como Russell, Neurath e Quine consideraram a filosofia como parte da ciência ou, em alguma medida, em continuidade com ela.

A segunda definição doutrinária baseada na relação entre filosofia e ciência vai na direção oposta da primeira. Ela identifica a filosofia analítica com o naturalismo. Como Quine, poucos filósofos analíticos desses dias ousariam publicar um livro sobre a filosofia da mente, sem ao menos professarem identificação com alguma forma de naturalismo no prefácio. Assim, pois, Jackson afirma: "A maior parte dos filósofos analíticos descrevem a si mesmos como naturalistas" (2003, p. 32). Kim confina o ponto ao presente: "Se a filosofia analítica atual pode ser tida como detentora de uma ideologia filosófica, ela é, inquestionavelmente, o naturalismo" (2003, p. 84). E Leiter (2004a, p. 5) diagnostica uma "virada naturalista" em filosofia que rivaliza, em importância, com a primeira virada linguística. No entanto, defender que a filosofia analítica é essencialmente – ou mesmo predominantemente – naturalista é tão errôneo quanto dissociá-la do naturalismo. Muito embora tenha havido uma virada notável em direção ao naturalismo nos anos recentes, ela tem sofrido resistência por figuras eminentes como Strawson, Kripke, McDowell, Dummett e Putnam (ver Putnam, 1992, p. ix–x). Mas, no intuito de apreciar a relação entre a filosofia analítica e o naturalismo, primeiramente requeremos uma concepção mais perspicaz do último.

Em 1954, Ernest Nagel observou: "o número de doutrinas distinguíveis para as quais a palavra "naturalismo" tem sido o oposto na história da filosofia é notório" (1954, p. 3). Essa observação é até mesmo mais apropriada hoje (ver Keil, 2008). Existem quase tantas definições de naturalismo quanto há proponentes. No entanto, pode-se distinguir pelo menos três diferentes tipos de naturalismo:

- O naturalismo metafilosófico alega que a filosofia é um ramo da ciência natural ou está em continuidade com ela;
- O naturalismo epistemológico não é outra coisa senão o cientismo: ele insiste que não há nenhum conhecimento genuíno fora da ciência natural;
- O naturalismo ontológico nega que haja qualquer outro reino diferente do mundo natural da matéria, da energia e dos objetos ou eventos espaço-temporais.

Há importantes conexões entre essas posições. O que conta como natural para o naturalismo ontológico pode ser formulado por meio de critérios metafísicos independentes, por exemplo, como qualquer coisa dentro do "reino causal espaço-temporal" (Katz, 1990, p. 239; semelhantemente Armstrong, 1983, p. 82). Esse tipo de naturalismo é uma posição monista sobre o que existe ou é real. É uma versão do materialismo ou, assumindo-se que a física pós-mecanicista moderna admite fenômenos que não são materiais, uma versão do fisicalismo. Alternativamente, o que conta como natural pode ser explicado epistemicamente, como abarcando qualquer coisa que aparece na explicação científica como *explanandum* ou como *explanans* (Danto, 1967, p. 448). Nas famosas palavras de Sellars: "na dimensão de descrever e de explicar o mundo, a ciência é a medida de todas as coisas, do que é que ele é, e do que não é que ele não é" (1963, p. 173).

Uma razão por que naturalistas com frequência preferem a segunda opção (independentemente da razão óbvia de isolar suas alegações ontológicas da crítica filosófica direta) é que ela dispara um conflito potencial entre o naturalismo ontológico e o naturalismo metafilosófico. Em vez de se pronunciar sobre o que existe *ex cathedra*, na base de uma contemplação *a priori*, o naturalismo segue o caminho da ciência. A pergunta sobre o que existe se transforma na pergunta sobre aquilo que a ciência considera. Essa ideia volta a Quine, cuja ontologia naturalista repousa na convicção "de que é dentro da própria ciência, e não em alguma filosofia anterior, que a realidade deve ser identificada e descrita" (1981, p. 21).

O naturalismo metafilosófico, por sua vez, também é conhecido como "naturalismo metodológico", dado que diz respeito a tópicos, procedimentos e resultados do filosofar próprio, e roga aos filósofos que imitem os métodos das ciências especiais (por exemplo, Maddy, 1998, p. 161; Leiter, 2001, p. 82-84). Os naturalistas metafísicos caracterizam, de variadas formas, a filosofia ou como *parte* da ciência ou como *em continuidade* com ela. A primeira versão está em jogo quando Quine descreve a epistemologia naturalizada como um "capítulo da psicologia e, portanto, da ciência natural" (1969, p. 82; também Papineau, 1993, p. 5). A segunda versão aparece quando ele escreve: "A filosofia naturalista está em continuidade com a ciência natural" (1995, p. 256-257).

É natural supor que o naturalismo metafilosófico nada é senão a aplicação do naturalismo epistemológico à matéria da filosofia. Isso pressupõe, contudo, que a filosofia aspira ao conhecimento. Naturalmente, muitos exclamarão em exasperação, embora não sem a oposição de alguns filósofos analíticos. Como vimos, o primeiro Wittgenstein e Schlick rejeitaram essa assunção cognitivista. Com efeito, eles estão comprometidos em combinar o naturalismo epistemológico – as únicas proposições com sentido e, portanto, os únicos candidatos para conhecimento são aqueles da ciência empírica – com o antinaturalismo metafilosófico – a filosofia é uma atividade analítica em vez de uma doutrina e, *a fortiori*, é distinta da ciência.

A questão do que conta como ciência é delicada para o naturalismo epistemológico. Seus representantes sustentam que "o valor cognitivo irrestrito reside na ciência e em nada mais" ou que "a ciência é o mais elevado caminho para a verdade" (Moreland, 1998, p. 37; Quine, 1995, p. 261). Mas quais disciplinas acadêmicas são exaltadas e quais são humilhadas por esses veredictos? Os falcões no controle da unidade da ciência restringem a ciência às ciências naturais duras, e, em particular, à física, só permitindo outras disciplinas conforme suas leis possam ser derivadas a partir daquelas da física. As pombas, frequentemente de uma estirpe pragmática, dão as boas-vindas a qualquer disciplina que seja cognitivamente bem-sucedida, incluindo a biologia, a psicologia e mesmo as ciências sociais e históricas. Há um espectro inteiro de atitudes possíveis, aqui, e muitos naturalistas vacilam entre diferentes locais nesse espectro (cf. Quine, 1969, p. 24 e 2000, p. 411).

Por último, todas as versões do naturalismo vêm tanto em uma forma *eliminativista* como em uma forma *reducionista*. Diante de aparentes contraexemplos – métodos filosóficos que não repousam na ciência, alegações de conhecimento de um tipo não científico ou entidades além do mundo natural –, um naturalista tem duas opções. Ele pode descartá-los como espúrios ou tentar mostrar que, em um escrutínio mais estreito, eles se dissolvem em um fenômeno científico ou natural. É exclusivamente a opção reducionista, contudo, que dá combustível aos projetos onipresentes de *naturalizar* um certo fenômeno tal como a intencionalidade, o significado ou a moralidade. A meta de tal empreitada é demonstrar que o fenômeno em questão é real só porque ele é *realmente alguma outra coisa* (Fodor, 1987, p. 98), a saber, alguma coisa que é parte da ordem natural e pode, portanto, ser acomodada dentro da ciência. Pelo mesmo mecanismo, a disciplina que lida com o fenômeno será transformada em um ramo da ciência que prové uma explicação causal dele, por exemplo, a psicologia.

Um problema óbvio para uma definição naturalista da filosofia analítica é que cada uma e todas essas posições foram rejeitadas por um espécime ilustre e, realmente, paradigmático. Como vimos, correta ou incorretamente, maioria avassaladora dos filósofos analíticos antes dos anos de 1980 repudiava a naturalização da moralidade, e a bandeira deles se mantém tremulando pelos kantianos e pelos neointuicionistas dos dias atuais. A tentativa de naturalizar a lógica não é nenhuma outra coisa que psicologismo. Essa tentativa foi ridicularizada por Frege: a "explicação" causal "de um processo mental que termina por tomar algo por verdadeiro jamais pode tomar o lugar de fornecer aquilo que é tomado como verdadeiro". Devemos distinguir entre as condições causais para sustentar uma crença e as condições lógicas para sua verdade, a menos que pensemos que a prova do teorema de Pitágoras poderia ter de mencionar o conteúdo de fosfato de nosso cérebro (1884, p. xviii, 1979, p. 5; ver Glock, 1999b). Inspirado por Frege, Geach não poupa suas palavras sobre o naturalismo reducionista:

> Quando ouvimos alguma nova tentativa de explicar o raciocínio, a linguagem ou a escolha naturalisticamente, devemos reagir como se fosse contado a nós que alguém tinha tornado quadrado o círculo ou provado que $\sqrt{2}$ é racional: só resta a mais suave curiosidade – o quão bem a falácia foi ocultada? (1977, p. 52)

Essa hostilidade desenfreada conduz diretamente ao naturalismo epistêmico. A ideia de que não há nenhum conhecimento que não seja o da ciência natural foi rejeitada por Frege – que apontou para a autonomia da lógica e da matemática com respeito a disciplinas *a posteriori* –, saudada com incredulidade por Moore – que insistiu na existência de conhecimento não científico em ética e no senso comum – e exasperou o Wittgenstein tardio, que tinha aversão ao espírito científico de sua época. Isso provocou até mesmo um filósofo de hábitos módicos como Strawson a comentar: "De um parvoísmo como esse podemos somente desviar nossos olhos" (1997, p. 35; ver também Dummett, 2007, p. 10).

Uma corrente importante dentro da filosofia continental, a hermenêutica, resiste ao naturalismo epistêmico por insistir que os métodos das ciências humanas e sociais são *sui generis*, movendo-se em torno da compreensão em vez das explicações causais das ciências nomológicas dedutivas. E é verdade que os filósofos analíticos, notadamente Hempel, combateram esse pluralismo metodológico em nome da unidade da ciência. Mas a unidade da ciência e sua assimilação das ciências sociais às ciências naturais não é a característica da filosofia analítica (*pace* Mulligan, 1991, p. 116, 119). Há também uma versão analítica da hermenêutica, e ela cobre não só wittgensteinianos como von Wright (1971), que contrastam razões e causas, mas também Davidson (1980), que as faz idênticas. Uma distinção entre ciência natural e social é também feita por Searle (1995).

Pode haver conhecimento fora da ciência todavia, à *filosofia* poderia ainda ser designado um lugar dentro da ciência, assim como o naturalismo metafilosófico o tem. Contudo, devemos distinguir entre a ideia de que a filosofia deveria imitar certas ideais altamente gerais da ciência moderna – tais como precisão, escrutínio intersubjetivo de resultados e colaboração – e a ideia de que ela persegue os mesmos objetivos e emprega os mesmos métodos. Essa segunda alegação é repudiada não só pelos suspeitos usuais – wittgensteinianos e analistas conceituais –, mas também por muitos que têm como objetivo filosofar no espírito científico da primeira alegação.

Frege não só negou que a lógica é uma ciência natural; ele também insistiu que ela é mais fundamental seja do que a metafísica ou a psicologia (1893, p. xix). A ideia wittgensteiniana de que deveria haver uma *divisão de trabalho* entre a ciência e a filosofia foi explicitamente pregada por Schlick e Waismann. De uma maneira mais técnica e orientada na ciência, essa imagem é evidente também em Carnap. A filosofia não é uma doutrina que consiste de proposições, mas um método, a saber, o método de análise lógica. De forma negativa, ela revela absurdos metafísicos. De forma positiva, ela se torna a "lógica da ciência", a saber, a análise linguística ou a explicação de proposições científicas, conceitos e métodos (1937, p. 279). Essa demarcação de filosofia e ciência está na base da distinção de Carnap entre proposições analíticas e sintéticas em

The Logical Syntax of Language,* e de sua distinção entre questões internas e lógicas em *"Empiricism, Semantics and Ontology"*** (1956). Ele a reafirmou mais tarde na vida. A filosofia científica não é uma filosofia que se mete na investigação científica da realidade. Em vez disso, ela é uma filosofia que reflete sobre essa investigação no mesmo espírito racional e colaborador que aquele que guia as explorações de primeira ordem dos próprios cientistas (1964, p. 133-134).

No que tange à questão fundamental de como a filosofia se coloca para com a ciência, as linhas de frente dentro do Círculo de Viena não correram nem entre os conservadores de "ala direita" (Schlick, Waismann) e os progressistas de "ala esquerda" (Neurath, Carnap, Hahn), nem entre os fenomenólogos (Schlick, o primeiro Carnap) e os fisicalistas (Neurath, o segundo Carnap). Elas correram entre os wittgensteinianos (Schlick, Waismann e Carnap), por um lado, e Neurath por outro, que antecipou a assimilação quineana da filosofia à ciência.

Não podemos salvar a ideia de filosofia analítica como comprometida com o naturalismo metafilosófico restringindo-nos ao presente, como é o caminho que Kim adota. O repúdio de Quine à distinção analítico/sintético ganhou aprovação ampla, e numerosos autores apelam ao que tomam como uma sabedoria axiomática. Mas existem também sinais crescentes de discordância. Seguidores de Wittgenstein, Grice e Strawson ainda hesitam. Mesmo nos Estados Unidos, que tradicionalmente se inclinaram ao naturalismo, Carnap sofreu um reavivamento. Assim, pois, Friedman argumentou que uma distinção carnapiana entre proposições analíticas e sintéticas é invocada em vez de rejeitada pela tentativa de dar sentido à ciência natural (1997). Além disso, várias formas de uma distinção analítico/sintético foram reabilitadas por pensadores tão diversos como Boghossian, Putnam e McDowell. De fato, ainda que curiosamente ignorado pelos acólitos, o próprio Quine veio a reconhecer que há uma dicotomia legítima entre o analítico e o sintético, uma dicotomia que se aproxima da concepção intuitiva da analiticidade: "uma sentença é analítica se *todos* aprendem que ela é verdadeira ao aprender suas palavras" (1974, p. 79; ver Glock, 2003a, p. 81-86). E a ideia de filosofia como análise conceitual foi defendida de uma maneira nova por Jackson (1998), não obstante suas simpatias naturalistas.

Mesmo que todos os filósofos analíticos tivessem descartado a distinção analítico/sintético, isso só os obstruiria de pôr a filosofia de lado pelos motivos de que ela aspira a verdades conceituais ou analíticas (não óbvias) ou nelas resulta. Eles ainda poderiam demarcar a filosofia da ciência por meio de outras linhas. A mais óbvia é a ideia da filosofia *a priori*. Combinando naturalismo epistemológico com naturalismo metafilosófico, Devitt insiste que "há somente um meio de ter conhecimento, o meio empírico, que é a base da ciência"; portanto, "de uma perspectiva naturalista, deveríamos negar que há *qualquer* conhecimento *a priori*" (1996, p. 2, 49).

Por razões já discutidas, contudo, essa é, em realidade, uma visão de *minoria* no curso da filosofia analítica. Frege rejeitou a tese empirista de que todo conhecimento é baseado na indução; embora ele não negasse a Mill "uma fagulha de sensatez", lamentou que ela "tão logo se acende é extinguida, graças à sua pré-concepção de que todo conhecimento é empírico" (1884, p. 9, §3n, 4n). Tanto Russell quanto Moore aceitaram a possibilidade de um conhecimento *a priori* e consideraram a filosofia como uma disciplina *a priori*. Um dissenso acerca da alegação de Mill de que todo conhecimento é *a posteriori* foi também a força motora por detrás do convencionalismo dos positivistas lógicos. Wittgenstein, análise conceitual e seus rebentos contemporâneos: todos insistem no caráter não empírico da lógica, da matemática e da filosofia.

---

* N. de T.: Isto é, *A sintaxe lógica da linguagem*.
** N. de T.: Isto é, *Empirismo, semântica e ontologia*.

Mesmo alguns de seus oponentes estão comprometidos com o conhecimento *a priori*. Bonjour recentemente incitou-se em "defesa da razão pura" (1998), ainda que não de um modo que Kant apreciaria. De forma mais significativa, Kripke e seus numerosos seguidores sustentam que algumas proposições – por exemplo, "O metro padrão tem 1 metro de comprimento" – são contingentes, todavia *a priori*. Além disso, sua defesa de proposições necessárias *a posteriori* combina descobertas científicas, por exemplo, de que a água consiste em moléculas de H_2O, com reflexões *a priori* sobre a semântica dos nomes próprios e dos termos de tipos naturais. De forma mais geral, há aceitação difundida de que a metafísica pós-kripkeana apresenta problemas, proposições e linhas de raciocínio não empíricos ao menos, entre outras coisas (Jackson, 2003; Williamson, 2004, p. 127-128). Por último, Williams separa a filosofia sem apelo seja ao analítico ou ao *a priori*, insistindo que ela requer uma compreensão humanista e histórica ausente das ciências naturais (2006).

A impressão difundida de que a filosofia analítica contemporânea pelo menos está amarrada ao naturalismo metafilosófico deve uma dívida inoportuna à arte intelectual de vender. Quine e seus seguidores se opõem ao objetivo de uma "filosofia anterior" ou "primeira" pelo fato de as ciências naturais serem "falíveis e corrigíveis, mas não responsáveis perante qualquer tribunal supracientífico". "Vejo a filosofia não como uma propedêutica *a priori* ou como um fundamento para a ciência, mas como em continuidade com a ciência" (1981, p. 72; 1969, p. 126).

Por meio desse estratagema, eles tentaram tirar o brilho de seus oponentes – filósofos linguistas como Wittgenstein, Carnap ou Ryle – com duas ideias que foram aparentemente consignadas à lata de lixo da história pelo desenvolvimento da ciência. Uma é a doutrina aristotélica, de acordo com a qual a filosofia sem o auxílio de ninguém oferece os axiomas a partir dos quais as ciências especiais procedem. A outra é a busca cartesiana por certeza absoluta. Mas isso é uma caricatura. Aquilo a que filósofos linguistas aspiram não é uma superciência, uma ciência que prove a mera ciência com fundamentos inabaláveis, mas uma disciplina de segunda ordem, que lida com problemas de um tipo diferente – conceituais ou metodológicos. De fato, essas reflexões resultaram predominantemente em uma rejeição tanto da concepção aristotélica da filosofia como rainha das ciências como do fundacionismo cartesiano. Ao mesmo tempo, essas duas posições tiveram também seguidores dentro da filosofia analítica. Fundacionistas, por exemplo, se estendem desde Ayer passando por Chisholm até contemporâneos como Alston, Audi e Sosa.

Uma concepção naturalista da filosofia analítica não pode ser baseada seja na variedade epistemológica, seja na metafilosófica. O naturalismo ontológico pode parecer uma aposta melhor. Afinal, muitos praticantes distintos buscam conduzir um curso intermediário entre a Scylla do naturalismo epistemológico e a Charybdis do *supra*naturalismo ontológico. Wittgenstein famosamente comparou a linguagem com um jogo de xadrez. Por um lado, uma peça de xadrez é uma peça de madeira que pode ser descrita pela física. Por outro lado, não se pode explicar puramente em termos físicos o que uma peça de xadrez ou o que o jogo de xadrez é. Mas a diferença entre uma peça de xadrez e uma simples peça de madeira não é que a primeira está associada a uma entidade abstrata ou a um processo em um reino mental separado. Trata-se, antes, de que a peça de xadrez tem um papel em uma prática guiada por uma regra (1953, §108).

Seguindo a analogia de Wittgenstein, contemporâneos como Brandom, Hacker, McDowell e Putnam desenvolveram a ideia de que os seres humanos são especiais não porque estão conectados com uma realidade além dos mundo físico do espaço, do tempo e da matéria (um terceiro reino platonista ou substâncias anímicas cartesianas, por exemplo), mas porque só podem ser entendidos de forma adequada a partir de uma perspectiva normativa, uma perspectiva que é estranha às ciências naturais. Há conhecimento fora das ciências naturais, conhecimento da linguagem, da lógica e da matemática, por exemplo. Todavia, o estatuto especial de tal conhecimento não deriva de um objeto especial – entidades sobrenaturais além do espaço ou do tempo. Em vez disso, ele deve ser explicado por referência a práticas normativas (falar, raciocinar, calcular). Essas práticas, por sua vez, pressupõem agentes com capacidades distintivamente humanas. Mas enquanto essas capacidades não puderem ser adequadamente caracterizadas em termos físicos, elas não transcenderam o mundo natural. Elas são traços perfeitamente inteligíveis de animais de um tipo único; e seus pré-requisitos causais e seu surgimento evolucionário podem ser explicados pela ciência.

Sem apelar à normatividade, Davidson (1980, Capítulo 11) anda por um curso paralelo. Seu monismo anômalo é um "monismo ontológico ligado a um dualismo conceitual". Ele tenta reconciliar a alegação naturalista (antiplatonista e anticartesiana) de que não há nenhum reino além do físico com um reconhecimento de que o discurso mental e semântico não é nem redutível a nem substituível pelo idioma da ciência natural. "Não há tais coisas como mentes, mas pessoas têm propriedades mentais... Essas propriedades estão constantemente mudando, e essas mudanças são eventos mentais" (1994, p. 231).

Strawson distinguiu um naturalismo suave, católico ou liberal de um naturalismo rígido, estrito ou redutivo (1986, p. 1-2, 38--41). No mesmo espírito, McDowell distancia seu próprio "naturalismo de segunda natureza" do "naturalismo reto" (1996, Capítulos 4–5), e Hornsby (1997) distancia seu "naturalismo ingênuo" de versões cientistas. Isso é indicativo de uma corrente geral entre aqueles opostos ao cientismo e ao reducionismo, a saber, distinguir entre bons (ontológicos) e maus (epistemológicos) tipos de naturalismo. Contudo, a filosofia analítica também apresenta pensadores importantes que resistem à tentação de ambos os tipos (ver Corradini e Lowe, 2006). Para apreciar isso, precisa-se lembrar que o naturalismo ontológico exclui ao menos três posições veneráveis – teísmo, platonismo e dualismo mente-corpo. Nem um Deus criador transcendente, nem entidades abstratas além do espaço e do tempo, nem almas, egos ou eus cartesianos são habitantes do reino espaço-temporal. Há uma distinta tradição de teístas analíticos, incluindo Plantinga, van Inwagen e Swinburne. Há também o empreendimento mais específico, todavia, igualmente florescente do tomismo analítico.

O platonismo não foi só uma força condutora no surgimento da filosofia analítica em Bolzano, Frege, Moore e Russell. Foi também defendido por Church e Popper, entre outros. E permanece uma opção viva até os dias de hoje, por exemplo, em neofregeanos como Wright (1983). Realmente, é geralmente reconhecido que tanto naturalistas puros quanto proponentes da terceira via têm sua obra suprimida, para eles, ao explicarem a lógica e a filosofia a modo ou de redução ou de eliminação. Mesmo Quine, naturalista metafilosófico *par excellence*, rancorosamente admite objetos abstratos – a saber, classes – em sua ontologia, dado que são indispensáveis à ciência e não podem ser definitivamente parafraseados (1960, §§53-55). O dualismo de substância mente--corpo é, em muitos aspectos, a ramificação menos popular do antinaturalismo. Mas, mesmo ele tem sido vigorosamente defendido por autores como Swinburne (1986) e Lowe (2000). De fato, correta ou incorretamente, o consenso emergente é que *qualia* podem constituir um impedimento letal ao fisicalismo (ver Chalmers, 1996; Kim, 2004) e, portanto, ao naturalismo ontológico.

Mesmo se definimos o naturalismo separadamente de todas as três de suas principais versões, figuras importantes através da história da filosofia analítica seriam excluídas. Algumas caracterizações vão ainda mais longe, transformando o naturalismo de uma igreja ampla em uma igreja que tudo abarca, infalível contra a ameaça dos pagãos e dos hereges. Asim, pois, Quine qualifica seu credo ontológico de que "o mundo é assim como a ciência natural afirma que ele é" adicionando a cláusula "desde que a ciência natural esteja correta" (1992, p. 9). Ironicamente, isso é analítico. Para fazer uso da própria terminologia de Quine, nessa sentença, o termo "ciência natural" não ocorre essencialmente; ele pode ser substituído pelo nome de qualquer outra entidade capaz de dizer como o mundo é, seja "Bush", "astrologia", ou mesmo, com horror chocante, "desconstrutivismo".

Outro famoso naturalista descreveu o naturalismo como guiado por "respeito às conclusões da ciência natural"; um segundo naturalista famoso descreveu-o como "menos um sistema filosófico do que um reconhecimento das implicações impressionantes das ciências físicas e biológicas", declarando que "Somos todos naturalistas agora". Não de forma irrazoável, dada essa concepção minimalista. Mas, como o filho daquele segundo naturalista observou, "Agora, no que tange ao naturalismo, esse, também, teve sobretons negativos em casa. Era tão opaco e ambíguo quanto o Pragmatismo. Poder-se-ia acreditar *quase* em todas as coisas no mundo, e mesmo em *algumas* coisas sobre Deus, e, todavia, ser um naturalista. O que era preciso era um materialismo novo, não redutivo". O primeiro naturalista foi Dewey (1944, p. 2), o segundo R. W. Sellars (1922, p. i) e o terceiro, seu filho, Wilfrid Sellars (1979, p. 2). Sellars Jr. está absolutamente correto em investir contra uma concepção de naturalismo que abarca até mesmo teístas – seja o quão tentados alguns teístas contemporâneos possam se sentir a se juntar aos naturalistas. Além disso, mesmo se fosse legítimo e frutífero caracterizar o naturalismo de tal maneira indiscriminada, isso não salvaria uma definição naturalista de filosofia analítica. Pois Dewey, R. W. Sellars e aqueles a quem o último se referiu como "nós" *não* eram filósofos analíticos. Eles estão excluídos, não só pelo uso filosófico comum, mas também por qualquer critério que seja remotamente plausível. O mesmo vale, veementemente, para Nietzsche, não obstante suas inclinações naturalistas. "Longa vida à física!", exaltou ele em *A gaia ciência* (1882, §335).

4. DEFINIÇÕES TÓPICAS

Embora se aceite que os filósofos analíticos discordem até mesmo sobre doutrinas deveras fundamentais, alguns comentadores sustentam que eles estão unidos pelos tópicos sobre os quais discordam. Cohen (1986, p. 10-11, 57) pode estar sozinho ao sugerir explicitamente que uma definição tópica de filosofia analítica está em contraste com definições doutrinárias e metodológicas. Mas diversos autores caracterizam a filosofia analítica em termos tópicos. É até mesmo mais comum encontrar observações como essas: "John Searle cresceu na tradição da filosofia analítica, mas transcende essa tradição. Uma razão é que ele escreve sobre uma variedade de tópicos, muito embora sua tradição encoraje seus defensores a se focarem estreitamente sobre certos aspectos de um ou dois tópicos" (Fotion, 2000, p. 1).

Um preconceito popular sobre a filosofia analítica é que ela tende a se importar com um conjunto muito estreito de tópicos pertencentes à filosofia teórica, em particular com a lógica (formal e filosófica), a filosofia da ciência, a filosofia da linguagem, a metafísica e a filosofia da mente. O papel da ética e da política dentro da filosofia analítica será discutido no Capítulo 7. Ali, veremos que a filosofia analítica superou inteiramente sua negligência relativa com respeito à teoria moral e política entre 1910 e 1960.

O caso da estética assemelha-se àquele da ética. Juízos de valor estético foram considerados como destituídos de conteúdo cognitivo tanto pelos positivistas lógicos quanto pelo primeiro Wittgenstein (1922, 6.42-6.421), e a estética se restringia, portanto, à análise de conceitos estéticos e ao exame do estatuto dos enunciados estéticos. Contudo, como no caso paralelo da ética, a proscrição de investigações de primeira ordem foi gradualmente dissipada depois da II Guerra Mundial. E, no que diz respeito às investigações de segunda ordem, as ideias tardias de Wittgenstein sobre semelhanças de família deram início a um debate vivo sobre a possibilidade mesma de analisar ou de definir termos como "arte" e "obra de arte" (ver Davies, 1998). As reflexões iconoclastas de Goodman sobre a representação pictórica estimularam o debate estético de um outro tipo ainda (ver Hyman, 2006).

Mas há outros tópicos que, aos olhos de alguns, foram negligenciados pelos filósofos analíticos e perseguidos em vez disso por seus rivais. Assim, pois, Passmore opina que "a filosofia franco-alemã-italiana" esteve "centralmente preocupada com as questões que preocuparam a teologia", ao passo que a "filosofia anglo-americana" devotou "sua atenção à epistemologia, à mente e à linguagem" (1985, p. 11). Contudo, como Cooper (1994, p. 3) indica, a própria discussão de Passmore sobre pensadores continentais omite a religião e, em vez disso, põe o foco sobre suas próprias visões acerca da epistemologia, da mente e da linguagem! Poder-se-ia acrescentar que a filosofia analítica produziu a maioria dos principais filósofos da religião no século XX, figuras tão diversas como Kenny, Mackie, Phillips, Plantinga e Swinburne. Além disso, a filosofia da religião desempenha um papel muito maior nos países anglo-americanos do que no continente. Isso não é nenhuma coincidência, dado que convicções religiosas são muito mais difundidas nos EUA do que em sociedades seculares como a França, a Alemanha ou a Itália, e, portanto, mais passíveis de serem naquela um fulcro de atenção filosófica.

Ao mesmo tempo, o próprio Cooper reivindica para a filosofia continental dois outros interesses distintivos, a saber, a condição de fundo da investigação e a queda do eu. Mas, ambos os *topoi* também apareceram na filosofia analítica. Diferentes tipos de condições de fundo para o conhecimento desempenharam um papel em *Da certeza*, de Wittgenstein, na epistemologia naturalizada de Quine e na teoria da realidade social de Searle. Até mesmo condições sociológicas de fundo têm sido temas populares na filosofia analítica desde Kuhn e Feyerabend.

A ideia de que a filosofia continental tem uma relação de amor e ódio especial com o eu, o qual está ausente da filosofia analítica, é *prima facie* mais plausível, ou em alguma medida, mais popular. Henrich, um proeminente neo-hegeliano alemão, nos informa que "a filosofia continental toma a relação entre a constituição transcendental da pessoa e o conceito de filosofia como constitutiva da filosofia, ao passo que a filosofia empirista tende a enfatizar padrões científicos e críticos" (2003, p. 7). E, em *Continental Philosophy since 1750: the Rise and Fall of the Self*,[*] Solomon (1988) busca retratar filósofos no continente – incluindo até mesmo Kant e Husserl – como preocupados, principalmente, se não unicamente, em inflar ou desinflar o sentido de seus próprios egos de acordo com suas necessidades emocionais e quedas políticas.

Embora dificilmente um admirador da filosofia continental pós-kantiana, eu detesto aceitar que ela se reduza a precisamente a essa ladainha. De qualquer modo, contudo, uma preocupação com o problema do eu definitivamente não é a prerrogativa dos continentais. Quando se trata de atacar o "eu" como ilusão ou ficção imposta por aparências linguísticas, a tradição que corre desde Wittgenstein e Russell, passando por Ryle e Strawson até Dennett e Hacker, não fica atrás de ninguém. Mas há também defensores inabaláveis de um eu metafísico (ver G. Strawson, 2005).

Em geral, depois da guerra, a filosofia analítica se tornou tanto mais difundida quanto mais abrangente em sua área de cobertura. Tópicos exóticos abundam em encontros recentes da APA[**] (Stroll, 2000, p. 269-270). No presente, literalmente, não há qualquer área que tenha escapado da atenção dos filósofos analíticos, seja a filosofia do corpo e da sexualidade (Soble, 1998), a ecofilosofia (Naess, 1989), a epistemologia feminista (Alcoff e Potter, 1993), a filosofia

---

[*] N. de T.: Ou seja, *Filosofia continental desde 1750: o surgimento e a queda do eu*.

[**] N. de T.: *American Philosophical Association*, ou seja, "Associação Americana de Filosofia".

da computação (Floridi, 2004) ou a psicoanálise (Gardner, 1993). Para qualquer área significativa do pensamento humano *x*, não há somente uma *filosofia* de *x*, mas também uma filosofia *analítica* de *x*. Em relação a áreas centrais e tradicionais, essa filosofia analítica de *x* pós-datou a filosofia tradicional de *x*. A teoria analítica do conhecimento e a filosofia moral analítica são exemplos óbvios. Mas, em relação a tópicos mais periféricos ou mais recentes, a filosofia analítica de *x* frequentemente veio primeiro, em especial na área da filosofia moral (ver subcapítulo 7.1).

De acordo com isso, a *exclusão* de certos tópicos não é um traço distintivo da filosofia analítica. O que dizer sobre a ênfase em outros tópicos? Por razões mencionadas no subcapítulo 2.2, a filosofia analítica surgiu no contexto de discussões sobre matemática e lógica, e, em menor medida, no contexto de discussões sobre ciência natural e psicologia. A virada linguística transformou sua preocupação com essas áreas e a ligou a um interesse pela linguagem. E o reavivamento da metafísica e a virada para a mente transformaram-nas uma vez mais. Mas um interesse nessas áreas jamais foi a prerrogativa da filosofia analítica. A ciência foi central à filosofia tradicional e desempenha um papel até mesmo na filosofia continental. E a metafísica tem sido, é claro, uma parte central da filosofia ao longo de sua história.

Se a filosofia analítica é caracterizada por um tópico, é melhor que seja mais específico. Alguns historiadores associaram a tradição analítica a um tópico muito particular, um tópico que devemos a Kant. Robert Hanna escreve: "A história da filosofia analítica de Frege a Quine é a história do surgimento e da queda do conceito de analiticidade, cujas origens e parâmetros residem ambos na primeira *Crítica* de Kant" (2001, p. 121). A ideia de que a filosofia analítica consiste predominantemente em notas de rodapé hostis a Kant também surge a partir de Coffa (1991), apesar de sua antipatia por Kant e pelo neokantismo. É um lembrete salutar da importância de Kant para a filosofia analítica.

O tópico da analiticidade é muito importante, porque está ligado ao estatuto de proposições lógicas, matemáticas e filosóficas (metafísicas), que ocupa um papel tão dominante no primeiro desenvolvimento da filosofia analítica. O pronunciamento de Hannah cobre Frege, cujo logicismo é uma resposta à pergunta de Kant se a aritmética é analítica. Ele também cobre Wittgenstein, cuja filosofia gira, de um modo muito kantiano, em torno da conexão entre a natureza da filosofia e a natureza da necessidade e da aprioricidade (Glock, 1997a). Além disso, ele cobre os positivistas lógicos, que estavam tão obcecados com a possibilidade de conhecimento *a priori* sintético quanto Kant, ainda que atingissem a conclusão oposta. Até mesmo Quine se encaixa nesse quadro. Não é nenhuma coincidência que seu reavivamento do empirismo radical e do naturalismo procede por meio de uma tentativa de solapar a distinção analítico/sintético, bem como a distinção associada entre um conhecimento *a priori* e um conhecimento *a posteriori*. O novo essencialismo kripkeano tenta solapar as dicotomias kantianas ainda de outra maneira. Mas, ao fazê-lo, presta homenagem ao enigma kantiano arquetípico de como poderíamos adquirir conhecimento substantivo sobre a realidade sem a ajuda da experiência.

Ao mesmo tempo, a importância da analiticidade e do sintético *a priori* não deve ser exagerada. Ainda que Moore e Russell empregassem, ocasionalmente, versões da distinção analítico/sintético, a obra deles não girou em torno dela. O mesmo vale para a análise ligada a Cambridge, entre as guerras, e para boa parte da filosofia em Oxford, especialmente para Austin. A caracterização também exclui uma grande quantidade de filosofia analítica pós-positivista e pós-quineana no traço metafísico, a qual se moveu para além desses tópicos, mesmo que somente ao tratar do ataque de Quine à distinção analítico/sintético como axiomático. Finalmente, no campo sempre em expansão da teoria moral e política, a distinção analítico/sintético jamais desempenhou um papel central.

O que é correto é o seguinte. Há um problema kantiano mais geral, a saber, se – e, se esse é o caso, de que modo – a filosofia pode ser concebida como uma disciplina autônoma, distinta das ciências empíricas. E esse problema avolumou-se na obra da maioria dos filósofos analíticos que se envolveram em reflexões metafilosóficas. Mas nem todos os filósofos analíticos são dados a tais reflexões.

Inversamente, uma preocupação com a analiticidade e o sintético *a priori* incluiria muito da filosofia continental anterior. Tanto os neokantianos quanto Husserl estavam profundamente preocupados com a possibilidade do conhecimento sintético *a priori*. Como mencionado anteriormente, a posição neokantiana ofereceu o ponto de partida para positivistas lógicos referenciais, como Schlick, Reichenbach e Carnap. Além disso, a lista extendida de Husserl de juízos sintéticos *a priori* constituiu um desafio principal tanto para Wittgenstein (1979) quanto para os positivistas lógicos, que discutiam *ad nauseam* exemplos como "Nada pode ser vermelho e verde por completo e ao mesmo tempo". E o problema kantiano mais geral sobre o estatuto da filosofia da ciência *vis-à-vis* desempenha um papel até mesmo mais difundido na filosofia continental (ver Critchley, 2001).

A definição tópica de Cohen encara os mesmos obstáculos. Ele define a filosofia analítica como o *Diálogo da Razão*, o que equivale a dizer que ela é "a investigação refletida das razões", "a discussão refletida do que pode ser uma razão para o que" (1986, p. 49-50, 57). Cohen luta valentemente para mostrar que isso cobre não só a discussão do ceticismo pela filosofia analítica, os paradoxos e a teoria da ação, mas também, por exemplo, sua preocupação com o significado e a questão mente-corpo. Mas ele se vale de pelo menos duas manobras questionáveis. A primeira é se mover da observação de que um certo tópico da filosofia analítica está conectado com a razão para a conclusão de que *au fond* é a própria razão que é o foco de interesse. Por exemplo, ele observa que a análise de conceitos com frequência especifica condições para a aplicação de palavras, concluindo que conceitos são de interesse para a filosofia analítica apenas por causa das razões para sua aplicação. A segunda manobra é observar que a filosofia analítica aspira a abordar um tópico como o problema mente-corpo de uma *maneira racional*, concluindo, a partir disso, que seu interesse real é "investigar como podemos raciocinar coerentemente sobre tais questões" (1986, p. 51). Todavia, existe uma diferença óbvia entre a discussão demasiadamente comum sobre como a mente está relacionada com o corpo e a discussão metafilosófica muito mais rara sobre como essa questão deve ser abordada.

Cohen está alerta ao problema inverso de que uma preocupação com a razão é um traço deveras suntuoso de filósofos não analíticos como Hegel. Ao excluir tais casos, ele, em última análise, se vale de uma característica que já está explícita em sua definição, a saber, que a filosofia analítica é uma investigação *reflexiva* da razão. Contudo, isso apenas consegue mostrar uma coisa. Apesar de sua rejeição explícita de concepções metodológicas, a própria definição de Cohen não é uma definição puramente tópica, mas, em vez disso, envolve um aspecto metodológico, uma referência a como qualquer tópico dado deve ser abordado. E é para essas definições que devemos agora nos voltar.

NOTAS

1. O ataque de Gellner à filosofia de Oxford (1959) oferece um exemplo aprazível, ainda que sofisticado.
2. Isso dispõe daquelas passagens, por Cohen (1986, p. 8, 12-34), em que ele argumenta contra a fecundidade filosófica da virada linguística. No que diz respeito à sua alegação de definir a filosofia analítica, Cohen objeta que filósofos analíticos não poderiam discordar, se estivessem meramente interessados na linguagem. Contudo, como a filosofia da linguagem torna depressivamente claro, não há razão alguma para supor que os filósofos teriam maior probabilidade de atingir consenso sobre a linguagem do que sobre qualquer outro tópico.

3. Nesse sentido, Kant está próximo a Frege, e contrasta (favoravelmente, a meu ver) com Bolzano, que viu como adequado incluir sob o título de lógica diversas receitas metodológicas e pedagógicas, tornando o assunto, a partir daí, "dependente da psicologia" (1837, I §§7-13).
4. Para Russell, a filosofia estuda a forma lógica das proposições. Dado que existe uma identidade fundamental de estrutura entre proposições verdadeiras e fatos, um inventário das formas lógicas das proposições revelará a estrutura essencial da realidade (1914, p. 33, 216-217; 1917, p. 75; 1918, p. 197, 216-217, 234).
5. Deixo de lado a virada linguística que a teoria crítica realizou quando Habermas tomou a liderança (por exemplo, 1979), dado que ele e seu amigo Apel (1980) foram parcialmente inspirados pela filosofia analítica.
6. Cooper (1994) também hesita em creditar aos continentais uma virada linguística. Sua razão é que eles rejeitam o projeto analítico de uma teoria de significado que torna explícito um sistema de regras que supostamente guia a competência linguística. Mas, mesmo que se possa desconsiderar a aceitação de Habermas e de Apel desse projeto, alguns filósofos analíticos são igualmente hostis a ele. Esses incluem os wittgensteinianos (Baker e Hacker, 1984) e os seguidores de Quine e do Davidson tardio (ver Glock 2003a, subcapítulo 8.4).
7. 1996, p. xi, p. 195, Capítulo 1. A abordagem oficial de Hacker é histórica: ele considera a filosofia analítica como um movimento histórico, ainda que um movimento que exclui Quine. Ver subcapítulos 8.2-4.

6
MÉTODO E ESTILO

No último capítulo, consideramos o modo mais direto de se definir um movimento filosófico, definições materiais em termos de doutrinas ou interesses partilhados. Descobrimos que essa não é uma opção viável no caso da filosofia analítica. Para alguns comentadores, esse resultado negativo lança dúvidas sobre a ideia mesma de que a filosofia analítica é um fenômeno distintivo. Assim, pois, Aaron Preston insiste que a filosofia analítica *deve* ser definível por adesão a uma certa doutrina ou "teoria", ou então deve abandonar sua reivindicação de figurar entre os "grupos filosóficos ("escolas", "movimentos" ou o que for)" (2004, p. 445-446; ver também Preston, 2007; de Gaynesford, 2006, p. 21). Preston admite que há um "conceito comum", "pré-crítico ou impreciso de filosofia analítica", de acordo com o qual ela é primeiramente "uma escola de filosofia que agora existe" e, em segundo lugar, uma escola que se originou em torno da virada do século XX. Ele crê, contudo, que esse conceito comum é tão vácuo quanto aquele de uma feiticeira. Dado que não há nenhuma doutrina comum unindo as pessoas normalmente classificadas como filósofos analíticos, "não há coisa alguma tal como costumeiramente se concebe que a filosofia analítica seja", e há um escasso sentido em continuar falando sobre a filosofia analítica (2004, p. 453-459).

Uma reação diferente é mais plausível: se nosso conceito de filosofia analítica não captura um conjunto particular de doutrinas, talvez ele capture *alguma outra coisa*.

Preston rejeita essa opção *ab initio*. Com efeito, seu argumento é o seguinte:

P_1 Uma escola requer que existam "critérios definidores" para que se seja membro dela.
P_2 Fazer uso de "filosófico" como um "elemento diferencial" para uma escola implica que os critérios definidores para aquela escola "têm a ver com a filosofia".
P_3 A filosofia é uma "disciplina teórica", isto é, está no empreendimento de promover teorias.
C Os critérios definidores de uma escola filosófica devem ser a aceitação de uma certa teoria.

Como vimos, P_3 não seria aceita por Wittgenstein e muitos de seus seguidores. Além disso, *pace* Preston faz sentido distinguir entre uma escola filosófica estreitamente amarrada e agrupamentos mais soltos, tais como movimentos ou tradições (ver subcapítulo 8.3). Portanto, mesmo que seu argumento fosse bom, a filosofia analítica ainda poderia ser uma classificação respeitável. De qualquer modo, contudo, o argumento é falacioso. De P_3, segue-se somente que, quando se trata de distinguir escolas filosóficas *em geral* de escolas de um tipo *não teórico*, por exemplo, escolas de pintura ou de composição musical, deve-se mencionar o objetivo delas de promover *alguma teoria ou outra*. Não se segue que escolas *individuais dentro da* filosofia devam ser definidas por adesão a uma teoria *específica*. Poder-se-ia igualmente refletir que diferentes escolas de arte representacional devem ser distinguidas pelos tipos de coisas que representam, simplesmente porque a arte pictórica em geral é definida como a arte que representa coisas (isto é, tem coisas representáveis como um de seus elementos diferenciais).

De acordo com isso, mesmo se todas as escolas, movimentos ou tradições filosóficos tivessem de aspirar a teorias, as escolas individuais não teriam de ser unidas pela aceitação de uma teoria; elas poderiam muito bem ser mantidas em conjunto pela adesão a um certo método para chegar a teorias. Dada a grande diversidade de posições e interesses dentro do movimento analítico, definições que são metodológicas ou estilísticas prometem um modo de evitar a estreiteza de definições doutrinárias e tópicas. Além disso, elas capturam uma ideia celebrada por muitos contemporâneos que desistiram das primeiras promessas da filosofia analítica, a saber, de oferecer soluções ou dissoluções duradouras e definitivas de problemas filosóficos: essencial à filosofia analítica é o *valor do processo* em vez da *durabilidade do resultado*. No entanto, ficará manifesto que essas definições formais tendem a ser por demais amplas e que sofrem de outras limitações também.

Uma sugestão ofuscantemente óbvia é levar a sério o "analítico" em "filosofia analítica" e definir o movimento como um movimento que persegue a filosofia como análise. Na Seção 1, arguirei que essa proposta é tanto estreita demais quanto ampla demais, muito embora esteja menos deslocada, em ambas as direções, do que algumas das definições materiais discutidas no capítulo anterior. A Seção 2 se volta à ideia de que a filosofia analítica é guiada por um interesse pela ciência e de que está imbuída em um *ethos* científico, em contraste com a orientação continental para as artes e as humanidades. É um resultado disso que essa proposta não se encaixa em representantes paradigmáticos do movimento analítico, ao longo de sua progressão. Na Seção 3, discuto e rejeito traços específicos variados de método e estilo que foram utilizados para caracterizar a filosofia analítica, notadamente a ideia de que ela procede de uma maneira fragmentada. A Seção 4 se volta para a visão de que a filosofia analítica se coloca como sendo muito melhor que seus rivais em função de sua clareza superior. Acho-me obrigado a concluir que a realização ou mesmo a busca de um estilo claro não é mais uma marca da filosofia analítica. O fato de alguns autores não analíticos serem perfeitamente capazes de escrita clara é menos inoportuno, mas igualmente danoso para a definição proposta. Isso deixa a sugestão de que a filosofia analítica aspira a um tipo mais fundamental de clareza, uma clareza de pensamento em vez de uma clareza de expressão linguística. Essa ideia leva a uma concepção racionalista *prima facie* atrativa da filosofia analítica, de acordo com a qual seu traço definidor é sua ambição de resolver problemas filosóficos por meio do uso de argumentos (Seção 5). Surpreendentemente, contudo, essa definição nem sequer inclui todos os filósofos analíticos, dado que alguns deles depositam pouca importância em argumentos. E se ela fica enfraquecida para cobrir qualquer filósofo que ocasionalmente emprega argumentos de um tipo ou outro, ela torna a filosofia analítica coextensiva com a filosofia como tal.

1. PONDO A ANÁLISE DE VOLTA NA FILOSOFIA ANALÍTICA

Muitas explicações contemporâneas do que a filosofia analítica é curiosamente não mencionam o assunto da análise. Todavia, a ideia de pôr a análise de volta na definição de filosofia analítica é exagerada. Predizivelmente, ela também tem alguns adeptos. Por exemplo, tendo criticado a definição linguística de Dummett por impedir Russell de ser um filósofo analítico, Monk enfaticamente insiste que Russell deve ser classificado como tal porque acreditava no valor e na importância primordiais da análise (1997, p. 49-50). Semelhantemente, em seu excelente panorama de concepções de análise, Beaney escreve: "Se alguma coisa caracteriza a filosofia 'analítica', nesse caso, é presumivelmente a ênfase colocada na análise". Ele reconhece que "essa caracterização não diz algo que fosse distinguir a filosofia analítica de muito do que a precedeu" simplesmente porque vários tipos de análise desempenharam um papel central desde o alvorecer do assunto. No entanto, Beaney conclui:

> a filosofia analítica deveria realmente ser vista como um conjunto de sub-tradições entrelaçadas que se mantêm juntas por um repertório partilhado de concepções de análise, do qual filósofos individuais se valem de diferentes modos. (Beaney, 2003)

A ideia é *prima facie* convincente: a filosofia analítica está ligada à análise, e sua diversidade inegável é devida a concepções diversas, embora amplamente entrecruzadas, daquele método unificador único. Mas permanece um obstáculo desalentador para definir a filosofia analítica como aquele tipo de filosofia que emprega o método de análise. O termo análise e seus cognatos são difundidos à toda história de nosso assunto. Com certeza, Hegel e seus seguidores têm o propósito de superar tanto a análise quanto a síntese, ao incorporá-las ao método dialético. Mas muitos outros filósofos e movimentos não analíticos promoveram ou perseguiram a análise de um tipo que tem afinidades fortes com os procedimentos populares entre os filósofos analíticos. Sob essa rubrica, ter-se-ia de incluir, no mínimo, a busca socrática por definições, a busca de Descartes por naturezas simples, a resolução psicológica dos empiristas acerca das ideias complexas e a análise "transcendental" de Kant quanto a nossas capacidades cognitivas.

Para ser prestativa em uma definição de filosofia analítica, portanto, a noção de análise precisa ser severamente restringida. Infelizmente, mesmo *dentro* do contexto da tradição analítica, "análise" significa não só procedimentos diversos, mas, frequentemente, procedimentos incompatíveis. Nenhuma dessas formas de análise é aceita por todos os filósofos analíticos, e algumas delas também podem ser encontradas fora da filosofia analítica. A única glosa da noção de análise que capturaria todos os filósofos analíticos comumente reconhecidos é tão geral que ela inclui qualquer investigação filosófica contínua de um objeto de estudo específico.

É tanto comum quanto natural entender o termo "analítico" *au pied de la lettre*, a saber, referindo-se a uma decomposição de fenômenos complexos em constituintes mais simples (por exemplo, Monk, 1997, p. 41-50; Hacker, 1996, p. 3-4; 1997b, p. 56). É questão debatida se essa jamais foi a aspiração de Frege. Ele arguivelmente deu apoio à possibilidade de análises alternativas de uma e a mesma proposição (Baker e Hacker, 1983, Capítulo 6; Kenny, 1995, p. 15-16; Beaney, 2003; cf. Dummett, 1981, Capítulo 17). Uma proposição simples como

1. O urânio é mais pesado do que o chumbo.

pode ser analisada ou como o valor da função *x é mais pesado do que o chumbo* para o argumento urânio ou como o valor da função *urânio é mais pesado do que x* para o argumento chumbo. Isso coloca a posição de Frege separada dos paradigmas clássicos de análise filosófica, tais como Descartes e os empiristas britânicos, mas também da análise lógica de Leibniz, Russell e do primeiro Wittgenstein. Em alguns aspectos, ela prefigura o tipo não redutivo de análise que prevaleceu na análise conceitual de meados do século.

Por outro lado, a análise decomposicional estava no primeiro plano do projeto de Moore. Ele tentou definir conceitos complexos em termos de conceitos mais simples, até o ponto em que se alcançou noções simples indefiníveis, como "bondade". O projeto decomposicional também proporcionou combustível para as tentativas dos atomistas lógicos. De forma evidente, no primeiro exemplo, sua análise *lógica* equivale a uma *paráfrase* de *proposições*, a uma tradução em uma linguagem formal interpretada, em vez de uma decomposição de *conceitos*. Mas essa paráfrase envolve uma quebra de complexos em seus componentes simples. De acordo com os atomistas lógicos, muitos componentes aparentes de proposições ordinárias – tais como nomes próprios ordinários ou descrições definidas – revelam-se como símbolos incompletos que podem ser parafraseados em contexto. Ao mesmo tempo, contudo, tem-se a expectativa de que a análise progrida para um nível último. Os componentes de proposições plenamente analisadas são átomos lógicos ou semânticos – sinais que resistem à análise posterior e que são imunes à falha referencial. E esses sinais estão ou para os átomos metafísicos, os componentes básicos e últimos da realidade, tal como no *Tractatus*, ou para os dados sensórios, cuja existência não pode ser duvidada, tal como em Russell.

Fixando-se na versão do *Tractatus*, começamos parafraseando uma sentença como

2. Excalibur se encontra no canto.

nas linhas da teoria da descrição de Russell: "Excalibur" é substituída por uma descrição definida – por exemplo, "A espada do Rei Artur" –, que, por sua vez, é parafraseada como um símbolo incompleto por meio de quantificadores e palavras-conceito. Assim, pois, obtemos

2' Há um e somente um *x* que é uma espada do Rei Artur, e esse *x* se encontra no canto.

Isso é só o começo, dado que tanto o Rei Artur quanto o canto são eles mesmo complexos, entidades com partes. "Todo enunciado sobre um complexo pode ser resolvido em um enunciado sobre seus constituintes e naquelas proposições que descrevem o complexo de maneira completa" (Wittgenstein, 1922, 2.0201, 3.24; ver Glock, 1996, p. 203--208, 269-274). O complexo é descrito de maneira completa por especificar seus constituintes e o modo como estão relacionados. Um complexo consiste, por exemplo, em um componente *a* que está na relação *R* com um outro componente *b*. Uma proposição que atribui uma propriedade a ele – "Φ[*aRb*]" – aparece como "Φ*a* & Φ*b* & *aRb*". Por esse mecanismo, (2) é analisada em

2* A lâmina se encontra no canto & O punho se encontra no canto & A lâmina está fixada no punho.

Mesmo isso não é o fim da história, pois tanto a lâmina quanto o punho são eles próprios complexos e precisam ser decompostos analiticamente. Em última instância, precisamos analisar (2) em proposições elementares logicamente independentes, que consistem em sinais simples, imunes à falha referencial, porque seus referentes são átomos metafísicos indestrutíveis.

A decomposição tem um papel na análise redutiva, mais geralmente, embora os componentes não precisem necessariamente ser conceitos indefiníveis, como em Moore, ou átomos lógico-metafísicos, como em Russell e no *Tractatus*. O aspecto decomposicional é óbvio no caso de análise metafísica ou de novo nível, seja ela da variedade de Cambridge ou da vienense. Aqui, a ambição é que a análise deixará expostos os constituintes últimos das proposições e, a partir daí, os elementos primitivos dos "fatos" que elas representam. Mesmo quando essa análise permanece agnóstica sobre a pergunta se a análise jamais atinge o leito de noções ou entidades inanalisáveis, ela permanece comprometida com a ideia de que conceitos complexos ou entidades complexas podem ser quebrados em outros mais simples e ontologicamente mais básicos.

A análise de novo nível incorre em dificuldades sérias, e não somente caso estiver ligada à miragem atomista de entidades necessariamente existentes. Tentativas de analisar todas as proposições empíricas naquelas sobre dados sensórios afundaram: a ocorrência de dados sensórios não é nem necessária para a presença de um objeto material, dado que podemos falhar em perceber um objeto mesmo sob condições favoráveis, nem suficiente, por causa da possibilidade de ilusão e alucinação. Mesmo a análise de novo nível aparentemente inócua de

3. Todo economista é falível.

como

3' Adam Smith é falível & Paul Ricardo é falível & Maynard Keynes é falível, etc.

apresenta problemas. Como Black (1933) apontou, (3) e (3') não significam o mesmo, a menos que "significa" equivalha, aqui, meramente a "acarreta". Além disso, analistas não podem sequer exibir as proposições acarretadas sem conhecimento prévio do nome de todos economistas. A análise correta, de acordo com Black, é, em vez disso:

3* $\forall x$ (x é um economista $\to$ x é falível)

Mas essa é uma análise lógica de estrutura, em vez de um desvelamento metafísico de fatos ou de entidades mais básicos.

Tal análise de mesmo nível ainda tem o propósito de parafrasear proposições em sua forma lógica "correta", aquela que elas realmente possuem por debaixo de sua superfície gramatical errônea. Essa ideia permanece um tema central em teorias contemporâneas de significado. Tais teorias detectam uma estrutura lógica oculta em todas as sentenças das linguagens naturais, e creditam aos falantes comuns um conhecimento de um sistema formal. Na semântica de condições de verdade davidsoniana, por exemplo, esse sistema tende a ser o cálculo de predicado, o cálculo de predicado inteiro, e nada senão o cálculo de predicado.

Ao se afastar do atomismo lógico, Wittgenstein repudiou tanto o aspecto decomposicional quanto o aspecto formal de sua versão anterior. Em 1929, ele condenou a "ideia infernal" de Moore de que ele toma a análise para descobrir o que significam nossas proposições enfadonhas como (2) ou (3) (1979, p. 129-130; ver 1953, §§60-64). Mesmo se Excalibur tiver constituintes últimos e formos capazes de descobri-los, isso contribuirá para nosso conhecimento de sua constituição física, em vez de contribuir para nosso entendimento do sentido de (2). Wittgenstein insiste que não existem "surpresas" ou "descobertas" em lógica e semântica, dado que rejeita a ideia de que falantes têm *conhecimento tácito* de um cálculo formal complexo ou de formas lógicas arcanas (1953, §§126-129). Um "ponto de vista lógico correto" (1922, 4.1213) não é alcançado por meio de uma excavação como que geológica, mas de um visão panorâmica como que geográfica, a qual exibe características de nossa prática linguística que se encontram abertas à visão. A análise filosófica não pode revelar os constituintes ocultos da linguagem, e, nesse sentido, a análise é *toto caelo* diferente da análise química. Se ela é legítima, ou equivale à descrição do uso guiado por regra de expressões filosoficamente contestadas, ou à substituição de um tipo de notação por outro, menos equívoco (1979, p. 45-47; 1953, §§90-92).

Quando ele escreveu *Expressões sistematicamente enganadoras* (1932), Ryle assumiu que todo enunciado tinha uma forma lógica subjacente que deveria ser exibida em sua formulação "correta". Mais tarde, ele negou que há uma forma lógica a ser descoberta por debaixo da superfície da linguagem comum (Rorty, 1967, p. 305). Todavia, ele não abandonou a motivação subjacente – mostrar o que está errado com expressões enganadoras. O objetivo da análise não é mais descobrir uma estrutura oculta, mas evitar os problemas filosóficos gerados por traços enganosos da forma gramatical. Em *The Concept of Mind*,* Ryle buscou superar o que ele chamava de "erro categorial" envolvido em falar da mente como um tipo de coisa. A sua ambição era "retificar a geografia lógica do conhecimento que já possuímos" (1949, p. 9). Mas, isso equivalia a expressar regras e conexões conceituais que os falantes ordinários são capazes de reconhecer em vez de descobertas inovadoras concernentes ou bem ao mundo ou a sistemas lógicos arcanos na base da competência linguística.

Semelhantemente, Strawson (1952) argumentou extensamente que o cálculo

---

* N. de T.: Isto é, *O conceito de mente*.

de predicado – a arma de escolha para os analistas lógicos anteriores – não revela a verdadeira estrutura do discurso comum. O hiato entre os conectivos verofuncionais e seus correlatos vernaculares é mais amplo do que comumente aceito. Da mesma forma, ao tentar parafrasear expressões de referência singulares, a teoria das descrições de Russell constrói equivocadamente seu papel distintivo, que é distinguir as coisas das quais falamos. A sutileza e a variedade da linguagem comum é mutilada pelo leito procrusteano da forma lógica, e a última não é um instrumento suficiente para revelar todos os traços (lógicos) estruturais de uma linguagem natural.[1]

De acordo com isso, os wittgensteinianos e os analistas conceituais de Oxford rejeitam a ideia de que proposições têm componentes últimos ou até mesmo uma estrutura definida. Como resultado, a análise em suas mãos não significa nem decomposição em componentes últimos ou mais básicos nem paráfrase lógica. Em vez disso, ela significa a explicação de conceitos e a descrição de conexões conceituais a modo de implicação, pressuposição e exclusão. Essa atividade ainda se qualifica como "análise conectiva" no sentido de Strawson (1992, Capítulo 2). Mas, como o próprio Strawson aponta, o termo "análise" é enganoso, uma vez que esse procedimento não mais é análogo à análise química, e poderia ser mais apropriado falar, em vez disso, de "elucidação".

Em seus melhores dias, nos anos de 1950 e 1960, muitos analistas conceituais emularam a análise decomposicional de Moore em um aspecto importante. Embora eles não considerassem conceitos como constituintes da realidade, buscavam definições analíticas deles, definições que especificam condições individualmente necessárias e, em conjunto, suficientes para a aplicação dos termos que expressam os conceitos. Essa ambição tem minguado. Para tomar o caso mais espetacular, seguindo a crítica clássica de Gettier à definição tripartite de "conhecimento" como "crença verdadeira justificada", a tendência corrente é abster-se de uma definição analítica e enfocar mais o papel do conceito de conhecimento em nossas práticas (Hanfling, 2000, Capítulo 6; Craig, 1990). A especificação de condições necessárias e suficientes não é mais considerada como o único ou mesmo como o objetivo primário da análise conceitual, especialmente no caso de conceitos como "conhecimento", os quais são complexos e ferozmente contestados.

A análise decomposicional e a análise lógica nem sequer capturam a autoimagem de todos os filósofos da linguagem ideal. A ideia de uma quebra em componentes últimos e de uma forma lógica real deveria ser anátema para quineanos estritos, na consideração de sua fé na indeterminação de significado e na inescrutabilidade da referência. Para Quine, não há qualquer verdade quanto a se os termos de uma linguagem se referem, por exemplo, a animais ou a partes animais inseparadas. Diferentemente de Davidson, Quine nega que linguagens naturais sejam *au fond* realmente estruturadas pelo cálculo de predicados. Com efeito, em determinado aspecto, a ideia de componentes reais e de uma forma lógica real não se encaixa bem com o projeto todo do construcionismo lógico. Nessa corrente de filosofia analítica, a análise não é a decomposição de um dado complexo em seus componentes; antes, ela é um ato de *construção*. Assim, pois, tanto para Carnap quanto para Quine, análise significa "explicação lógica". O objetivo não é fornecer um sinônimo do *analysandum*, ou mesmo uma expressão com as mesmas condições necessárias e suficientes de aplicação. E nem é identificar os constituintes verdadeiros e a verdadeira forma que ele possui por debaixo da superfície gramatical. O objetivo é, antes, fornecer uma expressão ou construção alternativa que sirva igualmente bem aos propósitos cognitivos da original, evitando, porém, suas desvantagens científicas ou filosóficas (Quine, 1960, p. 224, §§33, p. 53-54).

Pode existir uma vaga noção de análise que ainda se encaixa com todos esses casos: certos tipos de paráfrase sentencial, formal ou informal, ainda desempenham um papel central, e assim o fazem as considerações sobre a aplicabilidade ou a não aplicabilidade de conceitos a certos casos. Mas nem mesmo esses procedimentos cobrem todos os filósofos analíticos recentes. Nem a elucidação conceitual nem a paráfrase sentencial desempenham um papel proeminente em alguns praticantes contemporâneos da filosofia moral e da psicologia moral. Harry Frankfurt e Williams, por exemplo, contam como filósofos analíticos. Não obstante, o único sentido em que analisam fenômenos como motivação ou veracidade é tão geral que também inclui uma parte significativa das atividades perseguidas por filósofos não analíticos.[2] Afinal, nesse sentido universal, analisar X não significa nada mais específico do que fornecer um exame contínuo de X (seja ele filosófico ou científico). A genealogia da moralidade de Nietzsche passa por esse teste precisamente nas mesmas bases que aquela de Williams.

A isso poder-se-ia ainda responder que a filosofia analítica é simplesmente *análise no século XX* (talvez com algumas décadas incluídas no início). Mas pensadores não analíticos do século XX estão igualmente incluídos. Husserl e seus discípulos especializaram-se na "análise fenomenológica" (1900, II p. 7). E mesmo um arqui-inimigo da filosofia analítica como Heidegger buscou uma "análise ontológica" ou uma "analítica do Ser", que supostamente revela o significado da existência (1927, p. 14-15). Por consequência, enquanto noções de análise mais pesadas e mais específicas não mais cobrem o espectro todo da filosofia analítica, as noções menos exigentes e mais amplas são por demais indiscriminadas. A análise, portanto, não pode ser utilizada para definir a filosofia analítica.

2. O ESPÍRITO CIENTÍFICO

Nossa segunda definição metodológica não é tão óbvia quanto a primeira, mas é igualmente popular. Ela associa a filosofia analítica ao espírito científico. Assim, pois, Wang define a filosofia analítica como "centrada na ciência" e a contrasta com a filosofia "centrada na arte", de Wittgenstein:

> Diferentemente de Russell, Carnap e Quine, Wittgenstein é centrado na arte em vez de na ciência, e parece ter um motivo subjacente diferente para seu estudo da filosofia. (1986, p. 75; semelhantemente Lurie, 1997)

Essa proposta é mais geral do que a proposta naturalista discutida no subcapítulo 5.3. Ela é compatível com a visão de que a filosofia não é nem parte das ciências naturais nem está em continuidade com elas, no sentido de que não tem a mesma tarefa, a saber, o estudo do mundo natural, funcionando como um disciplina de segunda ordem.

A ideia é que qualquer investigação filosófica, mesmo uma investigação de segunda ordem, lógica ou conceitual, deveria proceder de um espírito científico, guiado pelo mesmo *ethos* e pelos mesmos princípios metodológicos. Isso é o que Rorty tem em mente quando contrasta o estilo "científico" da filosofia analítica com o estilo "literário" da filosofia continental: "'científico' significa, agora, algo 'argumentativo'", em vez de a disciplina verdadeiramente científica pela qual Reichenbach esperava (1982, p. 220). Quinton concebe a filosofia analítica em termos semelhantes, muito embora sua avaliação dela, diferentemente da avaliação de Rorty, seja inequivocamente entusiástica: filósofos analíticos "pensam e escrevem no espírito analítico, respeitoso à ciência, tanto como um paradigma de crença razoável quanto em conformidade com seu rigor argumentativo, com sua clareza e com sua determinação em ser objetiva" (1995a, p. 30).

A proposta de que a filosofia analítica é científica, nesse sentido mais frouxo, é corroborada por muitos espécimes paradigmáticos. Há a missão de Russell de introduzir o "método científico" na filosofia. Combatendo o que ele considerava como manifestações teimosamente erradas e enredadas de irracionalismo – o idealismo de Bradley, o pragmatismo de James e o evolucionismo de Bergson –, Russell escreveu:

Uma filosofia verdadeiramente científica será mais humilde, mais fragmentária, mais árdua, oferecendo menos brilho da miragem externa de adular esperanças falaciosas, mas mais indiferente ao destino e mais capaz de aceitar o mundo sem a imposição tirana de nossas exigências humanas e temporárias. (1925, p. 37)

Pelo mesmo mecanismo, o atomismo lógico representa

o mesmo tipo de avanço que foi introduzido por Galileu: a substituição de resultado fragmentários, detalhados e verificáveis para generalidades amplamente sem teste, recomendadas somente por um certo apelo à imaginação. (1914, p. 14)

Em seguida, há o culto à ciência como o epítome do conhecimento humano praticado mesmo por aqueles positivistas lógicos que distinguiram a filosofia da ciência. Assim, pois, eles com frequência falaram de sua filosofia como "filosofia científica", no intuito de significar que ela tentava limitar a natureza precisa e cooperativa da ciência:

com o passar dos anos, uma crescente uniformidade apareceu; isso também foi um resultado da atitude especificamente científica: "O que pode ser dito em absoluto, pode ser dito claramente" (Wittgenstein); se existem diferenças de opinião, é possível, no final, concordar, e, portanto, a concordância é exigida. Tornou-se crescentemente claro que uma posição não apenas livre da metafísica, mas oposta à metafísica, era o objetivo comum de todos. (Carnap, Hahn e Neurath, 1929, p. 6; ver também Reichenbach, 1951)

Wittgenstein não se agradou nem ficou lisonjeado por ter sido feito um "representante principal da visão de mundo científica" (Carnap, Hahn e Neurath, 1929, p. 20). Seu famoso dito "O filósofo não é um cidadão de uma comunidade de ideias. Isso é o que o torna um filósofo" (1967, §455) foi uma reação excessiva ao coletivismo intelectual igualmente excessivo propagado e com frequência praticado pelos positivistas lógicos em nome da ciência.

No entanto, a atitude de Wittgenstein para com a ciência era mais complexa do que Wang, entre outros, supõe (Glock, 2001, p. 213–14). Ele tinha um pano de fundo em engenharia e um interesse permanente em certos tipos de investigação científica, a saber, aqueles que apelavam a seu desejo por clareza conceitual. Além disso, deve-se distinguir a ideologia pessoal de Wittgenstein e sua metodologia filosófica. A última rejeita não a ciência, mas o *cientismo*, as tendências imperialistas do pensamento científico que resultam da ideia de que a ciência é a medida de todas as coisas. Wittgenstein insiste que a *filosofia* não pode adotar as tarefas e os métodos da ciência. Deveria haver uma *divisão de trabalho* entre a ciência e a reflexão de segunda ordem da filosofia sobre nosso aparato conceitual, uma divisão que é difícil de sustentar dada a obsessão do século XX pela ciência.

Ainda assim, Wang está certo em pensar que a filosofia de Wittgenstein não é centrada na ciência. Wittgenstein era pessoalmente hostil ao espírito científico do século XX. Ele detestava a crença no progresso e o "culto idolátrico" da ciência, o que considerava tanto um sintoma como uma causa de declínio cultural. Ele também declarou:

Posso achar questões científicas interessantes, mas elas raramente tomam conta de mim. Apenas questões *conceituais* e *estéticas* fazem isso. No fundo, sou indiferente à solução de problemas científicos, mas não ao outro tipo. (1980, p. 79)

O fato de que uma definição centrada na ciência excluiria Wittgenstein poderia ser considerado irrelevante ou mesmo bem-vindo. Afinal, há um contínuo debate sobre o fato de Wittgenstein ser ou não um membro *bona fide* da tradição analítica. De um lado, Hacker divisou uma argumentação poderosa para considerá-lo como a força motora por detrás da filosofia analítica no século XX. De outro lado, tem havido uma proliferação de interpretações não analíticas, mais recentemente aquelas sob a bandeira de um "novo Wittgenstein". Em minha opinião, é incontestável que o *Tractatus* mereceu um lugar no panteão dos clássicos analíticos. Afinal de contas, foi a primeira obra a pensar profundamente as consequências de um programa atomista combinando a análise conceitual de Moore e a análise lógica de Russell. Russell teve de confessar que, por tudo o que ele sabia, "a análise poderia continuar para sempre" (1918, p. 202). Wittgenstein adotou um atomismo mais estrito, embora sob o preço de recusar especificar seus átomos. Ele transcendentalmente deduziu que *deve haver* objetos que são metafisicamente simples e semanticamente indefiníveis – no sentido da análise conceitual de Moore – a partir da possibilidade de representação simbólica. O *Tractatus* também deu início à virada linguística que dominou a fase intermediária da filosofia analítica. Mas existem alguns motivos para dúvida relativamente à obra tardia (ver subcapítulo 8.4).

De todo modo, a concepção científica também exclui outras importantes figuras e movimentos. Moore não mostrou quaisquer inclinações em subordinar o senso comum às conclusões filosóficas extraordinárias frequentemente tiradas a partir de investigações científicas. O mesmo vale para a análise conceitual de Oxford. Enquanto Austin jogou com a ideia de uma *Aufhebung** da filosofia em linguística (1970, p. 181), esse ideal é firmemente rejeitado por Ryle e Strawson. Os últimos dois não só distinguem a filosofia da ciência na teoria, mas eles também não imitam os métodos da ciência na prática. De fato, Ryle orgulhosamente relata a seguinte anedota da escola:

> Lembro-me de um outro mestre dizendo: "Ryle, você é muito bom em teorias [filosóficas], mas você é muito ruim em

fatos [científicos]". Minhas tentativas de reparar essa última fraqueza tiveram vida curta e foram malsucedidas. (1970, p. 1)

De acordo com o testemunho de Geoffrey Warnock, os filósofos da linguagem comum de Oxford eram hostis "a termos técnicos e a aspirações ao 'profissionalismo científico'" (1998). Foi precisamente essa atitude que provocou Quine a fazer chacota de sua "contínua laicidade" (1960, p. 261). Ao fazer isso, Quine promoveu os ideais da "filosofia científica" ou da "filosofia em um espírito científico" (por exemplo, 1970, p. 2; 1994, p. 47–57; 1987, p. 209) que ele tinha sorvido dos positivistas lógicos e com os quais imbuiu os naturalistas contemporâneos. Por tudo isso, contudo, uma definição de filosofia analítica que exclui não só Wittgenstein mas também Moore e a filosofia de Oxford é um não começo. A análise conceitual em suas várias manifestações está longe de estar morta, mas sofreu um reavivamento recentemente. Além disso, a prática diária da filosofia analítica contemporânea é impensável sem seu legado. Com efeito, a discussão analítica na filosofia prática deve significativamente mais à análise conceitual do que o faz ao construcionismo lógico. Mesmo se as figuras anteriormente mencionadas tivessem sido um mero sinal de luz na tradição analítica, não poderiam ser excluídas daquela tradição porque suas opiniões foram suplantadas, pois esse motivo igualmente desqualificaria Russell e os positivistas lógicos. Sejam eles os queridinhos do momento ou não, nenhum desses pensadores pode ficar de fora da história da filosofia analítica.

Para fazer uma nota final, todavia tristemente familiar, a concepção científica também *é inclusiva* demais. Ao passo que o naturalismo metafilosófico é uma posição recente, a orientação mais geral na ciência atualmente sob consideração domina a filosofia ocidental. A matemática e a lógica tiveram um papel muito importante na filosofia antiga e medieval, o qual, em alguns aspectos, prefigura seu papel dentro da

---

* N. de T.: A palavra alemã significa "suspensão" ou "superação".

filosofia analítica. As ciências naturais e a psicologia foram centrais à filosofia moderna a partir de Descartes. Kant, por exemplo, tinha uma elaborada filosofia das ciências naturais e contribuiu para a explicação do nascimento do sistema solar. Alguns historiadores analíticos sugeriram que a filosofia kantiana foi exercida em isolamento dos desenvolvimentos das ciências especiais (Wedberg, 1984, p. 1-2; Coffa, 1991, p. 22). Isso é pura pré-concepção. Um grupo de neokantianos (livremente denominados) consistia em eminentes cientistas, tais como Helmholtz e Hertz. Além disso, mesmo filósofos neokantianos como Natorp (1910) e Cassirer (1921) tendiam a conhecer mais sobre as ciências de seu dia – tanto naturais quanto sociais – do que a média dos filósofos analíticos tendem a conhecer sobre a ciência atual. E a Escola de Neokantismo do Sudoeste incluía as ciências históricas e sociais para produzir filosofias da ciência abrangentes.

Mesmo dentro da filosofia continental contemporânea há preocupação ocasional com certos tópicos científicos. Tristemente, como veremos no subcapítulo 9.1, essa preocupação tem estado longe de ser saudável. Contudo, mesmo sem esse exposto particular, a argumentação contra a concepção científica de filosofia analítica permanece sendo convincente. Goste-se ou não, nem uma preocupação com a ciência nem a iluminação pelo espírito científico define a filosofia analítica.

3. FRAGMENTANDO A QUESTÃO

É tentador pensar que as imperfeições de definições metodológicas podem ser retificadas se as modificarmos em uma definição *estilística*. O que separa a filosofia analítica de outros tipos de filosofar não é tanto uma técnica ou um procedimento mais ou menos específico, mas, antes, um estilo mais geral de pensar e escrever. Antes de nos voltarmos a uma concepção estilística de filosofia analítica, em termos estritos, considerarei outras características que, ocasionalmente, têm sido propostas em termos de diferenciação.

A primeira está claramente no lado metodológico, a saber, o uso de casos enigmáticos e experimentos de pensamento (Aschenberg, 1982, p. 23). Os analistas conceituais, em particular, consideraram casos exóticos, com frequência fictícios, no intuito de explorar a extensão precisa de aplicação para certos termos. O mais famoso (ou notório), nesse sentido, é o debate duradouro sobre a identidade pessoal, que remonta a Locke. Somos convidados a considerar, por exemplo, casos em que o cérebro de N. N., ou então suas memórias, são transplantadas para o corpo de M. M. Levanta-se, então, a pergunta se N. N., agora, habita o corpo de M. M., e supõe-se que isso estabelece se sua identidade é determinada por seu cérebro, por suas memórias ou por seu corpo. Casos enigmáticos também têm um papel na semântica realista de Kripke e de Putnam. Pede-se a nós que consideremos se, por exemplo, uma substância que tem todas as qualidades fenomênicas da água, com exceção de uma composição molecular fictícia XYZ, ainda se qualifica como água, ou se gatos continuariam a valer como animais, mesmo de descobríssemos que são autômatos controlados a partir de Marte. Durante os melhores dias da virada linguística, casos enigmáticos foram invocados para certificar-se "do que diríamos" sob certas circunstâncias, no intuito de delinear as regras que governam o uso de termos filosoficamente contestados. Esse cenário foi agora substituído pelas considerações de nossas intuições tutoriadas acerca de casos enigmáticos e experimentos de pensamento, ainda que seja um tanto confuso ao que essa diferença precisamente equivale (Hanfling, 2000, Capítulos 4 e 12).

Mas, apesar de sua importância e valor inegáveis, a ponderação de casos enigmáticos e de experimentos de pensamento não marca o limite da filosofia analítica. Em primeiro lugar, eles também desempenham um papel nos empiristas britânicos e em Kant, por exemplo. Além disso, existem manifestações da filosofia analítica que não os levam em consideração. O *Tractatus* é um exemplo, porque faz a tentativa de deduzir o modo como deve ser a linguagem na base de certas visões gerais sobre a natureza da representação. O construcionismo lógico é outro, porque inventa novos termos em vez de explorar a extensão ou o significado preciso de termos estabelecidos.

Um segundo traço, situado mais ainda no lado metodológico, é proeminente em Russell: "Uma filosofia científica tal como desejo recomendar será fragmentária e provisória como as outras ciências".

> A essência da filosofia, assim concebida, é análise, e não síntese. Construir sistemas do mundo, como o professor de alemão de Heine, que amarrava fragmentos da vida e formava um sistema inteligível a partir deles, não é, creio, mais factível do que a descoberta da pedra filosofal. O que é fatível é o entendimento de formas gerais e a divisão dos problemas tradicionais em um número de questões separadas e menos confusas. "Dividir e conquistar" é a máxima de sucesso, aqui como alhures. (1925, p. 109)

Mais tarde, ele recomendou os positivistas lógicos por seus métodos passo a passo, procedimentos que tinham provado seu caráter nas ciências naturais. A filosofia tradicional, por contraste, esforçou-se em "produzir uma teoria completa do universo em todas as ocasiões" (1950, p. 381). Em um aspecto, pelo menos, esse tapinha nas costas foi merecido. Entre os numerosos fantasmas mirados no *Manifesto do Círculo de Viena* estavam não só a filosofia tradicional e a escolástica, mas também a filosofia *sistemática* (*Systemphilosophie*) (Carnap, Hahn e Neurath, 1929, p. 18).

Remanescentes dessa atitude são encontrados em Lewis, que confessa:

> Eu teria gostado de ser um filósofo fragmentário, assistemático, oferecendo propostas independentes sobre uma variedade de tópicos. Não era para ser. Sucumbi demasiadas vezes à tentação de pressupor minhas concepções sobre um tópico ao escrever sobre outro. (1983, p. ix)

E, bem recentemente, Soames (2003, p. xiv–xv) identificou uma "abordagem fragmentária" como um dos traços distintivos da filosofia analítica. Inversamente, os filósofos continentais têm orgulho de sua abordagem sistemática ou "sinótica" (Prado, 2003a, p. 10–11; Schroeder, 2005). Enquanto os filósofos analíticos tendem a perder a conspiração por conta de sua obsessão por detalhes técnicos, os filósofos continentais limitam a tradição filosófica ao menos em um aspecto: buscam uma visão total do mundo e de nosso lugar nele. Esses proponentes da filosofia continental revertem, a partir daí, a avaliação de Russell acerca de uma abordagem fragmentária, enquanto confirmam sua caracterização da filosofia analítica.

A sugestão que surge é que a filosofia analítica aborda problemas filosóficos passo a passo, resultando, a partir disso, em edifícios que são menores em escala, enquanto, ao mesmo tempo, mais seguros. A primeira coisa a notar é que procedimentos fragmentários e a ambição sistemática não se excluem mutuamente. Austin recomendou uma abordagem fragmentária precisamente pelas mesmas razões que cativaram Russell a essa abordagem – a saber, que ela torna administráveis problemas grandiosos e que potencialmente levam à confusão. Todavia, ele tinha ambições sistemáticas. Mais ainda, outros analistas conceituais levaram essas ambições sistemáticas à realização. Por exemplo, nem a obra *Individuals*, de Strawson, nem *Thought and Action*,* de Hampshire, carecem de visão sistemática.

O lado formalmente orientado da filosofia analítica também produziu sistemas eminentes, de Russell em diante (Putnam, 1983, p. 170-183, 287-303). Já ouvimos sobre Lewis, um pensador sistemático *malgré lui*. De forma até mesmo mais óbvia,

---

* N. de T.: Isto é, *Pensamento e ação*.

Quine é um construtor de sistema alinhado a Descartes, Kant ou Hegel. Suas reflexões sobre vários tópicos filosóficos (filosofia, necessidade, linguagem e mente) são parte de uma teoria sistemática e abrangente. O mesmo vale para Davidson, apesar do fato de ele ter desenvolvido o seu sistema por meio de uma série de artigos que se sobrepõem e entrecruzam, em vez de fazê-lo em um único livro. O traço mais fascinante de suas obras é o modo como conectam problemas e conceitos a partir de diversos campos – metafilosofia, semântica, epistemologia, filosofia da ciência, filosofia da mente – e os tecem em um todo impressionante. Isso pode também ser um traço exasperante, especialmente para os críticos. Alegações a partir de uma área, que são *prima facie* implausíveis, ganham suporte pelas ideias a partir de uma outra, e assim, pois, formam uma perspectiva única, poderosa e coerente.

Embora Quine e Davidson enfrentem com gosto os problemas técnicos detalhados tão queridos por seus colegas pós-positivistas, eles se movem rapidamente de questões de pequena escala para questões de larga escala. Assim, pois, Quine fez da pergunta aparentemente de pesquisa sobre a existência de padrões objetivos de tradução o cerne de uma concepção totalmente nova de filosofia. Em um estilo semelhante, Davidson argumenta que as pressuposições "caridosas" da interpretação radical excluem posições aparentemente irrefutáveis, como o ceticismo e o relativismo. Além do mais, seus edifícios sistemáticos não são uniformemente devidos a procedimentos fragmentários. Consideremos a discussão de Quine sobre o significado de sentenças e proposições. Em vez de quebrar o problema em partes menores e mais maleáveis, ele imediatamente se vê envolvido em questões complexas acerca de formação de crença e método científico, com o resultado notável de que não existe tal coisa como significado de sentenças e de que cremos em sentenças em vez de naquilo que elas expressam. Pode-se muito bem suspeitar que uma abordagem mais circunspecta poderia ter levado a resultados mais confiáveis, mesmo se menos iconoclastas (Glock, 2003a, p. 36-37). Em nosso contexto, contudo, o resultado é que a filosofia analítica *per se* não é nem mais fragmentária nem menos sistemática do que suas rivais.

A alusão de Russell a Heine de fato faz sentido. Foi a aspiração de todo professor de filosofia alemão com respeito por si mesmo, no século XIX, deixar como legado um sistema de filosofia em pelo menos três volumes: lógica, incluindo epistemologia, metafísica e filosofia prática e estética. Essa ambição específica é ainda estranha à filosofia analítica. Mas existem alguns poucos filósofos analíticos famosos que podem recordar de uma progressão semelhante e sistemática de seus interesses, notadamente Putnam e Dummett. E porque o tamanho médio dos volumes resultantes é menor, e a expectativa média de vida dos filósofos é maior, é até mais provável que colhamos os benefícios dos volumes coroantes com respeito à ética, à política e à crítica cultural do que foi o caso no século XIX (por exemplo, no caso de Lotze e Rickert).

Falando sobre tomos extensos, há uma persistente suspeita de que os filósofos continentais regularmente sucumbem a ataques de logorreia. Dito em termos menos carregados, prevalece a impressão de que os textos analíticos tendem a ser mais breves do que os textos tradicionais ou continentais (D'Agostini, 1997, p. 70, 205-206). Agora, é perfeitamente correto que os filósofos analíticos achem mais fácil construir uma carreira na base de artigos breves do que suas contrapartes continentais: testemunhe-se Grice, Davidson e Putnam (Cohen, 1986, p. 139). Mas, a alegada brevidade dos tratados analíticos é ilusória. Em safras recentes, arrasa-quarteirões são abundantes – pensemos somente nas obras *Frege: Philosophy of Language** de Dummet, *Philosophical Explanations*** de Nozick, ou *Making it Explicit**** de Brandom. Uma vez

---

* N. de T.: Isto é, *Frege: filosofia da linguagem*.
** N. de T.: Isto é, *Explicações filosóficas*.
*** N. de T.: Isto é, *Tornando explícito*.

mais, não estamos lidando apenas com um fenômeno recente. Nem *Principles of Mathematics** nem *Principia Mathematica*** são obras curtas, e o mesmo vale, por exemplo, para *The Mind and its Place in Nature*,*** de Broad, e *The Structure of Science*,**** de Nagel. E, no surgimento mesmo do movimento analítico, a *Wissenschaftslehre****** de Bolzano torna minúscula qualquer coisa já produzida pela pena de Kant ou de Hegel. Os *Grundlagen der Arithmetik******* de Frege, os *Problems of Philosophy******** de Russell, e o *Tractatus* de Wittgenstein são a exceção, em vez de serem a regra.

Atingimos, agora, questões de estilo. Permitam-me terminar essa seção mencionando brevemente outra característica de apresentação. Poucos filósofos continentais se associariam a Ryle quando reclamou da "doença da nota de rodapé". Em alguns filósofos analíticos, o medo por essa aflição provocou uma ampla chacina (Armstrong, 1997, p. xi). Com efeito, Dummett publicou seu tomo sobre Frege, anteriormente mencionado, de início não só sem notas de rodapé, mas também sem uma única citação ou referência. Mais uma vez, contudo, não há nenhum contraste aqui entre filósofos analíticos e seus colegas não analíticos. Quando escrevem sobre questões históricas, por exemplo, os filósofos analíticos empregam notas de rodapé de forma tão liberal como os filósofos tradicionalistas, e assim o fazem de forma bastante apropriada. Mesmo fora de tais áreas, o que se poderia chamar de *nota de rodapé defensiva* tornou-se um traço notável dos escritos analíticos. Enquanto objeções menos convincentes à posição do autor são despachadas com grande imposição no corpo principal do texto, as questões realmente ardilosas são abordadas em notas de rodapé, ou, melhor ainda, nas notas de fim de texto. Dessa maneira, o autor pode demonstrar que está consciente da dificuldade, ao passo que ainda a priva do oxigênio da publicidade.

4. "CLAREZA" NÃO É O SUFICIENTE!

Os traços estilísticos específicos que foram mencionados ao fim da última seção trazem uma chance pequena de unir toda a filosofia analítica. Portanto, é por boas razões que a mais comum definição estilística se encosta em uma questão de estilo muito mais geral – a clareza. Inversamente, a acusação positivista de que a filosofia tradicional-mais-especulativa é ininteligível sobrevive na acusação menos enfocada de que a filosofia continental é obscura, chegada ao mistério, gnômica, oracular ou obra de charlatães. Assim, pois, Rosen resume o contraste estereotipado entre a filosofia analítica e a continental do seguinte modo: "precisão, clareza conceitual e rigor sistemático são as propriedades da filosofia analítica, enquanto os continentais se comprazem com metafísicas especulativas ou hermenêuticas culturais, ou, alternativamente, dependendo das simpatias de alguém, com lacuna de pensamento e anticlímax" (citado por Critchley, 1998, p. 7).

Em 1945, H. H. Price fez uma comunicação para a Sessão Conjunta sob o título "Clareza não é o suficiente". Foi um ataque à maré crescente da filosofia linguística, muito embora um ataque muito comedido e claro. Austin, que foi um dos principais alvos, reagiu de uma maneira igualmente clara e destacada:

> Foi dito que clareza, também, assim eu sei, não é o suficiente: mas, talvez será o momento de chegar a isso, quando estivermos dentro de uma distância mensurável de atingir a clareza sobre algum assunto. (1970, p. 189)

---

* N. de T.: Isto é, *Princípios da matemática*, de Bertrand Russell.
** N. de T.: Isto é, *Princípios matemáticos*, de Bertrand Russell e Alfred N. Whitehead.
*** N. de T.: Isto é, *A mente e seu lugar na natureza*.
**** N. de T.: Isto é, *A estrutura da ciência*.
***** N. de T.: Isto é, *A doutrina da ciência*.
****** N. de T.: Isto é, *Os fundamentos da aritmética*.
******* N. de T.: Isto é, *Os problemas da filosofia*.

Os dois lados desse intercâmbio tinham por garantido que há uma conexão íntima entre clareza, por um lado, e, por outro, filosofia linguística e filosofia analítica, de forma mais geral. Price foi um dos primeiros a fazer uso do termo "filosofia analítica". Ele introduz o movimento como "filosofia analítica ou clarificadora", e a credita com o credo de que a "clarificação é o objetivo principal da filosofia" (1945, p. 16-17).

Com o passar dos anos, até mesmo alguns de seus críticos contumazes aceitaram que, goste-se ou não, a filosofia analítica aspira a uma clareza maior do que o fazem suas rivais. Assim, pois, Moore tentou, em *Principia Ethica*, "distinguir claramente" diferentes tipos de questão que filósofos morais anteriores "sempre confundiram" (1903, p. vii–viii). Wittgenstein foi até mesmo mais enfático. Ele escreveu sobre sua apaixonada "obra de clarificação" (1980, p. 19) e atribuiu à filosofia a tarefa de atingir a clareza.

> O propósito da filosofia é a clarificação lógica dos pensamentos. A filosofia não é uma doutrina, mas uma atividade. Uma obra filosófica consiste essencialmente de elucidações. O resultado da filosofia não são "proposições filosóficas", mas a clarificação de proposições. A filosofia deveria clarificar e agudamente demarcar nossos pensamentos, os quais, de outro modo, seriam, por assim dizer, turvos e nublados. (1922, 4.112)

Os positivistas lógicos buscavam um objetivo semelhante, ainda que por diferentes razões. Eles se consideravam herdeiros do Iluminismo. Proeminente entre os valores do Iluminismo, junto com o progresso e a cooperação científica, está a virtude da clareza. "Faz-se esforços por ordenação e clareza, e rejeita-se distâncias escuras e profundidades inescrutáveis" (Carnap, Hahn e Neurath, 1929, p. 15). Carnap colocou essa aspiração em um contexto mais amplo:

> Nós [aqueles com uma "atitude científica básica"] também temos "necessidades emocionais" em filosofia. Mas elas são satisfeitas pela clareza de conceitos, precisão de métodos, teses responsáveis, realização por meio de cooperação, em que cada indivíduo faz sua parte. Não nos enganamos sobre o fato de que movimentos em filosofia metafísica e em religião, que resistem a essa orientação, também hoje exercem uma influência deveras forte. O que, então, apesar disso, nos dá a confiança de que nosso clamor pela clareza, pela ciência sem a metafísica será bem-sucedido? É a percepção, ou, para colocar mais cuidadosamente, a crença de que aqueles poderes contrários pertencem ao passado. Sentimos que há um parentesco interno entre a atitude sobre a qual nosso trabalho filosófico está fundado e a atitude intelectual que presentemente se manifesta em andares da vida inteiramente diferentes; sentimos essa orientação em movimentos artísticos, especialmente na arquitetura e em movimentos que se esforçam por formas significativas de vida pessoal e coletiva, de educação e de organização externa em geral. Sentimos em todo nosso redor a mesma orientação básica, o mesmo estilo de pensar e fazer. É uma orientação que exige clareza em todo lugar, mas que percebe que a fábrica da vida jamais pode ser muito bem compreendida. (Carnap, 1928, p. xvii–xviii)

O nazismo e o stalinismo fizeram, subsequentemente, uma zombaria das esperanças políticas de Carnap. Mas fizeram com que fosse tanto mais tentador para os filósofos britânicos fazer do ideal de clareza uma vara com que bater no que começaram a rotular de "filosofia continental". Em 1957, R. M. Hare viajou pela Alemanha com uma conferência entitulada "Um escola para os filósofos". Nela, explorou o que chama de os "dois diferentes modos" em que a filosofia é presentemente estudada, a saber, o britânico e o alemão (1960, p. 107).

Mas, de acordo com Hare, no sistema tutorial de Oxford, um estudante de filosofia será ensinado "a pensar mais claramente e relativamente à questão"; isto é, ensinado "a expressar seu pensamento claramente para si mesmo e para os outros; a fazer as distinções a serem feitas e, assim, a evitar confusão desnecessária – e a não fazer uso de palavras longas (ou breves) sem ser capaz de explicar o que elas significam". Além disso, a filosofia britânica é, em geral, guiada pelas virtudes intelectuais ensinadas em Oxford, a saber, "clareza, relevância e brevidade". Tais virtudes assegurarão, então, que argumentos entre "filósofos britânicos" possam circular e se desenvolver por meio da defesa e da refutação da obra com "uma tese afirmada de forma não ambígua" (1960, p. 108, 112).

A filosofia alemã, por contraste, compraz-se nas "delícias de erguer, em pensamento solitário, edifícios imponentes – de escrever volumes imensos que somente um punhado de pessoas alguma vez entenderá". O típico autor desses "livros longos e difíceis", desses "edifícios filosóficos monstruosos", gosta de "reunir um círculo privado para ouvi-lo". Além disso, ele não se acanhará em transformar "a filosofia em *mystique*", ou de produzir "verborragia" disfarçada de "investigação metafísica séria". "A filosofia alemã" prospera e encontra uma obra "edificante" caracterizada por "ambiguidades, evasões e retórica", ou seja, justamente aquelas características que os "filósofos britânicos" consideram como a marca de um filósofo que não aprendeu seu ofício" (1960, p. 110-115). (Espera-se que o ofício do diplomata britânico difira, de algum modo, daquele do filósofo britânico.)

Os filósofos analíticos continuaram a contrastar a clareza analítica com o obscurantismo continental nos anos de 1980 e 1990 adentro, quando muito da autoconfiança estridente da filosofia analítica do pós-guerra tinha se dissipado. Assim, pois, Ayer nos oferece um exemplo de seu pensamento.

> [a tradição do empirismo britânico] é uma tradição de senso comum... ficando perto dos fatos, e da observação, e não sendo levada pelo romantismo alemão, pela mania de falar difícil, pela obscuridade, pela metafísica. É uma tradição, como um todo, de boa prosa. Isso é muito importante. Se você escreve em boa prosa, você não pode sucumbir ao tipo de tolice que obtemos da Alemanha e agora também da França. (1991, p. 212)

Mais tarde, ele faz uma concessão, ainda que não sem elogiar a si mesmo:

> Creio que é perfeitamente verdadeiro que as pessoas que escrevem muito claramente *podem* ser superficiais. Um modo de escrever claramente é evitar questões difíceis. Mas, penso que não é verdadeiro, em absoluto, que alguém que escreve claramente *tem* de ser superficial. Pelo contrário, penso que um bom escritor filosófico é alguém que consegue pôr teorias difíceis – como, por exemplo, meu construcionalismo, que é extremamente difícil – de uma maneira clara. Um dos grandes perigos em filosofia é a obscuridade, e a obscuridade, em particular entre os alemães, é sempre marcada por escrita muito confusa. (1991, p. 224-225)

Finalmente, Warnock escreve, em 1998:

> Em uma extensão mais do que trivial, a adesão ao grupo em questão era um item de estilo. Havia uma hostilidade consciente ao modo retórico altivo, deveras solto, por exemplo, de seus predecessores idealistas; ... Havia uma repugnância ainda mais enfática pelo discurso "profundo" que gira em enigmas e se compraz em paradoxos da maioria dos filósofos continentais contemporâneos, com quem, de fato, nenhum tipo de comunicação acadêmica era procurada nem, provavelmente, praticável. (Nessa repugnância particular, havia, creio, um elemento de desaprovação moral; sentia-se que os pronunciamentos misteriosos e alarmantes de alguns sábios

continentais eram não apenas inúteis, mas também amplamente uma farsa – uma fraude intelectual). Até aqui, o modo determinadamente homem-comum de G. E. Moore foi uma influência significativa; tampouco, até aqui, o estilo da "linguagem comum" diverge muito daquele do positivismo lógico. (1998, p. 149)

A ideia de que a filosofia analítica é inerentemente mais clara do que suas rivais se afirma até mesmo naqueles comentadores que tendem a ser mais reservados sobre as realizações dela. Assim, pois, Williams nos assegura que o que distingue a filosofia analítica é "um certo modo de proceder que envolve argumento, distinções e, à medida que ela se lembra de tentar atingi-lo e é bem-sucedida nisso, um discurso moderadamente simples". Infelizmente, o discurso de muitos filósofos analíticos contemporâneos é tão simples quanto uma igreja barroca, e tão claro quanto a lama. De fato, muitos deles parecem considerar isso como uma realização, porque mostra que sua obra não sofre da alegada superficialidade dos positivistas lógicos e da filosofia da linguagem comum, ambas marcadas por prosa lúcida. Como filósofo analítico, Williams tem uma réplica a essa objeção:

> Como alternativa ao discurso simples, [a filosofia analítica] distingue agudamente entre a obscuridade e a tecnicidade. Ela sempre rejeita a primeira, mas a segunda ela, às vezes, considera uma necessidade. Esse traço enraivece em particular alguns de seus inimigos. Desejando que a filosofia seja, a uma vez, profunda e acessível, eles se ressentem da tecnicidade, mas são confortados pela obscuridade. (1985, p. vi)

Por sua vez, os filósofos analíticos sem dúvida encontrarão conforto na ideia de que a natureza indigesta de seus escritos é uma necessidade, e um sinal de proficiência técnica, por contraste ao obscurantismo deliberado e caprichoso de autores continentais.

De fato, contudo, muitas das assim chamadas tecnicidades não servem a nenhum propósito senão ao de adotar uma certa postura intelectual.

De acordo com Charlton (1991, p. 5), "salpicar seus artigos com símbolos lógicos... é considerado inculto" entre os filósofos analíticos. A visão de Passmore quanto a essa paisagem é menos estreita. Ele indica que "símbolos lógicos proliferam" e que eles "com frequência são abreviações decorativas em vez de elementos em derivações filosóficas" (1985, p. 6-7). Por exemplo, a ideia de "fechamento cognitivo" de McGinn (1991) é simplesmente a de que certos fenômenos transcendem as capacidades cognitivas de criaturas como nós. Mas ele explica isso da seguinte forma: "Um tipo de mente M está cognitivamente fechado no que concerne à propriedade P ou à teoria T sse os procedimentos de formação de conceitos à disposição de M não podem se estender a uma apreensão de P (ou a um entendimento de T)". Dennett comenta: "Não seja enganado pelo aparente rigor dessa definição; o autor A jamais a põe para qualquer uso U em qualquer derivação formal D" (1991, p. 10).

A clareza, incluindo a clareza atingida pelos artifícios formais, pode ter sido um traço característico da filosofia analítica quando ela foi dominada por escritores como Frege, Moore, Tarski, Ryle, Austin, Carnap, Reichenbach, Hempel, Quine ou Strawson. Mas, no presente, autores filosóficos aspirantes poderiam ganhar mais estudando escritores continentais como Schopenhauer, Marx ou Nietzsche do que limitando artigos nos principais periódicos analíticos (Glock, 1998, p. 91-93; 2004: p. 432-435; ver também Cohen, 1986, p. 42; Leiter 2004c, p. 11-12; Williamson, 2006, 183-185).

Mesmo antigamente houve exceções notáveis. Há uma impressionante ironia sobre a obra de Wittgenstein. Ele dedicou sua filosofia à busca de clareza, mas buscou esse fim de uma maneira que, às vezes, é extremamente obscura. C. D. Broad se referiu às observações lapidares do *Tractatus* como "flauteados sincopados" (1925, p. vii). O próprio Wittgenstein reconheceu a justiça dessa obsevação, admitindo que todas as sentenças do *Tractatus* deveriam ser lidas como o título de um capítulo, precisando de exposição adicional (Rhees, 1984, p. 159). As *Investigações filosóficas* são, em comparação, discursivas. A escrita é lúcida e não técnica (exceto por observações individuais que são extremamente condensadas e, portanto, opacas na maneira do *Tractatus*). Apesar disso, as *Investigações* como um todo constituem uma obra muito difícil, em grande medida porque a estrutura e os alvos do argumento permanecem confusos. Nenhuma das obras faz qualquer concessão ao leitor.

Também não funcionará modificar a tese da clareza inerente da filosofia analítica ao insentar-se *tanto* Wittgenstein *quanto* uma parte substancial de praticantes recentes. Em muitos exemplos, o Russell intermediário é quase tão indigesto quanto o primeiro Wittgenstein. O argumento da Elegia de Grey de "Sobre a denotação" goza de uma notoriedade bem merecida, e assim o fazem suas tentativas de dar suporte às teorias ramificadas dos tipos (ver Hart, 1990, p. 197). A reputação por clareza de Russell, igualmente bem merecida e difundida, repousa sobretudo em obras que ele compôs depois de ter sido forçado a arranjar meios de vida escrevendo "caça-níqueis" para uma audiência mais ampla. Ou considerem Elizabeth Anscombe e Wilfrid Sellars. Filósofos analíticos seminais – certamente! Autores lúcidos – por certo que não!

Deveria ser desnecessário dizer que escrever claramente não é suficiente para ser um filósofo analítico. Platão, Descartes, Hume e Lichtenberg, para dar nome a um punhado apenas, são supremamente claros, contudo, não formam parte da tradição analítica. O que precisa ser dito é que diversos escritores que são comumente classificados como continentais eram não somente eloquentes, mas também claros.

Schopenhauer modelou seu estilo em Hume e declarou o estilo literário como a "fisiognomia do espírito", uma imagem fiel do movimento do pensamento (1844, I p. 446; II p. 73). A grande força de Schopenhauer reside em sua habilidade de contar uma história filosófica excitante, auxiliada por sua habilidade de construir um diálogo dinâmico entre diferentes temas. Trata-se de um dom que foi frequentemente comparado com aquele de um grande compositor, mas não um dom que está muito em evidência entre autores da tradição analítica.

Marx e Engels, por seu turno, escreveram bem como um todo, exceto nos primeiros manuscritos hegelianos que não foram publicados durante sua vida.[3] Nietzsche, finalmente, foi um dos escritores mais lúcidos a jamais colocarem a pena sobre o papel. A obra *Zur Genealogie der Moral** atinge todos os padrões estilísticos que os filósofos analíticos gostam de pregar, se não praticar: é breve, lúcida, bem composta e direta, um prazer de ler. Os obstáculos para o entendimento de Nietzsche são grandemente a criação de comentadores contemporâneos, especialmente aqueles de uma estirpe analítica. Se alguém se aproxima de Nietzsche na suposição de que ele deve *au fond* ter sido um proponente enrustido da razão e do rigor lógico, ou do liberalismo, da paz e da igualdade racial, nesse caso, seus textos devem parecer definitivamente opacos. Se, contudo, abandona-se tal ilusória má interpretação, pode-se facilmente reconhecê-lo como alguém que tentou desbancar os ideais de objetividade, de verdade e de moralidade. Mas, nesse caso, pode-se também pagar a devida homenagem a ele como um grande forjador de palavras filosóficas.

Eu não iria tão longe a ponto de dizer que, dentro da filosofia continental, Hegel, Heidegger, Lacan, Deleuze e Derrida são a exceção em vez de a regra. Mas eles são menos representativos do que os filósofos analíticos gostam de assumir. E essa alegação poderia ser adicionalmente reforçada ao se olhar para os primeiros escritos de Husserl e Sartre.

Existem duas morais. Primeiramente, o que quer que distinga a filosofia analítica da filosofia continental não é nem a busca nem a obtenção de clareza. Em segundo

---

* N. de T.: *Sobre a genealogia da moral*.

lugar, já passou a hora de os filósofos analíticos começarem a pensar seriamente sobre a natureza da clareza. Se a clareza é suficiente ou não, certamente não é o suficiente jogar o termo "clareza" por aí. Afinal, esse termo obviamente significa coisas diferentes para diferentes pessoas, e ele está em urgente necessidade de clarificação. De forma surpreendente, dificilmente há qualquer discussão sobre essa questão. Na filosofia contemporânea, a clareza é discutida somente no contexto da doutrina de Descartes sobre ideias claras e distintas, quando ela é, em absoluto, discutida. Conheço somente dois artigos que explicitamente se dirigem à ideia de clareza na filosofia analítica (Price, 1945; Hart, 1990), e mesmo eles são destinados acima de tudo, a questões metafilosóficas mais amplas. Isso é um escândalo, não "o escândalo da filosofia", por certo, mas, não obstante, *um* escândalo da filosofia *analítica*.

5. A VOZ DA RAZÃO

Esse não é o lugar para dar continuidade à tarefa substancial de oferecer seja uma perspectiva histórica ou uma análise própria do conceito de clareza (ver Glock, 2002). Em vez disso, voltemo-nos a uma resposta imediata a meu desafio. O que caracteriza a filosofia analítica, assim aponta a resposta, é uma clareza de *pensamento*, e não de *expressão*, uma clareza que envolve distinções conceituais e, em última análise, tem em vista a transparência de argumentos. Essa sugestão é capturada pelo que chamo de concepção *racionalista* da filosofia analítica.[4] Ela sustenta que os filósofos analíticos são caracterizados por sua abordagem racional do assunto, por sua tentativa de solucionar questões filosóficas por meio de argumento.

A concepção racionalista está contida na passagem de Williams recém citada. Alhures ele recomenda a filosofia analítica por "ser responsável perante argumentos" e por sua "veracidade conforme as normas". Ao mesmo tempo, contrário ao naturalismo metafilosófico e epistêmico, insiste que essas virtudes não são exclusivas à ciência, e que são "muito mais importantes do que qualquer tentativa de fazer com que a filosofia se pareça com uma ciência" (1996a, p. 26-27). A concepção racionalista é, entre outras coisas, uma tentativa de preservar um cerne de verdade na proposta de que os filósofos analíticos são enamorados da ciência. A ideia é que a essência da filosofia analítica seja fornecida por ideais cognitivos que, a saber, são exemplificados pela ciência, ainda que não necessariamente confinados a ela, a saber, a investigação e o debate racionais.

Nesse espírito, Jonathan Cohen referiu-se à filosofia analítica como *The Dialogue of Reason*[*].[5] De uma maneira menos lírica, Dagfinn Føllesdal explica a filosofia analítica como uma atitude geral para com problemas e doutrinas filosóficas, a saber, uma atitude que as aborda de uma maneira racional, por meio de argumento.

> A resposta à nossa pergunta [O que é a filosofia analítica?] é, creio, que a filosofia analítica se preocupa muito fortemente com argumentos e justificações. Um filósofo analítico que apresenta e avalia uma posição filosófica pergunta: que *razões* existem para aceitar ou rejeitar essa posição? (1997, p. 7)

De acordo com essa definição, Føllesdal trata "analítico" como um adjetivo escalonante. Ele classifica pensadores de escolas muito disparatadas, incluindo escolas aparentemente continentais como a fenomenologia ou a hermenêutica, como mais ou menos analíticas, dependendo do papel que o argumento racional ocupa em sua obra.

A concepção racionalista tem a vantagem de dar permissão ao fato de que a filosofia analítica é, com efeito, uma igreja muito ampla. No entanto, ela sofre de duas limitações. Uma, que perseguirei no subcapítulo 8.1, é a de que ela equivale a uma "definição persuasiva". O problema imediato, que ela partilha com abordagens doutrinárias e com outras metodológicas, é que ela

---

[*] N. de T.: *O diálogo da razão*.

não está de acordo com a extensão comumente reconhecida da "filosofia analítica". Ao deixar bem claro esse ponto, precisamos voltar o espírito da concepção racionalista contra a própria letra, tirando daí algumas distinções.

A primeira é aquela entre *teoria* e *prática*, a segunda é aquela entre *ambição* e *realização*. Se exaltar a virtude e a importância da razão em teoria fosse o teste decisivo, nesse caso, Hegel se qualificaria brilhantemente, ainda que Einstein, tenha comparado os escritos de Hegel com a "baboseira de um bêbado". Ao mesmo tempo, o Wittgenstein tardio e alguns de seus seguidores estariam excluídos. Pois, como Monk indica, Wittgenstein "tinha uma grande dose de simpatia" pela "tradição do pensamento antirracionalista continental" (1990, p. 250). Para que isso não seja, uma vez mais, saudado com regozijo, note-se que, nessa compreensão, a concepção racionalista também excluiria humeanos, pragmatistas e céticos, tanto dentro como fora da filosofia analítica, como comumente reconhecido. Todos eles defendem que o escopo da razão é severamente restrito e que ela é, na melhor das hipóteses, um glacê superestimado no bolo predominantemente pré-racional da existência humana.

De acordo com isso, devemos distinguir entre

- *irracionalismo*, um menosprezo pela ciência empírica, pela lógica, pela clareza conceitual e pelo argumento racional em favor de estilos religiosos, políticos ou artísticos do pensamento;
- *anti-intelectualismo*, a negação de que a razão e o intelecto têm a exaltada posição reservada a eles pela tradição filosófica.

Diferentemente do irracionalismo, o anti-intelectualismo tem sido advogado por numerosos filósofos anglófonos, pelo menos desde Hume, e por numerosos filósofos analíticos de qualquer língua. Uma versão adequadamente revisada da concepção racionalista, portanto, apresenta-se da seguinte forma: a filosofia analítica se afasta da prática irracionalista, sem necessariamente repudiar doutrinas anti-intelectualistas.

É nessa conexão que o contraste entre ambição e realização entra em jogo. Você tem de *ser bem-sucedido* ao sustentar suas alegações por argumento, no intuito de se classificar como um filósofo analítico pelas luzes racionalistas? Ou é suficiente fazer esforços *bona fide*? No primeiro caso, "filósofo analítico" seria uma categoria que pode ser utilizada raramente, se alguma vez, com algum grau de confiança. No último caso, a definição racionalista ainda encara contraexemplos.

Ainda que isso possa surpreender, a definição racionalista ainda *exclui* demais. É notório que o último Wittgenstein esforçou-se para transmitir a impressão de ser um irracionalista. Como Ramsey, Carnap foi posto abaixo pelo estilo autoritário de debate de Wittgenstein, que não tolerava "nenhum comentário crítico" e tratava *insights* como um tipo de inspiração divina.

> Eu às vezes tinha a impressão de que a atitude deliberadamente racional e não emocional do cientista e, semelhantemente, qualquer ideia que tinha o tom de "ilustração" eram repugnantes a Wittgenstein. (1963, p. 25-29; ver Monk, 1990, p. 241-243, 260)

Mesmo o primeiro Wittgenstein, que não pode ser riscado do cânone da filosofia analítica, não estava exatamente disposto a explicitar os argumentos por detrás de seus enunciados. Fazer isso "estragaria sua beleza", ele alegou, ao que Russell respondeu penetrantemente que ele deveria adquirir um escravo para assumir essa tarefa (Monk, 1996a, p. 264).

Em seu excelente artigo "Como vejo a filosofia", Waismann, que foi uma vez membro do Círculo de Viena e discípulo de Wittgenstein, sentiu-se encorajado a escrever:

> Existem muitas coisas que estão além da prova: a existência de objetos materiais,

de outras mentes, com efeito, do mundo exterior, a validade da indução, e assim por diante. Idos são os dias quando os filósofos estavam tentando provar todos os tipos de coisas: que a alma é imortal, que esse é o melhor dos mundos possíveis, ou tentando refutar, por argumento irrefutável e com gosto, o materialismo, o positivismo e o que seja. Prova, refutação – essas são palavras que estão morrendo em filosofia, ainda que G. E. Moore tenha "provado" a um mundo perplexo que elas existem. O que alguém pode dizer quanto a isso – exceto, talvez, que ele seja uma grande provador diante do Senhor? (1956, p. 1)

Proclamando-se como um anti-intelectualista em vez de um irracionalista, o próprio Waismann segue argumentando, extensamente, que argumentos dedutivos são de pouca utilidade em filosofia. Mesmo que tais argumentos pudessem ser estabelecidos como válidos, o debate inevitavelmente se voltará para a verdade e a plausibilidade das premissas. Afinal, a filosofia é uma disciplina fundamental na qual nada pode ser tomado por garantido e nenhuma pedra pode deixar de ser revirada. Mesmo argumentos por *reductio ad absurdum* não são rigorosos ou convincentes em filosofia, assim Waismann defende, dado que sempre permanece um espaço livre para escapar de um dilema (1956, p. 22-34). Admiradores analíticos mais recentes que Wittgenstein, tais como Baker e McDowell, têm sido igualmente imunes ao *ethos* do argumento acachapante. De fato, a importância do argumento é diminuída inclusive por algumas figuras que pertencem perfeitamente à corrente principal (por exemplo, Martin, 2002, p. 133-136).

Proponentes da concepção racionalista poderiam responder que essas contrainstâncias são decorrentes de uma concepção excessivamente estreita do que constitui um argumento ou um debate racional (Føllesdal, 1997, p. 10-12). Filósofos fizeram uso de uma variedade confusa de tipos de raciocínio. Estilos tradicionais de argumento incluem argumentos dedutivos, indutivos e abdutivos (inferência à melhor explicação), demonstrativos e elênticos, diretos e indiretos (*reductio ad absurdum*), lógicos e pragmáticos, de regresso vicioso, bem como ameaças de autorrefutação. Os filósofos analíticos são famosos principalmente por divisar argumentos críticos, como o argumento segundo confusões sem significado ou categóricas e argumentos segundo o caso paradigmático. Mais recentemente, também apareceram com linhas construtivas ou defensivas de raciocínio, tais como o apelo à intuição controlada, na metafísica pós-kripkeana, a negociação entre parcimônia ontológica e poder explanatório, ou o argumento, popular em ciência cognitiva, de que "minha teoria é o único dispositivo efetivo".

Não pretenderei oferecer mais do que um breve olhar desse campo desalentadoramente expansivo (Passmore, 1970; Cohen, 1986, Parte II). Em vez disso, concederei, e não só por causa do argumento, que qualquer um que pode ser classificado como filósofo analítico emprega argumentos de algum tipo. Mas isso ainda deixa o problema de que muitos deles não acordaram um papel central ao argumento. Além disso, um entendimento universal de argumento só serve para exacerbar a segunda dificuldade com que se depara a concepção racionalista, a saber, que ela *inclui* demais. Nesse contexto, Hacker observa:

> em um sentido frouxo, poder-se-ia dizer que toda, ou o grosso da filosofia, é analítica... Se o termo "filosofia analítica" deve ser útil como termo classificatório para o historiador da filosofia, ele deve fazer mais do que meramente distinguir a filosofia ocidental de corrente principal de reflexões e de sábios e profetas filosóficos como Pascal ou Nietzsche, bem como das obscuridades dos metafísicos especulativos, tais como Hegel, Bradley ou Heidegger. (1996, p. 3)

Poder-se-ia descartar esse tipo de objeção e insistir que não há nada de errado com definições revisionárias que tornam o grosso da filosofia em filosofia analítica. Talvez se devesse abandonar a suposição de que a filosofia analítica é uma *tradição distinta* e simplesmente considerá-la como a norma, um período dentro da corrente principal da filosofia ocidental, com a filosofia continental como um desvio.

Contudo, enquanto a filosofia analítica está, em muitos aspectos, mais próxima daquela corrente principal do que a filosofia continental, não se trata simplesmente de mais um pouco da mesma coisa. Por contraste agudo com a filosofia tradicionalista, os pioneiros da filosofia analítica, não menos do que aqueles da filosofia continental, produziram uma ruptura revolucionária com o passado (ver subcapítulos 3.5, 4.1, 5.1). Eles puderam tirar ocasionalmente inspiração (altamente seletiva) do passado, mas também procuraram transcendê-lo. Isso é válido não somente para a substituição positivista de "tradicional" ou "de escola" por filosofia científica. Wittgenstein considerou seu "novo método" como uma "dobra" no "desenvolvimento do pensamento humano", em mesmo nível com a revolução de Galileu na ciência. Ele chegou mesmo a retratá-la como um "novo assunto", um dos descendentes daquilo que foi uma vez chamado de filosofia, em vez de meramente um estágio em sua evolução (1958, p. 27-28; 1993, p. 113-114). Russell entretêve aspirações galileicas semelhantes em favor da filosofia científica. Até mesmo figuras mais modestas (Moore, os analistas conceituais) proclamaram superar fraquezas sistemáticas do filosofar do passado. O mesmo vale para as condenações da "filosofia de poltrona" por quineanos naturalistas. E, além disso, o movimento resultante difere em numerosos aspectos – ainda que dificilmente nítido – *não só* da filosofia continental, *mas também* da filosofia acadêmica que a precedeu, *bem como* da filosofia tradicionalista atual.

No caso da definição racionalista, o problema é ainda mais pronunciado. Se tudo o que é exigido é uma tentativa genuína de construir argumentos de um tipo ou de outro, nesse caso, a aposta de Pascal se qualifica para tanto, como o faz também a *Genealogia da moral* de Nietzsche, o ataque de Hegel ao imperativo categórico, as críticas de Bradley contra as relações exteriores e as reflexões de Heidegger sobre a mortalidade. De acordo com isso, a concepção racionalista ameaça tornar não somente o *grosso* da filosofia em filosofia analítica, mas *o todo* dela. Isso transformaria a "filosofia analítica" não só em um instrumento taxonômico muito embotado, mas a privaria de qualquer papel classificatório distinto. A razão para essa consequência impalatável é simples, embora convincente. Ao menos desde Sócrates, e provavelmente desde o amanhecer de nosso assunto, a tentativa de abordar questões fundamentais pelo menos parcialmente por meio de argumento refletido, em vez de, por exemplo, por meio de um apelo à autoridade ou à revelação, foi considerado como uma das características que distingue a filosofia como tal da religião ou da retórica política. Ela não pode, portanto, ser utilizada para demarcar um tipo particular de filosofar.

NOTAS

1 Russell (1957) descartou sumariamente essa crítica porque não estava interessado em linguagens naturais. Mas o caso de Strawson não dizia respeito a sentenças vernaculares como "O rei da França é careca", às quais, afinal de contas, o próprio Russell tinha aplicado a teoria das descrições. Mais tarde, Strawson (1971, Capítulos 2-5) argumentou, ainda, que qualquer linguagem deve possuir descrições definidas genuinamente referentes.

2 Assim, pois, Strawson opera com uma noção tanto muito específica como muito ampla de análise. Por um lado, ele repudia análise atomista e redutiva e qualifica sua própria defesa de análise conectiva sob os motivos de que "poderia ser melhor fazer uso da palavra "elucidação" em vez de "análise", dado que a última sugere tão fortemente o modelo de desmantelamento" (1992, p. 19). Por outro lado, ele defende que há um sentido mais abrangente de análise, o qual cobre "qualquer abordagem sistemática de uma situação de problema" (1995, p. 17).

3. Ninguém menos do que Russell comentou sobre o *Manifesto Comunista* que ele era "insuperado em mérito literário" (1896, p. 10).
4. Uso o termo "racionalista" incluindo não apenas os racionalistas continentais, com sua ênfase no conhecimento inato ou *a priori*, mas qualquer posição que acentua que nossas crenças deveriam estar sujeitas ao escrutínio e ter suporte em argumentos, não importa se esses envolvem a razão ou a experiência.
5. Cohen (1986, Parte I) combina uma definição racionalista a uma definição tópica: ele defende tanto que os filósofos analíticos empregam a razão como que a razão é o tópico último de suas investigações.

7
ÉTICA E POLÍTICA

Este capítulo discute o papel da ética e da política na tradição analítica. O propósito principal é criticar certas visões sobre aquilo ao que a filosofia analítica equivale. Como no caso da história, contudo, concepções de filosofia analítica relacionadas à ética e à política atravessam alguns parâmetros com os quais distingui concepções de filosofia nos últimos dois capítulos. A ideia de que a filosofia analítica é caracterizada pela exclusão da filosofia moral e da teoria política constitui uma concepção tópica, e será discutida na Seção 1. Além disso, existem duas concepções doutrinais relacionadas à ética e à política. Essas duas áreas ocasionaram pré-concepções. Por outro lado, muitos filósofos continentais e membros da inteligência política acreditam que a filosofia analítica se esquiva de comprometimentos éticos e políticos e, portanto, se inclina a ser apolítica e conservadora. Inversamente, muitos proponentes da filosofia analítica a consideram como uma força política progressiva ou liberal. Para a maior parte dos participantes desse debate, epítetos como "apolítico" e "conservador" tendem a trazer consigo conotações negativas, e epítetos como "progressivo" ou "liberal" trazem conotações positivas. Não sou nenhuma exceção, e não esconderei minha desaprovação de visões extremas tanto da direita quanto da esquerda. No entanto, minha meta não é defender uma linha político-partidária, mas questionar a ideia de que a filosofia analítica está intrinsecamente ligada a qualquer perspectiva ética ou política particular.

Na Seção 2, desbancarei a primeira pré-concepção. Membros eminentes da tradição analítica foram comprometidos politicamente, e com a esquerda em vez de com a direita. De forma mais importante, enquanto as doutrinas de alguns dos primeiros filósofos analíticos podem criar dificuldades para considerar tal comprometimento como parte e parcela da empreitada filosófica, isso não é válido para a filosofia analítica como um todo, menos ainda para a corrente principal atual. A Seção 3 corrige a confortante ideia, ou melhor, exageradamente otimista de que a filosofia analítica inculca uma abordagem mais sadia e mais responsável no que diz respeito a questões morais e políticas do que movimento filosóficos alternativos. Filósofos analíticos importantes não foram estranhos a extremismos e equívocos políticos. Além disso, existem explicações plausíveis sobre o porquê de não existir nenhuma conexão automática entre a filosofia analítica e uma atitude moral-mais-política saudável. Ao mesmo tempo, reconheço, na Seção 4, que o caso Singer exibe atitudes agudamente contrastantes com respeito a dilemas morais e políticos específicos na filosofia analítica e não analítica. A Seção Final considera a questão de se a tradição analítica poderia ao menos ser caracterizada por uma evitação de ideologia. Vozes analíticas importantes de fato advertiram contra forjar teorias filosóficas para se adequarem a pré-concepções políticas. Mas essa aberração não está inteiramente ausente na filosofia analítica e não é difundida entre seus rivais.

1. A FILOSOFIA ANALÍTICA EVITA A ÉTICA E A TEORIA POLÍTICA?

No subcapítulo 5.4, consideramos a possibilidade de que a filosofia analítica poderia ser definida por meio dos tópicos que ela enfoca ou ignora. Mas adiei a discussão de uma opinião difundida, a saber, que a filosofia analítica se salienta pela virtude (ou pelo vício) de ignorar as áreas da filosofia moral e da teoria política. Ainda que isso possa surpreender os conhecedores do cenário recente como algo absurdo, essa ideia não é inteiramente sem fundamento.

No tempo em que o termo "filosofia analítica" entrou em uso, durante os anos de 1950, a maioria dos principais filósofos analíticos evitavam a ética em favor da lógica, da epistemologia, da filosofia da linguagem e da filosofia da mente. Figuras como Ryle, Austin, Strawson, Carnap, Reichenbach, Hempel, Quine e Goodman dificilmente partilhavam quaisquer opiniões sobre isso. Mas, naquele estágio, pelo menos, nenhum deles dava muita atenção ao lado não teórico do assunto.

No tocante aos precursores e primeiros pioneiros da filosofia analítica, o quadro é mais complicado. Tanto Bolzano (1834) quanto Brentano (1889) tinham teorias éticas elaboradas, o primeiro advogando uma forma de utilitarismo hedonista, o último, uma teoria do valor intrínseco. Mas, embora ambos os pensadores, e, em particular, Bolzano, tivessem afinidades claras com a filosofia analítica, eles não influenciaram desenvolvimentos dentro da filosofia analítica até bem recentemente. Ainda hoje sua filosofia moral é ignorada dentro da corrente analítica principal.

Russell é um contraexemplo mais pesado à ideia de que a filosofia analítica tende a ignorar a ética. Ele escreveu tão livremente sobre egoísmo, amor universal, educação, pacifismo e socialismo sindical quanto sobre classes, descrições definidas, formas lógicas, universais e conhecimento. Além disso, os positivistas lógicos tinham um interesse bem mais amplo em assuntos éticos e políticos do que é comumente considerado. Neurath escreveu extensamente sobre questões econômicas e sociais. Por sua vez, Schlick e Ayer tiveram um forte interesse pela ética. Permanece a dúvida, contudo, se essas figuras consideravam seus escritos éticos e suas intervenções políticas como desconectadas de seus esforços estritamente filosóficos (ver Seção 2).

Mas pelo menos um pioneiro da filosofia analítica desafia essa posição hesitante. Considerações éticas assomam-se na rebelião de Moore contra o idealismo (Baldwin, 1990, p. 8, 35-38). Além do mais, a obra *Principia Ethica* comprovou ser um pivô para o desenvolvimento posterior da filosofia moral anglófona. A acusação de falácia naturalista e a ideia de que as propriedades morais são propriedades não naturais inanalisáveis que podem ser intuídas permanecem centrais até os dias de hoje. Por fim, o livro é também um documento fundante da filosofia analítica, notadamente por sua ênfase em questões clarificadoras, sua propagação da análise e seu papel em alertar gerações tardias para o paradoxo da análise. Por outro lado, tem-se de admitir que o interesse de Moore em ética rapidamente desvaneceu-se depois de 1903. Depois da I Guerra Mundial, suas ideias metaéticas e éticas foram adotadas não pela vanguarda analítica, mas sim pelos filósofos tradicionalistas "à moda antiga", como Ross e Pritchard. Entrando nos anos de 1950, havia, na filosofia analítica, um sentimento difundido, mesmo que amplamente tácito, de que a filosofia moral e a filosofia política são menos genuínas do que a filosofia teórica, ou de que elas estavam em crise.

Razões como essas poderiam ter influenciado Passmore (1966, p. 7) a oferecer uma visão geral da filosofia analítica sem discutir áreas fora da filosofia teórica. Na sequência, ele observou que, à época, essa escolha fora "tão sintomática quanto estipulativa", enquanto reconhecia a proliferação subsequente da teoria moral e política na filosofia analítica (1985, p. 1). No que concerne a uma área da filosofia prática, contudo, a ideia de um ponto cego continua em militância. Tópicos concernentes à existência humana continuam a ser associados à filosofia continental. Assim, pois, Strawson alega que "reflexão mais ou menos sistemática sobre a condição humana" pertence a "uma espécie de filosofia" que contrasta com a filosofia analítica (1992, p. 2). Essa alegação é subscrita por Cooper (1994, p. 3). Ela também se encaixa com a definição de Young da filosofia continental como "a filosofia que, como sua tarefa primária, busca responder à pergunta sobre o que pode ser dito sobre o significado da vida à luz da morte do Deus do Cristianismo" (2003, p. 4).

Essa caracterização é cunhada para a corrente nietzscheana da filosofia continental. Ela não serve nem à fenomenologia nem ao marxismo: a primeira gira em torno de questões em filosofia teórica; e, tendo em vista que o segundo concebe a si mesmo como engajado na *filosofia* prática (em oposição à economia ou à sociologia), ele tende a enfocar questões mais mundanas. De forma mais importante, no que compete a este livro, a alegação de que a filosofia analítica tende a excluir a filosofia prática de qualquer tipo é insustentável. Wittgenstein, Russell e os positivistas lógicos se engajaram em reflexões existenciais. Talvez essas possam ser descartadas ao se defender que eles as buscaram "durante sua folga", ou pelo menos fora de sua pasta filosófica, como eles mesmos a entenderam. Após a guerra, quaisquer restrições tópicas sobre filosofia moral e política foram jogadas de lado por três desenvolvimentos interconectados – o surgimento do cognitivismo em filosofia moral, a emergência da ética aplicada e a reabilitação da teoria política de grandeza, na esteira de Rawls. Como resultado desses desenvolvimentos, pelos últimos 50 anos, a filosofia prática em veia analítica chegou a rivalizar, se não a exceder em importância, com os ramos teóricos. Essa corrente inclui não só a metaética e a ética normativa, mas também a teoria política e a jurisprudência. Mesmo tópicos existencialistas estão bastante envolvidos. O significado da vida, por exemplo, é com frequência entendido como a questão arquetípica profunda, porém arcana, que os filósofos analíticos de senso prático com alegria deixaram para os filósofos continentais enrolados. Todavia, como um recente artigo de exposição geral demonstra, mesmo essa questão recebeu uma grande porção de atenção da parte de filósofos analíticos (Metz, 2002), uma atenção, além disso, que é mais direta do que aquela de pensadores continentais como Heidegger e Sartre (por exemplo, Hanfling, 1987; Cottingham, 2003).

Com efeito, muitas questões recentemente populares em teoria moral e política foram primeiramente e acima de tudo exploradas por filósofos analíticos em vez de por seus rivais. Por exemplo, tanto a ética ambiental quanto a bioética surgiram da ética aplicada praticada em uma veia analítica. E um tópico importante como o bem-estar animal tem sido alvo de trabalho pioneiro por filósofos analíticos como Singer (1975). Filósofos continentais estão seriamente ficando para trás nesse sentido, a menos que simplesmente exibam um completo ponto cego moral (ver Atterton e Calarco, 2004).

2. É A FILOSOFIA ANALÍTICA MORALMENTE NEUTRA E CONSERVADORA?

Nesse sentido, a filosofia analítica não pode ser entendida como um movimento que tende a excluir a filosofia prática. Isso deixa aberta a possibilidade de que ela tenha visões características nessa área, ou que essas visões restrinjam o espectro de questões práticas que podem ser legitimamente perseguidas, pelo menos por filósofos em sua capacidade profissional.

Muitos proponentes iniciais tanto do construtivismo lógico quanto da análise conceitual confinaram a filosofia moral à metaética (ver 2.9). Como resultado, a filosofia analítica foi frequentemente retratada como *neutra* no tocante a questões éticas e, portanto, como *apolítica*. Os dois traços são, por sua vez, associados ao conservadorismo, dado que preservam o *status quo*. Como resultado, a filosofia analítica é às vezes acusada até mesmo de prestar socorro à exploração e à supressão. Contrariamente, a filosofia continental é com frequência considerada como inerentemente política e progressiva, não só por praticantes, mas também por membros do público educado. O marxismo e a teoria crítica são oficialmente motivados para superar a dicotomia entre "teoria e prática" (como em Habermas, 1963). Isso significa dizer que eles consideram seus esforços intelectuais como parte integral de uma batalha social e política por emancipação. Algo semelhante é válido para os filósofos continentais que defendem a causa de novos movimentos sociais, especialmente o feminismo.

O preconceito segundo o qual a filosofia analítica é apolítica e, por implicação, de direita, remonta aos primeiros proponentes da teoria crítica. Horkheimer, o fundador da Escola de Frankfurt, chegou ao ponto de associar o positivismo lógico ao fascismo. Ele defendeu que "o positivismo radical [isto é, lógico]" – não menos do que a "metafísica neorromântica" (*Lebensphilosophie* e Heidegger) que ele ataca – está conectado "à existência de Estados totalitários". Afinal, ele está igualmente enraizado no medo de convulsão social que torna a burguesia flexível à tirania fascista (1937, p. 140). Para Marcuse, a filosofia analítica é parte e parcela de uma forma nova e especialmente insidiosa de repressão. Apesar de sua "abordagem rigidamente neutra... o caráter intrinsecamente ideológico da análise linguística" é revelado em sua prostração diante do uso comum – um caso de "sadomasoquismo acadêmico" – e em sua zelosa ereção de barreiras ao pensamento e à fala.[1] Uma associação vaga, todavia sugestiva da filosofia analítica com a direita política, foi adorada pela severamente mal rotulada "disputa sobre o positivismo" (*Positivismusstreit*), que bramiu nos anos de 1960 entre a Escola de Frankfurt (Adorno, Habermas) e os racionalistas críticos (Popper, Albert), que, em realidade, estavam dispostos a se distanciar do positivismo lógico. Ainda que amplamente espúrio e inventado, esse conflito de fato opôs a ideia de "teoria crítica", que investiga a realidade social *ab initio* com uma visão de modificá-la, à visão ortodoxa de que as ciências sociais deveriam permanecer neutras com respeito a questões morais e políticas.[2]

No entanto, ao menos *prima facie*, a ideia de que a filosofia analítica é apolítica ou conservadora, para não dizer reacionária ou autoritária, é de deixar pasmo. Note-se, primeiramente, que filósofos analíticos principais foram politicamente ativos e que tenderam a dar suporte a causas progressistas e não a causas conservadoras ou reacionárias.

Nenhum filósofo de época alguma jamais superou o engajamento político de Russell do lado dos subjugados e oprimidos. Suas atividades incluíram discussão teórica – notadamente sua abordagem da democracia social alemã e suas críticas tanto ao capitalismo como ao bolchevismo. Mas ele também enfiou seu nariz a fundo em atividades políticas do dia a dia, desde concorrer ao parlamento, por meio de sua corajosa oposição à I Guerra Mundial, até seu papel na Campanha para o Desarmamento Nuclear e na resistência à Guerra do Vietnã (ver Ryan, 1988).

Apesar das observações incômodas de Horkheimer, o Círculo de Viena foi o grupo filosófico mais político no século XX. Ele certamente superou os teóricos críticos mais notórios da Escola de Frankfurt, que permaneceram afastados de lutas políticas reais. Na assim chamada "ala esquerda" do Círculo de Viena, encontramos um marxista explícito como Neurath, um ativista socialista como Hahn e um socialista humanista com inclinação mais teórica, como Carnap. Por contraste, Schlick e Waismann constituíram a ala apolítica ou "da direita". Schlick não apenas resistiu à tentativa de amarrar o positivismo lógico a objetivos políticos específicos. Chegou a ponto de tentar cair nas boas graças dos fascistas clericais de Dollfuß, ainda que só pelo propósito de preservar o *Verein Ernst Mach*. Esse sacrifício foi embaraçoso e malsucedido, fortemente condenado por Neurath e Carnap (1963, p.

57-58). Todavia, mesmo Schlick explicitamente se opôs ao nazismo como humanista liberal, pacifista e cosmopolita (1952).

Admitidamente, embora as atitudes políticas básicas dos positivistas lógicos possam ter sobrevivido a seu êxodo à América, seu ativismo não sobreviveu (ver Riesch, 2004). Parte da explicação deve ser que Neurath, o atiçador político principal, morreu em 1945. Outra parte reside presumivelmente na situação política do pós--guerra, nos EUA. Aqueles identificados com a esquerda democrática tiveram diante de si uma cena política polarizada entre o stalinismo e o mccarthysmo. Sua disposição de fazer oposição ao segundo e, de toda maneira muito menor, mal teria sido aplacada adicionalmente pelo seu *status* como imigrantes com ampla razão para estarem gratos pelo santuário que tinham recebido.

Não se pode permitir aqui o diagnóstico de um vínculo geral entre a filosofia analítica e a abstinência política. Afinal, uma constelação política semelhante também teve efeitos paralisantes sobre o comprometimento político da Escola de Frankfurt. Depois da II Guerra Mundial, Horkheimer e Adorno não mais se qualificavam sequer como socialistas de champagne.* Em verdade, Marcuse tornou-se o guru da rebelião estudantil dos anos de 1960. Mas Russell também retinha o fogo político em si. De fato, sua colaboração com Sartre no "Tribunal Internacional de Crimes de Guerra", condenando a guerra norte-americana no Vietnã, marca um consenso político que atravessa barreiras filosóficas (Russell, 1967-1969, p. 667-668).

No entanto, a acusação de que a filosofia analítica tende a ser eticamente neutra e apolítica ainda não foi inteiramente deslocada. Teóricos críticos não estão sozinhos na suspeita de que as reflexões éticas e as posturas políticas dos filósofos analíticos não formam uma parte integral de seus esforços filosóficos. Ao se pronunciar sobre assuntos morais e políticos, os filósofos analíticos parecem estar fazendo serviço extra, fora de sua ocupação diária.

Há alguma evidência quanto a esse ponto. Russell frequentemente pronunciou--se não só sobre a ética normativa e respectiva a políticas, problemas acerca daquilo que nós, hoje, chamamos de ética aplicada, mas também sobre eventos e decisões políticas específicas. Mas ele fez isso em um estilo popular, e para uma audiência geral. Reconhecidamente, ele também escreveu em uma veia mais acadêmica sobre questões metaéticas, tais como a definibilidade de "bom" e a possibilidade de um juízo moral objetivo. Todavia, ele próprio considerou justamente essas discussões como *extrínsecas* à filosofia como ele a concebia. Afinal, essa filosofia é essencialmente científica, aspirando a um conhecimento *a priori* sobre os traços mais gerais da realidade e dos fatos possíveis. Por contraste, noções e afirmações éticas são essencialmente subjetivas e não fatuais; elas são manifestações disfarçadas de nossos desejos e emoções. Isso significa que elas estão além do escopo da ciência e, de fato, do conhecimento em geral (1925, Capítulos 1 e 6; 1935). Por motivos relacionados, ainda que Russell ansiasse por uma síntese de suas aspirações artísticas e científicas, emocionais e racionais, ele jamais a atingiu (ver Monk, 1996a, p. 27, 245, 395-396).

O caso de Chomsky é semelhante. Goste-se ou não, ele é o principal intelectual de esquerda de nossa época, e é difícil imaginar um defensor mais vocal das questões políticas de todos os gêneros. Além disso, por meio de sua interação com a filosofia da linguagem e da mente de corrente principal, ele é pelo menos um associado do movimento analítico. Ao mesmo tempo, Chomsky nega que haja uma conexão direta entre sua obra técnica em linguística e ciência cognitiva, por um lado, e suas convicções morais e políticas, por outro (1979, Parte I). Dummett foi um militante proeminente contra o racismo

---

* N. de R.: Refere-se àqueles que pregavam os ideais do socialismo sem levá-los em consideração em sua vida diária.

e um defensor da causa dos refugiados por um longo tempo. Mas, em sua obra recente, *On Immigration and Refugees*,* ele escreve: "Por convite da Routledge e da série de editores, tentei neste livro juntar duas coisas que me interessam: a filosofia e a política de raça, algo que eu jamais pensara em fazer anteriormente" (2001, p. ix).

Diferentemente, nos primeiros dias do positivismo lógico, seus representantes de ala esquerda realmente fizeram uma conexão mais próxima entre sua filosofia científica e suas convicções políticas e morais. Eles concebiam sua visão de mundo científica como um veículo não somente do progresso intelectual, mas também do progresso moral e social (ver Geier, 1992, p. 57-99; Stadler, 1997, Capítulos 11-12; Cartwright et al., 1996). Neurath esteve na vanguarda no que concerne tanto à condenação da metafísica quanto à promoção do ativismo político, e ele explicitamente vinculou as duas coisas (ver Uebel, 1991, Parte III). Mas outros não ficavam muito para trás. Para Hahn, "a filosofia de outro mundo", ou seja, a metafísica, é um meio frequentemente utilizado para "lograr com um outro mundo a multidão daqueles que estão justamente insatisfeitos com este mundo" (1930, p. 21). Carnap conectou eloquentemente a visão de mundo científica com as aspirações progressivas em termos de cultura e política, no *Logischer Aufbau*.** Mais tarde, ele declarou, mais diretamente, que a batalha contra a metafísica era parte da batalha "que realizamos contra a superstição, a teologia... a moralidade tradicional e a exploração capitalista dos trabalhadores" (1934a, p. 258). Não é de admirar, então, que o *Manifesto* do Círculo [de Viena], que carrega a marca de Neurath, distribuía um charuto mesmo para aqueles não estavam diretamente engajados em política:

> De fato, nem todo proponente da visão de mundo científica será um lutador. Alguns [presumivelmente Carnap], felizes com a solitude, viverão uma existência retirada nas gélidas encostas da lógica; outros [presumivelmente Schlick] podem até mesmo desdenhar misturar-se com as massas e lamentar a forma "trivializada" com que esses assuntos inevitavelmente tomam expansão. Contudo, suas realizações também terão um lugar entre os desenvolvimentos históricos. Testemunhamos o espírito da visão de mundo científica penetrando em crescente medida nas formas da vida pessoal e pública, na educação, na criação, na arquitetura e na formatação da vida econômica e social de acordo com princípios racionais. *A visão de mundo científica serve à vida, e a vida a recebe.* (Carnap, Hahn e Neurath, 1929, p. 19-20)

Com o benefício da experiência feita, tais esperanças parecem extremamente otimistas. Mas, é claro que o comprometimento político dos positivistas principais não era simplesmente uma questão de coincidência. Contudo, resta ainda uma questão delicada. Está longe de ser claro de que modo esses pensamentos éticos elevantes e essas exortações políticas vibrantes podem ser reconciliadas com a imagem de filosofia dos positivistas e seu relato sobre juízos de valor e normativos. No todo, eles confinaram o papel da filosofia prática à análise do discurso moral; e sua análise não cognitivista que foi favorecida parecia depreciar questões morais ao restringir severamente o escopo do debate ético e racional. Reconhecidamente, os positivistas lógicos indicaram que muitos conflitos éticos e políticos surgem de visões divergentes sobre questões de fato, que eles consideravam passíveis de uma resolução racional. Mas eles teriam sido os primeiros a insistir que todo juízo sobre o que é bom ou o que deveria ser feito tem um componente avaliativo ou normativo. Novamente, os positivistas lógicos poderiam proclamar consistentemente (ainda que ingenuamente) que, ao superar a metafísica, a visão de mundo científica solaparia os fundamentos das visões avaliativas/normativas que eles

---

* N. de T.: Isto é, *Sobre imigração e refugiados*.
** N. de T.: Isto é, *[A] construção lógica [do mundo]*.

opunham. Ainda é difícil deslindar de que modo essa visão de mundo puramente fatual poderia dar sustentação a suas avaliações e normas *alternativas*, e, portanto, de que modo eles poderiam propor consistentemente suas visões políticas e morais positivas em suas capacidades como filósofos. Em sentido aproximado, o mesmo é válido para o emotivismo de Stevenson e, em um grau menor, para o prescritivismo universal de Hare (embora o último tenha se movido de uma perspectiva estritamente neutra para uma perspectiva em que a análise do discurso moral tem implicações morais substantivas). De acordo com isso, à época em que a filosofia analítica tomou forma como um movimento razoavelmente distinto, muitos de seus defensores-padrão de fato defenderam que a filosofia prática legítima se reduz à análise lógica e conceitual do discurso moral. Eles também negaram que os enunciados morais são capazes de afirmar fatos e incorporar conhecimento. Finalmente, confinaram a filosofia ou a um apêndice do conhecimento científico (a opção naturalista epitomada por Neurath) ou à análise de formas não filosóficas do discurso (a opção "kantiana" epitomada por Carnap e pela análise conceitual).[3] Por conseguinte, a combinação das visões metaéticas e das visões metafilosóficas de muitos filósofos analíticos clássicos é hostil à ideia de tratar a ética normativa e a teoria política como uma parte integral do empreendimento filosófico.

Teóricos morais não analíticos de liderança, notadamente Apel (1980) e Habermas (1979), sentiram que essas críticas semânticas condenam a filosofia analítica a ser existencial e politicamente insignificante, um exercício escolástico incapaz de se dirigir aos problemas profundos da vida humana e da organização social. Para elas, é tudo parte de uma visão de mundo esquizofrênica. Enquanto a ciência moderna nos permite entender a realidade de um modo completamente racional, as questões que têm mais importância, a saber, as questões concernentes à moralidade, à religião, à arte e ao significado da vida, são tratadas como não racionais, incapazes de uma resposta racional. A racionalidade está confinada à razão meios-e-fim – o que a Escola de Frankfurt chamou de "razão instrumental" –, isto é, à organização eficiente de meios no serviço de fins que são arbitrários e incapazes de justificação (Horkheimer e Adorno, 1947). Em uma veia semelhante, críticos mais recentes, tanto da esquerda (por exemplo, Rorty, 1998) quanto da direita (por exemplo, Kekes, 1980), continuam a acusar a filosofia analítica do fracasso em viver de acordo com a aspiração antiga da filosofia de oferecer condução moral, de ser "politicamente relevante" na esfera social e de dar "significado à vida" na esfera privada (ver também Borradora, 1994, p. 4; Prado, 2003a, p. 11).

Muitos filósofos analíticos se declaram culpados desse tipo de acusação. Alguns fizeram isso com melancolia. Assim, pois, Wittgenstein (1922, Prefácio; 1980, p. 9) reconheceu "o quão pouco foi alcançado" quando os problemas lógico-semânticos aos quais a filosofia analítica se dirige foram solucionados. E, em sua resposta a críticos, Russell revela a tristeza de alguém que não consegue reconciliar o seu forte desejo por uma moralidade objetivamente obrigatória com suas convicções filosóficas (1944). Outros filósofos analíticos aceitaram a irrelevância ética e existencial da filosofia analítica despreocupadamente. Assim, pois, Strawson e Quine, dois grandes antípodas dentro da filosofia analítica do pós-guerra, que concordam em pouco mais que isso, com alegria unem esforços em condenar estudantes que procuram uma "escrita de inspiração ou edificante na filosofia", sob a razão de que tais estudantes não são movidos por curiosidade intelectual (Strawson, 1990, p. 312; Quine, 1981, p. 193). E, realmente, como poderiam estudantes sérios de filosofia possivelmente desejar inspiração e edificação se, em vez disso, podem ter as observações agudas de Strawson sobre o uso do artigo definido ou as ágeis permutações dos símbolos lógicos de Quine?

Por tudo isso, não há nenhum vínculo intrínseco entre a filosofia analítica, por um lado, e, por outro, as duas alegações que ofendem seus críticos politicamente motivados, a saber, que juízos morais são não cognitivos e que a filosofia deveria permanecer eticamente neutra. Nem Moore nem a corrente principal contemporânea aceita qualquer dessas visões. Com efeito, no presente, a ideia da neutralidade ética é quase universalmente rejeitada. Muitos filósofos analíticos contemporâneos se especializam na ética normativa de um tipo que seus predecessores teriam descrito como doutrinação. Alguns deles rejeitam a(s) distinção(ções) fato/valor na qual relatos não cognitivistas da moral foram baseados. Outros rejeitam a ideia de que a filosofia não pode se pronunciar sobre questões de valor ou normas. Finalmente, como Williams enfatizou, eles não têm diante de si a pergunta que deteve seus predecessores, a saber, de como filósofos poderiam ter uma autoridade especial sobre tais questões práticas (2006, Capítulo 14), pois eles não mais consideram a filosofia (moral) como uma disciplina "pura", com objetivos e métodos inteiramente distintos daqueles de outras disciplinas, sejam essas as ciências naturais ou as humanidades. Isso não significa negar que alguns eticistas e teóricos políticos analíticos reivindicam uma atenção especial para suas visões normativas. Todavia, eles assim o fazem não com base na presunção de uma apreensão intuitiva privilegiada dos fatos morais (como em Moore), mas com base em uma habilidade de argumentar sobre essas questões de uma maneira clara e cogente, uma habilidade adquirida por meio de seu treino em filosofia analítica.

Admitidamente, filósofos analíticos podem não ter sido bem-sucedidos em demonstrar e explicar a possibilidade de padrões práticos universalmente obrigatórios e do conhecimento moral objetivo. Mas, isso não se deu por falta de tentativa da parte de pensadores como Rawls ou Nagel (que, acidentalmente, partilham uma agenda política de esquerda, com muitos não cognitivistas anteriormente mencionados). É dubitável, além disso, que seus colegas continentais tenham se dado melhor, em alguma medida.

Finalmente, enquanto versões fortes de objetivismo e cognitivismo moral foram buscadas por Apel e Habermas, isso não pode ser dito seja de Adorno ou de Horkheimer, para não mencionar Nietzsche e Heidegger. Nem pode ser dito de filósofos franceses, desde Sartre até Foucault e Derrida.

3. É A FILOSOFIA ANALÍTICA PROGRESSISTA E EMANCIPATÓRIA?

Critchley proclama que "muito da filosofia analítica na tradição continental pode ser considerado como uma resposta a um sentido de crise no mundo moderno e como uma tentativa de produzir uma consciência crítica do presente com uma intenção emancipatória" (2001, p. 111). Mas há motivos para sustentar que o calçado emancipatório se encontra, em realidade, no pé analítico.

Desde seu começo, a filosofia continental tem sido uma resposta negativa aos ideais do Iluminismo, de razão e emancipação, e especialmente a Kant. Essa resposta se estendia de conservadores como Hegel até reacionários como Jacobi e Schelling. Mais tarde, os pensadores continentais mais originais e influentes – Nietzsche e Heidegger – iniciaram o que o próprio Critchley chama de "modernismo reacionário", uma crítica da modernidade que repudia violentamente os ideais de liberdade e igualdade. Receitas políticas extremamente de direita também surgiram livremente das penas de Carl Schmitt e Leo Strauss. E há então a pergunta inoportuna sobre se o leninismo e o stalinismo apoiado por continentais eminentes como (o primeiro) Bloch, Sartre e Merleau-Ponty se qualificam como emancipatórios mesmo no sentido mais atenuado e pervertido. Finalmente, há figuras como Foucault e Derrida, que fizeram campanha em nome de causas progressistas, mas cujos escritos são hostis aos ideais humanistas que alimentaram movimentos políticos progressistas desde o Iluminismo. Com efeito, o próprio Critchley admite que desde Bentham *versus* Coleridge até Carnap *versus* Heidegger foi o lado "continental" que teve a tendência de resistir à mudança progressista (2001, p. 45, 87-88).

A primeira pré-concepção positiva sobre a filosofia analítica pertence a esse ponto. É a ideia de que a filosofia analítica contrasta favoravelmente com a filosofia continental, porque ocupa uma perspectiva ética e política mais humana e emancipatória. Talvez poucos considerariam isso como o traço definitório da filosofia analítica. Mas, para alguns proponentes da filosofia analítica, trata-se de um traço característico associado a traços (supostamente) definitórios, tais como a defesa da razão.

Como vimos, muitos dos positivistas lógicos apresentaram a "filosofia científica" como uma força política *progressiva*. Realmente, para Neurath, ela era uma panaceia contra ideologias políticas de direita, as quais ele associava à metafísica, em geral, e à filosofia alemã pós-kantiana, em particular. No presente, os proponentes de uma concepção racionalista da filosofia analítica, tais como Føllesdal, insistem que ela tem efeito benéficos não só para a filosofia ou na esfera cognitiva mais ampla, mas também na área do "indivíduo e da ética social". Afinal, sua ênfase característica em que

> argumento e justificação... tornarão a vida mais difícil para líderes e fanáticos políticos que espalham mensagens que não resistem ao escrutínio crítico, mas que, no entanto, com frequência têm a capacidade de seduzir as massas para a intolerância e a violência. Argumento racional e diálogo racional são da máxima importância para uma democracia em bom funcionamento. Educar pessoas nessas atividades é talvez a tarefa mais importante da filosofia analítica. (1997, p. 15-16)

Semelhantemente, Cohen avalia da seguinte forma a "direção da influência sócio-política [da filosofia analítica]:

> Por sua exploração sistemática de razões e raciocínio, a filosofia analítica ajuda a consolidar a infraestrutura intelectual que é necessária para sistemas de organização social dentro dos quais disputas são refletidas em argumento e contra-argumento, em vez de no uso da violência. Por virtude de sua preocupação com a racionalidade, ela promove a consciência de que o mérito intelectual da opinião de uma pessoa não depende de sua pertença a um partido, sacerdócio ou tradição hermética particular.

A filosofia analítica, de acordo com Cohen,

> merece respeito como movimento cultural que contribui para a tolerância, o sufrágio universal, o pluralismo ético, a resolução não violenta de disputas e a liberdade de iniciativa intelectual, sendo, por sua vez, promovida por eles. Tiranias doutrinárias certamente têm boas razões para bani-la. (1986, p. 61-62)

Embora eu não possa defendê-los aqui, partilho enfaticamente dos ideais políticos e sociais de Føllesdal e de Cohen, de uma democracia liberal baseada em argumento racional, em diálogo e na não violência. No que concerne ao enunciado de que a filosofia analítica *promove* tais valores, precisamos distinguir duas alegações possíveis: ele poderia ou significar que a filosofia analítica *propagou* esses valores, ou que ela realmente os *desenvolveu* na esfera pública e política. Tanto Føllesdal quanto Cohen dão a entender que a filosofia analítica de fato militará contra o fanatismo e a tirania, e, a partir daí, sugerem que concordarão com ambas as alegações. Como veremos, contudo, essas duas alegações estão em necessidade de séria qualificação.

Isso não significa negar que há pelo menos uma conexão *prima facie* entre a filosofia analítica e a propagação de certos valores liberais e progressistas. Nem o emprego nem a exaltação da razão e do argumento é o traço distintivo da filosofia analítica, assim argumentei no subcapítulo 6.5. Em ambos os aspectos, ela foi indubitavelmente precedida pelo Iluminismo. Não obstante, o movimento analítico fez mais para examinar e sustentar a racionalidade do que a filosofia tradicionalista e a continental. Além disso, seguindo sérias dificuldades iniciais, ela estendeu essa busca da razão para a esfera moral e política. Pensadores que, em outros aspectos, são grandemente diferentes, como Hart, Rawls, Thomas Nagel, Dworkin, Raz e Jerry Cohen, forneceram justificações sofisticadas para a regra da lei, para a democracia liberal, a tolerância, o altruísmo e versões moderadas do igualitarismo.

Ao mesmo tempo, a filosofia analítica não pode alegar ser o único ou mesmo o mais significativo bastião filosófico de tais valores cívicos. Essa distinção pertence provavelmente aos teóricos da esquerda democrática (liberais radicais, democratas sociais, defensores do direito de voto, pacifistas, anticolonialistas, etc.), por um lado, e ao pragmatismo, por outro. Habermas, para mencionar um exemplo recente, foi um defensor da democracia liberal tão clamoroso quanto qualquer filósofo analítico, e, ainda por cima, politicamente mais efetivo. E o caso pragmatista a favor da democracia foi defendido tão entusiasticamente por um neopragmatista mais "continental" como Rorty (1998) quanto por um neopragmatista de pensamento mais analítico como Putnam (1992, Capítulo 9).

Que a filosofia analítica não tem nenhum monopólio no suporte a valores liberais e democráticos, isso vai de encontro à caracterização dela por referência àqueles valores. Mas isso deveria ser um causa de celebração, mesmo entre seus defensores mais partidários. Mais sóbrio é o pensamento de que não há qualquer conexão uniforme entre esses valores e a filosofia analítica, mesmo se deixamos de lado a questão do impacto real. Afinal, existiram eminentes filósofos analíticos que se opuseram ao liberalismo, à democracia e à não violência. Ao dar suporte a esse argumento, deixarei de lado o comportamento pessoal de grandes filósofos analíticos. Não há motivo para aceitar que seu fracasso em viver segundo ideais éticos (sejam eles nossos ou deles próprios) foi mais nítido do que aquele de outros mortais. Mas, quando se trata de avaliar a pergunta se há um vínculo intrínseco entre a filosofia analítica e uma (presumida) retidão política e moral, é imperativo considerar as visões éticas e políticas de seus proponentes, bem como suas atividades políticas.

Nesse sentido, abundam aberrações tanto relativas à esquerda como à direita. Frege se opôs à democracia e ao liberalismo. Ele era um virulento nacionalista e antissemita. Ele maltratou sua elevada inteligência ao contemplar planos para expulsar os judeus da Alemanha e para suprimir os social-democratas e católicos. Com efeito, ele pode com justiça ser considerado um protonazista, na base de suas simpatias pela defesa de Hitler e Ludendorff de seu fracassado golpe de 1923. Que habilidades analíticas e agudeza lógica não oferecem nenhuma proteção contra aberrações políticas mesmo do mais hediondo tipo, isso é também demonstrado por Gentzen, um prodígio lógico que não só era um protonazista, mas um nazista *tout court* (ver Menzler-Trott, 2001).

Em comparação, as meditações de Wittgenstein sobre questões morais, culturais e políticas se qualificam como uma bênção, muito embora de uma forma mista. Elas figuram ponderações culturalmente conservadoras sobre o cientismo do século XX e a obsessão com o progresso, as quais são contestáveis, todavia dignas de consideração séria. Mas elas também apresentam ideias objetáveis, notadamente dúvidas sobre os poderes criativos dos judeus (ver Monk, 1990, p. 73, 247-248; Capítulo 17; Glock, 2001). Para ser justo, muitas dessas observações foram feitas em conversação, e, tal como no caso de Frege, nenhuma delas foi feita na intenção de publicação. No entanto, elas sugerem que, em assuntos culturais e políticos, Wittgenstein era um linguarudo. Ele detestava o pacifismo e o socialismo humanista de Russell, enquanto, ao mesmo tempo, simpatizava com a esquerda radical nos anos de 1930 e 1940, chegando mesmo a considerar a hipótese de emigrar para a União Soviética. À medida que um princípio subjacente pode ser detectado em suas opiniões políticas, esse era um ideal tolstoiniano de uma vida simples de trabalho manual, associado a uma leve predileção por ideologias autoritárias – bolchevismo, catolicismo –, que colocam a liberdade e o bem-estar individuais abaixo da busca de fins "mais elevados".

Para alguns leitores, poderia ocorrer que esses lapsos, embora deploráveis, são atípicos. Afinal, eles dizem respeito a alemães e austríacos durante um período em que esses países foram dominados por extremismos políticos. Como veremos, o contexto sócio-histórico deve de fato ser levado em consideração. Mas isso vale também para filósofos não analíticos. De qualquer modo, aberrações políticas por filósofos analíticos se estendem para além da Europa central.

Seja qual for seu comportamento pessoal, na área igualmente inquietante da ética social e da política, Russell em geral se saiu bem. Contra incontáveis intelectuais, incluindo Wittgenstein, ele estava certo em resistir à I Guerra Mundial e em ter aversão à Rússia Soviética dos anos de 1920 em diante. Não obstante, suas ponderações políticas não se conformam uniformemente com os elevados padrões de seus escritos em filosofia teórica. Assim, pois, durante a I Guerra Mundial, ele propôs que os eslavos são racialmente inferiores aos alemães. Além do mais, é amplamente conhecido que ele defendeu um ataque nuclear preventivo à União Soviética entre 1945 e 1948. Se ele de fato fez isso em palavras tão explícitas, isso é matéria de considerável discussão. O que não está em discussão é que ele considerou tal "guerra preventiva" como preferível tanto à aquisição de suas próprias armas nucleares, pela União Soviética, quanto ao apaziguamento. É também claro que ele favoreceu uma estratégia agressiva de contenção, uma política que ele acreditava, de modo muito razoável, que poderia levar a tal ataque preventivo. Na direção oposta, mas de um modo igualmente irresponsável, nos anos de 1960, Russell chegou à conclusão de que os EUA, em vez de a União Soviética, eram a incorporação de todo o mal. Como resultado, incitou a última a intervir militarmente no lado do Vietnã do Norte, embora deva ter percebido que isso precipitaria, com toda probabilidade, a irrupção da III Guerra Mundial.[4]

Os luminares analíticos mais recentes também não foram imunes a extremos políticos. Durante os anos de 1960, Putnam valentemente se opôs à Guerra do Vietnã como um membro dos Estudantes para a uma Sociedade Democrática. Mas ele foi também, de forma mais problemática, um membro do Partido Trabalhista Progressista, um grupo maoísta sectário, e ele radicalizou alguns de seus estudantes, tais como Hartry Field e Richard Boyd, em semelhante direção. Para seu crédito, Putnam posteriormente se retratou desse apoio (ver Ben-Menahem, 2005). Chomsky, ao contrário, não passou por uma semelhante mudança de pensamento. Suas visões políticas, especialmente sobre a política exterior dos EUA e os direitos humanos, foram sujeitas a infindáveis controvérsias, que criaram mais calor do que luz. Mesmo se forem desconsideradas as calúnias e as distorções propagadas por seus incontáveis inimigos, deve-se, contudo, questionar a pressa com que ele tira conclusões sobre questões pesadas como a liberdade de expressão e a negação do holocausto, bem como sua tendência a diminuir ou trivializar as atrocidades cometidas pelos oponentes dos EUA, tais como o Khmer Vermelho ou os sérvios da Bósnia.[5]

Em combinação com o fato de que filósofos não analíticos distintos estiveram do lado dos anjos, esses exemplos sugerem que os filósofos analíticos deveriam pensar duas vezes antes de adotarem uma atitude de superioridade. Eles também indicam que não há nenhuma incompatibilidade intrínseca entre filosofia analítica e extremistas políticos de variados tipos. Todavia, se a filosofia analítica fosse inerentemente racional, e se a racionalidade na esfera da moral e política públicas militasse *per se* contra o extremismo e favorecesse a democracia liberal, então deveríamos esperar tal incompatibilidade. Existem três possíveis explicações dessa divergência entre a filosofia analítica e visões políticas liberais.

Uma explicação reside no fato de que se pode ser um filósofo analítico sem exaltar as virtudes do argumento racional. Esse anti-intelectualismo desempenha um papel, por exemplo, na aparente queda de Wittgenstein para modos autoritários de pensamento. Uma segunda explicação possível é que o vínculo entre racionalidade e retidão política é mais fraco do que admitido pelos racionalistas. É, pelo menos, provável que *possa haver* tal coisa como ênfase *excessiva* em argumento e em um tipo particular de inteligência, pelo menos na esfera moral e política.[6] Desde Platão, os filósofos mostraram uma misteriosa disposição de seguir o argumento, seja para onde ele levar. Mesmo ao atingir conclusões absurdas ou repugnantes, eles raramente se envolveram em um exame de consciência ou questionaram suas próprias premissas. Em vez disso, inventaram argumentos sagazes para descartar, como sem reflexão e obsoletos, os juízos, os valores e as práticas dos mortais comuns. Essa propensão não está confinada a filósofos analíticos. Mas, como veremos na próxima seção, ela é particularmente pronunciada naqueles ramos do movimento analítico alinhado ao consequencialismo. E pode-se arguir que é tal confiança exagerada nos poderes do julgamento filosófico que explica alguns dos disparates políticos de Russell.

Finalmente, mesmo que a *filosofia* tivesse uma tendência a encorajar visões morais e políticas saudáveis, por causa de sua relação especial com a razão, seus *praticantes* individuais não teriam de ser moral ou politicamente superiores. Existem *pontos cegos* da razão. A capacidade de pensar criticamente e de argumentar convincentemente em uma área não garante a capacidade de fazê-lo em outra. Nossa abordagem quanto a questões morais e políticas é particularmente suscetível a influências estranhas, atingindo desde preconceitos embebidos pela educação, passando pelo pensamento ilusório ocasionado por experiências pessoais até a mera coincidência. É o contexto histórico que determina as opções para o exercício do juízo moral e político de um indivíduo. Em um contexto diferente, Frege ainda teria sido um misantropo amargurado, e Gentzen ainda teria sido um oportunista. Mas, eles não poderiam ter manifestado esses vícios por meio de lealdades políticas tão perniciosas assim.

A importância primordial do contexto também serve para descarregar uma potencial reaparição daqueles que consideram a filosofia analítica como ética e politicamente saudável. Se as grandes bestas filosóficas são algo por que se tem de passar, então lapsos políticos culpáveis podem ser mais raros dentro do movimento analítico do que na filosofia continental. Contudo, mesmo que essa alegação sobreviva a uma inspeção estatística, ela deve ser posta em perspectiva. Numericamente falando, a maioria dos filósofos analíticos cresceu em sociedades liberais e democráticas, pelo menos para os padrões de sua época. Como resultado, tiveram diante de si uma quantidade menor de tentações e dilemas políticos do que outros grupos de intelectuais. Contrariamente, como Sluga (1993) mostrou, foi a convulsão da I Guerra Mundial e o sentido resultante de crise que fomentou simpatias de extrema direita entre os filósofos alemães de todas as convicções, incluindo Frege. Se nós, filósofos analíticos contemporâneos, somos relativamente imunes a aberrações políticas extremas, isso é devido não a nossas virtudes intelectuais ou morais intrínsecas, não à nossa boa fundamentação em lógica modal, em semântica formal, em teorias externalistas de conteúdo, epistemologia contextualista ou no cálculo hedonista. Isso se deve, antes, ao fato de que nós, ou pelo menos a maioria de nós, fruiu dos benefícios de democracias liberais e teve o privilégio adicional de atravessar sistemas de educação superior que são geralmente encaixados em valores sociais e políticos humanos, muito independentemente da facção analítica em uma disciplina numericamente pequena e socialmente insignificante como a filosofia. Por fim, embora os filósofos analíticos contemporâneos sejam mais imunes a certas visões de esquerda radicais, que perderam todo e qualquer apelo que tinham nos anos de 1960, gerações posteriores podem muito bem ter razões para condenar nosso fracasso em sermos mais radicais na busca de causas ambientais urgentes, tais como a mudança climática.

4. O CASO SINGER

Não é necessário uma orientação analítica para inculcar valores democráticos e liberais em filósofos individuais. Nem ela é suficiente, seja porque seu vínculo com a racionalidade é mais fraco do que suposto pelos proponentes de uma definição racionalista, seja porque a busca irrestrita de racionalidade pode ser uma bênção de tipo misto ou por causa de circunstâncias históricas contingentes. Mas ela não poderia ao menos ajudar a avançar tais valores, em um nível social? Ela não poderia em realidade dar suporte e reforçar uma atmosfera geral em que os debates morais e os processos políticos estão baseados em coexistência pacífica, tolerância mútua e argumento racional?

Essa ideia pode ganhar algum suporte a partir do assim chamado caso Singer. Em 1989, o filósofo australiano Peter Singer ia fazer preleções sobre ética aplicada em partes germanófonas da Europa. Ele foi em seguida confrontado por protestantes de grupos de pressão da parte de portadores de deficiência, da esquerda radical e da direita religiosa. Eles alegavam que, ao propor a eutanásia ativa, a *Practical Ethics** (1979) de Singer, tolerava-se um "extermínio em massa" do mesmo tipo que o programa de eutanásia dos nazistas e que suas ideias eram "fascistas" e "assassinas". A aliança anti-Singer se opôs não só à eutanásia, mas a qualquer *debate* sobre a eutanásia. Eles impediram as preleções de Singer com apitos, máquinas barulhentas e coros; em um caso, ele chegou a ser fisicamente abordado.

Seminários de universidade que faziam uso da obra *Practical Ethics* foram obstruídos e petições foram assinadas para remover seus apoiadores dos postos acadêmicos. As questões começaram a ferver com o Simpósio Wittgenstein, em Kirchberg. Em 1991, essa importante plataforma da filosofia analítica deveria ter a "Ética Aplicada" como seu tema. Inicialmente, os organizadores se recusaram a revogar os convites a Singer e a seus apoiadores. Mas a aliança anti-Singer ameaçou encenar uma exibição "Kirchberg sob os nazistas". Diante desse quadro, os hoteleiros locais decidiram não atender aos participantes do encontro, que teve de ser cancelado.

A ideia de hoteleiros austríacos se juntando à batalha antifascista no intuito de ocultar o passado nazista do vilarejo é notável, para dizer o mínimo. O espetáculo teria sido tão instrutivo quanto qualquer encontro de filosofia, e mais divertido, mesmo na ausência de cerveja e aguardente. Houve um outro resultado irônico, no qual o próprio Singer encontrou consolo. Por causa da cobertura da mídia, o tabu sobre discutir a eutanásia foi quebrado – desde 1991, questões em ética aplicada foram crescentemente debatidas no mundo germanófono. O caso teve ainda outro resultado irônico. Singer tem sido um dos bastiões do ideal hegeliano de *substantielle Sittlichkeit*,* o *ethos* partilhado de uma comunidade coesa. Esse *ethos* não diz respeito puramente à "liberdade negativa" de os indivíduos terem seus próprios objetivos e opiniões, mas busca imbuí-los com valores morais específicos. Para Hegel e seus admiradores marxistas, tal comunidade orgânica está autorizada a reduzir liberdades civis, incluindo a liberdade de expressão. De acordo com isso, os protestantes partilham com Singer o ideal de uma comunidade que não é baseada na concordância de discordar sobre muitas questões morais, mas impõe ideais morais específicos, mesmo à custa de liberdades civis. A diferença é que, para os oponentes de

---

* N. de T.: A saber, *Ética Prática*.

* N. de T.: Literalmente, "moralidade substancial".

Singer, a santidade da vida humana é parte desse *ethos* substancial, e isso significa que a discussão da eutanásia pode ser restringida. Na terra de Hegel e Marx, Singer obteve mais *substantielle Sittlichkeit* do que poderia ter esperado quando escrevia suas introduções de *Mestres do Passado* (1983 e 1980) a esses pensadores.

Deixando de lado a *Schadenfreude*,* minha última observação apenas parece dar suporte à associação entre filosofia analítica e valores liberais, por um lado, e filosofia não analítica e restrição de liberdade, por outro. Muitos dos oponentes de esquerda de Singer subscreveram ao marxismo, ao passo que alguns de seus oponentes de direita tinham proximidade com a filosofia cristã e com Hegel. De forma mais geral, o caso reforça um contraste estereotípico. Por um lado, os filósofos analíticos anglófonos reagiram com incredulidade a essa irrupção de intolerância teutônica. Para eles, argumento sem restrições é o próprio alimento vital da academia, e a possibilidade de questionar mesmo as suposições mais caras e fundamentais é o traço distintivo da filosofia. Por outro lado, instituições acadêmicas alemãs e austríacas e alguns filósofos profissionais não só toleraram os ataques à ética aplicada, mas até mesmo deram apoio a eles. Ao que parece, não se espera que um filósofo alemão junte nove argumentos a favor e dez argumentos contra uma dada posição, mas que ele profira sabedorias profundas, preferencialmente sabedorias que estejam de acordo com um *ethos* comum partilhado.

Contudo, antes de adicionar QED a esse argumento, precisa-se ter em mente alguns pontos. Primeiramente, as visões utilitaristas sobre a eutanásia, pelas quais Singer foi atacado, são realmente graves. Ele é permissivo com respeito à *eutanásia* ativa *não voluntária*, ao assassinato de seres humanos inocentes que são incapazes de entender ou de fazer a escolha entre a vida e a morte – tais como crianças gravemente deficientes ou adultos em estado vegetativo. Além disso, ele favorece tal curso de ação não só em casos em que é o interesse do paciente, mas também em casos em que é melhor para o *ambiente do paciente* – a família ou a sociedade. Isso inclui tanto crianças com síndrome de Down quanto hemofílicos. Singer admite que se possa esperar da vida desses que ela "contenha um balanço positivo de felicidade sobre a miséria", e que hemofílicos adultos tendam a "achar que a vida é definitivamente válida de se viver". No entanto, defende que é *permissível* matá-los sob a requisição de seus pais até um mês depois do seu nascimento. Com efeito, ele *favorece* o assassinato deles. Suas " perspectivas de vida são significativamente menos felizes do que aquelas de uma criança normal", e elas são um fardo constante para seus pais. É, portanto, melhor "substituí-las" por crianças saudáveis (1979, p. 131-135). Essa posição dificilmente é uma vitrine para a ideia de que a filosofia analítica erige proteções intelectuais contra o extremismo.[7] Trata-se mais de uma vitrine para um fracasso particular da racionalidade, muito embora um fracasso associado mais ao utilitarismo do que à filosofia analítica como tal: o fracasso de reconsiderar as premissas que alguém traz à luz de consequências impalatáveis, e a tendência de, em vez disso, buscar refúgio em críticas que servem a si mesmas, contra a moralidade "ortodoxa" ou "convencional'" e "intuições" leigas.

Nesse sentido, o caso Singer lança uma luz negativa não só sobre inimigos continentais do livre discurso, mas também sobre filósofos analíticos que trabalham na ética aplicada. Eles abordaram problemas morais delicados em um espírito de entusiasmo agitado, que os separa, desfavoravelmente, do ar caracteristicamente sério da filosofia moral germanófona. A maioria dos autores dedicados à ética aplicada – incluindo Singer e seus seguidores – são o que os comentadores de direita gostam de chamar de "politicamente corretos". Ou seja, eles favorecem expressões linguísticas que são calculadas para causar mínima ofensa a grupos

---

* N. de T.: Literalmente, "alegria maliciosa".

minoritários. Como resultado, hesitariam em chamar as pessoas em cadeiras de rodas de "deficientes" ou "aleijados". Mas isso não impediu alguns deles de dizer a essas mesmas pessoas que, no intuito de maximizar a utilidade total, o mundo seria um lugar muito melhor sem elas.

A mesma abordagem abrupta é evidente em um estilo particular de exemplo e dilema que muitos eticistas analíticos adoram. Por um lado, conta a seu favor que eles consideram problemas morais e testam suas teorias em referência a casos complicados. Por outro lado, muitos desses casos não são apenas extremamente estranhos, mas também extraordinariamente de mau gosto. A propósito, o seguinte caso não é muito mais que imitação barata:

> Em seu caminho para o aeroporto, no intuito de atender a uma conferência no Oxfam,* [ ] você passa por um lago no qual estão se afogando uma criança (inocente) e uma ovelha geneticamente modificada (insubstituível). Você deveria salvar a criança, de acordo com os ditames da moralidade "convencional", a ovelha, para o benefício do entendimento científico, ou garantir que você pegue seu voo para garantir um bem ao Terceiro Mundo? E que diferença faria, se de fato faria alguma, se a criança que está se afogando estivesse jogando água em cima de um sanduíche que você estivesse prestes a devorar?

Pode haver um lugar para casuística; mas, esse lugar está na consideração de dilemas morais genuínos, dilemas que poderiam confrontar agentes humanos minimamente decentes e sãos. Nesse tipo de casuística, por contraste, problemas morais parecem ser tratados acima de tudo como uma desculpa para se tentar sua teoria de estimação ou para mostrar o quão sagaz se é.

Uma observação adicional diz respeito uma vez mais ao contexto. Em grau considerável, os aspectos desconcertantes do caso Singer refletem não tanto a logofobia de filósofos tradicionalistas ou continentais, mas sensibilidades políticas criadas pelo legado aterrorizante dos nazistas. À época do caso Singer, a Suíça ainda era dominada pela filosofia não analítica. Todavia, em contraste marcante com os equivalentes alemães e austríacos, instituições acadêmicas suíças defenderam firmemente o direito de falar de Singer, e a ética aplicada floresceu ali muito antes que ganhasse uma base firme na Alemanha e na Áustria. Por outro lado, depois que essas sensibilidades foram erodidas nessas partes, um proeminente jornalista filosófico "continental" como Sloterdijk (1999) não mostrou escrúpulos quaisquer em sugerir que o ideal de Nietzsche, do *Übermensch*,* deveria ser buscado por meio da seleção e da engenharia genética.

Há uma objeção final ao argumento racionalista de Føllesdal e Cohen. Qualquer um que concorda com a esperança de que a filosofia analítica realmente promove valores liberais e democráticos, tais como o debate racional e a resolução pacífica de conflito, precisa encarar um fato inconveniente. Antes de os EUA, a Grã-Bretanha e a Austrália serem dominados pela filosofia analítica (basicamente até o fim da II Guerra Mundial), eles estavam claramente na vanguarda da promoção de tais valores. Mas, agora que eles se tornaram os geradores de força da filosofia analítica, a situação é muito diferente. No presente, esses países são os mais beligerantes no mundo. Se confinarmos nosso grupo de comparação a democracias ocidentais contemporâneas, o resultado é ainda pior. Sobre questões que se estendem desde armas de destruição em massa e correção política até teoria evolucionária e mudança climática, as vozes da razão, da ciência e dos fatos empíricos desempenham, na melhor das hipóteses, um segundo plano

---

* N. de T.: Isto é, *Oxford Committee for Famine Relief* ou "Comitê de Oxford para o Alívio da Fome".

* N. de T.: Isto é, "super-homem".

no que diz respeito à propaganda política, ao assédio da mídia, à oportunidade econômica e ao fundamentalismo religioso. Além disso, seria ridículo sugerir que, nesses países, o nível de debate público é mais elevado do que nos países da Europa em que a filosofia continental tem uma presença significativa. A imprensa de tablóide britânica e a televisão e o rádio americanos, por exemplo, gozam de uma reputação, duramente obtida, por estarem entre os piores de seus respectivos tipos no mundo ocidental.

Naturalmente, são circunstâncias políticas e sociais complexas, em vez de a filosofia analítica, que devem ser condenadas por esse desenvolvimento melancólico. No entanto, três observações estão na ordem do dia. Primeiramente, embora a filosofia analítica *per se* não seja nem racional nem progressista na esfera política e moral, tem havido muitas vozes racionais e/ou progressistas dentro da ética e da teoria política analíticas. A questão que surge é por que essas vozes não tiveram maior impacto. Retornaremos a esse ponto no subcapítulo 9.2. Em segundo lugar, essas observações não refutam conclusivamente as alegações de Føllesdal e de Cohen. Isso só poderia ser feito por meio de investigações empíricas extensas do impacto político atual da filosofia analítica sobre praticantes individuais e suas sociedades. Mas, em terceiro lugar, elas dão suporte ao receio de que as esperanças deles possam ser utópicas. Não há qualquer evidência de que, *permanecendo iguais todos os outros fatores*, a filosofia analítica tenha benefícios públicos maiores do que outras formas de filosofia. Isso conta contra a alegação de Cohen de que a filosofia analítica em realidade promove valores liberais na esfera pública e política mais ampla. Tampouco há qualquer evidência para essa segunda alegação, a saber, que a filosofia analítica, por sua vez, é favorecida por um clima liberal geral. Suas primeiras raízes retornam ao Império dos Habsburgo e à Prússia, que eram autoritários mesmo pelos padrões exigentes do século XIX. E o mesmo contexto sócio-político que fez procriar o positivismo lógico na Áustria e na Alemanha também fez ascender o nazismo.

5. UM ANTÍDOTO À IDEOLOGIA?

Permanece uma vantagem potencial final da filosofia analítica. Independentemente das visões dos praticantes individuais e de seus efeitos éticos e políticos reais, ao menos a filosofia analítica separa propriamente questões teóricas e questões práticas. Mesmo quando as recomendações práticas de filósofos analíticos são controversas, fica-se assim tentado a sustentar que elas são baseadas em raciocínio nu e cru em vez de em uma duvidosa mistura de ideias filosóficas, ideologia e lealdades políticas. Inversamente, a filosofia não analítica parece prejudicada por uma tendência de conjugar buscas cognitivas e morais.

Nesse espírito, Soames defende que a filosofia analítica está comprometida com argumentos. Ele pensa que isso está "conectado com um segundo tema subjacente". A filosofia analítica tem em vista

> a verdade e o conhecimento, em oposição ao aperfeiçoamento moral ou espiritual... Em geral, o objetivo da filosofia analítica é descobrir o que é verdadeiro, e não oferecer uma receita útil para se viver a vida. (2003, p. xiv–xv)

O ponto, aqui, não é que a filosofia analítica *ignora* questões morais, ou que ela permanece *neutra* sobre elas, mas que, ao lidar com elas, é motivada pelo desejo de oferecer respostas verdadeiras em vez de *orientação prática*.

O caso de filósofos da antiguidade como Sócrates demonstra que se pode buscar aperfeiçoamento moral ou espiritual e, todavia, fazer isso por meio de uma busca refletida da verdade e do conhecimento. De modo mais importante, diversos filósofos analíticos também aspiram, em última análise, ao aperfeiçoamento moral e espiritual. Wittgenstein vem à mente, ao menos em alguns aspectos. Assim o fazem os membros politizados do Círculo de Viena, e talvez até mesmo Russell. Finalmente, numerosos filósofos analíticos trabalham, atualmente, em ética aplicada. Espera-se, contudo, que pelo menos alguns deles sejam motivados por um desejo de oferecer orientação moral e política.

Por outro lado, muitos filósofos não analíticos foram movidos por curiosidade em vez de uma missão moral-mais-espiritual. Mais ainda, esses incluem pensadores que contam como continentais, ao menos no sentido mais amplo. Não é por nada que Marx e Engels atacaram seus predecessores hegelianos por meramente "interpretarem o mundo". Para a maioria dos fenomenólogos, orientação moral e política é um interesse secundário, no máximo, e, de fato, seu método professa ser puramente descritivo. Finalmente, mesmo que Nietzsche, Heidegger e Sartre tenham buscado aperfeiçoamento moral e espiritual, seus sucessores pós-modernos parecem buscar o objetivo menos sério de jogar com ideias, palavras e textos em maneiras que julgam elegantes, independentemente de preocupações práticas.

Falta de *motivação* prática não é nem uma característica dos filósofos analíticos nem um benefício deles. A verdadeira questão é se aspirações morais e políticas ditam o *conteúdo* de argumentos, métodos e conclusões filosóficas. Pode haver algum sentido em que mesmo a pesquisa teórica deveria ser relevante. Mas isso simplesmente significa que ela deveria buscar questões que fazem sentido e que são interessantes e importantes de um ponto de vista cognitivo. Não significa que a pesquisa teórica deva tentar gerar resultados práticos, sejam eles de um tipo técnico ou de um tipo moral-mais-político. Como mostra a história da ciência e da academia, a pesquisa teórica é com frequência mais frutífera e benéfica quando não está sujeita à exigência de produzir resultados práticos. Além disso, muito embora a pesquisa teórica deva ser teoricamente relevante, relevante para avançar nosso conhecimento e entendimento, está longe de estar claro que ela floresce quando é explicitamente motivada por esse desejo, em vez de sê-lo por curiosidade.

Se a filosofia dá conselhos em questões morais e políticas, essa orientação deveria estar baseada em raciocínio filosófico, em vez de no caminho inverso. Mesmo o fato de que a filosofia *pode* dar tal conselho não é uma conclusão inevitável, mas está sujeita à reflexão teórica. Adaptar a visão filosófica que se tem em lógica, epistemologia e metafísica a comprometimentos morais ou políticos é algo equivocado, em dois aspectos. Primeiramente, confunde questões práticas sobre o que deveria ser o caso, ou o que tem valor com questões teóricas no sentido mais amplo, concernentes ao que é em realidade o caso, o que poderia ser o caso ou o que pode ser mostrado como o caso. Em segundo lugar, mesmo dentro da esfera prática, comete-se o pecado de dogmatismo, à medida que certas doutrinas morais e políticas são tratadas como sacrossantas em vez de serem sujeitas à reflexão crítica. Naturalmente, é perfeitamente legítimo engajar-se em filosofia teórica a partir de motivos morais e políticos. Mas uma filosofia cujos métodos e resultados são predeterminados por comprometimentos práticos anteriores é, no máximo, pensamento ilusório, e é, no pior dos casos, retórica enganosa. A despeito dos encantamentos marxistas acerca da primazia da prática sobre a teoria, uma recusa em se curvar ao clamor de ser politicamente relevante e em forjar métodos e visões filosóficas para ideais morais e políticos pré-concebidos é, em verdade, uma vantagem.

Os filósofos analíticos eminentes combateram de fato esse tipo de erro. Austin escreveu: "Não estou certo de que a importância seja importante; mas a verdade o é" (1970, p. 271). Russell, mesmo sendo o inimigo implacável da "filosofia da linguagem comum" que era, teria concordado. Ele terminou sua entrevista televisiva à BBC, em 1957, com o conselho às gerações futuras de sempre distinguirem estritamente entre o que alguém *gostaria* que fosse verdadeiro e o que alguém pode *mostrar* ser verdadeiro. Em uma veia semelhante, Cohen se compraz em afirmar que a filosofia analítica pode resistir "às alegações de outras filosofias quanto a uma relevância social superior", não só por causa de suas credenciais democráticas e liberais, mas também porque "pode ser contraprodutivo designar o programa de investigação filosófica com um olho nos benefícios sociais que essa investigação pode atingir" (1986, p. 62). Mesmo o Putnam tardio, que persegue ativamente uma apologia pragmatista da democracia, critica o descontrutivismo por decair em um tipo de "parapolítica", uma filosofia politizada que vê seus objetivos primariamente em termos sociais e políticos (1992, p. 197). O mesmo pode ser dito sobre algumas manifestações do pragmatismo; não, com certeza, do pragmatismo mais analítico de Putnam e Haack, mas da marca representada por Rorty e West. E também poderia ser dito de certos filósofos tradicionalistas cujas convicções religiosas predeterminam seus argumentos em outras áreas.

Ao mesmo tempo, uma concorrência sistemática de filosofia e política certamente não é constitutiva nem da filosofia tradicionalista nem da fenomenologia, no espírito de Husserl. Nem está toda a filosofia analítica imune a esse vício. Por causa do pano de fundo marxista partilhado, Neurath, não menos do que a teoria crítica, considerou a teorização sobre a sociedade como inseparável da teorização em favor de uma organização social harmoniosa (ver Cartwright e Cat, 1998). Além do mais, vimos que alguns oponentes tentaram comprometer a filosofia analítica, ao associá-la a visões políticas de direita. A propósito, eles não têm qualquer monopólio em fazer conexões débeis entre posições filosóficas e comprometimentos políticos. A associação feita por Neurath da metafísica com atitudes políticas reacionárias ou conservadoras é especulação ilusória, como o caso de Kant, Bolzano, Brentano e Russell deveriam ter-lhe demonstrado (o mesmo vale para a associação feita por ele da filosofia analítica ou "científica" com o catolicismo). Em geral, a aversão extrema da metafísica, por Neurath, se revela política em vez de filosoficamente motivada. Outros positivistas lógicos, incluindo figuras com interesse político, como Carnap, atenuaram sua atitude para com a metafísica quando reconheceram os problemas em seus argumentos antimetafísicos. Neurath, por contraste, permaneceu inflexivelmente contrário, mesmo quando isso levou a uma cisão com seu antigo camarada Carnap (ver Carnap, 1963, p. 22-23). Tampouco estamos lidando exclusivamente com os pecados do passado. Persiste uma tendência desafortunada em alguns redutos de borrar pensadores não analíticos variados com o pincel do nazismo ou do stalinismo, apesar dos enormes hiatos temporais e intelectuais.[8]

Por conseguinte, embora uma certa separação entre questões teóricas e práticas e questões filosóficas e políticas seja salutar, ela não é um traço diferenciador da filosofia analítica. Ademais, permanece a suspeita de que a filosofia analítica contemporânea, nesse sentido, contrasta favoravelmente com correntes da filosofia continental. Essa suspeita está vinculada a questões mais amplas, concernentes ao papel da filosofia analítica dentro da cultura em geral. Há uma área em que os filósofos analíticos, mesmo do tipo teórico, tiveram um impacto sobre os debates políticos e culturais gerais, um impacto que, ocasionalmente, atingiu a imprensa da corrente principal. Estou pensando nas guerras da ciência e da cultura que estiveram bramando em *campi* norte-americanos por algum tempo e que, mais tarde, derramaram-se sobre as academias francesas. Essas hostilidades, junto com questões semelhantemente grandes acerca do mérito e do futuro da filosofia analítica, ocuparão o último capítulo. No próximo capítulo, finalmente darei a volta para apresentar e defender minha própria concepção de filosofia analítica.

NOTAS

1. 1964, p. 171-173, 178, 192. Marcuse faz uso intercambiável de "análise linguística", "filosofia analítica" e "filosofia (neo)positivista", muito embora esteja francamente consciente da diferença entre construção lógica e análise conceitual (1964, p. 182-184, 187).
2. Adorno et al., 1969. Dahms (1994) situa essa disputa no contexto mais amplo das relações entre a teoria crítica, o positivismo lógico,

o pragmatismo e o racionalismo crítico. De particular interesse é o fato de que, antes do ataque polêmico de Horkheimer ao positivismo lógico, em 1937, havia um notável grau de interação e colaboração entre a Escola de Frankfurt e o Círculo de Viena, em particular entre Horkheimer e Neurath, precisamente por causa de opiniões partilhadas do lado da esquerda.
3. Uma terceira alternativa, buscada por Schlick (1930), é atribuir à filosofia moral tanto a tarefa analítica de elucidar o discurso moral quanto a tarefa psicológica de explicar por que os seres humanos (frequentemente) agem de acordo com exigências morais. Mas mesmo essa abordagem mais universal impede os filósofos morais – por contraste a moralistas – de produzir avaliações e prescrições morais.
4. Ver Griffin, 2001, p. 410, 426-429; Monk, 2000, p. 297-304, 468-469; http://www.economist.com/books/displayStory.cfm?Story_ID=699582, acessado em 21 de maio de 2006.
5. Ver "Criticisms of Noam Chomsky" in: Wikipedia, The Free Encyclopedia. Salvo em 13 de outubro de 2006, a partir de http://en.wikipedia.org/w/index.php?title=Criticism_of_Noam_Chomsky&oldid=80748085.
6. Ao mesmo tempo, não posso subscrever a negação feita por Sluga de qualquer vínculo entre nazismo e irracionalismo (1993, p. 99--100). E distinção entre anti-intelectualismo e irracionalismo (subcapítulo 6.5) ajuda a retirar minhas reservas. Alguns simpatizantes do nazismo, como Frege e Rickert, não subscreveram o anti-intelectualismo. No entanto, a ideologia nazista era tanto agressivamente anti-intelectual como risivelmente irracional. Portanto, um fracasso da razão foi uma condição necessária para dar suporte à sua causa. Além disso, os mais importantes nazistas filosóficos – Rosenberg, Baeumler, Heidegger, Krieck – se opuseram à razão de uma maneira (predominantemente) irrefletida.
7. Singer atenuou sua posição na segunda edição, mas isso é irrelevante quanto se os protestos contra sua posição inicial foram legítimos. Para sua reação quanto ao caso, ver Singer, 1992. Para uma defesa de minha posição sobre as questões éticas e de jurisprudência que ele levanta, ver Glock, 1994.
8. No decurso de uma defesa das diatribes antimetafísicas de Neurath, Köhler (1991, p. 138 e nota) detecta uma rota imediata da "lamentável incompreensão de lógica", por Kant, até a "apologia do totalitarismo", por Hegel. O que é lamentável, em vez disso, é a associação aleatória feita por Köhler da lógica filosófica de Kant com a teoria política de Hegel, bem como sua compreensão de totalitarismo. Ele se encontra ou sem pistas quanto ao significado desse termo, que foi cunhado nos anos de 1920 para um tipo distintivamente moderno de ditadura, ou, o que é ainda mais assustador, ele não consegue compreender a diferença entre a monarquia prussiana dos anos de 1820, que Hegel de fato defendeu, e os regimes assassinos de Mussolini, Hitler e Stalin.

8
CONCEITOS CONTESTADOS, SEMELHANÇAS DE FAMÍLIA E TRADIÇÃO

Concepções geolinguísticas, historiográficas, formais, materiais e "éticas" de filosofia analítica se mostraram todas deficientes. Chegamos ao fim da linha? Certamente estamos diante de um impasse. Pode parecer que estamos forçados a concluir (com Preston, 2004) que a filosofia analítica não constitui um fenômeno distintivo. No mínimo, parece como se tivéssemos de concordar com Leiter, quando ele alega: *"Não creio que alguém saiba o que é 'filosofia analítica'"* (2004b).

Felizmente, ainda não temos de jogar a toalha. Até aqui, consideramos tipos diferentes de definições *analíticas* de filosofia analítica, definições em termos de condições que são individualmente necessárias e, em conjunto, suficiente para serem parte da filosofia analítica. Mas existem conceitos legítimos que não permitem uma definição analítica. Com efeito, encontramos tais conceitos em nossa odisseia até aqui. Nem conceitos de semelhança de família que aparecem no ataque tardio, por Wittgenstein, de sua busca juvenil pela essência da linguagem (subcapítulo 2.5) nem os conceitos genéticos centrais ao argumento de Williams em favor do historicismo (subcapítulo 4.2) são definidos analiticamente. E, além do mais, há, ainda, uma outra possibilidade. Ela surge diretamente da concepção racionalista discutida no subcapítulo 6.5. Essa concepção, com efeito, torna a "filosofia analítica" um título honorífico, um título que significa o que veio a ser conhecido como um conceito essencialmente contestado. Na Seção 1, admito que há tal uso honorífico, ao passo que insisto que ele é menos estabelecido do que o uso descritivo. Também considero os méritos de uma definição revisionária de "filosofia analítica" por linhas racionalistas. Minha conclusão é que tal revisão levaria, descendo pelo caminho errado até uma definição persuasiva, uma definição que é menos propícia ao debate filosófico do que uma definição descritiva.

Na Seção 2, volto-me à questão de se a filosofia analítica é um conceito de semelhança de família. Ainda que imensamente influente, a ideia de conceitos de semelhança de família também foi furiosamente contestada. Contra os céticos, argumentarei que ela é coerente e que tem algum ponto de apoio no caso da filosofia analítica. Mas uma definição em termos de semelhanças de família traça as linhas da filosofia analítica independentemente de qualquer período histórico específico, excedendo, a partir daí, uma vez mais sua extensão comumente reconhecida. Além disso, como conceito essencialmente contestado, um conceito de semelhança requer alguns casos paradigmáticos centrais em torno dos quais outros casos são agrupados. Esses casos paradigmáticos, assim arguirei na Seção 3, são oferecidos por uma concepção de filosofia analítica que a trata como uma tradição histórica, revelando, a partir daí, que filosofia analítica é um conceito parcialmente genético. Por outro lado, é, em certa medida, por referência às características que figuram em concepções de semelhança de família da filosofia analítica que podemos estabelecer adesão à tradição. Isso facilita a identificação de membros paradigmáticos da tradição e permite que se exclua pensadores que influenciaram membros da tradição, mas cuja perspectiva geral é por demais remota para que sejam adicionados a ela.

A resposta à pergunta título é, então, que a filosofia analítica é uma tradição que se mantém junta *tanto* por laços de influência mútua *quanto* por semelhanças de família. Mas quem precisamente é parte dessa tradição, quem a fundou e quando ela surgiu como um movimento intelectual distinto? As respostas sugeridas por minha abordagem estão de acordo com a extensão comumente reconhecida, como mostro na última seção. A filosofia analítica gradualmente surgiu quando a revolução fregeana da lógica formal se combinou com debates sobre a natureza das proposições exigida pela rebelião contra o idealismo feita por Moore e por Russell, bem como com a virada linguística do *Tractatus*.

1. UM CONCEITO ESSENCIALMENTE CONTESTADO?

A maioria, se não todos os proponentes de uma concepção racionalista, a profere com uma intenção *apologética*, como parte de uma defesa da filosofia analítica. A concepção racionalista dá forma à imagem de filosofia analítica projetada por sociedades dedicadas a promovê-la. A Sociedade Europeia de Filosofia Analítica a apresenta do seguinte modo:

> A filosofia analítica é caracterizada sobretudo pelo objetivo da clareza, pela insistência na argumentação explícita em filosofia e pela exigência de que qualquer visão expressa seja exposta aos rigores da avaliação crítica e à discussão por pares. (URL = http://www.dif.unige.it/esap/, acessado em 4 de outubro de 2005)

A combinação de definição e defesa é belamente expressa no título do ensaio de Føllesdal: "Filosofia analítica: o que ela é e por que alguém deveria se dedicar a ela?". Ao responder a ambas as questões, ele tira a seguinte "conclusão final":

> Não deveríamos nos dedicar à filosofia analítica simplesmente porque ela é *boa* filosofia, mas também por razões de ética individual e social. (1997, p. 15)

Um espírito semelhantemente elevado parece ter prevalecido na sessão de fundação da *Gesellschaft für Analytische Philosophie* (GAP)* em Berlim, em 1990. Tendo ouvido os objetivos propostos da sociedade, um erudito resumiu tudo ao dizer: "Talvez não devêssemos estabelecer uma sociedade de filosofia analítica, mas simplesmente uma de *boa* filosofia!".[1]

Menos ironicamente, um antigo presidente da GAP, Ansgar Beckermann, conecta explicitamente a concepção racionalista da filosofia analítica com a ideia de que ela equivale à boa filosofia. De acordo com Beckermann, a filosofia analítica originalmente pôs-se a superar a filosofia ao dissolver seus problemas por meio da análise lógica da linguagem. Mas, "o que caracteriza a filosofia analítica hoje" – depois de suas ambições originais terem sido frustradas – é a aceitação de duas visões: primeiramente, que a filosofia analítica busca responder a questões substantivas (em vez de questões históricas) de uma maneira que é tanto sistemática quanto governada por padrões de racionalidade universalmente aplicáveis; em segundo lugar, que essa ambição pode somente ser atingida se os conceitos e os argumentos que os filósofos empregam são feitos tão claros e transparentes quanto possível. "E, em minha opinião, esses são de fato os traços distintivos da boa filosofia" (2004, p. 12).

De forma mais ou menos deliberada, proponentes da concepção racionalista

---

* N. de T.: A saber, "Sociedade de Filosofia Analítica".

fazem uso de "filosofia analítica" como um título *honorífico*. E o fazem corretamente, dadas as suas suposições. Afinal, é certamente vantajoso e de fato indispensável à filosofia que ela seja empreendida de uma maneira racional, por meio de argumentos informados pela lógica e por distinções conceituais. Mesmo na concepção racionalista, a filosofia analítica não precisa simplesmente ser equivalente à boa filosofia, pois, existem outras virtudes filosóficas com as quais a busca irrestrita de debate racional e crítica filosófica podem entrar em conflito, por exemplo, com uma preocupação com *insights* em vez de argumento ou com um ambiente acadêmico não agressivo. Mas, para um racionalista, a filosofia analítica é *pro tanto* boa filosofia, dado que satisfaz um *desideratum* essencial de bom filosofar.

Se a definição racionalista estiver correta, então a filosofia analítica será semelhante, em certos aspectos, ao que Gallie rotulou como um "conceito essencialmente contestado" (1956). Conceitos essencialmente contestados são noções como arte, democracia, justiça ou repressão. Entre as características atribuídas a eles, na esteira de Gallie, as seguintes são pertinentes para um entendimento de filosofia analítica.

Primeiramente, há uma prática difundida de fazer uso dessas expressões de uma maneira *carregada de valor*, uma maneira que carrega conotações positivas ou negativas fortes.

Em segundo lugar, há uma *discordância* tanto sobre a extensão como sobre a intensão do conceito, ao que equivale dizer (para os presentes propósitos) uma discordância em relação a que o conceito se aplica e em virtude de quais propriedades.

Em terceiro lugar, os disputantes geralmente partilham um pequeno núcleo de *exemplares paradigmáticos* e diferem sobre quais candidatos adicionais são relevantemente semelhantes.

Esse traço final certamente se aplica a debates sobre a natureza da filosofia analítica. E os primeiros dois traços se aplicarão, *se* a concepção racionalista-mais-honorífica for correta. Nesse caso, debates em torno da filosofia analítica jamais dirão respeito à pergunta se ela é uma coisa boa, ao menos entre aqueles filósofos que têm em vista investigar o assunto de uma maneira racional. Em vez disso, focarão a pergunta sobre o que é necessário para ser um filósofo analítico e sobre quem, em realidade, preenche tal requisito.

Algumas características da paisagem filosófica dão certa plausibilidade a essa sugestão. As controvérsias internas sobre as raízes e a natureza da filosofia analítica estiveram passo a passo com confrontos sobre o curso próprio da filosofia analítica. Muitos participantes tenderam a identificar a filosofia analítica com o tipo de filosofar que consideram frutífero. Isso dá conta, ao menos em certa medida, de explicar a popularidade de definições com consequências impalatáveis, das quais seus proponentes estão plenamente conscientes. Assim, pois, Dummett favorece a virada linguística e acaba por aceitar definir a filosofia analítica de uma maneira que exclui Evans e Peacocke. Hacker considera a filosofia como uma investigação conceitual de segunda ordem e, portanto, admite que Quine e seus discípulos não mais possam ser parte da tradição analítica. Alguns naturalistas contemporâneos consideram a filosofia analítica como baseada na convicção de que a filosofia é parte da ciência natural e parecem dispostos a excluir Moore, Wittgenstein e a análise conceitual de Oxford do clube analítico.

Mesmo alguns externos atribuem alguma dignidade à filosofia analítica. O caso mais extremo é uma resposta dada pelo Derrida tardio a um artigo escrito por Adrian Moore:

> no começo de seu artigo, quando você estava definindo a filosofia conceitual, ou a filosofia analítica como filosofia conceitual, eu pensei: bem, isso é o que estou fazendo, isso é exatamente o que estou tentando fazer. Assim: sou um filósofo analítico – um filósofo conceitual. Digo isso muito seriamente. Esse é o motivo por que não existem *fronts*... Não estou simplesmente do lado "continental". Apesar de um número de

aparências, meu "estilo" tem alguma coisa essencial a ver com uma motivação que também se encontra na filosofia analítica, na filosofia conceitual. (2000, p. 83-84)

Com certeza, um equívoco, e não apenas se a filosofia analítica é uma busca inerentemente racional. Ademais, é um equívoco que dá suporte à sugestão de que "filosofia analítica" é, primeiramente e acima de tudo, um rótulo invejado, tal como a democracia, ainda que por motivos que, às vezes, são um tanto quanto débeis.

No entanto, diferentemente de paternidade e torta de maçã, a filosofia analítica *não* é alguma coisa a que todos estão ávidos por se associar. E, o que é mais importante, os *refusniks** incluem não somente nietzscheanos e pós-modernos, mas também figuras que louvam a racionalidade, pelo menos em tese. Na Alemanha, por exemplo, existem diversos pensadores que reivindicam o manto da tradição iluminista, *sem* terem o propósito de ser filósofos analíticos, por exemplo, Apel, Habermas e Henrich (2003), não obstante o fato de que alguns de seus amigos anglo-americanos os apresentam como filósofos analíticos no intuito de fazerem com que suas relações pareçam mais respeitáveis. Além disso, contrainstâncias incluem não só representantes da "Antiga Europa", mas também figuras dentro da filosofia anglófona. Aqui estão só alguns exemplos tirados de locais bem diferentes.

Aquele que tem a maior influência é Popper, apesar de sua proximidade intelectual e dívida para com o Círculo de Viena. No Prefácio à edição inglesa da *Logik der Forschung*,** ele se distanciou da filosofia analítica (1959). Ele se refere a ela como "análise lógica" ou "linguística". Isto é, ele inclui o construcionismo lógico e a análise conceitual, e, a partir daí, *as duas* correntes da filosofia analítica à época. Popper explicitamente subscreve aos ideais da "discussão racional" e da solução "crítica" de problemas em torno dos quais a definição racionalista se move. De fato, Popper declara que ele valoriza os filósofos analíticos não só como oponentes, mas também como aliados, dado que mantêm viva a tradição racional em filosofia. Ao mesmo tempo, concebe a filosofia analítica como um fenômeno muito mais específico, um fenômeno que empreende uma campanha de "não ao absurdo!" e tenta dissolver problemas filosóficos por meio de análise lógico-linguística, seja no molde vienense ou no oxoniense. Essa é uma ideia wittgensteiniana que ele detesta. Assim como Russell, ele insiste que a filosofia confronta "problemas genuínos" e que ela busca conhecimento sobre o mundo em vez de sobre o pensamento ou a linguagem.

Minha próxima testemunha é Simon Critchley (2001, Capítulo 7), um talentoso expositor da filosofia continental. Critchley mantém distância da filosofia analítica, a qual ele despreza como "cientista". Mas, ele faz isso não em nome de um auto da fé pós-modernista da razão. Afinal, ele também se distancia do "obscurantismo" da religião e do pensamento da Nova Era, o qual caracteriza como o lado reverso da moeda cientista (uma figura de pensamento proeminente também na Escola de Frankfurt).

Por fim, Fodor, que veementemente se desobriga de ser um filósofo analítico:

> Quem entre os viventes conta como um filósofo analítico por esses critérios doentios? Não eu, com certeza. Mas praticamente todos na Austrália; Peacocke... McDowell, Brandom, Travis (quando ele não é simplesmente um niilista), todos na ciência cognitiva, sem exceção. E assim por diante. Você nem precisa mirar; só puxe o gatilho e você acertará um. (in: Leiter, 2004b)

Reconhecidamente, os critérios sobre os quais essa desobrigação está baseada são até mesmo mais estreitos do que aqueles empregados por Popper. Fodor propõe

---

* N. de T.: O termo se refere ao cidadão que tem negada a permissão para emigrar para outros países. Na origem, dizia respeito tipicamente a judeus na antiga União Soviética.
** N. de T.: Isto é, *Lógica da pesquisa*.

que ser um filósofo analítico depende *não só* da virada linguística – também conhecida como "ascenso semântico" –, *mas também* de concordar com uma doutrina até mesmo mais específica – "o pragmatismo semântico". Para Fodor, essa doutrina é o flagelo de qualquer tentativa séria de entender a mente, dado que ela explica "conteúdo intensional" como "algum tipo de 'saber como'". Presumo que um tipo paradigmático de "conteúdo intensional" é um *conteúdo proposicional*, algo como *"burocracia gera corrupção"*. E estou sem pistas quanto ao que possivelmente poderia significar tratar esse conteúdo proposicional como um saber como. Além disso, não conheço qualquer filósofo analítico que jamais tenha promovido tal explicação venturosa. Deve-se admitir que, alguns deles consideraram *crer* que burocracia gera corrupção como uma disposição. E alguns trataram conceitos como aquele de corrupção como uma habilidade. Contudo, mesmo aquelas posições tiveram poucos amigos entre os filósofos analíticos antes do Wittgenstein tardio; e elas são repudiadas por uma maioria de filósofos da mente contemporâneos. Seja como for, o ponto crucial no presente contexto é esse: estejam certos ou errados, Fodor e Popper estão contentes em renunciar a filosofia analítica como eles a concebem.

A filosofia analítica é um conceito *contestado* entre *alguns* filósofos e dentro de *certos* debates, notadamente, sobre as origens e a natureza da filosofia analítica entre seus praticantes. Mas ela não é um conceito essencialmente contestado. O traço mais fundamental de sua intensão *não* é que ela se refere a uma atividade intelectual recomendável – seja como ela possa parecer. Embora exista um uso honorífico, o uso descritivo é mais amplamente difundido e mais firmemente estabelecido. Entender o termo "filosofia analítica" está ligado à habilidade de especificar certas figuras, movimentos, textos e instituições, e talvez alguns de seus traços proeminentes. Não requer a crença de que a filosofia analítica é, para todos os efeitos, uma coisa maravilhosamente boa.

A definição racionalista não é puramente estipulativa. Ela tem o propósito de dar atenção a instâncias paradigmáticas. Além disso, ela captura – mais ou menos – um modo existente de fazer uso do rótulo "filosofia analítica". Poder-se-ia argumentar, portanto, que esse uso honorífico é superior ao uso descritivo. Pelo mesmo mecanismo, a concepção racionalista poderia ser defendida como uma definição revisionária ou uma explicação lógica, uma explicação que evita as limitações do uso descritivo padrão.

Todavia, a única limitação potencial daquele uso que encontramos até aqui é que ele é vago, no sentido de dar margem a casos fronteiriços. Isso significaria que uma explicação deveria tomar a forma de uma assim chamada "definição de precisão". Por exemplo, podemos tornar um termo vago como "riqueza" mais preciso, ao defini-lo, por exemplo, como "ter fundos 10 mil vezes mais que o valor da média". Pelo mesmo instrumento, poder-se-ia alegar que uma definição racionalista da filosofia analítica simplesmente torna um termo vago mais preciso.

É uma questão movediça se a vagueza é de fato indesejável na área da taxonomia filosófica-mais-histórica. Mas, assumamos, por causa do argumento, que há um prêmio em evitar essa vagueza. Mesmo nesse caso, a definição racionalista não é uma opção. Pois, em vez de fazer dar um jeito nas bordas desiguais do emprego descritivo de "filosofia analítica", ela produz uma extensão *inteiramente diferente*, uma extensão que remonta ao século VI a.C. e inclui figuras que são classificadas costumeiramente em termos completamente diferentes (ver também subcapítulo 6.5).

A situação mudou. Em vez de solucionar problemas, o uso honorífico cria novos problemas. O perigo de classificação cruzada pode ser evitado, por certo, se a expressão "filosofia analítica" for consistentemente empregada como um rótulo taxonômico de uma ordem diferente daquela dos outros rótulos, sejam esses históricos – por exemplo, o escolasticismo ou o idealismo alemão – ou doutrinários, tais como o platonismo ou o naturalismo. Føllesdal atinge isso ao defender que membros de outros grupos filosóficos sejam mais ou menos analíticos, na proporção do peso que colocam no argumento racional.

Mas, o uso honorífico ainda tem desvantagens em comparação com seu rival descritivo. A primeira é que ele é ou *por demais indiscriminante* ou *por demais exigente*. Lembremos da desobrigação de Fodor de ser um filósofo analítico por sua definição doutrinária (extremamente estreita). Quando pressionado, a respeito desse assunto, por Leiter, ele escreve:

> Oh, muito bem, há uma noção desinteressante de "filosofia analítica" que simplesmente significa "filósofo que tenta argumentar em favor de suas alegações". Eu sou, ou ao menos espero ser algum dia, um filósofo analítico NESSE sentido. (in: Leiter, 2004b)

Posso estar um passo à frente de Fodor, aqui. Simplesmente não só *tenho esperança* de tentar argumentar a favor de minhas alegações algum dia, já tento com efeito argumentar a favor delas. Minha esperança é que, algum dia, serei bem-sucedido. Nesse sentido, já satisfaço a noção de "filósofo analítico" que Fodor descreve como desinteressante. Ele tem razão em fazer isso. Afinal, minha realização é deveras mínima. Como mencionado no fim do último capítulo, a maioria dos filósofos, se não todos, tentou argumentar de algum modo a favor de suas alegações. Mas uma classificação que implica que todos ou a maioria dos filósofos se qualificam como analíticos presta um serviço menor do que uma classificação que traça uma linha entre fenômenos significativos.

Mas se nos voltamos de ambição para realização, o rótulo honorífico uma vez mais causa problemas. Se for necessário cogência,* ou mesmo validade, o rótulo será demasiado exigente, pois sua aplicação pressuporia a acreditação de uma realização que é notoriamente e, assim parece, incuravelmente contestada entre filósofos. A alternativa é adotar uma categoria de argumento genuíno, em vez de mera tentativa que não pressupõe que o argumento seja convincente. Contudo, mesmo que essa categoria pudesse ser razoavelmente bem definida, ela ainda implicaria uma realização substancial. Essa consequência milita contra um *desideratum* importante da taxonomia filosófica. Deveria ser possível classificar alguém como um filósofo analítico sem ter de decidir se ele é um bom filósofo, ou pelo menos bom o suficiente para apresentar alguma coisa que se pareça com aquilo que poderia ser um argumento convincente. A *classificação* deveria ser fácil e a *avaliação* deveria ser difícil, em vez de o contrário.

Esse problema está intimamente ligado a uma segunda preocupação. Para colocar isso de forma direta: assim como os teístas não deveriam ter a permissão de definir Deus quanto à existência, os filósofos analíticos não deveriam ter a permissão de definir a si mesmos quanto à excelência! Naturalmente, os proponentes da definição dos racionalistas se afastarão de qualquer esquema desleal desse tipo. Permanecendo fiéis a suas aspirações racionalistas, eles terão de admitir que todas as apostas estão encerradas. A questão de quem se qualifica como filósofo analítico teria de ser decidida outra vez, sem quaisquer pré-concepções que se originam do uso descritivo. A propósito, isso é mais fácil dizer do que fazer! Consideremos, em particular, aquela arena em que o uso honorífico desempenha seu maior papel, a saber, as trocas notoriamente mordazes e mal-humoradas com os desprezados "continentais". Nesse contexto, é particularmente tentador mover-se da adesão incontestável de alguém a uma tradição intelectual para pretensões de superioridade intelectual. Mulligan relata a seguinte anedota: "Como Searle uma vez disse, ao ser introduzido a um amigo meu que (modestamente sub-) descreveu a si mesmo como um fenomenólogo, 'Sou um filósofo analítico. Penso por mim mesmo'"(2003, p. 267).

---
* N. de T.: No original, *"soundness"*.

Não é somente Searle quem defende uma supremacia da filosofia analítica. Mesmo Mulligan, que é simpatizante da fenomenologia, dá a entender, em parênteses, que ser um fenomenólogo é uma realização menor do que ser um filósofo analítico.

Quando utilizada ou adotada em trocas do tipo recém-mencionado, a concepção racionalista claramente equivale a uma "definição persuasiva", tal como Stevenson (1944, p. 206-226) a chama. Tais definições apelam a certas pré-concepções da parte de quem elas são dadas, no sentido de tornar mais persuasiva uma alegação ou uma posição. Um exemplo é definir os políticos como "manipuladores que servem a si mesmos" em um debate sobre o fato de todos os políticos serem imorais. A definição claramente prejulga a questão, dado que manipular outros para seus próprios propósitos é (*pro tanto*) imoral. Semelhantemente, definir os filósofos analíticos como "filósofos que buscam seu objeto de uma maneira racional" prejulga as questões, se alguém está debatendo os méritos, ou o contrário disso, da filosofia analítica e de seus rivais.

O único modo de evitar esse abuso "persuasivo" de um rótulo honorífico é mantê-lo à distância de certos debates. Todavia, essa é uma desvantagem muito significativa em seu próprio direito. As definições deveriam prejulgar o mínimo possível de questões ou debates substantivos e interessantes. E entre esses estão questões indiscutivelmente certas sobre a filosofia analítica, tal como identificada pelo uso descritivo padrão: é a filosofia analítica uma boa filosofia? Ela fez avanços significativos sobre suas predecessoras? Ela é superior a suas rivais atuais? Ela está fazendo progresso ou, pelo menos, indo na direção certa? Ou está em um estado de estagnação e retrocesso?

2. A FILOSOFIA ANALÍTICA COMO UM CONCEITO DE SEMELHANÇA DE FAMÍLIA

A concepção racionalista não é uma definição precisante, e suas desvantagens pesam mais do que suas vantagens, quando considerada como uma definição revisionista. No entanto, pode-se muito bem ter simpatia pelo desejo por tal definição. Afinal de contas, o uso não honorífico que defendi agora mesmo desafiou todas as tentativas de achar uma definição que seja uma prova contra contraexemplos. Enquanto "filosofia analítica" tem uma extensão geralmente reconhecida neste uso, ela é ampla e diversa demais para ser capturada por uma definição analítica, uma definição que especifica condições que são individualmente necessárias e conjuntamente suficientes para que um pensador ou uma obra se qualifique como analítica.

Sluga levanta uma questão relevante, portanto, quando sugere que "pode muito bem ser inútil tentar determinar a essência da filosofia analítica". Mas nem todas as definições precisam ser analíticas. Com suficiente certeza, Sluga continua:

> a filosofia analítica deve ser caracterizada em termos de círculos que se sobrepõem de semelhanças de família e de relações causais de "influência" que se estendem em todas as direções e, certamente, para muito além das fronteiras que temos a esperança de delinear. Assim, nossa pergunta não deveria ser: de qual propriedade específica todos os filósofos analíticos partilham? Mas, sim, como se pode traçar as fronteiras da filosofia analítica o mais naturalmente e do modo mais útil, e para quais usos estamos colocando o termo, quando os delineamos de uma maneira em vez de outra. (1998, p. 107)

Existem diversas sugestões encubadas nesta passagem. Na próxima seção, discutirei a sugestão de que a filosofia analítica é uma categoria histórica. Nesse momento, considero a proposta de que deveríamos tirar uma folha das *Investigações filosóficas* de Wittgenstein e tratar a filosofia analítica como um *conceito de semelhança de família*. Basicamente a mesma linha é adotada por Stroll (2000, p. 7) e Hylton:

Não creio que seja possível ou útil oferecer uma definição estrita, com condições necessárias e suficientes, para que alguém seja um filósofo analítico [nota de rodapé omitida]. Nosso entendimento da ideia procede de certas figuras e obras paradigmáticas e de modos de conceber problemas filosóficos. Em tudo isso, temos, tal como Wittgenstein disse dos jogos, fios que se sobrepõem, em vez de uma (ou duas, ou três) linhas contínuas. (1998, p. 54)

Essa abordagem promete levar em consideração as lições a partir de nossos fracassos até aqui. Ainda que nenhum dos traços que discutimos (por exemplo, reservas sobre a história ou a metafísica, a virada linguística, o uso da análise, um *ethos* científico, aspirações à clareza estilística e ao rigor argumentativo) seja comum a todos e somente aos filósofos analíticos, eles, no entanto, capturam correntes importantes dentro da família analítica, correntes que se sobrepõem parcialmente. E, todavia, a concepção de semelhança de família enfrenta sérios obstáculos em três níveis. Primeiramente, existem objeções à coerência da ideia mesma de semelhança de família. Em segundo lugar, existem hesitações sobre se alguém jamais poderia encontrar-se em uma posição de determinar se uma dada noção é um conceito de semelhança de família. Finalmente, existem preocupações específicas sobre se a ideia pode ser aplicada à filosofia analítica. Eu me dirigirei a esses diferentes tipos de desafios em seguida, começando a exposição a partir do próprio exemplo famoso de Wittgenstein do conceito de um jogo (ver Glock, 1996: p. 120-124) e transpondo as lições ao conceito de filosofia analítica.

Quando "*olhamos e vemos*" se todos os jogos tem alguma coisa em comum, assim Wittgenstein nos diz, notamos o seguinte: eles estão unidos não por um único traço comum, mas por uma rede complexa de semelhanças que se sobrepõem e se atravessam, tal como os diferentes membros de uma família se parecem uns com os outros em diferentes aspectos (estatura, traços, cor dos olhos, etc.). O que mantém junta a família e lhe dá sua unidade não é uma "linha única" que corre por todos os casos, mas uma sobreposição de diferentes fibras, tal como em uma corda (1953, §§66-67).

Wittgenstein é impreciso nessa passagem. Ele sugere que, quando olharmos para a variedade de jogos, não veremos "alguma coisa que é comum a *todos*". Todavia, é óbvio que jogos têm, sim, alguma coisa em comum. Eles são todos atividades, e o próprio Wittgenstein se refere a eles coletivamente como "procedimentos". O ponto crucial real é que isso fica aquém de uma definição, dado que existem muitas atividades que não são jogos. A alegação é que não há qualquer conjunto de condições que todos e *somente* os jogos satisfazem, e, portanto, não há nenhuma definição analítica de "jogo" em termos de condições necessárias e suficientes. Propriamente entendido, conceber um conceito *F* como um conceito de semelhança de família não é excluir a ideia de que existem traços comuns a todos os *F*s. Esse ponto é igualmente despercebido por aqueles críticos que se queixam de que

> afrouxar as condições sobre a aplicação de um conceito das condições "definidoras" para meras "semelhanças de família" corre o risco de deixar aquela aplicação por demais irrestrita. Afinal, todas as coisas têm alguma semelhança com tudo o mais (Goodman, 1970, in: L. Foster e J. Swanson, *Experience and Theory*,* Amherst): retornando ao exemplo de Wittgenstein, qualquer coisa, x, assemelha-se a jogos padrão, de alguma maneira ou outra (mesmo se somente no sentido de pertencer a algum conjunto arbitrário que contém todos os jogos e aquela coisa x!). A questão é quais semelhanças são essenciais ao conceito e quais são meramente acidentais... (Rey, 1998)

É parte e parcela de nosso conceito de jogo que eles são atividades de um

---

* N. de T.: *Experiência e teoria*.

tipo particular. O desafio real não é excluir "semelhanças" idealizadas *à la* Goodman. Trata-se, antes, de traçar a linha entre aquelas atividades que são e aquelas que não são jogos. Para isso, há uma resposta tríplice. Primeiramente, devemos distinguir entre a *formação de conceitos*, por um lado, e a *aplicação de conceitos*, por outro. Quanto ao último, a apreensão de um conceito de semelhança de família é adquirida por meio da exposição não a um único exemplo, mas a um grupo inteiro de exemplos de diferentes tipos, de preferência suplementado por uma especificação de semelhanças que os mantêm juntos. Em algum estágio, por certo, deve-se decidir se um candidato é suficientemente familiar, em um aspecto relevante, para que um espécime reconhecido seja incluído. Mas, nesse sentido, conceitos de semelhança de família não são de forma alguma piores do que termos definidos analiticamente, tais como "dragão". Mesmo no caso deles, há um ponto em que devemos decidir se um dado objeto satisfaz um termo que é parte do *definiens*. No que diz respeito à formação de conceitos, a inclusão de algumas atividades e algumas semelhanças e a exclusão de outras é simplesmente uma questão de convenção, o que equivale a dizer que depende do modo como explicamos e empregamos o termo relevante (Schroeder, 2006, subcapítulo 4.1). Além disso, o fato de que essas convenções estão sujeitas à mudança parcial reflete o caráter dinâmico de conceitos como jogo ou filosofia analítica.

Finalmente, ao dar formato ao conceito de um jeito em vez de outro, falantes são guiados tanto por instâncias paradigmáticas quanto por traços paradigmáticos que compartilham, o que o próprio Wittgenstein chamou de "centros de variação". Por exemplo, um jogo como o xadrez é um caso central, porque ele não é solitário, envolve ganhar e perder, e as ações realizadas não têm nenhuma importância fora do contexto do jogo.[2]

Retornando a nosso conceito alvo, Stroll está certo em repudiar a alegação de que "não há qualquer traço que caracteriza as atividades de todos aqueles comumente conhecidos como filósofos analíticos". O motivo por que tal explicação ingênua em termos de semelhança de família fracassa não é, contudo, aquele que o próprio Stroll afirma, a saber, que a obra de todos os filósofos analíticos "é direcionada para articular o significado de certos conceitos" (2000, p. 7-8). Como vimos em nossa discussão sobre a virada linguística e o naturalismo (subcapítulos 5.2–3), essa tarefa é repudiada pelos inimigos da análise conceitual, que estão dispostos a manter seus olhos sobre o mundo em vez de sobre o pensamento ou a linguagem. Trata-se, antes, daquela ladainha, mesmo se incontroverso fato, de que todos os filósofos analíticos se engajam na atividade filosófica: eles enfrentam problemas filosóficos, analisam noções filosoficamente importantes, promovem ou debatem alegações filosóficas, discutem textos *filosóficos*, etc. Como traçamos a linha entre filósofos analíticos e filósofos não analíticos? Por referência a figuras paradigmáticas como Russell, Carnap e Ryle, por um lado, traços paradigmáticos como a análise lógica, a paráfrase sentencial, um interesse na linguagem e uma suspeita sobre a metafísica especulativa, por outro. Há uma lista finita de candidatos para o panteão das figuras analíticas, e uma lista até mais curta de candidatos para semelhanças relevantes. Mas esse não é um impedimento para que a filosofia analítica opere como um conceito de semelhança de família, ao passo que casos periféricos podem ser adicionados na base de similaridades diversas com figuras centrais distintas, sem terem de partilhar uma característica que seja possuída por todos os filósofos analíticos e somente por eles.[3]

Contudo, esse modelo pode trazer outra preocupação. De acordo com Rundle, a conclusão própria a tirar do fato de que explicamos "jogo" em uma pluralidade de diferentes modos é que ele não é um termo unívoco, mas tem significados diferentes, embora relacionados (1990, p. 48-63).

Wittgenstein parece ter rejeitado essa possibilidade. Ele insistiu que, por exemplo, no caso de "entendimento", não temos uma *família de significados*, mas semelhanças de família dentro de um conceito único (1953, §§531-532). Contra ele, poder-se-ia invocar sua própria ideia de que o significado de uma palavra é seu uso, e que a diversidade de uso acarreta a diversidade de significado. Aplicamos "jogo" para diferentes pares de exemplos, por motivos diversos. Com efeito, o próprio Wittgenstein dá a entender que um termo é ambíguo se e somente se em um e o mesmo contexto ele pode provocar tanto uma afirmação verdadeira quanto uma afirmação falsa (1958, p. 58). Mas, na acepção recém-dada, dizer, por exemplo, que jogos de guerra são jogos pode ser verdadeiro ou falso dependendo de qual fio da corda da semelhança de família se está considerando (em nosso caso, caso se considere uma atividade guiada por uma regra, sendo suficiente vencer ou perder, ou se considere ter uma meta que não tem significância fora do jogo como necessário).

Poder-se-ia aceitar isso e ainda insistir que "jogo" difere de um termo genuinamente ambíguo como "luz" ou "banco", os quais não têm as semelhanças que se sobrepõem que permitam que alguém fale *do* conceito de um jogo ou de um número. Alguém poderia insistir que devemos distinguir três casos diferentes – univocidade, família de significados, ambiguidade –, dado que reduzir o segundo ao primeiro estica a noção de univocidade para além do ponto de ruptura. Contudo, é duvidoso se os critérios para o que constitui a identidade ou a diferença em significado ou em conceitos são tão duros e estreitos, ou tão independentes de contexto quanto a máxima "mesmo conceito, mesmas marcas" sugere (ver Wittgenstein, 1953, §§67-71, 547-570).

Para todos os efeitos, a objeção não é realmente apropriada em nosso contexto. A "filosofia analítica" pode ser ambígua entre um título honorífico e um rótulo descritivo. Mas, enquanto enfocamos a metafilosofia em vez da semântica, não é uma questão tão importante se as semelhanças que se sobrepõem entre as instâncias se dirigem a uma família de significado ou a um conceito de semelhança de família único. De um modo ou de outro, a explicação própria de filosofia analítica procede diferentemente a partir de uma definição analítica. O ponto central da ideia wittgensteiniana de semelhanças de família é simplesmente que existem conceitos perfeitamente legítimos que são explicados por meio de tais semelhanças em vez de analiticamente. Até aqui, não temos nenhuma razão para contradizê-lo nesse ponto.

Os problemas com que abordagens de semelhança de família no segundo nível se deparam são mais pertinentes. Wittgenstein apresenta sua caracterização do conceito de jogo como "o resultado" de um exame (1953, §66). Mas ele apenas argumentou a favor dele por contraexemplos a algumas definições *prima facie* plausíveis. Portanto, ele está aberto à acusação de que "jogo" poderia, afinal de contas, ser definido analiticamente, por exemplo, como uma atividade guiada por regra com objetivos fixados, que são de pequena ou de nenhuma importância para os participantes fora do contexto do jogo.[4]

Cohen ergue a mesma acusação contra as definições de filosofia analítica em termos de semelhança de família. Ele defende que "tal relato seria muito mais difícil de estabelecer do que uma explicação unitária", porque o fato de que as semelhanças com que até aqui nos deparamos só constituem uma trança de fios que se sobrepõem não

> exclui a possibilidade de que algum tema tacitamente unificador impregne o movimento inteiro... No intuito de excluir tal possibilidade por completo, um espaço de explicações unitárias mutuamente exclusivas, e conjuntamente exaustivas, teria de ser demonstrado, e, nesse caso, cada uma dessas explicações unitárias, por sua vez, teria de ser mostrada como inadequada para essa tarefa. (1986, p. 5-6)

Mas hesitações sobre a alegação de que jogos *não* têm quaisquer características comuns deixam intacta a alegação mais modesta de que eles *não precisam* ter qualquer coisa em comum. Isso basta para resistir à posição essencialista de que *deve* haver uma definição analítica. Além disso, mesmo que alguém pudesse especificar condições que necessariamente todos e só os jogos satisfazem, essas não seriam automaticamente constitutivas de nosso conceito de um jogo. Necessariamente, todos e somente triângulos equiláteros são triângulos equiangulares, todavia os dois conceitos diferem. Semelhantemente, nosso conceito de um jogo não é definido por um conjunto ainda inaudito de condições, dado que ele pode ser – e foi – explicado por referência a exemplos e apêndices de semelhança em vez de a tal característica comum.

O caso da filosofia analítica convida a uma abordagem em termos de semelhança de família pelas mesmas razões. Como vimos, não há qualquer definição analítica plausível. Além disso, enquanto não houver qualquer algoritmo para gerar todas as explicações possíveis, é plausível sugerir que o conceito de um movimento filosófico pode apelar somente aos traços pelos quais passamos, traços que se relacionam com identidade geolinguística, uma atitude para com o passado, doutrinas, tópicos, métodos ou estilo. Para tornar as críticas de Cohen convincentes, ter-se-ia de estabelecer três coisas: primeiramente, que há um parâmetro adicional para distinguir movimentos filosóficos; em segundo lugar, que esse parâmetro propicia uma explicação unitária; e, em terceiro, que ele (implicitamente) guia nossa prática de classificação. Uma vez mais, o fato de que o conceito disponível limita o escopo de parâmetros não é nenhum obstáculo para que ele seja um conceito de semelhança de família.

Isso deixa objeções no terceiro e mais específico nível. Duas objeções desse tipo foram levantadas por Hacker. A primeira é que não há nenhuma relevância em seguir o conselho de Wittgenstein "não pense, mas veja!", porque "filosofia analítica" carece de um uso bem estabelecido (1997a, p. 14). Contudo, como apontado no subcapítulo 1.2, o termo tem, sim, um uso estabelecido, embora seja um termo relativamente técnico. Além disso, um quadro de semelhanças dentro da filosofia analítica pode ser dado, o qual se assemelha de perto àqueles disponíveis para conceitos de semelhança de família como "jogo".

FILOSOFIA ANALÍTICA EM UM OLHAR

	Frege	**Russell**	**Círculo de Viena**	**Quine**	**Oxford**	**TLP***	**PI****
virada linguística	(×)	×	✓	✓	✓	✓	✓
rejeição da metafísica	×	×	✓	×	(✓)	(✓)	✓
filosofia ≠ ciência	(×)	×	(✓)	×	✓	✓	✓
análise redutiva	(×)	✓	✓	(✓)	×	✓	×
lógica formal	✓	✓	✓	✓	(×)	✓	×
orientada na ciência	✓	✓	✓	✓	×	×	×
argumento	✓	✓	(✓)	(✓)	✓	(×)	(✓)
clareza	✓	(✓)	✓	(✓)	✓	×	(×)

Os parênteses indicam ou que o veredicto é contestável ou que a característica está parcialmente presente ou parcialmente ausente.

---

* N. de T.: Isto é, o *Tractatus logico-philosophicus* de Wittgenstein.
** N. de T.: Isto é, as *Philosophical Investigations* [*Investigações filosóficas*] de Wittgenstein.

A segunda objeção de Hacker tem um peso maior:

> Há uma extensa controvérsia sobre a caracterização correta da filosofia analítica. Alguns tentaram defini-la em termos de um conjunto de condições necessárias e suficientes. O resultado tem sido a exclusão da maioria dos filósofos do século XX que louvaram os métodos de "análise" (concebidos de variadas formas) e que consideraram a si mesmos filósofos analíticos. Outros tentaram defini-la como um conceito de semelhança de família. O resultado tem sido a inevitável inclusão de alguns dos antigos gregos. (2007, p. 125; ver também 1996, p. 4-5)

Como vimos, definições analíticas podem ser tanto demasiado estreitas quanto demasiado amplas. De fato, a dialética que emerge de nossas discussões prévias é que todas as tentativas de evitar a exclusão do espécime analítico parecem levar inexoravelmente à inclusão de filósofos não analíticos. Fica claro, contudo, que uma concepção de semelhança de família agrava a inclusão de *philosophus non grata*,* dado que ela provê uma pluralidade de características pelas quais se classificar como tal. Fica também claro que não há nenhum modo plausível de evitar a inclusão de Aristóteles, por causa de sua proximidade com a análise conceitual, ou de Leibniz, por causa de sua semelhança com o construcionismo lógico, e assim por diante.

O problema é que minha tabela poderia ser estendida na direção horizontal bem além dos limites da filosofia analítica, sem qualquer diminuição significativa nas fibras que unem as adições ao espécime na lista. Assim, pois, podemos com confiança adicionar não só filósofos que corretamente se dissociam da filosofia analítica, tais como Popper e Fodor, ou ancestrais óbvios, como Bolzano. Somos também forçados a incluir Kant, os empiristas britânicos, os racionalistas continentais, muito da filosofia escolástica e uma balsa inteira de pensadores da antiguidade.

A isso pode-se acrescentar um problema final. Ao defender a realizabilidade de concepções de semelhança de família, tanto em geral como em nosso caso particular, tive de invocar a existência de *casos paradigmáticos*. Isso significa que precisamos de uma lista de exemplos nucleares incontestados a partir de onde começar. Mas de que modo essa lista deve ser estabelecida? Na seção seguinte, sugerirei que ela deve ser feita por referência a uma tradição histórica.

3. A FILOSOFIA ANALÍTICA COMO UMA CATEGORIA HISTÓRICA OU GENÉTICA

Embora a extensão de "filosofia analítica" esteja causando tal prejuízo para tentativas cuidadosas de definir o termo, ela é afirmada de forma suficientemente fácil. Aqui, por exemplo, expressa-se Sluga:

> Seguindo a prática comum, tomo filosofia analítica, aqui, como tendo se originado na obra de Frege, Russell, Moore e Wittgenstein, como tendo incluído o empirismo lógico do Círculo de Viena, a filosofia da linguagem comum inglesa do período pós-guerra, a filosofia americana de corrente principal das décadas recentes, bem como seus afiliados e descendentes por todo o mundo. (1997, 17n)

Sluga tem razão em entender que há uma prática comum (em 1.2 defendi essa ideia contra objeções e dei razões positivas em seu suporte). Além disso, a lista de Sluga se conforma, com efeito, àquela prática em sua extensão. Mas como essa extensão é determinada?

A citação contém uma sugestão sobre esse escore. É uma sugestão, além disso, que ganhou suporte explícito por outros comentadores e parece ser tomada como certa por

---

* N. de T.: A saber, de *um filósofo não desejado*.

muitos tanto dentro como fora da filosofia analítica. Assim, pois, Hacker favorece fazer uso da filosofia analítica "dinamicamente", para que signifique "um fenômeno histórico... em constante processo de mudança e de evolução". Embora ela não possa ser definida por referência a quaisquer doutrinas ou princípios não triviais, a "filosofia analítica" não expressa um conceito de semelhança de família,

> pois, concebê-la assim diminuiria sua utilidade em caracterizar um *movimento histórico muito particular do século XX...* No entanto, há um parentesco com conceitos de semelhança de família, visto que cada fase na evolução da filosofia analítica partilha de traços metodológicos, doutrinários e temáticos com suas fases antecedentes e subsequentes. Dado que as várias fases se justapuseram temporariamente,... cada uma deu frutos sobre a outra por estímulo e desafio. Portanto, o fenômeno da filosofia analítica não deve ser visto como um movimento linear simples. Ele tem uma dimensão sincrônica, bem como uma dimensão diacrônica, complexa. (1996, p. 4-5, ênfase minha)

Para dar significado a essa preocupação com um fenômeno histórico específico, Hacker com frequência se refere à filosofia analítica como "a filosofia analítica do século XX".

Chamarei essa concepção de *histórica* ou *genética*. De acordo com essa abordagem, a filosofia analítica é primeiramente e antes de mais nada uma sequência histórica de indivíduos e escolas que se influenciaram e se envolveram em debate uns com os outros, sem partilharem qualquer doutrina, problema ou método particular.

Um primeiro desafio para tal abordagem é especificar que *tipo* de fenômeno histórico é a filosofia analítica. Mais especificamente, com que tipo de grupo filosófico estamos lidando. Três categorias políticas estão em combate aqui: a filosofia analítica é denominada de variadas formas, como uma escola, um movimento ou uma tradição. Reconheço que poucos seguiriam Preston, ao assimilar todas as três (ver o começo do Capítulo 6). No entanto, desconheço qualquer discussão sobre [suas] diferenças dentro da metafilosofia ou da historiografia filosófica.

Em minha opinião, é plausível tratar uma *escola* como um grupo estreitamente costurado, baseado em contato pessoal relativamente íntimo e em transferência direta de certas doutrinas e certos métodos. Esse é o sentido no qual falamos de escolas na história da arte, tais como a Escola de Rafael ou de Rubens. Tais escolas consistem em discípulos que aprenderam seu ofício com o mestre e tentam imitar seu estilo. É também o sentido em que falamos de escolas na filosofia: grupos unidos por contatos pessoais e compromissos teóricos, semelhantemente. Por contraste à maioria das escolas artísticas, contudo, as escolas filosóficas podem continuar por muito tempo depois da morte de seu fundador original; elas se renovam por meio de uma sequência de discípulos que se transformaram em professores. O caso mais impressionante de tais escolas filosóficas são as escolas da antiguidade: a Academia de Platão, a Escola Peripatética de Aristóteles, a Escola Megárica, etc. Existiram também escolas na filosofia medieval, tais como a Escola de Chartres (ainda que, quando Descartes reprova os escolásticos, seu alvo era um fenômeno mais amplo, a saber, o aristotelismo). E, nesse sentido, existiram escolas na filosofia do século XX, tais como o Círculo de Viena ou a Escola de Frankfurt.

Como afirmado no início do Capítulo 5, a filosofia analítica pode abarcar tais escolas, mas ela mesma é um fenômeno muito mais solto, um *movimento* filosófico. Nas palavras de Charlton, os filósofos analíticos "constituem não tanto uma escola como um movimento vago, indisciplinado" (1991, p. 4). Nesse sentido, a filosofia analítica se assemelha não tanto à Escola Peripatética como ao aristotelismo, não tanto ao Círculo de Viena como ao positivismo lógico. Com efeito, ela é, obviamente, mais geral do que o último, mais semelhante a movimentos intelectuais mais amplos, como o racionalismo do século XVII ou o empirismo britânico.

Há um outro sentido em que a filosofia analítica transcende fenômenos transitórios como o positivismo lógico e a análise conceitual de Oxford. A filosofia analítica equivale a uma *tradição*. Ela não é somente um sinal luminoso na tela do radar, uma moda, um momento ou uma voga, ainda que, é claro, ela tenha jogado numerosos sinais luminosos desse tipo. Em vez disso, seus variados traços doutrinários, metodológicos e estilísticos foram transmitidos e transformados por pelo menos cinco gerações. Uma concepção histórica plausível trata a filosofia analítica como uma tradição filosófica em evolução, um corpo de problemas, métodos e crenças que é socialmente transmitido do passado e evolui com o passar do tempo.

Isso nos leva ao segundo desafio que a concepção história tem de encarar. De que modo uma definição histórica ou genética cobre a extensão da "filosofia analítica"? Pode-se especificar uma rede de influência mútua que abarque todos e somente os filósofos analíticos?

Para responder a essa pergunta, necessitamos, primeiramente, estabelecer certos parâmetros concernentes a duas questões: O que conta como uma influência filosoficamente relevante? Sob que condições estamos justificados em afirmar que um pensador A influenciou outro pensador B?

No que diz respeito à primeira questão, a influência é primariamente uma noção causal. Mas a influência filosófica não é simplesmente um caso de causação eficiente. A não pode influenciar B filosoficamente administrando uma droga que a faça aceitar sua teoria preferida T. Mesmo se razões são, com efeito, causas (uma coisa que Davidson afirma e a hermenêutica analítica nega), elas são causas de um tipo especial. É somente se a teoria de A se mostra no modo como B raciocina ou, de forma menos severa, no modo como ele pensa sobre o tópico de T, que A a terá influenciado. Esse ponto pode ser tirado fazendo-se uso da terminologia de Cohen: a filosofia analítica é um "diálogo", um "intercâmbio crítico" entre diferentes pensadores e movimentos: o "diálogo analítico", como Cohen o chama (1986, p. 3, 58).

Naturalmente, esse diálogo tem lugar dentro de um mundo real de instituições acadêmicas e culturais (demasiadamente reais, alguns diriam). A partir dessa perspectiva, a filosofia analítica e a filosofia continental são constituídas como tradições diferentes, ao menos parcialmente, porque "elas nem leem os periódicos uma da outra nem participam dos encontros uma da outra". Por outro lado, os filósofos analíticos "vão juntos a encontros, leem e escrevem para os mesmos periódicos e examinam os alunos uns dos outros" (Charlton, 1991, p. 3-4). A filosofia analítica não é só um diálogo abstrato ou idealizado, mas um diálogo que evolui do ponto de vista institucional e histórico.

Sob que condições estamos autorizados a assegurar esse tipo de influência? Claramente, meros paralelos entre as ideias de A e as ideias de B não bastam. É basicamente pela mesma razão que a "história dos pensamentos", de Dummett, em vez da "história dos pensadores" (mencionada no subcapítulo 4.3) é um exercício doxográfico em vez de genuinamente histórico. Por contraste, Baker e Hacker insistem que uma "genuína conectividade causal" pode ser estabelecida somente mostrando que B notou uma visão particular em A "*e consequentemente* atingiu tais e tais conclusões" (1983, 7n). Por esses padrões, pode-se diagnosticar uma influência genuína somente em casos em que B explicitamente o reconheceu e em que temos motivos para aceitar a afirmação como sincera e acurada. Em minha opinião, isso é por demais exigente. Filósofos não são santos, e alguns deles deliberadamente ocultam certas influências sobre seu pensamento. Outros filósofos mostram pouca preocupação por linhas de influência e deixam de afirmar influências sem que tenham má-fé.

Em vista dessa situação, proponho o seguinte compromisso entre os extremos de mera doxografia e biografia de profundidade filosófica. Estamos autorizados a afirmar que *A* influenciou *B* positivamente se existem claras afinidades e convergências entre as ideias de *B* e aquelas de *A*, e que *B* tinha familiaridade com o último por meio de leitura ou conversa. Substitua "afinidades e convergências" por "discordâncias e divergências" e você terá um critério para influência negativa. Deveria ser indiscutível, além disso, que, quando se trata de pertença a um movimento filosófico como a filosofia analítica, a influência positiva conta mais do que a influência negativa, a inspiração conta mais do que a provocação.

A filosofia analítica realmente constitui uma tradição filosófica razoavelmente distinta? Obviamente, para contar como um filósofo analítico não basta ter influenciado filósofos analíticos individuais. De outro modo, ter-se-ia de incluir Platão e Aristóteles antes de mais nada. Eles não só pontuam bem no modelo de semelhança de família. Eles também influenciaram a maioria dos filósofos. E, além disso, eles influenciaram substancialmente alguns filósofos analíticos, notadamente os analistas conceituais. Mas, ter-se-ia de incluir também *pensadores não analíticos* paradigmáticos, por exemplo, Hegel (por causa de Brandom ou McDowell), Schopenhauer (por causa de Wittgenstein), Nietzsche (por causa de Danto e Williams) e Marx (por causa de Neurath e Jerry Cohen). Inversamente, não é o bastante ter sido influenciado por filósofos analíticos. De outro modo, ter-se-ia de incluir, por exemplo, não só Apel e Habermas (que desdobram a teoria dos atos de fala e Wittgenstein), mas também Lyotard (que invoca o último).

Alguns desses casos são facilmente excluídos, se insistirmos em influência *mútua*, tal como exige a ideia de um diálogo. Ainda que suas fontes retrocedam a um passado distante e não circunscrito, a filosofia analítica pode, não obstante, ser um "diálogo bem delimitado" (Cohen, 1986, p. 5). E mesmo isso precisa, contudo, ser objeto de consideração. Afinal, existem pelo menos alguns casos de influência recíproca. Pelos meus critérios, é claro que Frege influenciou o antipsicologismo de Husserl, mas é muito menos óbvio que tenha existido tráfego na direção oposta. Por semelhante modo, embora Searle e Derrida tenham trocado opiniões, eles não influenciaram um ao outro de uma maneira construtiva, muito menos de uma maneira positiva (ver 9.3). Contudo, houve mútua influência positiva entre Putnam e Habermas e entre Davidson e Gadamer.

Existem fenômenos menores no esquema mais amplo das coisas. Mas deveríamos esperar que esse dá-e-tira se tornasse mais comum com o passar do tempo, *se* há uma reaproximação entre filosofia analítica e outras tradições. De todo modo, esses fenômenos sugerem que a abordagem histórica ou genética exige suplementação por uma perspectiva de semelhança de família. Tal perspectiva é frutífera não só relativamente às continuidades e descontinuidades diacrônicas dentro da tradição analítica, mas também quando se trata de determinar a identidade *sincrônica* do movimento. Queremos distinguir entre os diálogos na tradição analítica, por um lado, e os diálogos conduzidos entre filósofos analíticos e não analíticos, por outro. Aqui, o modelo de semelhança de família oferece uma vantagem, embora ele não levará, é claro, a veredictos explícitos, a modo algorítmico.

Há pelo menos outra razão para envolver semelhanças de família. É importante preservar um cerne de verdade na concepção racionalista, tal como articulada por Føllesdal. Filósofos que não formam parte da filosofia analítica entendida como uma tradição do século XX podem ser mais ou menos analíticos e podem estar entre os precursores da filosofia analítica. Tais reivindicações foram feitas, por exemplo, em favor de Aristóteles, de Tomás de Aquino, de Descartes, de Leibniz, dos empiristas britânicos, de Bolzano, de Brentano, de Husserl e da tradição kantiana.

Por essa razão, quero argumentar em favor de *combinar* uma abordagem histórica com uma abordagem de semelhança de família. Aprendemos maximamente sobre a filosofia analítica ao considerá-la como uma tradição que é mantida *tanto* por laços de influência *quanto* por traços de família e que parcialmente se sobrepõem. Ideias metodológicas e estilísticas que são menos gerais do que clareza e argumento desempenham, aqui, um papel particularmente importante. Por exemplo, a maioria dos filósofos analíticos se apoiam em métodos de paráfrase sentencial e articulação conceitual, sejam tais métodos guiados mais por cálculos lógicos artificiais ou mais pelas sutilezas do uso comum. Eles também tendem a mostrar um interesse em lógica e linguagem (concebida de variadas formas). Há até mesmo um ponto de difundido consenso no que diz respeito ao papel da ciência. Naturalistas *à la* Quine, antinaturalistas kantianos ou wittgensteinianos e mesmo proponentes de metafísicas essencialistas *à la* Kripke rejeitam a ideia hegeliana ultrarracionalista de que a filosofia pode pronunciar-se *a priori* sobre a natureza do mundo, independentemente das ciências especiais.[5]

4. OS CONTORNOS DA TRADIÇÃO ANALÍTICA

Quero terminar este capítulo delineando os contornos da tradição analítica assim concebida; tão precisamente quanto possível, sinto-me obrigado a acrescentar, mas isso pode não ser tão preciso assim.

É claro que se pode concordar com uma concepção histórica de filosofia analítica e, todavia, traçar inacuradamente os limites da tradição histórica, ou de uma maneira unilateral. Considere-se as afirmações de Hylton: "ao falar da filosofia analítica, aqui, tenho em mente aquela tradição que busca inspiração nas obras de Frege, Russell e Carnap" (1990, p. 14). A concepção histórica incorporada nessa passagem é por demais estreita, dado que exclui Moore, o último Wittgenstein, a filosofia de Oxford e os nietzscheanos contemporâneos.

O esforço de corrigir esses erros nos guiará na direção das questões que, até aqui, ocuparam o palco central nos debates sobre a filosofia analítica, mas que adiei até agora:

Quem fundou a tradição analítica?

e

Onde, precisamente, a divisão analítico/continental tem a sua fonte?

Tendo-se em mente a diferença entre a filosofia continental e a filosofia tradicional-mais-tradicionalista, dever-se-ia perguntar:

Onde, precisamente, a filosofia analítica se separou de outros ramos da filosofia ocidental?

Especialistas da tradição analítica não têm sido tímidos em oferecer respostas a essas perguntas.

Em uma passagem, Dummett apresenta Frege como o "verdadeiro pai" da filosofia analítica (2007, p. 12). Em outra, ele lhe atribui o papel de avô, insistindo, ao mesmo tempo, que a virada linguística, e com ela a filosofia analítica, nasceram em 1884, com o princípio de contexto dos *Grundlagen* (1991, p. 111-112). Ainda em outra passagem, porém, Dummett trata Bolzano como o "bisavô da filosofia analítica", Frege como o avô e dá a entender que a honra de ter sido o pai do movimento e da virada linguística vai para o primeiro Wittgenstein. Mesmo nessa passagem, Russell e Moore são rebaixados do posto de ancestrais diretos para o de meros tios ou tios-avôs (1993, p. 171), com um ar de relações pobres acerca deles.

Adotar para Bolzano o papel de um bisavô é não censurável e, com efeito, obrigatório, caso se esteja fazendo uso do esquema de semelhança de família. Em termos de rigor argumentativo, exploração de meios formais, de sofisticação semântica e de ferramentas analíticas, ele se qualifica plenamente. Mas, é problemático de uma perspectiva genética. Bolzano exerceu uma influência sobre a filosofia analítica só em uma hora muito tardia, depois que o movimento já estava firmemente estabelecido. Diferentemente de Brentano, ele não foi uma influência central sobre Twardowski e a Escola Polonesa. Ele só entrou em cena a partir dos anos de 1950, quando suas ideias inovadoras foram colocadas em um contexto analítico por especialistas como Chisholm. Portanto, não incluirei Bolzano entre os fundadores do movimento analítico, embora ele tenha sido um precursor de elevada influência.

No que diz respeito a Frege, Dummett é tanto por demais enfático quanto por demais modesto. Como vimos, Frege não foi o primeiro a defender um contextualismo. O princípio de contexto não marca uma virada decisiva à linguagem, e essa última veio depois do nascimento da filosofia analítica (subcapítulo 5.2). Dummett é por demais modesto, em minha opinião, quando descreve Frege como avô. Essa modéstia é levada a extremos por Hacker. Ele relega Frege ao papel de "um dos muitos precursores da filosofia analítica do século XX", no mesmo nível de Bentham (Hacker, 1996, 281n). Porém, uma vez que a diferença entre o surgimento da filosofia analítica e a virada linguística seja reconhecida, uma diferente avaliação se insinua. Diferentemente de Bentham e Bolzano, Frege influenciou diretamente outros pioneiros da filosofia analítica. Reconhecidamente, antes dos anos de 1950, a obra de Frege foi notada somente por três filósofos. Mas esses três eram Russell, Wittgenstein e Carnap, as forças cruciais por detrás do surgimento da filosofia analítica!

Todos os três reconheceram belamente sua dívida. Já mencionei afirmações feitas por Wittgenstein e Russell a esse respeito. Poder-se-ia objetar que a influência de Frege sobre Russell é posterior à revolta desse último em relação ao idealismo absoluto. Todavia, sem a influência da obra pioneira de Frege em análise lógica – reconhecida, por exemplo, nos Prefácios das obras *Principia Mathematica*[*] e *Our Knowledge of the External World*[**] – Russell jamais poderia ter oferecido alguma coisa distinta e, em última análise, mais influente do que a análise conceitual de Moore baseada no platonismo. Com efeito, ele não poderia ter-se erguido acima do parapeito de outros realistas como Ward, Stout, Meinong ou Cook-Wilson. Uma comparação da obra de Russell antes e depois dos *Principles of Mathematics*[*] sugere que ele deveu a Frege não só os fundos para lidar com a quantificação, mas também a percepção de que há uma diferença entre uso e menção, sinais e as coisas que eles significam (ver Stevens, 2005).

Carnap menciona o impacto de Frege na *Logical Syntax*[**] (1937, p. xvi) e declara as preleções de Frege como "a inspiração mais frutífera que recebi das preleções universitárias" (1963, p. 4). E no presente, queira-se ou não, o cálculo de predicado que Frege inventou não é somente visto como o sistema lógico, mas também como a ferramenta primária ou mesmo exclusiva para a análise da linguagem e do pensamento (ver Ben-Yami, 2004, p. 1-2). Voltando a nosso critério de mútua influência, Frege não tomou conhecimento de Carnap, que participou silenciosamente de suas preleções. Mesmo o *Tractatus* de Wittgenstein não teve efeito aparente. Mas ele teve de tomar doloroso conhecimento do paradoxo de Russell, que pressagiou a ruína para seu sistema logicista. Assim, Frege é um membro integrado do clube analítico, ainda que tenha sido curiosamente desdenhado entre os anos de 1920 e os de 1950.

Por outro lado, não é generoso da parte de Dummett diminuir o papel de Moore e Russell em fazer da filosofia analítica um campo prodigiosamente florescente, multipolar e multifacetado. Há, antes, a discussão acadêmica sobre se foi Moore ou Russell quem liderou a revolta contra o idealismo.[6] Mas não pode haver nenhuma discussão sobre o papel decisivo que sua revolta desempenhou no surgimento da tradição analítica. A filosofia analítica teve ascensão quando o programa logicista e a revolução Frege-Russell da lógica formal se combinaram com tentativas de solucionar problemas

---

[*] N. de T.: Isto é, *Princípios matemáticos*.
[**] N. de T.: Isto é, *Nosso conhecimento do mundo exterior*.

[*] N. de T.: Isto é, *Princípios da matemática*.
[**] N. de T.: Isto é, *Sintaxe lógica*.

concernentes a proposições, conceitos e fatos que Moore e Russell encararam em sua batalha contra o idealismo. E ela tomou uma virada linguística quando o *Tractatus* conectou esses problemas à natureza da filosofia e da necessidade lógica e tentou solucionar o lote por referência à representação linguística.

O Wittgenstein tardio, por contraste, é um caso contestável. Enquanto alguns o consideram como a realização que coroa a filosofia analítica, outros fervorosamente negam isso (ver Glock, 2004). Mas, quando olhamos para o critério histórico, a adesão de Wittgenstein à tradição analítica se torna clara. Ele foi influenciado sobretudo por filósofos analíticos (Frege, Russell, Moore), e ele, por sua vez, influenciou, acima de tudo, filósofos analíticos (Russell, Moore, o positivismo lógico, a análise conceitual). Isso não significa negar que ele também foi influenciado por filósofos não analíticos (Schopenhauer, James, Spengler) e influenciou filósofos não analíticos (hermenêutica, pós-modernismo). Mas essas conexões históricas podem ser distinguidas das outras, porque os autores em questão não se enquadram em uma concepção de filosofia analítica segundo semelhança de família.

Um panorama histórico muito rudimentar da filosofia analítica poderia ter a aparência conforme ilustra a Figura 8.1.

Incluí algumas poucas figuras e alguns poucos movimentos não analíticos (em itálico) *seletos*, para indicar o fato de que as linhas de influência atravessam os limites da filosofia analítica.

Quando olhamos para um quadro de semelhança de família, Wittgenstein se revela quase tão firmemente estabelecido na tradição analítica quanto, por exemplo, Quine. Na verdade, a pertença de Quine também foi contestada, a saber, por Hacker. Mas, já argumentei que o ataque de Quine à ideia de um contraste qualitativo entre filosofia e ciência não o exclui (subcapítulo 5.3). Além disso, as sobreposições com paradigmas como os positivistas lógicos e sua influência sem rival sobre a filosofia pós-positivista tornam imperativa sua inclusão.

No que diz respeito aos contornos da tradição analítica, tenho poucos motivos para divergir da concepção padrão incorporada na citação do texto de Sluga. Se aquela citação tem quaisquer lacunas, então essa é a falha em mencionar a Escola Polonesa de metafísica e lógica. Mas é somente por

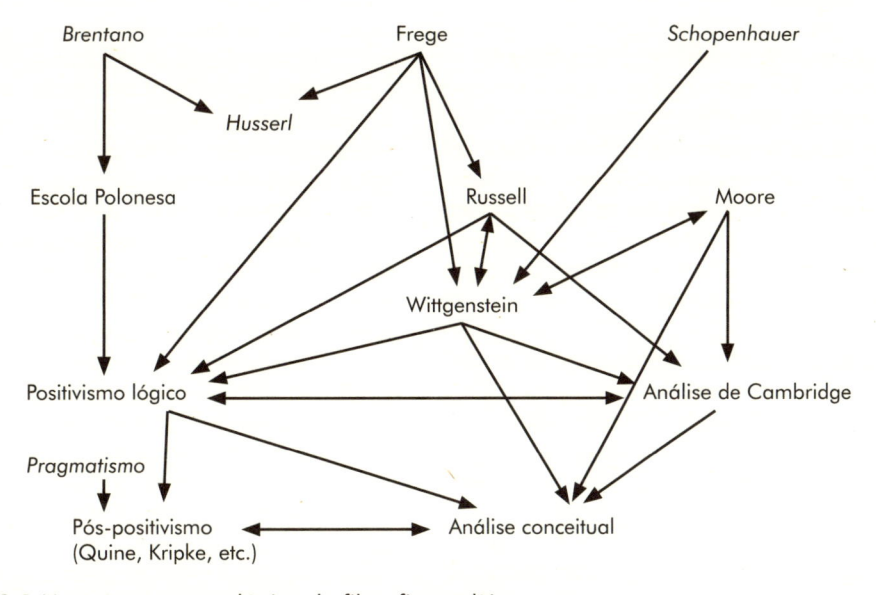

Figura 8.1 Uma árvore genealógica da filosofia analítica.

aplicar minha concepção de filosofia analítica a casos potencialmente problemáticos e por resistir a diversas estratégias exclusivistas que estamos em uma posição de apreciar por que as linhas deveriam ser traçadas basicamente ali onde são costumeiramente traçadas.

No que diz respeito à origem da cisão analítico/continental, Dummett escreve:

> Frege foi o avô da filosofia analítica, Husserl o fundador da escola fenomenológica, dois movimentos filosóficos radicalmente diferentes. Em 1903, diga-se, como eles teriam parecido para qualquer estudante alemão de filosofia que conhecesse a obra de ambos? Certamente, não como dois pensadores profundamente opostos: antes, como notavelmente próximos em orientação, apesar de apresentarem alguma divergência de interesses. Eles podem ser comparados com o Reno e o Danúbio, que nascem muito próximos um do outro e, por um tempo, seguem praticamente cursos paralelos, apenas para se separar em direções totalmente diferentes e fluir em mares diferentes. Por que, então, isso aconteceu? Qual pequeno ingrediente no pensamento de cada um foi eventualmente ampliado em um efeito tão grande? (1993, p. 26)

Para obter uma resposta, Dummett se volta para a resposta de Husserl ao problema posto por Brentano sobre a inexistência intencional (certos atos mentais carecem de objetos reais, sem serem dirigidos a meras representações). Husserl distinguiu entre o significado e o objeto de um ato mental, estendendo uma distinção fregeana entre o significado e a referência para atos não linguísticos. Um sentido fregeano *não é intrinsecamente linguístico*, dado que Frege não exclui a possibilidade de pensamentos nus, sem roupagem linguística. No entanto, assim argumenta Dummett, ele é essencialmente *capaz* de ser expresso na linguagem. Afinal, como um "modo de apresentar o referente", o sentido de uma sentença (um pensamento) não é uma entidade translinguística que se põe entre uma expressão (uma sentença) e seu referente (um valor de verdade), tal como sugere o mito platonista, mas, antes, "um passo" na determinação do valor de verdade de uma sentença (1993, Capítulo 11). Esse é o ponto crítico que separa a filosofia analítica e a fenomenologia: a extensão do "significado", por Husserl, para além da linguagem bloqueia o caminho para uma virada linguística, ao passo que a noção fregeana de sentido é incapaz de tal extensão, dado que ela é restrita ao domínio do potencialmente linguístico.

Embora a analogia com o Reno e o Danúbio seja intrigante, tenho minhas dúvidas sobre esse diagnóstico. Frege defende menos uma virada linguística do que Dummett crê. De forma mais importante, duas visões contrastantes sobre a relação entre pensamento e linguagem dificilmente desembocam em uma cisão entre duas grandiosas tradições estratégicas, especialmente dado o fato de que ambas apresentam abordagens linguísticas e mentalistas quanto a essa questão (ver subcapítulo 5.2). A explicação de Mulligan me soa mais plausível (1986, p. 93-94). Enquanto nenhuma das muitas distinções entre realismo e idealismo coincida com o contraste analítico/continental, no caso específico de Husserl, a virada para um idealismo transcendental foi acompanhada por uma mudança em estilo de raciocinar bem como de escrever. E foi esse último estilo que influenciou a tradição fenomenológica e seus rebentos existencialistas.

Isso ainda não equivale a uma divisão analítico/continental. Muito menos a uma ramificação da filosofia analítica a partir da filosofia tradicional/tradicionalista. O relato de Friedman em *A Parting of the Ways*[*] (2000) é *prima facie* promissor em seu resultado, dado que se encaixa com minha classificação tripartite. Os protagonistas de Friedman – Cassirer, Heidegger e Carnap – representam em meu esquema a filosofia

---

[*] N. de T.: A saber, *Uma bifurcação dos caminhos*.

tradicionalista, continental e analítica, respectivamente. Friedman argumenta que o encontro desses três em um congresso de 1929, em Davos, foi o evento crucial na divisão analítico/continental e que Carnap, Heidegger e Cassirer estão todos reagindo, de modos diversos, a problemas apresentados pela tradição neokantiana, o problema de reconciliar a lógica e as condições perceptuais da experiência.

Infelizmente, a explicação de Friedman sofre de uma concretude mal localizada. Ela ignora o fato de que, muito antes de Davos, Moore, Russell (ver Monk, 1996a, p. 235, 247-248, 313) e os membros do Círculo de Viena moveram ataques sarcásticos ao idealismo britânico e alemão, a Bergson e à *Lebensphilosophie*. Com efeito, em alguns aspectos, esses ataques regressam ao contraste entre romantismo, empirismo e positivismo no século XIX (ver subcapítulo 3.3). É difícil ver de que modo um diferente curso de eventos em ou depois de Davos poderia ter ocultado as crescentes discordâncias entre as doutrinas, os métodos e as condutas filosóficas epitomadas por esses três protagonistas.

Além disso, a ideia de que a divisão analítico/continental surge de uma raiz comum em Kant e no neokantismo é o extremo oposto da tese de um eixo anglo-austríaco. Enquanto há uma importante corrente kantiana dentro da filosofia analítica, amplas influências da tradição analítica se derivam de uma ruptura com Kant e um retorno a Leibniz. De fato, Friedman se move de um problema kantiano específico acerca da sensibilidade e do entendimento para um contraste diferente e muito mais amplo entre o racionalismo (Carnap), a *Lebensphilosophie* (Heidegger) e uma síntese vagamente definida dos dois (Cassirer). Esse contraste transcende detalhes da epistemologia kantiana e retrocede bem para trás do fim dos anos de 1920.

Suspeito que simplesmente não há nenhum evento filosófico crucial particular na formação desses dois movimentos. O encontro de Davos não satisfaz essa ideia mais do que as diferenças entre Frege e Husserl sobre o sentido, as quais Dummett destacou. E se contato pessoal é de primordial importância, poder-se-ia considerar os intercâmbios de Ryle com Husserl como igualmente indicativos. De qualquer maneira, entre essas trocas e o fatídico encontro de Royaumont, a cisão analítico/continental tinha se tornado um *fait accompli*. O que atuou como intermediário não foi um momento filosófico crítico único. Havia, contudo, um momento crítico de natureza política: o surgimento do nazismo e o exílio dos pioneiros da filosofia analítica oriundos da Europa Central. A divisão analítico/continental resulta de uma combinação de uma multidão de desenvolvimentos filosóficos graduais com uma catástrofe política única. Nesse sentido, a filosofia analítica como agora a conhecemos é parcialmente um produto de forças culturais e geopolíticas muito maiores.

NOTAS

1. Comunicação de Ansgar Beckermann, em 31 agosto de 2005.
2. Esse apelo a jogos paradigmáticos ou típicos não precisa criar um regresso vicioso (*pace* Williamson, 1994, p. 87). O conceito de um jogo paradigmático tem um final aberto, com efeito. Mas não há nenhum motivo por que ele mesmo deveria ser um conceito de semelhança de família.
3. Como Wittgenstein reconheceu, os *ramos* de um conceito de semelhança de família podem ser unidos por condições necessárias e suficientes. Assim, pois, os vários tipos de números – naturais, racionais, reais, complexos, p-ádicos, etc. – não podem ser definidos por uma propriedade comum. Mas, cada um desses tipos é precisamente definido (1953, §135; ver também Russell, 1919, p. 63-64). Por esse mecanismo, uma concepção de filosofia analítica em termos de semelhança de família que é tal que nenhum traço único a une, por exemplo, a rebelião contra o idealismo, o positivismo lógico, os wittgensteinianos e os atuais neonietzscheanos, é compatível com a ideia de que pode haver condições necessárias e suficientes para pertencer a um desses agrupamentos.
4. Rundle, 1990, Capítulo 3. A definição é provavelmente ampla demais, dado que

ela inclui, por exemplo, eventos atléticos, como correr, e é estreita demais, dado que nem todos os jogos precisam ser governados por regra (certamente, essa não é uma condição necessária para que alguma coisa seja um *Spiel*). A maioria das definições propostas tem sido muito menos plausíveis. Com grande fanfarra, Hurka implica com "antiteóricos" como Wittgenstein por "serem simplesmente preguiçosos" e define "jogo" da seguinte maneira: "ao jogar um jogo, persegue-se um objetivo que pode ser descrito independentemente do jogo, tal como direcionar um bola para um buraco no chão, enquanto prontamente aceitando regras que proíbem os meios mais eficientes para aquele objetivo, tais como colocar a bola no buraco com a mão" (2004, p. 251-252). Nem todas as condições individuais são necessárias, dado que crianças jogando futebol na escola não precisam se submeter às regras prontamente (eu, por exemplo, teria preferido muito mais me atracar com meus oponentes de uma maneira mais robusta). Nem são elas conjuntamente suficientes: alguém que prontamente segue as regras do código de trânsito ao tentar viajar de A a B (um objetivo que pode ser descrito independentemente da atividade de dirigir de acordo com o código de trânsito) não está, por causa disso, jogando um jogo, mesmo se uma rota mais eficiente estiver disponível.

5. Alguns metafísicos analíticos, tais como Lowe, desafiariam essa visão. Assim, ela não é uma condição necessária para se ser um filósofo analítico.

6. Por exemplo, Stroll, 2000, p. 86; Baldwin, 1990, p. 1-2, 39; Bell, 1999 *versus* Magee, 1986, p. 10. Essa discussão de prioridade poderia ser resolvida amigavelmente em se reconhecendo Russell como pioneiro da análise lógica e Moore como pioneiro da análise conceitual.

9
PRESENTE E FUTURO

No capítulo anterior, argumentei que a filosofia analítica é uma tradição histórica mantida por laços de influência, por um lado, e por semelhanças de família, por outro. Este capítulo final deixa para trás a questão de como a filosofia analítica deveria ser definida. A questão não é mais se certos traços são válidos para todos e somente para os filósofos analíticos. Em vez disso, pergunta-se se certos traços têm a especial relevância para a filosofia analítica contemporânea e para seu lugar em um contexto cultural mais amplo, e, ainda, de que modo esses traços devem ser avaliados.

A Seção 1 lida com o papel do contraste analítico/continental na cultura de alto perfil e nas guerras de ciência epitomadas pelo trote de Sokal. Insisto que se deva distinguir abusos da ciência ideologicamente motivados de visões relativistas-mais-construtivistas sobre o conhecimento. Combater as últimas pode ser uma causa analítica genuína, mas o debate sobre o relativismo, o construtivismo e a teoria da verdade por correspondência se apresenta nas vozes analíticas de ambos os lados. As guerras da cultura e da ciência jogam uma luz positiva sobre a filosofia analítica, ao menos em comparação com o pós-modernismo. Na Seção 2, volto-me à pergunta se a filosofia analítica também apresenta vícios além de virtudes, mais uma vez com a ênfase sobre sua atual autoimagem e prática. Discutirei, nessa ordem, as acusações de que a filosofia analítica sofre de escolasticismo, de isolamento de outras disciplinas e do público, de faccionalismo interno e de um menosprezo excludente com respeito a variados externos. Desculparei a filosofia analítica em alguns aspectos, ao passo que concordarei com outras reclamações tanto de dentro quanto de fora.

Isso conduz à Seção Final. Se os filósofos analíticos não deveriam simplesmente ignorar ou permanecer afastados de outros modos de filosofar, há qualquer importância em distingui-los de seus colegas não analíticos? Apesar da existência de uma tradição, talvez essa tradição esteja presentemente perdendo sua identidade distinta. Essa ideia é fortalecida pelo fato de que têm havido notáveis tentativas de sintetizar as duas. Por outro lado, há aqueles, em ambos os lados da divisão, que resistem a essa construção de pontes. Sua posição é reforçada por contínua negligência mútua, e pelo fato de que os debates públicos entre a filosofia analítica e a continental têm exacerbado em vez de melhorar a alienação. Tampouco a divisão analítico/continental foi suplantada por outras divisões, tais como aquela entre o naturalismo e seus discontentes. Concluo que permanece sendo útil distinguir a filosofia analítica da filosofia continental e tradicionalista, contanto que essas divisões sejam propriamente entendidas.

Isso deixa uma questão final: deveriam os filósofos tentar superar essas divisões? Sustento que a síntese não é mais um objetivo em si mesmo do que a preservação de uma identidade distinta. Em vez de se tentar assimilar outros tipos de filosofia, a filosofia analítica deveria simplesmente tentar fazer melhor por meio de seus próprios padrões.

1. IMPOSTORES, TRAPALHÕES* E RELATIVISTAS

O termo "guerra cultural" se refere a confrontos ideológicos que atormentaram a cultura e a política pública americana desde os anos de 1960 (Hunter, 1991). Ele opõe um campo de ala esquerda – secular e progressiva – contra uma ala direita – religiosa e tradicionalista –, sobre questões abrangendo desde o aborto, censura por meio do controle de armas, homossexualidade, até a separação entre Igreja e Estado. As linhas de frente dessa batalha titânica por hegemonia ideológica correm diretamente pela academia americana. Facções importantes dentro do campo progressivo alegaram que não só currículos tradicionais, mas a ciência e a academia "ocidentais" como um todo têm preconceitos contra minorias. Em particular, são acusadas de serem etnocêntricas, de favorecer "homens brancos mortos" e uma agenda de protestante-anglo-saxônico-branco** ou eurocêntrica.

Um envolvimento central dentro dessas batalhas de *campus* é agora conhecido como as "guerras da ciência" e diz respeito à natureza, ao estatuto e ao mérito das teorias científicas. O cerne da discussão é se a ciência "ocidental" é capaz de oferecer uma abordagem objetiva da realidade ou se ela meramente reflete preocupações locais e preconcepções que podem ser descartadas segundo motivos ideológicos e políticos. Um campo *realista*, falando de modo livre, insiste na primeira atitude. O campo oponente é geralmente referido como um construtivismo *pós-moderno* ou *social*. Ele diz respeito não só à ciência, mas até mesmo à realidade física, que ele se propõe a descrever e explicar, como um mero construto de forças sociais, negando que haja um ponto de partida universalmente válido a partir do qual a ciência ocidental possa ser considerada como superior a outros sistemas de crença.

As guerras da ciência atingiram seu clímax por meio do bem conhecido trote de Sokal. *Social Text* é um periódico americano que pode ser enquadrado no campo de estudos culturais. Em 1996, ele publicou um artigo de autoria do físico americano Alan Sokal, com o título intrigante: "Transgredindo as fronteiras: Para uma hermenêutica transformadora da mecânica quântica" (Sokal, 1996). O artigo, com efeito, transgredia fronteiras em diversos aspectos. Pois, como Sokal pouco depois revelou, era um trote. Ele tem a pretensão de ser uma investigação acadêmica sobre as implicações políticas e filosóficas da física do século XX, todavia, é, de fato, uma paródia deliberada do pensamento pós-moderno. "Trangredindo as fronteiras" consiste em uma mistura de solecismos científicos, tolices, montes de *non-sequitur* e puros absurdos destinados a favorecer as pré-concepções ideológicas dos editores de *Social Text*. Ele começa repreendendo os cientistas por aderirem ao

> dogma imposto pela longa hegemonia pós-iluminista sobre a perspectiva intelectual ocidental... o qual estabelece que existe um mundo exterior cujas propriedades são independentes de qualquer ser humano individual e, com efeito, da humanidade como um todo, que essas propriedades estão codificadas em leis físicas "eternas" e que os seres humanos podem obter conhecimento confiável, muito embora imperfeito e provisório, dessas leis ao labutarem nos procedimentos "objetivos" e nas condições epistemológicas estritas prescritas pelo (assim chamado) método científico.[1] (p. 199)

O artigo continua, afirmando que esse dogma foi profundamente abalado pela física moderna, que mostra a realidade física como "no fundo um construto social e linguístico" (p. 200). De fato, assim Sokal continua, desenvolvimentos recentes não só substanciam negações pós-modernas da objetividade da verdade como também

---

* N. de T.: No original, "*bunglers*".
** N. de T.: No original, "*Waspish*".

fornecem os começos de uma "ciência pós-moderna e libertadora" que possa servir aos fins da política progressista. Nesse ponto, a peça se torna verdadeiramente ousada. Começando desde a microfísica, ela gera conclusões políticas e culturais que têm o suporte de nada além de jogos de palavras (principalmente sobre as palavras "linear" e "descontínuo"), analogias forçadas e falsidades egrégias. Não contente com esse sucesso inicial, Sokal mais tarde se juntou ao físico belga Jean Bricmont para produzir um exercício mais sustentado de higiene intelectual. Suas *Intellectual Impostures** (1998) têm a meta de catalogar e dissecar criticamente alguns dos textos a partir dos quais Sokal derivou a inspiração para o seu trote, bem como outros escritos no mesmo gênero.

O trote de Sokal imediatamente fez dele uma *cause célèbre*. Em primeira instância, ele mostra que a ignorância sobre a ciência entre pessoas da literatura ainda persiste, 40 anos depois de C. P. Snow tê-la desaprovado com veemência (1959). Mas o trote de Sokal é mais do que a obra *The Two Cultures*[6] revisada. Os editores de *Social Text* revelaram não só ignorância científica e matemática. Eles também demonstraram sua disposição em publicar sentenças que qualquer um que entende os termos constituintes deve reconhecer como absurdas e, em consequência, sua indiferença com respeito à inteligibilidade e à verdade dos artigos em seu periódico. Com efeito, muitos comentadores sentiram que algo ainda muito mais sinistro está acontecendo. Para eles, o trote é indicativo de um declínio mais geral em academicismo, rigor e honestidade intelectual dentro das humanidades. Alguns críticos culturais de ala direita alegaram que até mesmo a ciência está ameaçada pelo mal-estar pós-moderno. Essa última alegação foi vigorosamente negada por aqueles familiarizados com o cenário científico, incluindo Sokal. Contudo, no que diz respeito às humanidades, temores apocalípticos atormentaram até mesmo filósofos "cabeça-fria".[2]

Finalmente, o trote de Sokal desmascara o pecado de distorcer questões teóricas em favor de dogma político e moral (ou imoral) (cf. subcapítulo 7.5). Ideias pós-modernas foram adotadas por setores da esquerda acadêmica como um modo de promover os valores dos novos movimentos sociais (feminismo, orgulho *gay*, multiculturalismo) e das minorias que defendem. É parte do que Taylor (1994) defende como "a política de reconhecimento": aquelas minorias que foram vitimizadas ou marginalizadas pela corrente principal ocidental têm o direito de reconhecimento de suas culturas como igualmente valiosas.

Sendo ele próprio politicamente de esquerda e não dogmático, Sokal se ressente da associação da política de esquerda com o pós-modernismo, não menos porque ela fornece aos críticos de direita uma grande quantidade de munição. Alguns filósofos analíticos fazem tentativas parecidas de isolar as causas progressistas das loucuras pós-modernas. Tendo notado o motivo pós-colonial por detrás do construtivismo, Boghossian (2006) corretamente hesita pelo fato de que é imoral subjugar outros povos em nome da expansão do conhecimento, com a alegação de que não há tal coisa como uma cultura possuindo um conhecimento superior ao conhecimento de outra. Nagel ironicamente comenta a defesa pós-moderna de Rorty da política de esquerda: "Deixando de lado a filosofia, Rorty tem todas as visões corretas" (1998, p. 4). A resistência de esquerda ao pós-modernismo também nos alerta para o fato de que as linhas de frente nas guerras da ciência *não* correm paralelamente àquelas da guerra da cultura. Em questões cruciais como a evolução e a mudança climática, é o campo de direita que descarta as descobertas da ciência por razões de ideologia e conveniência política ou econômica.

---

* N. de T.: Isto é, *Embustes intelectuais*.
** N. de T.: Isto é, *As duas culturas*.

Quanto à presente questão, as linhas de frente das guerras da ciência correm paralelamente à divisão analítico/continental? O termo "pós-moderno" certamente associa um partido à filosofia continental, e não sem alguma permissão. Tal como "filosofia analítica" e "filosofia continental", "pós-modernismo" se refere a uma família histórica de posições. No entanto, costumeiramente indica uma acepção negativa comum: uma rejeição dos valores e das convicções "modernas" (do Iluminismo), entre elas a crença na possibilidade do progresso humano e a confiança de que a razão humana seja capaz de revelar os segredos da natureza e de estabelecer princípios morais universalmente obrigatórios. O ataque à possibilidade de conhecimento objetivo mesmo nas ciências é uma parte central dessa atitude. A maior parte da algaravia exposta ao ridículo por Sokal foi colhida ou derivada de escritos de pós-modernos destacados, como Lyotard, Lacan, Kristeva, Irigaray, Deleuze e Guattari. Além disso, o ataque à objetividade da ciência é claramente alimentado por uma suspeita pós-moderna que, em última análise, deriva-se de Nietzsche: a alegada autoridade da ciência, ou, de modo mais geral, do discurso racional, não é nada senão um artifício retórico em um jogo de poder. Há também uma utopia nietzscheana em jogo, uma utopia que tem afinidades menos com a perspectiva pessimista de Foucault e Derrida do que com o tipo "feliz-da-vida" do neopragmatismo. É a revolta contra a ideia de que nossas crenças devam prestar homenagem a uma realidade independente de nós e a insistência provocativa de que nós seres humanos é que estamos encarregados das coisas (Rorty e Searle, 1999, p. 30-31, 42-43, 47).

É, portanto, tentador supor que as guerras da ciência opõem uma coalizão de cientistas naturais e filósofos analíticos a uma aliança pagã de cientistas sociais, dignitários das humanidades e filósofos continentais. Isso seria inacurado. Devemos distinguir entre uma guerra ao *pós-modernismo* e uma guerra ao *relativismo* ou *construtivismo*.

A primeira guerra opõe a ciência e a filosofia analítica a uma corrente importante da filosofia não analítica, embora uma que exclua a filosofia tradicionalista, o pragmatismo e mesmo certas partes da filosofia continental. Trata-se de uma corrente que se deleita tanto em um questionamento cavaleiresco e jocoso das questões intelectuais quanto em um estilo excessivamente obscuro. A segunda guerra opõe absolutistas e realistas a relativistas e antirrealistas. Os últimos incluem importantes filósofos continentais; mas também incluem eminentes representantes tanto da filosofia analítica quanto da ciência natural.

Infelizmente, alguns absolutistas/realistas tentaram fazer mixórdia ao igualar o relativismo com o pós-modernismo. Reconhecidamente, Sokal e Bricmont afirmam que as *Intellectual Impostures* são dirigidas a dois alvos distintos, porém relacionados:

A) O abuso extraordinário dos conceitos científicos e matemáticos por famosos psicólogos franceses e teóricos da literatura, tais como Lacan, Kristeva, Irigaray, Deleuze e Baudrillard;
B) Tendências relativistas em filosofia da ciência, como exemplificadas pela obra de Kuhn, Feyerabend e pelo forte programa na sociologia da ciência (Bloor, Latour).

Sokal e Bricmont reconhecem que há uma diferença entre (A), que equivale a um egrégio "abuso" da ciência, e (B), que consideram como baseado em erros científicos e confusões filosóficas mais "sutis". No entanto, muitos de seus defensores foram rápidos em tirar a conclusão de que o relativismo é intelectualmente justo como bancarrota e desprezível como a obra interdisciplinar pseudocientífica e de faz de conta de alguns pós-modernos.[3] De fato, há um elo sociológico entre os dois, a saber, que são populares em alguns dos mesmos círculos. Mas Sokal e Bricmont insistem que há também um "elo lógico fraco":

caso seja aceito o relativismo, há menos razão para ser incomodado pela má representação de ideias científicas, as quais, de todo modo, são apenas um outro discurso. (p. x, ver também p. 15, 49, 194-195)

Todavia, o fato de uma forma de discurso falhar em oferecer uma explicação objetiva, universalmente aceitável do mundo, *não é razão, seja ela qual for*, para concluir que, ao representar essa forma de discurso, está-se livre para distorcê-lo ou para concluir que alegações sobre aquela forma de discurso são arbitrárias. Pela mesma confusão de discurso e "metadiscurso", teríamos menos razão para ser incomodados pelas más representações do fundamentalismo religioso do que por más representações da lógica intuicionista, pelo motivo de que o primeiro, mas não a última, é, de qualquer forma, só discurso pomposo. Talvez o que Sokal e Bricmont têm em mente seja isso: se uma forma de discurso nem sequer tem o propósito de oferecer uma explicação objetiva da realidade, as más representações dela são ainda menos sérias. Contudo, isso é dificilmente menos suspeito. Em uma medida significativa, a arte nem mesmo tem o propósito de oferecer uma abordagem objetiva da realidade. Mas isso torna as histórias das artes grosseiramente equivocadas menos repugnantes do que histórias da hidraúlica grosseiramente equivocadas? Isso não é de forma alguma óbvio.

Boghossian detecta um outro declive escorregadio que vai do relativismo ao caráter descuidado e bagunçado que tanto caracteriza o pensamento pós-moderno:

> Visões relativistas tacanhas sobre verdade e evidência... dão permissão e com efeito geralmente insistem na substituição de critérios políticos pela avaliação historicamente mais familiar em termos de verdade, evidência e argumento. (1996, p. 14)

Boghossian localiza com precisão um motivo recorrente no pós-modernismo: as teorias são avaliadas segundo o critério de encaixarem em certos padrões políticos em vez de na realidade dos fatos, uma vez que os últimos são uma mera construção social. Por esse raciocínio, distorções feministas da ciência são legítimas porque promovem os interesses das mulheres, mitos de criação da Primeira Nação são tão válidos quanto relatos científicos, porque são as concepções das minorias oprimidas, etc. Assim, pois, alegadamente, não há qualquer questão, de fato, quanto a se americanos nativos originalmente chegaram atravessando o Estreito de Bering ou se eles ascendem de um mundo subterrâneo de espíritos. Ambos os relatos são válidos, o primeiro "para" a sociedade industrializada ocidental, o segundo para certas primeiras nações americanas (ver Boghossian, 2006, p. 1-2).

Logicamente falando, contudo, o relativismo não é nem necessário nem suficiente para instrumentalizar a verdade e outros valores cognitivos. Pode-se sustentar que a verdade é relativa a um grupo e, no entanto, separá-la estritamente da bondade moral, da correção política ou da conveniência instrumental. Por outro lado, pragmatistas tanto da variedade pós-moderna quanto da variedade naturalista promoveram abordagens darwinianas que reduzem crenças verdadeiras àquelas que é conveniente ou bom sustentar. Essas abordagens são insustentáveis, por razões que dou a entender a seguir. Todavia, são perfeitamente compatíveis com a insistência de que existem padrões *universais* de conveniência ou de bondade e, portanto, que a verdade não é relativa a indivíduos ou grupos.

Semelhantemente, o estúpido abuso da ciência não é nem necessário nem suficiente para o relativismo. Hegel foi o absolutista *par excellence*. Aliás, como Sokal e Bricmont apontam (1998, p. 150-155; seguindo Russell, 1956b, p. 21), a filosofia de Hegel foi parcialmente baseada em um matemática descuidada. Inversamente, enquanto alguns sociólogos da ciência poderiam ser acusados de serem impostores, essa acusação não pode ser estendida a todos os relativistas. Kuhn e Feyerabend "tinham conhecimento de seu material", seja o quanto forem insustentáveis algumas de suas conclusões. De fato, os alvos de Sokal e Bricmont também incluem tendências antirrealistas (instrumentalistas) dentro da própria ciência, notadamente a interpretação de Copenhague, de Bohr e de Heisenberg, da mecânica quântica e de certos relatos "populares" da teoria do caos (p. 77, 242, Capítulo 7). Isso exibe, para além da dúvida, a diferença entre erros e distorções culpáveis da variedade pós-moderna, por um lado, e, por outro, concepções filosóficas e científicas respeitáveis que por acaso vão contra a concepção firmemente realista da ciência favorecida por Sokal, Bricmont e muitos outros de seus defensores.[4]

Boghossian é um desses defensores. Ele contrasta a tremenda influência do construtivismo nas "humanidades e ciências sociais" com seu "fraco" apoio "na própria filosofia, pelo menos como ela é praticada dentro da corrente principal dos departamentos de filosofia analítica no mundo de fala inglesa". Contudo, sabiamente aponta para o fato de que, em defesa do construtivismo, "poder-se-ia citar uma proporção considerável dos mais proeminentes filósofos daquela tradição", entre eles Wittgenstein, Carnap, Kuhn, Goodman e Putnam (Boghossian, 2006, p. 7). A essa lista deve-se adicionar outros instrumentalistas, convercionalistas ou antirrealistas, tais como Neurath, Quine, Feyerabend e Dummett, só para começar.[5]

Como estrategistas das guerras da ciência, filósofos analíticos contemporâneos como Boghossian, Blackburn (2005), Nagel (1997) e Searle (por exemplo, 1995) elevaram-se ao destaque público (por padrões acadêmicos) por meio do ataque a filósofos continentais, entre outros. No entanto, as guerras da ciência não se reduzem à filosofia analítica *versus* a continental, ou mesmo à filosofia analítica *versus* a não analítica. Enquanto a resistência ao pós-modernismo pode ser uma causa analítica *bona fide*, a cruzada contra o relativismo e o construtivismo não o é.

Isso responde à pergunta taxonômica levantada no começo da seção. Não responde à pergunta filosófica. Um tema recorrente de meu livro tem sido que os filósofos analíticos não são alheios ao erro e à confusão. Com efeito, considero esse serviço mal feito,[*] como um risco ocupacional de qualquer um que luta com problemas filosóficos. Talvez, então, a divisão substantiva importante não seja tanto entre a filosofia analítica e a continental como entre absolutistas/realistas sensatos e construtivistas/relativistas insensatos. Se isso é assim, as guerras da ciência marcariam um ponto em que a categoria de filosofia analítica diminui em importância.

Há motivos para resistir a essa conclusão. O relativismo tira sua inspiração da ideia de que há significativa diversidade entre diferentes culturas, tanto diacrônica quanto sincronicamente. Mas sua reivindicação vai além de notar as diferenças: não há simplesmente diversidade, prescindimos de cânones neutros para avaliar as diferentes opções como melhores ou piores. O relativismo defende que nossas crenças, conceitos ou práticas não podem ser avaliados a partir de um ponto vantajoso imparcial, universalmente aceitável, dado que elas são válidas (verdadeiras, justificadas, boas, etc.) ou inválidas (falsas, não abalizadas, ruins, etc.) só relativamente a um indivíduo particular ou a um grupo de indivíduos (sociedades ou mesmo espécies).

Reconhecidamente, muitas alegações relativistas são agradecidamente autorrefutadoras, no sentido de que se apresentam como objetivamente verdadeiras de um modo que explicitamente repudiam. Outros relativistas observam que, mesmo na ciência, a escolha de tópicos e de métodos é inevitavelmente sujeita a preconceitos e preconcepções – possivelmente locais. Todavia, eles falaciosamente inferem a partir disso

---

[*] N. de T.: Mais literalmente, e no âmbito da gíria, *"bungling"* significa "matação", "serviço grosseiro".

que as teorias emergentes não podem ser objetivamente verdadeiras, independentemente dos motivos que as fizeram parecer atrativas, ou que não há nenhum sentido em buscar tal verdade.[6] Mas o relativismo *per se* não está comprometido com esses erros. Relativistas reflexivos evitam tais falácias genéticas. Eles também tentam evitar alegações de um tipo absoluto, e em vez disso buscam proceder reduzindo *ad absurdum* posições absolutistas.

Além disso, deveríamos distinguir diferentes tipos de relativismo – alético, ontológico, conceitual e metodológico. A maior parte dos relativistas contemporâneos tem em mente um relativismo alético promíscuo, uma posição que permite que concepções incompatíveis tenham, todas, um igual valor cognitivo, sendo ou todas verdadeiras, ou nenhuma verdadeira, ou cada uma delas verdadeira para seus próprios proponentes. Com efeito, ocasionalmente falamos de uma crença como "verdadeira para" um indivíduo ou um grupo. Assim, poderíamos dizer, por exemplo,

1. Que "feiticeiras existem" é verdadeiro para a sociedade *A*, mas que "feiticeiras existem" é falso para a sociedade *B*.

Mas isso equivale a não mais do que ao fato de que é aceito ou acreditado por *A* e contrasta com ser verdadeiro *estritamente falando* ou *simpliciter*. O relativista alético, por outro lado, rejeita esse uso não relacional ou "absolutista" de "verdadeiro". Para ele, *qualquer* atribuição de verdade deve ser qualificada por referência a um sujeito (individual ou social) que aceita a crença em questão. Por conseguinte, ele está comprometido com a ideia de que a noção de verdade que está em jogo em (1) é a *mesmíssima* que aquela que aparece nos dois truísmos seguintes sobre verdade e falsidade:

2. Que "feiticeiras existem" é verdadeiro ⇔ feiticeiras existem.
3. Que "feiticeiras existem" é falso ⇔ feiticeiras não existem.

Como resultado, o relativista alético deve aceitar a substituição de "feiticeiras existem" e "feiticeiras não existem", respectivamente, por "feiticeiras existem é verdadeiro" e "feiticeiras existem é falso" em (1). Isso gera

4. Feiticeiras existem para a sociedade *A*, mas feiticeiras não existem para a sociedade *B*.

O relativista não tem liberdade de glosar (4) de uma maneira inocente, a saber, como ao afirmar que a sociedade *A*, mas não a sociedade *B*, *acredita* que feiticeiras existam. Em vez disso, ele é levado a concluir que membros de *A* e membros de *B* devem habitar mundos diferentes, um que é povoado por feiticeiras, um outro que não o é. O relativismo alético cai, portanto, em um relativismo *ontológico*, a concepção de que mesmo o que é *real* é relativo e que diferentes indivíduos ou grupos literalmente *habitam mundos diferentes*. Tal posição radical foi ocasionalmente proposta por defensores da hipótese de Sapir-Whorf em linguística (Whorf, 1956), da tese da incomensurabilidade na filosofia da ciência (Kuhn, 1962, p. 134) e por Goodman (1978). Mas ela é certamente absurda. Entre outras coisas, ela torna difícil explicar de que modo membros de sociedades de tipo *B* poderiam ter sido tão bem-sucedidos em explorar, oprimir e matar membros de sociedades de tipo *A*. Devemos supor, por exemplo, que as balas que as tropas coloniais atiraram em "nativos" desafortunados conseguiram atravessar o abismo ontológico entre mundos diferentes antes de atingir seus alvos?

Ao mesmo tempo, há outras formas de relativismo que são tanto mais plausíveis quanto podem mais facilmente ser alfinetadas nos antirrealistas *analíticos* anteriormente mencionados. Há também versões do relativismo que dizem respeito à distinção entre crença, conhecimento e fato, e evitam as ciladas do relativismo alético. Uma delas é o *relativismo conceitual*. Ele admite que o valor de verdade das afirmações que fazemos não depende de nós. Ao mesmo tempo, insiste em dizer que nossos conceitos, e, portanto, o tipo de afirmações que podemos fazer, não é simplesmente ditado a nós pela realidade ou pela experiência. Ao adotar ou construir tais estruturas, há diferentes opções que não podem ser avaliadas como mais ou menos racionais de um ponto de vista neutro do olho da ave. Nossa rede conceitual não determina se realmente captamos um fato, mas determina que tipo de fato nós captamos (ver Wiggins, 2001, Capítulo 5).

Searle é um absolutista que conta com a diferença entre esse relativismo conceitual e o relativismo alético (Rorty e Searle, 1999, p. 37, 47). Infelizmente, ele se arrisca demais ao sustentar que a única alternativa para o relativismo alético é a teoria da verdade por correspondência, de acordo com a qual uma afirmação é verdadeira sse ela corresponde à realidade ou aos fatos. De fato, contudo, tudo o que ela faz para evitar o relativismo alético e outras concepções antirrealistas da verdade, como a concepção pragmatista-mais-darwinista, é uma insistência no realismo alético. Como Künne gosta de formular, o realismo alético não deveria ser confundido com o realismo atlético, dado que ele não é uma questão muito muscular (2003, p. 20). A doutrina para a qual uso o termo é categoricamente anêmica. Ela mantém não mais do que a conjunção dos dois seguintes princípios:

(I) ~ (É verdadeiro que p → é crido/afirmado por alguém que p).
(II) ~ (É crido/afirmado por alguém que p → é verdadeiro que p).[7]

Em outras palavras, o fato de que uma proposição é verdadeira nem acarreta nem é acarretada pelo fato de que a proposição está sendo afirmada ou acreditada por alguém (etc.) como verdadeira, ou que seria útil crer nela, etc. O realismo alético permite que se rejeite o relativismo alético. Ele também permite que se negue, contra as abordagens pragmatistas-mais-darwinistas, que a crença de que Deus existe é verdadeira, embora a pesquisa empírica demonstra que manter essa crença é vantajoso em todos os aspectos relevantes (ela promove a felicidade, a expectativa de vida, a recuperação de doenças, a conveniência biológica, etc.).

Apesar desse potencial salutar, o realismo alético é respeitado não só pela teoria da correspondência, mas também pelas assim chamadas teorias deflacionárias da verdade, que explicam a verdade por meio da equivalência lógica entre "É verdadeiro que p" e "p", sem invocar noções metafísicas como realidade ou fato. É a partir dessa perspectiva, perfeitamente analítica e louvavelmente realista, que Strawson objetou à tentativa de Austin de tornar mais precisa a teoria de correspondência: "A teoria de correspondência requer não purificação, mas eliminação" (1971, p. 190).

O propósito dessa discussão não foi vingar o relativismo, mesmo do tipo conceitual. Sou tão teimoso quanto o filósofo seguinte e, portanto, aborreço-me ao admitir que ou minhas concepções ou meus conceitos são qualquer coisa que não excepcionais. Mas, entre essas concepções, está aquela de que algumas objeções ao relativismo não são tão conclusivas ou tão abrangentes como comumente se defende. De qualquer modo, enquanto o contraste entre o absolutismo e o relativismo pode ser um contraste entre a verdade e a falsidade, ele não é um contraste entre luz e trevas, entre razão e insanidade. O relativismo difere dos abusos pós-modernos da ciência em pelo menos dois aspectos:

- ele tem o suporte de argumentos sérios, ao passo que, no discurso pós-moderno, raramente encontramos linhas compreensíveis de raciocínio (Mulligan, 1998);
- nem todas as alegações ou argumentos relativistas sofrem de obscurantismo, de charlatanismo ou mesmo de embuste (Glock, 2007).

Consequentemente, a distinção absolutismo *versus* relativismo não é mais significativa do que a distinção analítico *versus* não analítico. Estrategicamente, a diferença entre pensamento analítico e pós-moderno permanece mais importante.

No decurso das guerras da ciência, os absolutistas não foram simplesmente derrubados por deixarem correr juntos relativismo e pós-modernismo e por cravarem sua bandeira antirrelativista no mastro de concepções filosóficas que são demasiadamente específicas e controversas. Eles também pintaram um cenário apocalíptico que beira em alarmismo intelectual. De acordo com alguns deles, uma rejeição de posições realistas destrói, ou pelo menos ameaça, os valores e os demais padrões sobre os quais repousa a academia. Em minha opinião, os filósofos analíticos envolvidos nesse debate correm o risco de serem um pouco solenes e sem valor real, talvez em resposta à excessiva brincalhonice de seus maus espíritos Derrida e Rorty. Isso é válido mesmo para aqueles com um senso de humor certificado, como Searle.

Com certeza, os valores da academia não sobreviverão a uma abordagem do tipo "tudo é válido". Essa atitude foi afetada por relativistas como Feyerabend, e bem pode ser atualmente implementada na prática de alguns pós-modernos. Felizmente, pode-se evitar essa frivolidade, mesmo quando se rejeita o realismo alético e se sucumbe a erros como o relativismo alético e ontológico. Têm de haver padrões ou normas que distinguam entre fazer coisas corretamente ou bem, e fazê-las incorretamente ou mal. Mas esses padrões não precisam ser supridos por aquilo que os realistas analíticos gostam de chamar de realidade objetiva independente da mente. Eles podem ser fornecidos, em vez disso, por padrões de coerência, originalidade, clareza, qualidade, agudeza e estilo puro. Seria levemente desconcertante se a filosofia analítica perdesse a visão da possibilidade de que se pode fazer as coisas de modo errado, e de fato muito errado, e, todavia, exibir inteligência prodigiosa no processo, promovendo o entendimento humano e a vida da mente.

2. O QUE ESTÁ ERRADO, SE ALGO O ESTÁ, COM A FILOSOFIA ANALÍTICA?

Já encontramos diversas acusações que são frequentemente lançadas contra ela: que ela é a-histórica ou anacrônica (Capítulo 4), que é limitada em seus interesses (5.4) ou doutrinária, seja ao rejeitar a metafísica ou ao ser obcecada com a linguagem às custas da realidade, ao ser cientificista ou ao seguir de modo servil a ciência natural (5.3 e 6.2), que carece de visão sistemática (6.3), que é eticamente neutra e politicamente conservadora (7.1). Rejeitei mais ou menos essas alegações, seja porque os traços diagnosticados não são de fato fraquezas genuínas ou porque afetam apenas partes da tradição analítica, sem serem inerentes à própria filosofia analítica. Ao mesmo tempo, joguei água fria nas canções de triunfo. Clareza e racionalidade não são mais a prerrogativa dos filósofos analíticos do que a especialização e a educação são a prerrogativa dos filósofos continentais e tradicionais. No entanto, esses *slogans* marcam tendências em um sentido acadêmico e cultural mais geral. Isso dificilmente supreende, dados certos fatos brutos sobre a educação universitária nos países anglófonos e não anglófonos. Ter de escrever um ensaio toda semana não é mais propício à assídua especialização e à *Bildung*[*] do que ver seu orientador só uma vez por ano o é em termos de teses doutorais argumentadas de forma clara e convincente.

Nesta seção, discuto acusações que podem ser justificadas no que diz respeito à filosofia analítica contemporânea, independentemente de elas poderem ser lançadas contra a tradição como um todo. Ao esquadrinhar essas reclamações, tentarei evitar dois tipos de lamento:

- críticas contra correntes *doutrinárias* na filosofia analítica contemporânea;

---

[*] N. de T.: A palavra alemã significa "formação".

- lamentações* gerais sobre os traços desagradáveis da vida acadêmica atual.

A razão para essa abstinência não é falta de opiniões de minha parte. Tenho sentimentos fortes em particular sobre a Doença da Avaliação Maluca,** uma síndrome que, no nosso tema, é resumida pelo "Relatório Gourmet Filosófico",*** um *ranking* não oficial, mas altamente influente nos departamentos de filosofia anglófonos, em http://www.philosophicalgourmet.com. Mas uma discussão dessas questões nos levaria ao policiamento sociológico e educacional sem nos dizer muito sobre a filosofia analítica em particular. E uma avaliação justa das correntes doutrinárias exigiria considerações extensas de problemas metodológicos e filosóficos intricados.

Quando se trata do estado corrente da filosofia analítica, há uma divisão notável entre comentadores proeminentes. Por um lado, encontramos otimistas, que detectam um novo amanhecer. Williamson recentemente proclamou que finalmente chegamos ao "fim do começo" da filosofia; cortesia "do rigor e da precisão" propiciada por instrumentos técnicos como o cálculo de predicados e a lógica modal, nosso tema está agora em uma posição de estabelecer verdades metafísicas sobre a natureza da realidade que passarão pelo teste do tempo (2006). Esse pronunciamento confiante ecoa não somente Kant, que estava convencido de que tinha, depois de muita demora, posto a metafísica "no caminho seguro de uma ciência". Ele também ecoa afirmações semelhantes de filósofos analíticos ao longo das eras: desde a esperança de Russell até ter atingido o método científico correto em filosofia, passando pelo anúncio de Wittgenstein "de ter encontrado, em todos os pontos essenciais, a solução dos problemas [filosóficos]"

(1922, Prefácio) e pelas promessas seguras de si dos positivistas de substituir a filosofia especulativa pela filosofia científica, até frequentes *eurekas* por membros contemporâneos da *intelligentsia* artificial, que acreditam que finalmente descobriram a pedra filosofal, ao naturalizar significado e mente.

Uma geração antes de Williamson, Dummett tinha realizado um anúncio semelhante: "a filosofia só muito recentemente conseguiu sair de seus primeiros estágios para a maturidade"; por causa de avanços em lógica e filosofia da linguagem, ela pode agora provar sua impetuosidade entre os outros "setores na busca pela verdade" anteriormente mais bem-sucedidos (1978, p. 456-457). Ambos expressam a esperança de que a filosofia analítica possa ser bem-sucedida em tornar a filosofia um assunto científico (ainda que não necessariamente um ciência natural), que fornece soluções definitivas a problemas filosóficos por meio de pesquisa sistemática e cumulativa. Mas a experiência passada e a natureza peculiar dos problemas filosóficos sugerem que grandes expectativas de transformar a filosofia em uma ciência que faz um progresso linear permanente podem ser utópicas, não importa se essa façanha se tente alcançar por meio da aplicação da lógica formal e da semântica (como no caso de Dummett e Williamson) ou da imitação da ciência natural (como no caso da corrente principal naturalista).

Naturalmente, não se precisa abraçar tais ambições fortes para sustentar que a filosofia é *capaz* de fazer progresso de um tipo diferente. Em contraste às ciências formais e naturais, esse progresso não precisa ser cumulativo, ele com frequência diz respeito a perguntas, explicações e distinções, em vez de a teorias, e ele é infelizmente passível de ser revertido. A filosofia analítica provavelmente fez tal progresso durante sua longa carreira. Os comentadores mais informados concordarão que estamos em uma posição de entender problemas centrais tanto na filosofia teórica quanto na filosofia prática melhor do que o fizemos há 150 anos. Sabemos ou poderíamos saber quais

---

* N. de T.: No original, *"Jeremiads"*.
** N. de T.: No original, *Mad Assessment Disease*.
*** N. de T.: No original, *The Philosophical Gourmet Report*.

são as pressuposições das perguntas e quais são as opções para responder a elas, mesmo se não pudermos aceitar qualquer uma das soluções restantes. Está em questão entre os otimistas e os pessimistas, antes, a pergunta se a filosofia analítica fez progresso nos anos *recentes*.

Uma avaliação sombria do registro atual da filosofia analítica tem suporte por um alinhamento igualmente impressionante. Hacker não só derrama água fria sobre as aspirações "milenaristas" de Dummett e Williamson; ele também considera a história da filosofia analítica principal desde os anos de 1960 como uma história de declínio, um movimento retrógrado para empreendimentos cientificistas e metafísicos que colidem com os argumentos desenvolvidos por Wittgenstein e pela análise conceitual (2006a; 1996, Capítulo 8). Putnam partilha do desgosto de Hacker pelo naturalismo--mais-cientificismo. Ele também se queixa do "tom exclusivista que se tornou difundido na filosofia analítica". E ele condena uma tendência dogmática crescente. Mesmo alegações de "clareza" e "respeito pela razão" devem ser tratadas com cuidado, de acordo com Putnam, dado que os argumentos alegados pressupõem ortodoxias correntes e virtualmente ignoram alternativas importantes (2007, p. 5-6). Com efeito, o próprio Dummett parece ter perdido um pouco de sua antiga confiança. Por algum tempo, ele condenou o abismo analítico/continental. Também se juntou ao coro de reclamações sobre o reducionismo naturalista, com a alteração de lamentar o crescente estranhamento entre filosofia e ciência da natureza. Um denominador comum entre Dummett, Hacker e Putnam é que os filósofos deveriam ser tanto mais bem informados da ciência natural quanto menos impressionados por ela.

Finalmente, Williams está de acordo com Searle no tocante à filosofia analítica ter-se tornado "de diversos modos mais interessante do que ela era há 40 anos" (1996a, p. 26). Ele também a recomenda por suas "inquestionáveis virtudes", tais como sua insistência nos "valores da afirmação não ambígua e do argumento reconhecível; sua paciência; sua falta de desprezo pelo familiar; sua disposição de ir ao encontro das ciências formais e naturais; sua capacidade de progresso genuíno e discutível – em tudo isso, e apesar de suas muitas e frequentemente catalogadas limitações, ela permanece a única filosofia real que existe" (2006, p. 168). Ao mesmo tempo, contudo, ele se junta ao coro de melodias queixosas sobre suas tendências cientificistas. Como Stroll (2000, p. 246), ele enfatiza que a filosofia é um empreendimento humanista, um empreendimento que não pode ser reduzido ou assimilado a uma ciência natural em seus objetivos ou métodos. Seu principal motivo de queixas é a negligência com respeito à história, acarretada pelo cientificismo. Ele também lamenta o desejo extremo de permanecer "puro" das influências de outras disciplinas, incluindo as humanidades. Ambas as tendências, de acordo com Williams, impediram que os filósofos analíticos bem fizessem sua parte, especialmente em ética e teoria política (ver 4.2 e 7.2). Finalmente, Williams condena "o cientificismo estilístico". Isso inclui a "pretensão" de que a filosofia da mente seja "o fim mais teórico e menos experimentalmente sobrecarregado da neurofisiologia". Também inclui "o estilo bem conhecido e altamente típico de muitos textos em filosofia analítica, que buscam precisão por um total controle do pensamento, por meio da produção de direções interpretativas contínuas e rígidas", tentando, a partir daí, "remover de antemão todo mal-entendido, toda má-interpretação ou objeção concebíveis, incluindo aqueles que ocorreriam só aos de pensamento malicioso ou clinicamente literais" (2006, p. 183).

A noção de Williams sobre o cientificismo estilístico inclui, pois, uma doutrina junto com um estilo de escrita. De minha parte, deixarei discussões doutrinárias de lado. No que concerne ao queixume estritamente estilístico de Williams, poupe um pensamento para aqueles autores menos famosos que tentam publicar em periódicos principais. Especialmente se eles se recusam a se conformar à linha majoritária em sua área de pesquisa, eles não têm escolha senão prevenir qualquer mal-entendido e objeção que puderem antecipar. Ora, eles encaram o escrutínio exigente e ocasionalmente a ira de pareceristas que podem ser classificados como de pensamento malicioso quando suas vacas sagradas estão em jogo. Essa é uma desculpa parcial de um certo estilo de escrever em muitos textos analíticos e um fator no declínio generalizado de padrões literários condenado no subcapítulo 6.4. Ao mesmo tempo, ele lança uma luz negativa sobre o estilo da filosofia analítica contemporânea, entendida em um sentido mais amplo. Estou pensando no modo como ela é conduzida não só no papel, mas de forma mais geral, tanto como um empreendimento intelectual e uma prática acadêmica institucionalizada. Há uma verdadeira indústria analítica, e trata-se de um barril comum de reclamações, não apenas entre os caras da velha guarda, ansiando por uma idade dourada, mas mesmo entre alguns jovens turcos. Eu me concentrarei em quatro motivos de queixas, acerca de escolasticismo, de falta de conexão com respeito a outras disciplinas e o público, de faccionalismo e da conduta excludente à filosofia não anglófona e não analítica.

Primeiramente, há um escolasticismo palpável ao qual uma grande porção da filosofia analítica desceu. Esse vício se manifesta, entre outras coisas, no foco em um espectro muito estreito de questões e de autores naquilo que são considerados os principais periódicos, em uma desinclinação geral de explicar por que essas questões e esses autores merecem atenção, na tendência de considerar muitas questões fundamentais como estabelecidas de uma vez por todas e em uma predileção por tecnicidades, independentemente de sua utilidade. Muito embora a filosofia analítica contemporânea possa jactar-se de muita atividade diversa, muito dela é epifenomenal e derivativa. Esse vício foi belamente satirizado em MENTE!, o volume de paródia da revista *Mind*, apaixonadamente compilado por Roger Teichmann (2000). Em um dos títulos de capa, lê-se:

"Black on White on Brown on "Grue"". * Como no caso do Trote de Sokal, mostra-se crescentemente difícil distinguir quaisquer paródias de como-se-fosse-assim na filosofia analítica oficial do artigo verdadeiro. É pura coincidência, em vez de sanidade sistêmica, que nos poupou de *"Black on White on Brown on Green on "Grue"",* ** sem mencionar *"Reply to Black on White, etc...".* *** Títulos também revelam um outro traço estilístico.[8] Apesar de pedantismo narcoléptico de boa parte da filosofia analítica contemporânea, ou talvez precisamente por causa da necessidade de ocultar essa cicatriz, também há um desejo palpável de projetar uma imagem de ser do tipo de trato fácil, atualizado e bacana, especialmente por meio de tentativas forçadas de humor. Esse desejo é satirizado por um outro título, na capa de MENTE!: *"Meanings, Shmeanings: You Bet They Ain't, and Noplace Else Neither".* **** Um receptáculo comum de ambas as brincadeiras é uma tendência a olhar para o próprio umbigo: frequentemente, o humor dos escritos analíticos evapora para tiradas mais ou menos artificiosas a partir de títulos ou ditos anteriores, nesse caso, o famoso "Corte a torta do jeito que você quiser, 'significados' simplesmente não se encontram na cabeça", de Putnam (1975, p. 227).

Assim com títulos, assim com conteúdo. Há uma proliferação de epiciclos sobre

---

* N. de T.: Trata-se de um jogo de palavras, em que, possivelmente, três autores cujos sobrenomes são ao mesmo tempo nomes para cores discutem um sobre o outro, começando com aquilo que Brown diz sobre *"grue"*, um termo artificial em inglês para uma cor que ficaria entre o verde e o azul e que, a modo de tentativa, poderia ser traduzida como "verdul". Assim, pois, sugere-se essa tradução: "Black sobre White sobre Brown sobre 'Verdul'".

** N. de T.: A saber, "Black sobre White sobre Brown sobre Green sobre 'Verdul'". Conforme a nota anterior.

*** N. de T.: A saber, "Resposta a Black sobre White, etc...".

**** N. de T.: Literalmente, "Significados, ssignificados: pode apostar que eles não existem, e tampouco existem em qualquer outro lugar".

epiciclos ou "programas de pesquisa" científicos por-assim-dizer e assim-seria. Esse espetáculo pode projetar uma imagem de profissionalismo, o qual pode, por sua vez, ajudar a manter um gotejamento de bolsas fluindo. Mas ele não reavivará a filosofia analítica como uma atividade radical e sem assunções (se não inteiramente sem pressuposições) de questionamento, de clarificação e de argumento. Enquanto os otimistas detectam um novo amanhecer, temo que tenhamos passado da idade heroica da filosofia analítica e que os empiristas lógicos e os analistas conceituais alegadamente míopes, para não dizer nada de Wittgenstein e Quine, fizeram contribuições maiores do que seus demais praticantes contemporâneos. Para tomar emprestada uma distinção da história da arquitetura, há um perigo real de que filosofia analítica tenha exaurido sua capacidade para progresso estrutural e que seja capaz de progredir só com respeito a embelezamentos.

O escolasticismo e a especialização desencorajam o interesse da parte dos de fora. Vimos que muito do que a filosofia analítica tem a oferecer é de relevância pública – por exemplo, sobre o relativismo e as questões morais e políticas. Todavia, essas ofertas foram amplamente ignoradas, e há uma impressão difundida de que a filosofia analítica permanece isolada na Torre de Marfim, sendo uma disciplina do tipo *l'art pour l'art*,* que não interage com outras disciplinas ou com o público. Assim, pois, Borradori reclama que "desde os anos de 1930 até os de 1960, das vésperas da II Guerra Mundial até a Guerra do Vietnã, a filosofia americana deixou de ser uma empreitada socialmente engajada, tornando-se, em vez disso, uma ocupação altamente especializada" (1994, p. 4). Confrontada com a afirmação de Searle de que "a pura autoconfiança intelectual da filosofia analítica teve como consequência que a maior parte desse material [pós-moderno] simplesmente passa por eles de lado", eis a retaliação de Rorty: "Por outro lado, a filosofia analítica não é levada muito a sério, exceto pelos filósofos analíticos" (Rorty e Searle, 1999, p. 58; também Prado, 2003, p. 11-12).

As aparências sugerem que a filosofia analítica encara dificuldades agudas pelo menos nas relações públicas (RPs) e no departamento de *marketing*. Ela dificilmente figura na percepção de filosofia do público educado (tal como ela é). Ela em lugar algum mostra a cara no campeão de vendas *O mundo de Sofia* (Gaarder, 1996), que recentemente deu forma a essa percepção. E tem havido numerosas reclamações por escritores populistas de que a filosofia analítica, em particular, e a filosofia acadêmica, em geral, falham em oferecer *As consolações da filosofia* (tal como no título que De Botton, 2001, assumiu de Boécio), motivo pelo qual somente o assunto merece atenção e respeito. Jornalistas (Jenkins, 2001; cf. Gottlieb, 2001) e mesmo políticos (Glotz, 1996) entraram na luta. Principalmente por causa da natureza escolástica, técnica e, portanto, hermética da filosofia analítica, assim parece, a filosofia não está pronta para a tarefa posta por Hegel, a saber, de "apreender seu tempo no pensamento". Que perda de tempo, alguém está inclinado a exclamar, dada a exigência por apoio e condução filosófica que o sucesso dessas vozes populistas demonstra.

Felizmente, essa não é a história toda. Tal como Searle aponta em resposta a Rorty, a filosofia analítica é levada a sério em algumas outras disciplinas, tais como a linguística e a ciência cognitiva. Há, portanto, presságios de que seu perfil nas neurociências e nas ciências da vida esteja em crescimento. Ademais, sua interação presente com a física é surpreendentemente pequena, como percebe Dummett (2007). Ainda mais surpreendentemente, a filosofia analítica tem tido um efeito relativamente pequeno sobre as humanidades e as ciências sociais. Young escreve: "ao passo que a filosofia analítica provou ser de pequeno ou de nenhum interesse para as humanidades além dela mesma, o impacto da filosofia continental

---

* N. de T.: Ou seja, "a arte pela arte".

tem sido enorme. Mas há também uma grande quantidade (em sua maior parte, a partir da França) de enganação na tradição continental". Mulligan comenta ironicamente: "A partir dessas observações, [Young] conclui, não é o caso que haja algo muito errado com as humanidades, mas sim que há uma necessidade poderosa para os filósofos 'equipados com a metodologia analítica' de separar o ouro da enganação".[9]

Apesar dos fracassos das outras humanidades, os filósofos analíticos não conseguem, contudo, permitir-se ser vaidosos. Há uma antiga tensão entre a vocação esotérica e a exotérica da filosofia. Filósofos de qualquer persuasão terão um abismo a cobrir ao comunicarem suas ideias, por exemplo, a políticos (Swift, 2001). Mas essa é uma tarefa que eles deveriam estar ansiosos em assumir, especialmente se tiverem alguma coisa para dizer. Estou longe de estar confiante de que o estilo ameaçador que prevalece na filosofia analítica contemporânea esteja autorizado seja pelo objeto ou pela mensagem. À medida que ele o está, contudo, é correto que a filosofia analítica torne suas ideias acessíveis a todos os interessados, sejam eles outros filósofos, cientistas, especialistas, profissionais, políticos, artistas ou leigos. Poucos deles encararam esse desafio.

Talvez a razão seja que os abismos estão se ampliando na filosofia analítica. Há ampla concordância de que a filosofia analítica, no processo de passar de um movimento revolucionário a um *status quo* filosófico, tornou-se mais diversa e mais eclética (por exemplo, Stroll, 2000, Capítulo 9). De acordo com Searle, essa tendência a tornou "uma disciplina mais interessante". Contudo, até mesmo ele reconhece que ela, a partir daí, também perdeu algo de sua "vitalidade" (1996, p. 12, 23). Por sua parte, Baldwin elogia os filósofos analíticos contemporâneos por terem se desprendido das restrições do empirismo lógico, e com razão. Mas ele também insinua que a ênfase na análise conceitual e nas operações da linguagem paralisou a filosofia analítica e que ela poderia passar por um "reavivamento" só depois que esses métodos fossem descartados ou ao menos suplementados. Para Baldwin, a heterogeneidade do cenário contemporâneo, com seus apelos a todos os tipos de considerações, oriundas de todos os campos, é um sinal de "vigor" (2001, p. 267, 12).

Esse diagnóstico captura o fato de que a filosofia analítica continua sendo um campo acadêmico próspero e em expansão. Todavia, não é necessariamente um sinal de *rigor* se os filósofos falham em traçar distinções, por exemplo, entre investigações empíricas, descrições históricas, clarificações conceituais e exortações morais. Além disso, a variedade que se encontra na filosofia analítica contemporânea é de um tipo unilateral e potencialmente danoso. Em questões de *doutrina*, ela se tornou mais uniforme; contudo, menos uniforme em questões de *método*. Por exemplo, torna-se por certo, na corrente principal, que se deva ser um naturalista ou um fisicalista na filosofia da mente. A única questão remanescente, assim parece, é se se deveria argumentar quanto a essa conclusão predestinada de um modo *a priori* ou *a posteriori*.

Esse estado de coisas traz maus augúrios para o tipo de debate racional do qual a filosofia analítica se orgulha. Significa que os filósofos analíticos discordam não simplesmente (ou, em algumas áreas, principalmente) sobre quais são as respostas corretas. Antes, divergem mesmo sobre questões fundamentais, como as seguintes: Quais perguntas são as perguntas certas para se perguntar? De que modo elas deveriam ser abordadas? Por que padrões as respostas devem ser julgadas? De forma mais ameaçadora, eles também discordam até mesmo sobre como essas discussões metodológicas poderiam ser estabelecidas. Com efeito, não mais há regras e padrões universalmente aceitos, seja de qualidade especificamente filosófica ou de qualidade intelectual e acadêmica mais geral.

O efeito tem sido um faccionalismo e um dogmatismo não salutares. Muitos filósofos analíticos perderam ou a habilidade ou a inclinação de distinguir entre uma recusa de partilhar suas concepções e métodos, por um lado, e a falta de talento filosófico, por outro. Há uma acepção difundida de que aqueles que não se conformam a padrões e preconcepções dominantes, que discordam ou exigem explicações, por exemplo, são simplesmente não profissionais (exceção seja feita aos colegas não analíticos – continentais, feministas ou não ocidentais do próprio departamento, que, miraculosamente, tendem a ser eximidos de tais julgamentos condenatórios). Esse faccionalismo não está confinado às correntes principais das diversas subdisciplinas, mas é também abundante dentro de grupos de dissensão. É por demais comum encontrar uma e a mesma figura descrita como execrável por um filósofo analítico e como um verdadeiro gênio por um outro, sem que esteja à vista nenhum motivo essencial para tal disparidade senão lealdades de partido conflitantes.

Os efeitos do faccionalismo foram exacerbados por um vício mais antigo, a natureza agressiva e ocasionalmente belicosa do debate dentro da filosofia analítica. Em conversas, esse traço é com frequência condenado até mesmo por praticantes ortodoxos, especialmente quando eles recém estiveram no fim sofrido de uma crítica "franca e robusta". De forma impressa, contudo, a reclamação é feita da forma mais frequente por figuras que são ou hostis à tradição analítica ou situadas em sua periferia, como as feministas analíticas, pessoas buscando construir pontes com a filosofia continental ou com não filósofos que estão ávidos para se achegar à filosofia analítica, contudo, ficam com o pé atrás pelo tom dominador de seus devotos (por exemplo, Garry, 2004, seções 4-5; de Gaynesford, 2006, p. 3; Reno, 2006, p. 31).

O lado reverso da hostilidade para com externos é o que Leiter chama de "camaradagem e consanguinidade" com respeito a internos. Por razões que fui incapaz de imaginar, Leiter sugere que esse defeito aflige, acima de tudo, aqueles que tentam reconciliar ciência e senso comum. Ele escolhe Dworkin e Putnam para censura, o último porque "parece citar apenas [*sic*!] seus antigos ou atuais estudantes e colegas" (2004a, p. 20-21). Naturalistas de carteirinha e nietzscheanos que evitam reconciliação e apelam a intuições parecem, por contraste, imunes. Naturalmente, portanto, *não* se trata de camaradagem quando o próprio Leiter engrandece liricamente os autores influentes de sua coleção *The Future for Philosophy*:*

> Foi tanto um prazer quanto um privilégio trabalhar com os distintos colaboradores deste volume: eles exemplificam o que Nietzsche mais admirava em especialistas, sua "reverência por todo tipo de domínio e competência, e [sua] oposição firme a tudo que é aparência, semigenuíno, maquiado, virtuosista, demagógico ou histriônico *in litteris et artibus*. (*A gaia ciência*, seção 366). (Leiter, 2004c, Agradecimentos)

De forma não surpreendente, o tema da exclusão lança uma sombra ainda maior sobre as "relações externas" da filosofia analítica. Uma das reações menos agradáveis, mesmo se predizíveis, à *sottisier*** de Sokal e de Bricmont foi atacar seus motivos em vez de seus argumentos. Nesse contexto, foram acusados de tentar não só desviar fundos de pesquisa das ciências sociais para as ciências naturais, mas também de orquestrar um assalto à filosofia e à cultura francesa. Julia Kristeva (1997, p. 122), um de seus primeiros alvos, acusou-os de difundir "desinformação" como parte de uma campanha econômica e política antifrancesa. "Qual é o ponto de tal polêmica, tão remotamente distante das preocupações do dia a dia?", ela perguntou; e aparentemente a única resposta que ela pôde pensar foi: "Trata-se de uma peripécia intelectual antifrancesa".

Sokal e Bricmont tiveram dificuldades em repudiar motivos de francofobia: "ideias não têm nenhuma nacionalidade", e não se

---

* N. de T.: Isto é, *O futuro para a filosofia*.
** N. de T.: Parece-me que a expressão correta seria *"sottise"*, isto é, "tolice", "confusão", "baboseira".

deveria se sentir obrigado a seguir a "linha nacional" em assuntos intelectuais. Eles também apontam para o fato de que seu segundo alvo, a saber, o relativismo epistêmico, é "muito mais difundido no mundo anglo-saxônico do que na França" (1997, p. 17). Ainda assim, consideram o relativismo epistêmico como menos estúpido do que os abusos pós-modernos da ciência. E eles ilustram tais abusos predominantemente por meio de autores franceses em vez de autores anglo-americanos, muito embora teria havido uma grande quantidade à escolha. Contudo, essa seleção dificilmente reflete motivos antifranceses da parte de Sokal e Bricmont (os quais, de todo modo, seriam irrelevantes para a validade de seu caso). É mais provável que ela reflita o fato de que o *copyright* original para esse gênero específico reside em pensadores franceses em vez de em seus imitadores anglo-americanos. Não é coincidência, portanto, que seu livro tenha sido amplamente entendido como dirigido contra a filosofia francesa, ao passo que o trote original de Sokal foi feito claramente às custas dos *estudos culturais americanos*.

Mesmo para alguém com menos machados para afiar do que Kristeva, há um lado geocultural para o contraste entre filosofia analítica e continental. Por razões ensaiadas no Capítulo 3, divisões geográficas e linguísticas não nos servem bem quando se trata de *definir* a filosofia analítica, mesmo quando alguém desconsidera as raízes continentais da última. Mas tais divisões, contudo, têm importância para o perfil público e a autoimagem da atual filosofia analítica.

Duas tendências culturais opostas, porém conectadas, em cada um dos lados do canal, são importantes nesse contexto. Olhando para o Oeste, há a crescente insularidade da cultura anglo-americana ante a Europa continental durante o século XX. Antes de 1914, havia uma troca e mesmo uma reaproximação. Em torno de 1900, Frege, Husserl e Russell eram muito próximos, como apontou Dummett. Mas a proximidade e o intercâmbio não estavam confinados a esses revolucionários, eles incluíam amplos movimentos das correntes principais respectivas. Os neokantianos alemães, os idealistas absolutos britânicos e os pragmatistas americanos tinham protagonistas (notadamente Kant), antagonistas (por exemplo, Hume) e interesses comuns (especialmente na possibilidade do conhecimento). Por contraste, a noção atual de filosofia *continental* como oposta à filosofia europeia sugere algo estranho e deslocado. Isso reflete uma mudança mais geral de destinos. Durante o decurso do último século, desenvolvimentos econômicos, militares e políticos alienaram o mundo anglófono do continente europeu – guerra mundial pela miserável guerra mundial. Na esfera acadêmica, o mundo germanófono iniciou como um modelo do papel, tornou-se então um mau espírito e é agora tratado com superior indiferença.

Voltando-se ao Leste, no continente europeu, ou de qualquer modo no que agora é chamado de "velha Europa", encontramos medos do "imperialismo cultural" anglo-americano entre partes das elites. Talvez o alvo mais significativo dessa reação seja a ascendência do inglês como uma *lingua franca* universal e a criação de línguas mistas como o *franglês* e o *alenglês*,* que moldam termos e construções em inglês em uma língua substrato inteiramente diferente e amplamente inóspita. Como se pode prever, esses fenômenos, em larga escala, lançam sombra sobre o palco muito menor, sobre o qual é encenado o confronto entre a filosofia analítica e seus rivais. A importação da filosofia analítica para a França e a sua reimportação para a Alemanha frequentemente ingressa como uma ataque a tradições intelectuais "nativas", sejam elas o estruturalismo e o pós-estruturalismo francês ou o idealismo alemão.

Filósofos alemães como Henrich jamais se cansaram de defender a importância perene da *klassische deutsche Philosophie***

---

* N. de T.: No original, respectivamente, *"Franglais"* e *"Denglisch"*.
** N. de T.: Isto é, a "filosofia alemã clássica".

e sua superioridade sobre importados da moda atual, sejam eles anglo-americanos ou franceses. Em contrapartida, analistas alemães contemporâneos culparam a "insignificância internacional" da filosofia em língua alemã quanto por sua crescente insularidade e provincialismo (<http://www.information-philosophie.de/philosophie/deutschephilo1.html>). Ainda que as trocas resultantes tenham sido menos ofensivas do que aquelas sobre as *Intellectual Impostures*, elas lançaram alguns dos mesmos *topoi*. Os proponentes analíticos da globalização filosófica (Beckermann e Spohn) reclamam que nenhum pensador em língua alemã, exceto Habermas, figura entre os grandes inovadores de décadas recentes. Eles sustentam que os filósofos germanófonos só podem atingir um calibre internacionalmente respeitável abandonando sua atitude de reverência para com os clássicos e aceitando o inglês como a *lingua franca* acadêmica mesmo para a filosofia. Seus oponentes os acusam de sofrer de um complexo de inferioridade intelectual, com efeito, de uma "mentalidade colonizada, politicamente correta". Eles replicam que é a filosofia anglófona que é provinciana, dado que ignora qualquer coisa escrita em línguas que não o inglês. Eles admitem o domínio internacional da filosofia anglófona, mas o atribuem ao poder econômico da indústria acadêmica anglo-saxônica em vez de sua superioridade inerente.

Nesse debate, há verdade em todos os lados, todavia, o resultado ainda é não edificante. Apesar de numerosos enterros à meia-noite, não resta qualquer dúvida de que a filosofia analítica predominantemente anglófona está triunfando no mercado acadêmico global, às custas de outras correntes dentro da filosofia ocidental. Ao mesmo tempo, é perfeitamente legítimo se perguntar se esse sucesso se deriva da qualidade do produto ou da qualidade da venda e das condições de negócio.

Na base de minha familiaridade razoavelmente bem desenvolvida com os vários lados dessas divisões filosóficas e linguísticas, aceito inteiramente que o imperador analítico tem de fato roupas. E, embora muitas de suas fontes originais fossem de fala alemã, o volume maior de suas contribuições ao entendimento filosófico veio dos anglófonos.

Isso não é nenhuma desculpa, contudo, para o fracasso notável de muitos filósofos analíticos em dar a devida atenção a figuras e ideias que fazem saudações desde além de seus horizontes filosóficos, linguísticos ou nacionais. Note-se certas divisões nacionais mesmo *dentro* da filosofia analítica anglófona. A distinção feita (mesmo se equivocada) entre filosofia da linguagem ideal americana e filosofia da linguagem comum britânica foi suplantada por uma diferença entre um cenário americano predominantemente naturalista e uma atitude mais cética da Grã-Bretanha. Isso faz voltar à resistência de antigos analíticos britânicos ao naturalismo dos pragmatistas. Com a falácia naturalista em mente, Broad escarneceu: "todas as boas falácias vão para a América quando elas morrem, e surgem de novo como as últimas descobertas dos professores locais" (1930, p. 55). Dummett tem razão em insistir, portanto, que o surgimento original da filosofia analítica deveu-se, sobretudo, às fontes continentais e praticamente em nada à influência americana (2007, p. 11, 16). E naturalistas ontológicos como possam ser, filósofos australianos como Jackson se uniram aos colegas britânicos para defender a análise conceitual contra seus detratores quineanos e kripkeanos. Uma nota mais distinta de desarmonia transatlântica entra nos conflitos entre novos e antigos wittgensteinianos (leia-se "Novo" e "Velho Mundo"), e na controvérsia atual entre Soames (2006) e Hacker (2006b) a respeito de se foram os americanos ou os britânicos que providenciaram os *insights* da filosofia analítica. Essa é uma relação especial, talvez, mas não uniformemente uma relação de adoração recíproca.

E tudo isso é pouco quando comparado à indiferença e à condescendência com a qual muitos anglófonos saúdam a filosofia não anglófona. Isso vale não só para aqueles contemporâneos que se comprazem em zombarias corriqueiras aos "continentais". Isso também aflige alguns visitantes (de primeira viagem) ao continente, que notam, com surpresa genuína, que alguns dos nativos não são nem hegelianos, nem heideggerianos, nem pós-modernos, e podem até mesmo ser capazes de perguntas e objeções inteligentes.

A conduta excludente por parte da corrente principal anglófona é indiscituvelmente uma desvantagem intelectual, quando os motivos de exclusão são linguísticos ou geográficos em vez de filosóficos. Dois fatores que se reforçam mutuamente estão em jogo – o interesse decrescente em línguas estrangeiras entre as elites educacionais anglófonas e a crescente virada para o inglês como a língua acadêmica global. Dados esses fatores, não é de supreender que os filósofos anglófonos tomem pouco conhecimento de textos analíticos em línguas que não o inglês. Mas é uma lástima que existam tão poucas traduções de textos de valor, e é até uma lástima maior que mesmo as obras traduzidas tendem a ser ignoradas.

Há uma triste ironia aqui, e uma ironia que marca uma fresta na blindagem dos proponentes analíticos da globalização filosófica. À medida que os não anglófonos são notados pela corrente principal anglo-americana, eles tendem a ser filósofos *não analíticos*. A lista feita por Beckermann de figuras com uma reputação internacional de primeira linha apresenta apenas dois de fora do mundo anglófono, a saber, Habermas e Derrida. E, em departamentos analíticos duros no mundo anglófono, mesmo continentais de segundo escalão são mais bem conhecidos do que filósofos analíticos talentosos como Beckermann, Bouveresse, Garcia-Carpintero, Künne, Marconi, Recanati ou Tugendhat, para nomear só alguns poucos. Isso explica o respeito rancoroso por Derrida que encontrei entre alguns filósofos analíticos alemães. Seja qual for a avaliação deles de seus méritos filosóficos (e a discrição proíbe divulgar detalhes), eles tendem a prestar homenagem por ele ter conseguido fazer com que os arrogantes anglo-saxônicos o escutassem. *Chapeau!*,* como costumávamos dizer na velha Europa. Por causa da estereotipização cultural, um filósofo europeu continental será muito mais provavelmente levado a sério se produzir alguma coisa que impressione acadêmicos e intelectuais anglo-americanos como "nativo", em sua maior parte da filosofia continental. A rota mais simples para uma dose módica de fama não é o raciocínio analítico, seja o quão astuto for, ou mesmo a erudição, seja o quão erudita for, mas alguma coisa estranha e maravilhosa, com um "sabor local".

Mesmo com respeito à filosofia não analítica, o tom de exclusão é uma fraqueza da corrente principal contemporânea. Rorty relata que "um filósofo analítico destacado... clamava que uma 'higiene intelectual' requer que não se leia os livros de Derrida e Foucault" (1982, p. 224). Putnam professa que ele chegou à percepção de "que a filosofia analítica não estava mais caracterizada por um conjunto de questões ou de abordagens novas e excitantes a essas questões, mas pela recomendação que os professores faziam aos estudantes com respeito ao que aqueles estudantes *não* devam ler". E ele acrescenta, corretamente, que essa indiferença é especialmente deplorável quando diz respeito a pensadores não analíticos, porém, perfeitamente racionalistas, tais como Habermas (Putnam, 2007, p. 2-3). Como chamei a atenção no subcapítulo 6.4, se a filosofia analítica ainda retém uma vantagem geral sobre seus rivais em termos de clareza, a clareza em questão deve ser uma clareza substantiva (conceitual, argumentativa) em vez de um clareza meramente de tipo estilístico (literário). Isso não significa que deveríamos todos devorar tantas obras continentais quanto possível. *Ars longa, vita brevis!*** Contudo, isso significa, sim, que a condenação, para não mencionar o desprezo, não pode ser baseada em um folheamento desinteressado de textos continentais, mas

---

* N. de T.: Isto é, "É de tirar o chapéu!".
** N. de T.: Isto é, "A arte é longa, a vida é breve!".

deve estar baseada em um exame razoavelmente sustentado de seus méritos lógicos e conceituais. Essa é, portanto, a prerrogativa de pessoas como Mulligan, Philipse, Searle e Tugendhat, que se puseram no trabalho duro.

3. PARA ONDE VAI A FILOSOFIA ANALÍTICA?

Dado que filósofos analíticos não deveriam, propositadamente, erigir barreiras contra as tradições alternativas, há ainda sentido em distingui-los de seus colegas? A "filosofia analítica" ainda é uma categoria útil? Ou o rótulo e a distinção analítico/continental viveram por mais tempo do que sua utilidade?

Quando se trata da pergunta se a filosofia analítica ainda deveria ser distinguida de outros estilos, uma vez mais encontramos campos opostos. Em um lado, encontramos os comentadores mencionados no início da introdução. Eles incluem um pioneiro da filosofia analítica como von Wright, que se preocupa com o fato de que ela está morrendo sobre seus pés porque ela perdeu sua identidade diferenciadora.

Contra isso estão alinhados aqueles em ambos os lados que consideram a construção de vínculos entre a filosofia analítica e a continental como sem sentido ou talvez até mesmo como desagradável. Nesse lado, encontramos muitos filósofos continentais, notadamente Rorty, que sentem que a divisão analítico/continental tornou-se um item fixo possivelmente permanente, mas igualmente inofensivo da filosofia ocidental (1982, Capítulo 12; semelhantemente, Rockmore, 2004, p. 474). Também encontramos, talvez de forma surpreendente, Williams. Ele sustenta que a filosofia analítica superou algumas de suas "limitações iniciais" no que diz respeito à filosofia política. Todavia, ele nega que essa "reforma a tenha modificado ou a modificará para além de todo reconhecimento". Além do mais, enquanto a filosofia analítica não tem "limites definidos", mesmo em uma visão generosa de seu escopo, ela não coincide com um período filosófico (2006, p. 167).

Diferentemente de von Wright, a maioria daqueles que questionam a viabilidade contínua de uma categoria separada de filosofia analítica e da divisão analítico/continental sentem que esse desenvolvimento é um desenvolvimento positivo, em termos filosóficos. Muitos deles invocam – e alguns deles contribuíram para – tentativas de construir pontes entre as duas. Algumas vezes, por exemplo, no caso de muitos ensaios reunidos em: Prado (2003), essas pontes parecem mais como torres de sítio (construídas apressadamente) para um assalto à filosofia analítica. Contudo, não há como negar o fato de que existem alguns pensadores que tentaram genuinamente sintetizar as duas, ou pelo menos fazer uma mediação entre elas, tais como Føllesdal, Tugendhat, Dreyfus, Charles Taylor, Cavell e Mulhall.

Isso mostra que as barreiras estão finalmente caindo? Creio que não. Enquanto essas várias sínteses são distintas e interessantes, é justo dizer que elas não estabeleceram a agenda seja do lado analítico seja do continental. Elas não produziram qualquer mudança sísmica para o proverbial terreno intermediário. Tampuco é claro ao que esse terreno intermediário equivale. Uma possibilidade é a filosofia pós-analítica, ou seja, a filosofia continental apresentada por comentadores anglófonos que se referem a pensadores como Wittgenstein, Quine e Davidson (por exemplo, Taylor, Cavell e Mulhall). Outra possibilidade é a filosofia "pós-continental", a filosofia de apóstatas de pensadores como Hegel, Husserl ou Heidegger, que incorporam temas ou ideias continentais em um modo puramente analítico de filosofar (por exemplo, Føllesdal e Tugendhat). Queira-se ou não, nenhuma das opções parece ter sucesso. Mesmo se, em combinação, elas fossem estreitar algumas diferenças doutrinárias, elas parecem inadequadas para superar as permanentes diferenças metodológicas, estilísticas e institucionais.

Essa façanha poderia ser atingida por comunicação entre os representantes mais emblemáticos de ambos os lados. Mas considere os famosos debates diretos entre os filósofos analíticos e os continentais. Muitos deles já apareceram neste livro. Uma lista completa teria de incluir os seguintes:

- A resenha de Ryle da obra *Sein und Zeit*, de Heidegger;
- O ataque de Carnap ao "O nada nadifica" de Heidegger;
- O encontro de 1958, em Royaumont, entre filósofos britânicos e franceses;
- O ataque de Bar-Hillel à apropriação, por Habermas, da teoria dos atos de fala;
- A querela entre Searle e Derrida sobre a teoria dos atos de fala de Austin e a alegada ubiquidade da escrita;
- Os protestos contra o grau honorário de Derrida em Cambridge;
- As consequências do Trote de Sokal.

Dois pontos são dignos de nota. Considerando o alto desempenho da distinção analítico/continental, esses confrontos têm sido poucos e com muitos intervalos. Além disso, vejo pouco fundamento para ter esperança de que mesmo agora esses conflitos possam ser resolvidos de uma maneira mais amigável, ou que estejamos em qualquer medida mais perto de conduzi-los de uma forma mais controlada e frutífera. Por exemplo, apesar de seu "treinamento analítico" muito arrogado, recentes defensores anglófonos de Heidegger seguem indispostos em reconhecer alguns pontos importantes: o ensaio de Carnap não se baseia simplesmente no verificacionismo, ele considera diversos modos de dar sentido ao *dictum* de Heidegger e os rejeita por motivos dignos de nota. Eles também parecem pensar que a ocorrência de uma sentença em um tratado filosófico não pode ser condenada como sem significado simplesmente pelo motivo de se poder atribuir um significado a essa *combinação de palavras* (com efeito, qualquer significado que se quiser), mesmo se, naquele entendimento, a sentença não puder de forma alguma arcar com o peso argumentativo que ela precisa em seu contexto original.

Ou tomemos o mais extenso rali entre filósofos analíticos e continentais. Poder-se-ia seguir argumentando se a resposta de Searle (1977) à crítica de Derrida (1972) a Austin é dura, contudo justa (como creio que seja), ou desnecessariamente abrasiva. Mas não há qualquer discussão sobre o fato de a reação de Derrida (1988) equivaler a uma completa recusa de se envolver com as questões em um nível racional. Em vez disso, ela consiste em evasões obscuras, em lamentos e em jogos de palavras linguísticos. Derrida sugere que o reconhecimento de ajuda, por Searle, com sua resposta, indica falta de responsabilidade e integridade intelectuais. E ele se debruça a atribuir a resposta a uma fictícia "SARL" (*Société à Responsabilité Limitée*), uma Companhia Limitada ou uma Sociedade com Responsabilidade Diminuta.

Em resumo, trocas entre os dois campos têm tornado as questões piores em vez de melhores. Se a experiência passada é de fato algo pelo que se guiar, o envolvimento sério entre a filosofia analítica e a continental não conduzirá à conciliação, mas a um estranhamento mais pronunciado. Talvez sejam os termos do envolvimento que se deva condenar. Dummett recentemente recomendou que a divisão analítico/continental deveria ser superada ao se encontrar um periódico em que um filósofo analítico escreve um artigo seguido por uma resposta "continental", ou vice-versa. Estou longe de estar confiante de que esse procedimento superará o fracasso de comunicação que Dummett acertadamente condena. Mais provavelmente, o resultado seria aquele descrito por Marconi, em uma discussão que segue ao ensaio de Dummett. Ao responder a um artigo continental, o comentador analítico envolver-se-ia em uma lufada de "O que você quer dizer com isso?", "Qual é a justificação para isso?" e "Como devemos entender o passo seguinte?". O continental que responde ao lado analítico, por contraste, ignoraria o tópico geral, escolheria um pequeno detalhe e se ocuparia em comentários sobre aspectos etimológicos ou históricos em torno daquele detalhe.

Se o contraste analítico/continental se tornou obsoleto, não é porque nos movemos para uma nova e próspera síntese. Mas talvez ele tenha sido simplesmente suplantado por outras divisões. Assim, pois, foi sugerido que a distinção entre filosofia analítica e filosofia continental não é mais relevante, e que a real linha falha na filosofia atual se dá entre naturalistas e não naturalistas. É notável, além disso, que essa sugestão tenha encontrado apoio por meio da divisão.

Ao comentar sobre filósofos kantianos de Oxford, na esteira de Strawson, um naturalista analítico como Papineau escreve:

> ... uma divisão nova e potencialmente mais frutífera está surgindo na filosofia de fala inglesa. Em lugar da antiga ruptura analítico-continental, temos agora a oposição entre os naturalistas e os neokantianos. Os naturalistas olham para a ciência para oferecer o ponto de partida para a filosofia. Os neokantianos, em vez disso, começam com a consciência. Mas ao menos cada um dos lados pode entender do que o outro é capaz. (2003, p. 12)

Semelhantemente, um não analítico pós-naturalista como Glendinning escreve:

> Talvez o tipo dominante de filosofia analítica, hoje, ao menos na América do Norte, muito embora esteja crescendo aqui também, é o naturalismo filosófico. Essa é a tradição que se opõe àquela em que me vejo localizado, a tradição pós-kantiana, que não vê esse tipo de continuidade entre filosofia e ciência. Para mim, e creio que para muitos outros, é nisso que, hoje, residem as questões e as discussões mais fundamentais. E é por isso que a preocupação com a demarcação da filosofia analítica com respeito à filosofia continental está se tornando menos e menos significativa e está sendo abandonada por mais e mais pessoas dentro da profissão. (2002, p. 214-215)

O que surge tem pontos de contato com a ideia atacada no Capítulo 5, a saber, que, a menos que a filosofia analítica fosse definida por certas doutrinas, ela não contaria como um movimento filosófico próprio. A proposta é essa: porque a filosofia analítica não pode mais ser definida por referência a quaisquer doutrinas, a divisão analítico/continental deveria ser substituída por uma distinção doutrinária que marca a linha falha real.

Embora apreciando as razões por detrás dessa proposta, não as considero imperativas. Um de meus escrúpulos emerge ao olhar para o final da citação de Papineau. Ele coloca peso no fato de que os lados opostos em uma discussão filosófica, no entanto, se entendem mutuamente. No que diz respeito a naturalistas e não naturalistas na filosofia analítica, ele escreve: "Se eles de fato ficarão em contato, isso fica para ser visto. O envolvimento filosófico depende de um contexto partilhado de acepções básicas, ou, ao menos, de uma disposição para debater pontos de conflito subjacente. Se [o estudo] *Reference and Consciousness*,* de John Campbell, tem algo a ser considerado, as perspectivas para o diálogo contínuo não são promissoras". Por quê? "Porque os ideais básicos que estruturam o argumento geral de Campbell parecerão estranhos aos leitores naturalistas, e ele exibe uma preocupante falta de inclinação para explicá-los a essa audiência mais ampla". Deixando de lado esse caso particular, posso simpatizar com esse *tipo* de frustração, dado que muito da filosofia analítica contemporânea não é tão claro como poderia e deveria ser, e falha em seu dever de explicar suas pressuposições. Contudo, fazendo companhia a Papineau, sinto que a falta de clareza também aflige os naturalistas, embora, talvez, em um grau menor, e que a tendência de tomar simplesmente por certo *suas* pressuposições em realidade os aflige em um grau maior.

De forma mais importante, Papineau tem razão em valorizar a importância da

---

* N. de T.: Isto é, *Referência e consciência*.

comunicação mútua. Todavia, tal comunicação por certo é consideravelmente mais fácil entre naturalistas e não naturalistas que argumentam em uma veia analítica do que entre filósofos analíticos de qualquer coloração e a maioria de seus colegas continentais. Se Papineau tem dificuldades genuínas em entender Campbell, ele ficaria completamente perdido ao ler pensadores continentais como Lacan, Deleuze ou Guattari.

A filosofia não trata do compartilhamento de doutrinas, mas da existência de um debate racional e civilizado até mesmo sobre as mais acalentadas acepções. Tal debate permanece mais fácil entre filósofos analíticos do que entre filósofos analíticos e filósofos continentais.

Isso me leva a uma pergunta final, uma pergunta em metafilosofia prescritiva em vez de em metafilosofia descritiva. Deveríamos deliberadamente tentar superar as barreiras remanescentes que separam a filosofia analítica da filosofia continental e tradicionalista, e do pragmatismo, à medida que ela constitui um movimento no mesmo nível de generalidade?

Uma mensagem deste livro é que a filosofia analítica anglófona de corrente principal deveria abandonar alguns de seus ares de superioridade. Mas a razão não é aquela frequentemente dada, a saber, que a filosofia continental é *melhor* do que geralmente aceito. Não estou em uma posição de me pronunciar sobre essa alegação com autoridade, ainda que minha evidência não lhe dê suporte. Trata-se, antes, de que a filosofia analítica contemporânea é *pior* do que a maioria de seus praticantes gostariam de acreditar; de qualquer modo, ela não é tão boa quanto ela deveria e poderia ser.

Reconhecidamente, existem agora muitos expositores competentes da filosofia continental, em sua maioria filósofos anglófonos com algum pano de fundo analítico. Mas as vozes genuinamente continentais e originais naquele campo, à medida que quaisquer ainda permanecem, impressionam-me por serem tão obscuras como sempre foram. Também me parece que seu impacto intelectual está minguando. Se a filosofia analítica está em crise, a filosofia continental está em sérios problemas. Modificando a velha piada de Willy Brandt sobre o capitalismo e o socialismo: a filosofia analítica está mirando o abismo. E o que ela vê? A filosofia continental!

Como Baldwin (2006), penso que não se deveria gastar energia em "fortificar e patrolar" a fronteira entre a filosofia analítica e a continental, mas, antes, permanecer fiel às virtudes da "clareza de pensamento e do rigor". Dever-se-ia permanecer aberto a ideias interessantes oriundas de qualquer canto, embora insistindo que elas sejam apresentadas de uma maneira que as torne acessíveis ao debate frutífero.

Esse tanto deveria causar controvérsia, mas poderíamos tirar uma conclusão mais forte e potencialmente mais debatível. Não há nenhum imperativo *intelectual* sobrepujante para que a filosofia analítica altere o curso unicamente para atingir uma reaproximação com outras correntes filosóficas, uma assimilação a outros estilos intelectuais ou um reconhecimento em outras disciplinas acadêmicas. Ainda que possa haver um prêmio para a reconstrução da filosofia como uma esfera unificada de discurso, isso não deve ocorrer às custas de rigor, clareza, especialização e honestidade intelectual. De acordo com isso, nem divisão nem síntese deveriam ser buscadas por causa de si mesmas, mas simplesmente a qualidade filosófica. O que a cena analítica precisa não é de uma virada deliberada para modos de pensamento continentais, tradicionalistas ou pragmatistas, mas de filosofia analítica em uma veia diferente: engajante e engajada, em vez de escolástica e isolacionista, colegial, não dogmática e de mente aberta em vez de faccionalista e excludente.

A filosofia analítica pode ficar orgulhosa de suas realizações, sem sucumbir a preconcepções de benefício próprio sobre si mesma e o "outro" continental. Livre de seus excessos e de suas fraquezas, ela permanece capaz de promover não só a resolução de problemas filosóficos tradicionais, mas também autoentendimento humano.

Finalmente, ela pode facilitar a procura por debates não filosóficos de uma maneira mais clara e mais convincente. A filosofia analítica poderia fazer pior do que levar a sério sua vocação como pensamento crítico de maneira explícita: um meio de melhorar o debate em outras áreas, mas um meio que, de caso a caso, envolve-se com os detalhes desses debates, em vez de legislar a partir de cima, na base de generalidades preconcebidas. Perguntado em uma festa sobre o que ele realmente fez, um filósofo analítico respondeu: "Você clarifica alguns conceitos. Você faz algumas distinções. É um meio de vida" (Swift, 2001, p. 42). Para se qualificar para um aumento de salário, deve-se pôr essas atividades a serviço da solução de dificuldades conceituais em todas as caminhadas da vida, e da construção e da avaliação de argumentos em matérias pertinentes. E se, contrariamente a minhas expectativas, são os ontologistas em vez de os físicos que podem se pronunciar sobre a estrutura última da realidade, eu seria o último a ter inveja deles em função de um bônus gordo e recheado.

Um remédio para os males da filosofia analítica presente pode simplesmente residir em recuperar algumas das virtudes de estágios anteriores. Apesar de uma autoimagem acalentada da filosofia analítica, as figuras de inspiração de seu passado não nos legaram uma série de demonstrações indiscutíveis ou de argumentos certeiros. Mas, nos mostraram de que modo se pode questionar assunções profundamente estabelecidas e solucionar confusões tentadoras de uma maneira que causa impressão e que é inovadora e iluminadora. Eles também nos mostraram de que modo se pode abordar problemas fundamentais e complexos de maneira clara, profunda e honesta. Em seu melhor, a filosofia analítica se conforma ao ideal de Russell de "aço frio nas mãos da paixão" (Monk, 1996a, p. 262). Em uma época quando ideologias religiosas e dogmas econômicos estão dominando o planeta com escassa consideração tanto à lógica quanto à ciência, a filosofia analítica poderia até mesmo ter efeitos benéficos em uma esfera mais ampla, contanto que ela empunhe a espada para matar alguns monstros intelectuais.

NOTAS

1. As referências são para Sokal e Bricmont (1998), que contém uma reimpressão do artigo original de Sokal.
2. Para uma discussão mais elaborada do trote de Sokal, ver Glock, 2000. Hacking, 1999, oferece uma abordagem indulgente do construcionismo social.
3. Assim, pois, a *Scientific American* descreve as *Intellectual Impostures* como "uma dissecação do que ele [Sokal] chama de "pensamento brusco" da parte dos pós-modernos, dos construtivistas sociais, dos relativistas cognitivos e de diversos outros '-istas'", e simplesmente fala do "mau uso de ideias científicas por não cientistas" (Mukerjee, 1998, p. 17; ver também Dawkins, 1998).
4. A mecânica quântica põe diversas ameaças a essa concepção: o princípio de incerteza de Heisenberg parece limitar o escopo da medição objetiva; a luz é descrita tanto em termos de ondas como em termos de partículas; e não há nenhuma explanação forçosa sobre por que o mundo macroscópico parece seguir as leis da mecânica clássica em vez de as leis da mecânica quântica (ver Stairs, 1998).
5. Uma ressalva tem lugar *tanto* para a lista original de Boghossian *quanto* para meu *addendum*: nem todos os construtivistas listados são construtivistas sociais. Isso vale notavelmente para Carnap e Quine, ambos os quais subscreveram a um solipsismo metodológico. Assim, pois, para Quine, objetos físicos são "posições" não menos do que os deuses homéricos (1953, p. 16-17, 44-45). Mas ambos são afirmados por um indivíduo com o intuito de explanar e prever suas experiências sensórias privadas, em vez de o serem por uma comunidade. Contudo, essa ressalva não desculpa os construtivistas analíticos. Considerar a realidade como o produto de mentes individuais isoladas é até mesmo menos plausível do que retratá-la como o produto de processos coletivos de coleta e processamento de informação.
6. Essa falácia genética foi diagnosticada por Boghossian (2006, p. 20, 113) e Searle (Rorty e Searle, 1999, p. 3). Mas um campo realista significativo não está autorizado a esse protesto direto, a saber, aqueles natura-

listas que também fazem com que o conteúdo e a verdade das crenças sejam dependentes de suas origens.

7. No que diz respeito ao escopo, precisamos excluir afirmações autorreferenciais (e arguivelmente mal formadas) como "essa afirmação é acreditada/afirmada por alguém". (II) precisa ser restringida ainda mais para excluir afirmações como "Algumas coisas são afirmadas/acreditadas por alguém".

8. A maior parte dos livros trazem títulos que são permutações diádicas (X e Y) ou triádicas (X, Y e Z) de termos, a partir de uma lista que é facilmente perscrutável. Itens principais incluem: lógica, forma lógica, verdade, linguagem, significado, semântica, gramática, necessidade, modalidade, entendimento, conhecimento, justificação, mente, pensamento, conceitos, percepção, realidade, ciência, holismo, predição, explicação, causação, ação, razão, normatividade, regras, moralidade, lei, justiça, bem-estar. Pelas leis férreas da combinatória, a filosofia analítica poderia eventualmente chegar a uma pane geral, simplesmente por falta de novos títulos. Felizmente, os filósofos analíticos são cheios de recursos. Peacocke, por exemplo, deu-se conta do perigo e deliberadamente badalou as mudanças com seu *Being Known* [literalmente: *Ser conhecido*] (1999, p. vii).

9. *Times Literary Supplement*, Cartas ao editor, 10 e 24 de julho de 1998, respectivamente.

REFERÊNCIAS

Adorno, T. W. et al. (eds.) 1969. *Der Positivismusstreit in der deutschen Soziologie*. Neuwied und Berlin: Luchterhand. Tradução para o inglês: *The Positivist Dispute in German Sociology*. London: Heinemann, 1970.

Agostini, F. D. 1997. *Analitici e Continentali*. Milan: Raffaello Cortina.

Alcoff, L. and Potter, E. (eds.) 1993. *Feminist Epistemologies*. London: Routledge.

Anderson, R. L. 2005. Neo-Kantianism and the Roots of Anti-Psychologism. In: *British Journal for the History of Philosophy* 13, p. 287-324.

Annas, J. 2004. Ancient Philosophy for the Twenty-First Century. In: B. Leiter (ed.). *The Future for Philosophy*. Oxford: Oxford University Press, p. 25-43.

Anscombe, G. E. M. 1958. Modern Moral Philosophy. In: *Philosophy* 33, p. 1-19.

Apel, K. O. 1980. *Towards the Transformation of Philosophy*. London: Routledge & Kegan Paul.

Armstrong, D. [1980]. The Causal Theory of the Mind. In: W. Lycan (ed.). *Mind and Cognition*. Oxford: Blackwell, 1990, p. 37-47.

_____ 1983. *What is a Law of Nature?* Cambridge: Cambridge University Press.

_____ 1997. *A World of States of Affairs*. Cambridge: Cambridge University Press.

Aschenberg, R. 1982. *Sprachanalyse und Transzendentalphilosophie*. Stuttgart: Klett-Cotta.

Atterton, P. and Calarco, M. (eds.) 2004. *Animal Philosophy*. London: Continuum.

Austin, J. L. 1970. *Philosophical Papers*. Oxford: Oxford University Press.

Ayer, A. J. [1936]. *Language, Truth and Logic*. Harmondsworth: Penguin, 1971.

_____ 1947. *Thinking and Meaning*. London: Lewis.

_____ (ed.) 1959. *Logical Positivism*. New York: Free Press.

_____ 1991. An Interview with A. J. Ayer. In: A. P. Griffiths (ed.). *A. J. Ayer: Memorial Essays*. Cambridge: Cambridge University Press, p. 209-226.

Ayer, A. J. et al. 1956. *The Revolution in Philosophy*. London: Macmillan.

Ayers, M. 1978. Analytical Philosophy and the History of Philosophy. In: Re'e, Ayers and Westoby 1978, p. 42-66.

Babich, B. E. 2003. On the Analytic/Continental Divide in Philosophy. In: Prado 2003b, p. 63-104.

Baggini, J. and Strangroom, J. (eds.) 2002. *New British Philosophy: the Interviews*. London: Routledge.

Baker, G. P. 1988. *Wittgenstein, Frege and the Vienna Circle*. Oxford: Blackwell.

Baker, G. P and Hacker, P. M. S. 1983. *Frege: Logical Excavations*. Oxford: Blackwell.

_____ 1984. *Language, Sense and Nonsense*. Oxford: Blackwell.

Baldwin, T. 1990. *G. E. Moore*. London: Routledge.

_____ 2001. *Contemporary Philosophy: Philosophy in English since 1945*. Oxford: Oxford University Press.

_____ 2006. Editorial. In: *Mind* 115.

Beaney, M. 2003. Analysis. In: *The Stanford Encyclopedia of Philosophy (Summer 2003 Edition)*, E. N. Zalta (ed.), URL <http://plato.stanford.edu/archives/sum2003/entries/analysis/>.

_____ 2007. *The Analytic Turn: Analysis in Early Analytic Philosophy and Phenomenology*. London: Routledge.

Beck, L. (ed.) 1962. *La Philosophie Analytique. Cahiers de Royaumont IV*. Paris: Editions de Minuit.

Beck, L. W. 1967. German Philosophy. In: Edwards 1967, p. 291-309.

Beckermann, A. 2001. *Analytische Einführung in die Philosophie des Geistes*. Berlin: Walter de Gruyter.

_____ 2004. Einleitung. In: P. Prechtl (ed.). *Grundbegriffe der Analytischen Philosophie*. Stuttgart: Metzler, p. 1-12.

Bell, D. 1999. The Revolution of Moore and Russell: a very British Coup?. In: O'Hear 1999, p. 193-208.

Bell, D. and Cooper, N. (eds.) 1990. *The Analytic Tradition*. Oxford: Blackwell.

Beneke, F. E. [1831]. Kant und die philosophische Aufgabe unserer Zeit. In: J. Kopper und R. Malter (Hrsg.). *Immanuel Kant zu Ehren*. Frankfurt: Suhrkamp, 1974.

Ben-Menahem, Y. 2005. Introduction. In: Y. Ben-Menahem (ed.). *Hilary Putnam*. Cambridge: Cambridge University Press, p. 1-16.

Ben-Yami, H. 2004. *Logic and Natural Language*. Aldershot: Ashgate.

Bennett, J. 1966. *Kant's Analytic*. Cambridge: Cambridge University Press.

Bentham, J. [1817]. *Chrestomathia*. Oxford: Oxford University Press, 1983.

Bergmann, G. 1945. I – A Positivistic Metaphysics of Consciousness. In: *Mind* 44, p. 193-226.

Berlin, I. [1950]. Logical Translation. In: *Concepts and Categories*. Oxford: Oxford University Press, p. 56-80.

Bieri, P. 2005. Was bleibt von der Analytischen Philosophie, wenn die Dogmen gefallen sind?. CD-Rom. Potsdam: Einstein Forum.

Biletzki, A. and Matar, A. (eds.) 1998. *The Story of Analytic Philosophy*. London: Routledge.

Blanshard, B. 1962. *Reason and Analysis*. La Salle: Open Court.

Black, M. 1933. Philosophical Analysis. In: *Proceedings of the Aristotelian Society* 33, p. 237-258.

Blackburn, S. 2005. *Truth: a Guide for the Perplexed*. London: Allen Lane.

Blumberg, A. and Feigl, H. 1931. Logical Positivism: a New Movement in European Philosophy. In: *Journal of Philosophy* 28, p. 281-296.

Boghossian, P. 1996. What the Sokal Hoax Ought to Teach us. In: *Times Literary Supplement* 13, p. 14-15.

_____ 2006. *Fear of Knowledge: against Relativism and Constructivism*. Oxford: Oxford University Press.

Bolzano, Bernard [1810]. *Beiträge zu einer begründeteren Darstellung der Mathematik*. (*Contributions to a More Well-founded Presentation of Mathematics*). Darmstadt: Wissenschaftliche Buchgesellschaft, 1974.

_____ (1834). *Lehrbuch der Religionswissenschaft*. (*Textbook of the Science of Religion*). Sulzbach: Seidel, 4 Vols.

_____ [1837]. *Wissenschaftslehre*. Sulzbach: Seidel, 4 Vols. Seleções, traduzidas e editadas por R. George, in: *Theory of Science*. Oxford: Blackwell, 1972.

_____ [1851]. *Paradoxien des Unendlichen*. (Leipzig: Reclam; repr. Hamburg: Meiner, 1975). Traduzido, com uma introdução por D. A. Steele, *Paradoxes of the Infinite*. London – New Haven, Conn.: Routledge, 1950.

Bonjour, L. 1998. *In Defense of Pure Reason*. Cambridge: Cambridge University Press.

Boole, G. [1854]. *An Investigation of the Laws of Thought*. New York: Dover, 1958.

Borradori, G. 1994. *The American Philosopher*. Chicago: Chicago University Press.

de Botton, A. 2001. *The Consolations of Philosophy*. London: Penguin.

Bouveresse, J. 1983. Why I am so Very Unfrench. In: A. Montefiori (ed.). *Philosophy in France Today*. Cambridge: Cambridge University Press.

_____ 2000. Reading Rorty: Pragmatism and its Consequences. In: R. Brandom (ed.). *Rorty and His Critics*. Oxford: Blackwell, p. 129-146.

Brandom, R. 2002. *Tales of the Mighty Dead*. Cambridge, Mass.: Harvard University Press.

_____ 2006. Between Saying and Doing: Towards an Analytic Pragmatism. The 2005–2006 John Locke Lectures, <www.pitt.edu/~brandom/locke/index.html>.

Brentano, F. [1874]. *Psychologie vom Empirischen Standpunkte*. Hamburg: Meiner, 1973.

_____ [1889]. *Vom Ursprung sittlicher Erkenntnis*. Leipzig: Duncker & Humblot. Editado por O. Kraus, Hamburg: Meiner, ^{4}1955. Traduzido por R. M. Chisholm e E. H. Schneewind, *The Origin of our Knowledge of Right and Wrong*. London: Routledge, 1969.

Broad, C. D. 1925. *Mind and its Place in Nature*. London: Routledge & Kegan Paul.

_____ 1930. *Five Types of Ethical Theory*. London: Routledge & Kegan Paul.

Brogan, W. and Risser, J. (eds.) 2000. *American Continental Philosophy*. Bloomington: Indiana University Press.

Bubner, R. 1996. Gedanken uber die Zukunft der Philosophie. In: *Deutsche Zeitschrift für Philosophie*, p. 743-757.

Bunnin, N. and Tsui-James, E. P. (eds.) 1996. *The Blackwell Companion to Philosophy*. Oxford: Blackwell.

Burge, T. 1979. Individualism and the Mental. In: *Midwest Studies in Philosophy* 4, p. 73-121.

_____ 2003. Logic and Analyticity. In: Glock et al. (eds.). *Fifty Years of Quine's 'Two Dogmas' – Grazier Philosophische Studien* 66, p. 199-249.

Butler, R. J. (ed.) 1962. *Analytical Philosophy*. Oxford: Blackwell.

Carl, W. 1994. *Frege's Theory of Sense and Reference*. Cambridge: Cambridge University Press.

Carnap, R. [1928]. *Der Logische Aufbau der Welt. (The Logical Structure of the World & Pseudoproblems in Philosophy*. Traduzido por R. A. George. Berkeley: University of California Press, 1969.

_____ [1932]. The Elimination of Metaphysics through Logical Analysis of Language. In: Ayer 1959, p. 60-81.

_____ 1934a. Theoretischen Fragen und praktische Entscheidungen. In: *Natur und Geist* 2, p. 257-260.

_____ 1934b. On the Character of Philosophical Problems. In: *Philosophy of Science* 1, p. 5-19.

_____ 1936a. Die Methode der logischen Analyse. In: *Actes du huitième Congrès International de Philosophie*. À Prague 2-7 Septembre 1934. Prague: Orbis, p. 142-145.

_____ 1936b. Von der Erkenntnistheorie zur Wissenschaftslogik. In: *Actes du Congrès International du Philosophie Scientifique*. Paris: Hermann & Cie, p. 36-41.

_____ 1937. *The Logical Syntax of Language*. London: Routledge & Kegan Paul.

_____ 1956. *Meaning and Necessity*. University of Chicago Press.

_____ 1963. Intellectual Autobiography. In: P. Schilpp (ed.). *The Philosophy of Rudolf Carnap*. Library of Living Philosophers, Vol. XI. La Salle, Ill.: Open Court, p. 1-84.

_____ 1964. Interview mit Rudolf Carnap (1964). In: W. Hochkeppel (ed.). *Mein Weg in die Philosophie*. Stuttgart: Reclam, p. 133-147.

Carnap, R.; Hahn, H.; Neurath, O. 1929. Wissenschaftliche Weltauffassung: Der Wiener Kreis. In: O. Neurath. *Gesammelte Philosophische und Methodologische Schriften – Band I*. Vienna: Hölder-Pilcher-Tempsky, 1981, p. 299-336.

Cartwright, N.; Cat, J.; Fleck, K.; Uebel, T. 1996. *Otto Neurath: Between Science and Politics*. Cambridge: Cambridge University Press.

Cartwright, N. and Cat, J. 1998. Otto Neurath. In: Craig 1998, p. 813-816.

Cassirer, E. 1921. *Zur Einsteinschen Relativitätstheorie*. Berlin: Bruno Cassirer.

Chalmers, D. 1996. *The Conscious Mind*. Oxford University Press.

Charlton, W. 1991. *The Analytic Ambition*. Oxford: Blackwell.

Chomsky, N. 1965. *Aspects of a Theory of Syntax*. Cambridge, Mass.: MIT Press.

_____ 1979. *Language and Responsibility*. Brighton: Harvester.

Churchland, P. M. 1981. Eliminative Materialism and the Propositional Attitudes. In: *Journal of Philosophy* 78, p. 67-90.

Coffa, A. 1991. *The Semantic Tradition*. Cambridge: Cambridge University Press.

Cohen, J. L. 1986. *The Dialogue of Reason*. Oxford: Oxford University Press.

Collingwood, R. G. 1939. *An Autobiography*. Oxford: Oxford University Press.

_____ 1940. *An Essay on Metaphysics*. Oxford: Clarendon Press.

Cooper, D. E. 1994. Analytical and Continental Philosophy. In: *Proceedings of the Aristotelian Society* 94, p. 1-18.

Corradini, A.; Galvan, S.; Lowe, E. J. (eds.) 2006. *Analytic Philosophy without Naturalism*. London: Routledge.

Cottingham, J. 2003. *The Meaning of Life*. London: Routledge.

Craig, E. 1990. *Knowledge and the State of Nature*. Oxford: Clarendon Press.

_____ (ed.) 1998. *The Routledge Encyclopedia of Philosophy*. London: Routledge.

Critchley, S. 1998. Introduction: What is Continental Philosophy. In: Critchley and Schroeder 1998, p. 1-17.

_____ 2001. *Continental Philosophy: a Very Short Introduction*. Oxford: Oxford University Press.

Critchley S. and Schroeder, W. R. (eds.) 1998. *A Companion to Continental Philosophy*. Oxford: Blackwell.

Czolbe, H. 1855. *Neue Darstellung des Sensualismus*. Leipzig: Teubner.

Dahms, H. J. 1994. *Positivismusstreit*. Frankfurt: Suhrkamp.

Dancy, J. 2004. *Ethics without Principles*. Oxford: Oxford University Press.

Dancy, R. M 1983. Alien Concepts. In: *Synthese* 56, p. 283-300.

Danneberg, L.; Kamlah, A.; Schäfer, L. (eds.) 1994. *Hans Reichenbach und die Berliner Gruppe*. Brunswick: Vieweg.

Danto, A. 1967. Naturalism. In: Edwards 1967, p. 448-450.

Davidson, D. 1980. *Essays on Actions and Events*. Oxford: Oxford University Press.

_____ 1984a. *Expressing Evaluations*. The Lindley Lecture (Monograph). (University of Kansas Press.

_____ 1984b. *Inquiries into Truth and Interpretation*. Oxford: Oxford University Press.

_____ 1994. Donald Davidson. In: S. Guttenplan (ed.). *A Companion to the Philosophy of Mind*. Oxford: Blackwell, p. 231-236.

_____ 1999. Intellectual Autobiography. In: L. E. Hahn (ed.). *The Philosophy of Donald Davidson*. Library of Living Philosophers, Vol. XXVII. Chicago: Open Court, 1999, p. 3-79.

Davies, S. 1998. Art, Definition of. In: Craig 1998, p. 464-468.

Dawkins, R. 1998. Postmodernism Disrobed. In: *Nature* 394, p. 141-143.

Dennett, D. 1991. The Brain and its Boundaries. In: *Times Literary Supplement* 10, May 1991.

Derrida, J. [1967]. *Of Grammatology*. Baltimore: Johns Hopkins University Press, 1976.

_____ [1972]. Signature, Event, Context. In: *Glyph* 1 (1977), p. 172-197.

_____ 1988. *Limited Inc*. Evanston, Ill.: Northwestern University Press.

_____ 2000. Response to Moore. In: *Ratio* 13, p. 381-383.

Devitt, M. 1996. *Coming to Our Senses: a Naturalistic Programme for Semantic Localism*. Cambridge: Cambridge University Press.

Dipert, R. 1998. Logic in the 19th Century. In: Craig 1998, p. 722-729.

Dummett, M. A. E. 1973. *Frege: Philosophy of Language*. London: Duckworth, ²1981.

_____ 1978. *Truth and other Enigmas*. London: Duckworth.

_____ 1981. *The Interpretation of Frege's Philosophy*. London: Duckworth.

_____ 1991. *Frege: Philosophy of Mathematics*. London: Duckworth.

_____ 1992. The Metaphysics of Verificationism. In: L. E. Hahn (ed.). *The Philosophy of A. J. Ayer*. LaSalle, Ill.: Open Court, p. 129-148.

_____ 1993. *The Origins of Analytical Philosophy*. London: Duckworth.

_____ 2001. *On Immigration and Refugees*. London: Routledge.

_____ 2007. The Place of Philosophy in European Culture (forthcoming).

Edwards, P. (ed.) 1967. *The Encyclopedia of Philosophy*. New York: Macmillan.

Engel, P. 1997. *La Dispute: une Introduction à Philosophie Analytique*. Paris: Minuit.

Ewing, A. C. 1937. Meaninglessness. In: *Mind* 46, p. 347-364.

Feigl, H. 1981. *Inquiries and Provocations: Selected Writings 1929–1974*. Dordrecht: Reidel.

Feigl, H. and Sellars, W. 1949. *Readings in Philosophical Analysis*. New York: Appleton-Century-Crofts, Inc.

Ferry, J. L. and Renaut, A. 1985. *La Pensée 68. Essai sur l'anti-humanisme contemporain*. Paris: Gallimard.

Feyerabend, P. 1975. *Against Method*. London: Verso.

Floridi, L. (ed.) 2004. *Te Blackwell Guide to the Philosophy of Computing and Information*. Oxford: Blackwell.

Fodor, J. 1974. Special Sciences. In: *Synthese* 28, p. 77-115.

_____ 1975. *The Language of Thought*. New York: Crowell.

_____ 1987. *Psychosemantics*. Cambridge: Cambridge, Mass.: MIT Press.

_____ 2003. *Hume Variations*. Oxford: Oxford University Press.

Føllesdal, D. 1997. Analytic Philosophy: What is It and Why Should One Engage in It?. In: Glock 1997c, p. 193-208.

Foster, J. 1982. *The Case for Idealism*. London: Routledge & Kegan Paul.

Fotion, N. 2000. *John Searle*. Teddington: Acumen.

Foucault, M. 1973. *The Order of Things*. New York: Random House.

Frank, P. 1935. Die Prager Vorkonferenz 1934. In: *Erkenntnis* 5, p. 3-5.

Frede, M. 1987. *Essays in Ancient Philosophy*. Oxford: Clarendon Press.

Frege, G. [1879]. *Conceptual Notation and Related Articles*. Traduzido e editado por T. W. Bynum. Oxford: Clarendon Press, 1972.

_____ [1884]. *The Foundations of Arithmetic*. Traduzido por J. L. Austin. Oxford: Blackwell, 1953.

_____ [1892]. On Sense and Meaning. In: B. McGuinness (ed.). *Collected Papers*. Oxford: Blackwell, 1984, p. 157-177.

_____ [1893 e 1903]. *Grundgesetze der Arithmetik*. Vols. I e II. Hildesheim: Olms, 1966.

_____ 1979. *Posthumous Writings*. Oxford: Blackwell.

_____ 1980. *Philosophical and Mathematical Correspondence*. Oxford: Blackwell.

_____ 1984. *Collected Papers*. Oxford: Blackwell.

_____ 1996. Diary: Written by Professor Dr. Gottlob Frege in the Time from 10 March to 9 April 1924. In: *Inquiry* 39, p. 303-342.

Friedman, M. 1997. Philosophical Naturalism. In: *Proceedings and Addresses of the American Philosophical Association* 71, p. 5-21.

_____ 1998. Logical Positivism. In: Craig 1998, p. 789-795.

_____ 2000. *A Parting of the Ways: Carnap, Cassirer, and Heidegger*. Chicago: Open Court.

Gaarder, J. 1996. *Sophie's World*. Traduzido por P. Moller. London: Orion, 2004.

Gadamer, H. G. 1960. *Wahrheit und Methode*. Tübingen: Mohr.

_____ [1967]. *Philosophical Hermeneutics*. Berkeley: University of California Press, 1976.

Gallie, W. B. [1956]. Essentially Contested Concepts. In: *idem. Philosophy and the Historical Understanding*. London: Chatto & Windus, 1964.

Gardner, S. 1993. *Irrationality and the Philosophy of Pschoanalysis*. Oxford: Oxford University Press.

Garry, A. Analytic Feminism. In: *The Stanford Encyclopedia of Philosophy* (Summer 2004 Edition), E. N. Zalta (ed.), URL <http://plato.stanford.edu/¼archives/sum2004/entries/femapproach-analytic/>.

Gaynesford, M. de 2006. *Hilary Putnam*. Chesham: Acumen.

Geach, P. 1972. *Logic Matters*. Oxford: Basil Blackwell.

_____ 1977. *The Virtues*. Cambridge: Cambridge University Press.

Geier, M. 1992. *Der Wiener Kreis*. Reinbek: Rowohlt.

Gellner, E. 1959. *Words and Things*. London: Gollancz.

Gillies, D. 1999. German Philosophy of Mathematics from Gauss to Hilbert. In: O'Hear 1999, p. 167-192.

Glendinning, S. 1998a. What is Continental Philosophy. In: Glendinning 1998b, p. 3-20.

_____ (ed.) 1998b. *The Edinburgh Encyclopedia of Continental Philosophy*. Edinburgh: Edinburgh University Press.

_____ 2002. The Analytic and the Continental. In: Baggini and Stangroom 2002, p. 201-218.

_____ 2006. *The Idea of Continental Philosophy*. Edinburgh: Edinburgh University Press.

Glock, H.-J. 1994. The Euthanasia Debate in Germany: what's the Fuss?. In: *Journal of Applied Philosophy* 11, p. 213-224.

_____ 1996. *A Wittgenstein Dictionary*. Oxford: Oxford: Blackwell.

_____ 1997a. Kant and Wittgenstein: Philosophy, Necessity and Representation. In: *International Journal of Philosophical Studies* 5, p. 285-305.

_____ 1997b. Philosophy, Thought and Language. In: J. Preston (ed.). *Thought and Language: Proceedings of the Royal Institute of Philosophy Conference*. Cambridge: Cambridge University Press, p. 151-169.

_____ (ed.) 1997c. *The Rise of Analytic Philosophy*. Oxford: Oxford: Blackwell.

_____ 1998. Insignificant Others: the Mutual Prejudices of Anglophone and Germanophone Philosophers. In: C. Brown and T. Seidel (eds.). *Cultural Negotiations*. Tübingen: Francke Verlag, p. 83-98.

_____ 1999a. Schopenhauer and Wittgenstein: Representation as Language and Will. In: C. Janaway (ed.). *The Cambridge Companion to Schopenhauer*. Cambridge: Cambridge University Press, p. 422-458.

_____ 1999b. Vorsprung durch Logik: The German Analytic Tradition. In: O'Hear 1999, p. 37-66.

_____ 2000. Imposters, Bunglers and Relativists. In: S. Peters; M. Biddiss; I. Roe (eds.). *The Humanities at the Millennium*. Tübingen: Francke Verlag, p. 267-287.

_____ 2001. Wittgenstein and Reason. In: J. Klagge (ed.). *Wittgenstein: Biography and Philosophy*. Cambridge: Cambridge University Press, p. 195-220.

_____ 2002. "Clarity" is not Enough. In: K. Puhl (ed.). *Wittgenstein and the Future of Philosophy: Proceedings of the 24th International Wittgenstein Symposium*. Wien: Hölder-Pichler-Tempsky, p. 81-98.

_____ 2003a. *Quine and Davidson on Language, Thought and Reality*. Cambridge: Cambridge University Press.

_____ 2003b. Strawson and Analytic Kantianism. In: H. J. Glock (ed.). *Strawson and Kant*. Oxford: Clarendon Press, 2003, p. 15-42.

_____ 2004. Was Wittgenstein an Analytic Philosopher?. In: *Metaphilosophy* 35, p. 419-444.

_____ 2007. Relativism, Commensurability and Translatability. In: *Ratio* 20, p. 377-402.

Glotz, P. 1996. *Im Kern verrottet? Fünf vor zwölf an Deutschlands Universitäten*. Stuttgart: DVA.

Gottlieb, A. 2001. Why We Need Philosophers. In: *The Spectator* 13 January 2001, p. 20-21.

Gödel, K. [1931]. On Formally Undecidable Propositions of *Principia Mathematica* and Related Systems I. In: S. G. Shanker (ed.). *Gödel's Theorem in Focus*. London: Routledge, 1990, p. 17-47.

Goodman, N. 1978. *Ways of Worldmaking*. Indianapolis: Hackett.

Grayling, A. (ed.) 1998. *Philosophy 2: Further Through the Subject*. Oxford: Oxford University Press.

Green, K. 2001. Analysing Analysis. Critical Study of Hans-Johann Glock *The Rise of Analytic Philosophy*. In: *Philosophia* 28, p. 511-529.

Grice, H. P. 1989. *Studies in the Way of Words*. Cambridge: Cambridge, Mass.: Harvard University Press.

Grice, H. P. and Strawson, P. F. 1956. In Defense of a Dogma. In: *Philosophical Review* 65, p. 141-158.

Griffin, N. 1996. Denoting Concepts in The Principles of Mathematics. In: Monk and Palmer 1996, p. 23-57.

_____ 2001. *The Selected Letters of Bertrand Russell*. London: Routledge.

Haaparanta, L. and Niiniluouto, I. 2003. *Analytic Philosophy in Finland*. Amsterdam: Rodopi.

Habermas, J. [1963]. *Theory and Practice*. Boston: Beacon 1973.

_____ 1979. *Communication and the Evolution of Society*. London: Heineman.

Hacker, P. M. S. 1996. *Wittgenstein's Place in Twentieth Century Analytic Philosophy*. Oxford: Blackwell.

_____ 1997. The Rise of Twentieth Century Analytic Philosophy. In: Glock 1997c, p. 51-76.

_____ 1998. Analytic Philosophy: What, Whence and Whither. In: Biletzki and Matar 1998, p. 3-34.

_____ 2001. *Wittgenstein: Connections and Controversies*. Oxford: Oxford University Press.

_____ 2006. Soames' *History of Analytic Philosophy*. In: *Philosophical Quarterly* 56, p. 121-131.

_____ 2007. Analytic Philosophy: beyond the Linguistic Turn and Back Again. In: Beaney 2007, p. 125-141.

Hacking, I. 1984. Five Parables. In: Rorty; Schneewind; Skinner 1984, p. 103-124.

_____ 1999. *The Social Construction of What?* Cambridge: Cambridge, Mass.: Harvard University Press.

Hahn, H. 1930. Überflüssige Wesenheiten. In: *Idem. Empirismus, Logik, Mathematik*. Frankfurt: Suhrkamp, p. 21-37.

_____ 1980. *Philosophical Papers*. Dordrecht: Reidel.

Haller, R. 1988. *Questions on Wittgenstein*. London: Routledge.

_____ 1991. On the Historiography of Austrian Philosophy. In: Uebel 1991, p. 41-50.

_____ 1993. *Neopositivismus*. Darmstadt: Wissenschaftliche Buchgesellschaft.

Hamilton, W. 1859-1860. *Lectures on Metaphysics and Logic – Volume III*. Edinburgh –London: Blackwood.

Hammer, E. 2003. The Legacy of German Idealism. In: *British Journal for the History of Philosophy* 13, p. 521-535.

Hanfling, O. 1987. *The Quest for Meaning*. Oxford: Blackwell.

_____ 2000. *Philosophy and Ordinary Language*. London: Routledge.

Hanna, R. 2001. *Kant and the Analytic Tradition*. Oxford: Oxford University Press.

Hardcastle, G. L. and Richardson, A. (eds.) 2003. *Logical Empiricism in America*. Minnesota Studies in the Philosophy of Science XVIII. University of Minnesota Press.

Hare, P. 1988. *Doing Philosophy Historically*. Buffalo: Prometheus.

Hare, R. M. 1952. *The Language of Morals*. Oxford: Oxford University Press.

_____ 1960. A School for Philosophers. In: *Ratio* 2, p. 107-120.

Harman, G. 1977. *The Nature of Morality*. Oxford: Oxford University Press.

Hart, H. L. A. 1962. *The Concept of Law*. Oxford: Oxford University Press.

Hart, W. D. 1990. Clarity. In: Bell and Cooper 1990, p. 197-222.

Hegel, W. F. [1812-1816]. *Wissenschaft der Logik*. Hamburg: Meiner, 1932.

_____ [1821]. *Grundlinien der Philosophie des Rechts*. Hamburg: Meiner, 1955.

Heidegger, M. 1927. *Sein und Zeit*. Halle: Niemeyer.

Hempel, C. G. [1950]. The Empiricist Criterion of Meaning. In: Ayer 1959, p. 108-129.

Henrich, D. 2003. *Between Kant and Hegel*. Cambridge, Mass.: Harvard University Press.

Hintikka, J. 1998. Who is About to Kill Analytic Philosophy?. In: Biletzki and Matar 1998, p. 253-269.

Honderich, T. (ed.) 2005. *The Oxford Companion to Philosophy*. Oxford: Oxford University Press.

Hookway, C. 1998. Charles Sanders Peirce. In: Craig 1998, p. 269-284.

Horkheimer, M. [1937]. The Latest Attack on Metaphysics. Traduzido in: *Critical Theory. Selected Essays*. New York: Seabury, 1972, p. 132-187.

Horkheimer, M. and Adorno, T. W. 1947. *Dialektik der Aufklärung*. Amsterdam: Querido. Traduzido in: *Dialectic of Enlightenment*. London: Verso, 1979.

Hornsby, J. 1997. *Simple Mindedness*. Cambridge, Mass.: Harvard University Press.

Hospers, J. 1973. *An Introduction to Philosophical Analysis*. London: Routledge & Kegan Paul.

Hügli, A. and Lübcke, P. 1991. *Philosophielexikon*. Reinbek: Rowohlt.

Hunter, J. D. 1991. *Culture Wars: the Struggle to Define America*. New York: Basic Books.

Hurka, T. 2004. Normative Ethics: Back to the Future. In: Leiter, 2004c, p. 246-264.

Husserl, E. 1900. *Logical Investigations*. London: Routledge & Kegan Paul.

Hylton, P. 1990. *Russell, Idealism and the Emergence of Analytic Philosophy*. Oxford: Clarendon Press.

_____ 1998. Analysis in Analytic Philosophy. In: Biletzki and Matar, 1998, p. 37-55.

Hyman, J. 2006. *The Objective Eye*. Chicago: University of Chicago Press.

Jackson, F. 1986. What Mary Didn't Know. In: *Journal of Philosophy* 83, p. 291-295.

_____ 1998. *From Metaphysics to Ethics: A Defence of Conceptual Analysis*. Oxford: Clarendon Press.

_____ 2003. Among the Naturalists. In: *Times Literary Supplement*, 12 September 2003, p. 32.

Jacquette, D. 2002. *Ontology*. Chesham: Acumen.

James, W. [1907]. *Pragmatism*. Editado por B. Kuklick. Indianapolis – Cambridge: Hackett, 1981.

Jenkins, S. 2001. Have We all Lost the Nerve to Think?. In: *The Times*, 3 January 2001.

Jubien, M. 1997. *Contemporary Metaphysics*. Oxford: Blackwell.

Kant, I. [1783]. *Prolegomena to any Future Metaphysics*. Traduzido por P. G. Lucas. Manchester University Press, 1953.

_____ [1790]. *On a Discovery according to which any New Critique of Pure Reason has been made Superfluous by an Earlier One*. Traduzido por H. Allison. Baltimore: John Hopkins University Press, 1973.

_____ [1787]. *The Critique of Pure Reason*. Traduzido por P. Guyer and A. Woods. Cambridge: Cambridge University Press, 1998.

_____ 1992. "The Jäsche Logic". In: *Lectures on Logic*. Traduzido por J. M. Young. Cambridge: Cambridge University Press, p. 517-640.

Kanterian, E. 2005. *Analytische Philosophie*. Frankfurt: Campus.

Katz, J. J. 1990. *The Metaphysics of Meaning*. Cambridge, Mass.: MIT Press.

Keil, G. forthcoming 2008. Naturalism. In: D. Moran (ed.). *A Companion to Twentieth Century Philosophy*. London: Routledge.

Kekes, J. 1980. *The Nature of Philosophy*. Oxford: Blackwell.

Kenny, A. J. P. 1995. *Frege*. Harmondsworth: Penguin.

_____ 2005. The Philosopher's History and the History of Philosophy. In: Sorell and Rogers 2005, p. 15-24.

Kim, Jaegwon 2003. The American Origins of Philosophical Naturalism. In: *Journal of Philosophical Research*, p. 83-98.

_____ 2004. The Mind-Body Problem at Century's Turn. In: Leiter, 2004c, p. 129-152.

Klaus, G. and Buhr, M. (eds.) 1976. *Philosophisches Wörterbuch*. Leipzig: VEB Bibliographisches Institut.

Kneale, W. and Kneale, M. 1984. *The Development of Logic*. Oxford: Clarendon Press.

Köhler, E. 1991. Metaphysics in the Vienna Circle. In: T. Uebel (ed.). *Rediscovering the Forgotten Vienna Circle*. Dordrecht: Kluwer, p. 131-142.

Körner, S. 1979. *Fundamental Questions of Philosophy*. Brighton: Harvester.

Kripke, S. A. 1980. *Naming and Necessity*. Oxford: Blackwell.

_____ 1982. *Wittgenstein on Rules and Private Language*. Oxford: Blackwell.

Kristeva, J. 1997. Une desinformation. In: *Le Nouvel Observateur*, 25 September 1997, p. 122.

Krüger, L. 1984. Why do we Study the History of Philosophy?. In: Rorty; Schneewind; Skinner 1984, p. 77-102.

Kuhn, Th. [1962]. *The Structure of Scientific Revolutions*. Chicago: University of Chicago Press, 1970.

Kuklick, B. 1984. Seven thinkers and how they grew. In: Rorty; Schneewind; Skinner 1984, p. 125-139.

Künne, W. 1990. Prinzipien wohlwollender Interpretation. In: *Forum für Philosophie. Intentionalität und Verstehen*. Frankfurt: Suhrkamp, p. 212-234.

_____ 2003. *Conceptions of Truth*. Oxford: Clarendon Press.

Kusch, M. 1995. Psychologism: a Case Study in the Sociology of Philosophical Knowledge. London: Routledge.

Langford, C. H. 1942. The Notion of Analysis in Moore's Philosophy. In: P. A. Schilpp (ed.). *The Philosophy of G. E. Moore*. La Salle, Ill.: Open Court, p. 321-342.

Laurence, S. and MacDonald, C. (eds.) 1998. *Contemporary Readings in the Foundations of Metaphysics*. Oxford: Blackwell.

Leiter, B. 2001. *Objectivity in Law and Morality*. Cambridge: Cambridge University Press.

_____ 2004a. Introduction: The Future for Philosophy. In: Leiter, 2004c, p. 1-23.

_____ 2004b. What is "Analytic" Philosophy? Thoughts from Fodor. In: *The Leiter Reports: Editorials, News, Updates*. 21 October 2004, URL ¼<http://webapp.utexas.edu/blogs/archives/bleiter/002261.htm>.

_____ (ed.) 2004c. *The Future for Philosophy*. Oxford: Oxford University Press.

Lewis, H. D. (ed.) 1963. *Clarity is not Enough*. London: Allen & Unwin.

Lewis, D. 1983. *Philosophical Papers*, Vol. I. Oxford: Oxford University Press.

Liebmann, O. [1876]. *Zur Analysis der Wirklichkeit*. Strasburg: Truebner, 1880.

Lotze, R. H. 1874. *Logik*. Leipzig: Meiner.

Lowe, E. J. 1998. *The Possibility of Metaphysics*. Oxford: Oxford: Clarendon Press.

_____ 2000. *An Introduction to the Philosophy of Mind*. Cambridge: Cambridge University Press.

Lurie, Y. 1997. Wittgenstein as the Forlorn Caretaker of Language. In: Biletzki and Matar, 1998, p. 209-225.

MacIntyre, A. 1981. *After Virtue*. Notre Dame: University of Notre Dame Press.

_____ 1984. The Relation of Philosophy to its Past. In: Rorty; Schneewind; Skinner 1984, p. 31-40.

Mackie, J. 1977. *Ethics: Inventing Right and Wrong*. Harmondsworth: Penguin.

Maddy, P. 1998. How to be a Naturalist about Mathematics. In: H. G. Dales and G. Oliveri (eds.). *Truth in Mathematics*. Oxford: Clarendon Press, p. 161-180.

Magee, B. 1983. *The Philosophy of Schopenhauer*. Oxford: Clarendon Press.

_____ (ed.) 1986a. *Modern British Philosophy*. Oxford: Oxford University Press.

_____ 1986b. Preface. In: Magee 1986a, p. vii–xi.

Manser, A. 1983. *Bradley's Logic*. Oxford: Blackwell.

Marcuse, H. [1964]. *One-Dimensional Man*. London: Routledge & Kegan Paul, 1986.

Margolis, J. 2003. *The Unravelling of Scientism*. Cornell University Press.

Martin, M. 2002. The Concerns of Analytic Philosophy. In: Baggini and Stangroom 2002, p. 129-146.

Marx, K. [1867]. *Das Kapital – Band I*. Marx/Engels Werke – Band 23. Berlin: Dietz Verlag, 1973.

Marx, K. und Engels, F. [1932]. *Die Deutsche Ideologie*. Marx/Engels Werke – Band 3. Berlin: Dietz Verlag, 1981, p. 13-530.

May, T. 2002. On the Very Idea of Continental (or for that matter Anglo-American) Philosophy. In: *Metaphilosophy* 33, p. 401-425.

McDowell, J. 1996. *Mind and World*. Cambridge, Mass.: Harvard University Press.

_____ 1998. *Mind, Value, and Reality*. Cambridge, Mass.: Harvard University Press.

McGinn, C. 1991. *The Problem of Consciousness*. Oxford: Oxford: Blackwell.

Menzler-Trott, E. 2001. *Gentzens Problem: mathematische Logik im nationalsozialistischen Deutschland*. Basel: Birkhäuser.

Metz, T. 2002. Recent Work on the Meaning of Life. In: *Ethics* 112, p. 781-814.

Mill, James [1829]. *Analysis of the Phenomena of the Human Mind*. Hildesheim: Olms, 1982.

Mill, J. S. 1840. Essay on Coleridge. In: Mill and Bentham 1987, p. 177-226.

_____ [1865]. *An Examination of Sir William Hamilton's Philosophy*. New York: University of Toronto Press, 1973.

_____ [1873]. *Autobiography*. Harmondsworth: Penguin, 1989.

Mill, J. S. and Bentham, J. 1987. *Utilitarianism and other Essays*. In: A. Ryan (ed.). London: Penguin Books.

Monk, R. 1990. *Wittgenstein: the Duty of Genius*. London: Cape.

_____ 1996a. *Bertrand Russell: the Spirit of Solitude*. London: Cape.

_____ 1996b. Bertrand Russell's Brainchild. In: *Radical Philosophy* 78, p. 2-5.

_____ 1997. Was Russell an Analytic Philosopher?. In: Glock 1997, p. 35-50.

_____ 2000. *Bertrand Russell: the Ghost of Madness*. London: Cape.

Monk, R. and Palmer, A. (eds.) 1996. *Bertrand Russell and the Origins of Analytic Philosophy*. Bristol: Thoemmes.

Montefiori, A. and Williams, B. 1966. *British Analytical Philosophy*. London: Routledge & Kegan Paul.

Moore, G. E. 1898. Freedom. In: *Mind* 7, p. 179-203.

_____ [1899]. The Nature of Judgement. In: Moore 1993, p. 1-19.

_____ 1903. *Principia Ethica*. Cambridge University Press.

_____ 1942. A Reply to my Critics. In: Schilpp 1942, p. 660-667.

_____ 1953. *Some Main Problems of Philosophy*. London: Allen & Unwin.

_____ 1993. *Selected Writings*. In: T. Baldwin (ed.). London: Routledge.

Moreland, J. P. 1998. Should a Naturalist be a Supervenient Physicalist?. In: *Metaphilosophy* 29, p. 35-57.

Muirhead, J. H. 1924. Past and Present in Contemporary Philosophy. In: J. H. Muirhead (ed.). *Contemporary British Philosophy*. London: Allen and Unwin, p. 309-324.

Müller, M. and Halder, A. (eds.) 1979. *Kleines Philosophisches Wörterbuch*. Freiburg: Herder.

Mukerjee, M. 1998. Undressing the Emperor. In: *Scientific American*, March 1998, p. 17-18.

Mulhall, S. 2002. Post-Analytic Philosophy. In: Baggini and Stangroom 2002, p. 237-252.

Mulligan, K. 1986. Exactness, Description and Variation – How Austrian Analytic Philosophy was Done. In: H. C. Nyiri (ed.). *Von Bolzano zu Wittgenstein – Zur Tradition der österreichischen Philosophie*. Vienna: Holder-Pichler, p. 86-97.

_____ 1990. Genauigkeit und Geschwätz – Glossen zu einem paradigmatischen Gegensatz in der Philosophy. In: H. Bachmeier (ed.). *Wien – Paradigmen der Moderne*. Amsterdam: Benjamins, p. 209-236.

_____ 1991. Introduction: On the History of Continental Philosophy. In: Mulligan 1991 (guest ed.). *Topoi* 2, p. 115-120.

_____ 1998. The Symptoms of Gödel-mania. In: *Times Literary Supplement*, 1 May 1998, p. 13-14.

_____ 2003. Searle, Derrida, and the Ends of Phenomenology. In: B. Smith (ed.). *John Searle*. Cambridge: Cambridge University Press, p. 261-286.

Mundle, C. W. K. 1970. *A Critique of Linguistic Philosophy*. Oxford: Clarendon Press.

Naess, A. 1989. *Ecology, Community and Lifestyle*. Cambridge: Cambridge University Press.

Nagel, E. 1936. Impressions and Appraisals of Analytic Philosophy in Europe. In: *Journal of Philosophy* 33, p. 5-24, p. 29-53.

_____ 1954. *Sovereign Reason*. Glencoe: Free Press.

Nagel, T. 1974. What is it Like to be a Bat. In: *The Philosophical Review* 83, p. 435-450.

_____ 1997. *The Last Word*. Oxford: Oxford University Press.

_____ 1998. Go with the Flow. In: *Times Literary Supplement*, 28 August 1998, p. 3-4.

Natorp, P. 1910. *Die Logischen Grundlagen der Exakten Wissenschaften*. Leipzig: Teubner.

Nedo, M. and Ranchetti, M. 1983. *Ludwig Wittgenstein: sein Leben in Bildern und Texten*. Frankfurt-on-Main: Suhrkamp.

Neurath, O. 1931. Soziologie im Physikalismus. In: Neurath 1981 [1936], p. 533-562.

_____ [1936]. Die Entwicklung des Wiener Kreises und die Zukunft des Logischen Empirismus. In: *Idem. Gesammelte Philosophische und Methodologische Schriften*, Band II. Wien: Hölder-Pichler-Tempsky, 1981, p. 673-702.

_____ 1983. *Philosophical Papers 1913–1946*. In: R. S. Cohen and M. Neurath (eds.). Dordrecht: Reidel.

Nietzsche, F. [1882]. *The Gay Science*. New York: Vintage, 1974.

_____ [1886]. *Beyond Good and Evil*. London: Penguin, 1990.

_____ [1906]. *The Will to Power*. New York: Vintage, 1967.

Nyeri, C. (ed.) 1986. *From Bolzano to Wittgenstein. The Tradition of Austrian Philosophy*. Wien: Hölder-Pilcher-Tempsky.

O'Hear, A. 1998. Tradition and Traditionalism. In: Craig 1998, p. 455-457.

_____ (ed.) 1999. *German Philosophy since Kant*. Cambridge: Cambridge University Press.

Olson, R. E. and Paul, A. M. (eds.) 1972. *Contemporary Philosophy in Scandinavia*. Baltimore: Johns Hopkins Press.

Pap, A. 1949. *Elements of Analytic Philosophy*. New York: Hafner.

Papineau, D. 1993. *Philosophical Naturalism*. Oxford: Blackwell.

_____ 2003. Is this a Dagger?. In: *Times Literary Supplement*, 14 February 2003, p. 12.

Passmore, J. 1961. *Philosophical Reasoning*. London: Duckworth.

_____ 1966. *100 Years of Philosophy*. London: Duckworth, 1st ed. 1957.

_____ 1967. Philosophy: Historiography of. In: Edwards 1967, p. 226-230.

_____ 1970. *Philosophical Reasoning*. London: Duckworth.

_____ 1985. *Recent Philosophers*. London: Duckworth.

Peacocke, C. 1999. *Being Known*. Oxford: Oxford University Press.

Peirce, C. S. 1934. *Collected Papers of Charles Sanders Peirce*, Vol. V. Cambridge, Mass.: Harvard University Press.

Piercey, R. 2003. Doing Philosophy Historically. In: *Review of Metaphysics* 56, p. 779–800.

Plantinga, A. 1995. Essence and Essentialism. In: Kim and Sosa (eds.). *Blackwell Companion to Metaphysics*. London: Blackwell, p. 138-140.

Popper, K. R. 1934. *Die Logik der Forschung*. Tübingen: Mohr.

_____ 1959. Preface to the First English Edition. In: *Idem. The Logic of Scientific Discovery*. London: Hutchinson, p. 15-23.

Prado, C. 2003a. Introduction. In: Prado 2003b, p. 9-16.

_____ (ed.) 2003b. *A House Divided: Comparing Analytic and Continental Philosophy*. Amherst, N.Y.: Humanity Books.

Preston, A. 2004. Prolegomena to any Future History of Analytic Philosophy. In: *Metaphilosophy* 35, p. 445-465.

_____ 2007. *Analytic Philosophy: the History of an Illusion*. London: Continuum.

Price, H. H. 1945. Clarity is not Enough. In: Lewis 1963, p. 15-41.

Putnam, H. 1975. *Mind, Language and Reality: Philosophical Papers Volume 2*. Cambridge: Cambridge University Press.

_____ 1981. *Reason, Truth and History*. Cambridge: Cambridge University Press.

_____ 1983. *Realism and Reason*. Cambridge: Cambridge University Press.

_____ 1992. *Renewing Philosophy*. Cambridge, Mass.: Harvard University Press.

_____ 1997. A Half Century of Philosophy, Viewed from Within. In: *Daedalus*, p. 175-208.

_____ 1999. *The Threefold Cord: Mind, Body and World*. New York: Columbia University Press.

_____ 2007. Is Analytic Philosophy a Good Thing? Why I am Ambivalent. Unpublished.

Quine, W. V. 1951. Two Dogmas of Empiricism. In: Quine 1953, p. 20-46.

_____ [1953]. *From a Logical Point of View*. Cambridge, Mass.: Harvard University Press, 1980.

_____ 1960. *Word and Object*. Cambridge, Mass.: MIT Press.

_____ [1966]. *Ways of Paradox and Other Essays*. Cambridge, Mass.: Harvard University Press, 1976.

_____ 1969. *Ontological Relativity and Other Essays*. New York: Columbia University Press.

_____ 1970. Philosophical Progress in Language Theory. In: *Metaphilosophy* 1, p. 1-19.

_____ 1974. *The Roots of Reference*. La Salle: Open Court.

_____ 1981. *Theories and Things*. Cambridge, Mass.: Harvard University Press.

_____ 1986. Autobiography of W. V. Quine. In: Schupp and Hahn 1986, p. 3-46.

_____ 1987. *Quiddities: An Intermittently Philosophical Dictionary*. London: Penguin.

_____ 1992. *The Pursuit of Truth*. Cambridge, Mass.: Harvard University Press.

_____ 1994. W. V. Quine: Perspectives on Logic, Science and Philosophy: Interview with B. Edminster and M. O'Shea. In: *Harvard Review of Philosophy* 4, p. 47-57.

_____ 1995. *From Stimulus to Science*. Cambridge, Mass.: Harvard University Press.

_____ 2000. Quine's Responses. In: A. Orenskein and P. Kotatko (eds.). *Knowledge, Language and Logic*. Dordrecht: Kluwer, p. 407-430.

Quinton, A. 1995a. Analytic Philosophy. In: Honderich 1995, p. 28-30.

_____ 1995b. Continental Philosophy. In: Honderich 1995, p. 161-163.

Railton, P. 1998. Analytic Ethics. In: Craig 1998, p. 220-223.

Rajchman, J. and West, C. (eds.) 1985. *Post-Analytic Philosophy*. New York: Columbia University Press.

Ramsey, P. F. 1931. *The Foundations of Mathematics and other Logical Essays*. London: Routledge & Kegan Paul.

Rawls, J. 1972. *A Theory of Justice*. Oxford: Clarendon Press.

Reck, E. (ed.) 2002. *From Frege to Wittgenstein*. Oxford: Oxford University Press.

Rée, J. 1978. Philosophy and the History of Philosophy. In: Rée; Ayers; Westoby 1978, p. 1-38.

_____ 1993. English Philosophy in the Fifties. In: *Radical Philosophy* 65, p. 3-21.

Rée, J.; Ayers, M.; Westoby, A. 1978. *Philosophy and Its Past*. Hassocks: Harvester.

Reno, R. R. 2006. Theology's Continental Captivity. In: *First Things* [April], p. 26-33.

Reichenbach, H. 1951. *The Rise of Scientific Philosophy*. Berkeley: University of California Press.

Rescher, N. 1993. American Philosophy Today. In: *Review of Metaphysics* 46, p. 717-745.

Rey, G. 1998. Concepts. In: Craig 1998, p. 505-517.

Rhees, R. (ed.) 1984. *Recollections of Wittgenstein*. Oxford: Oxford University Press.

Rickert, H. [1892]. *Der Gegenstand der Erkenntnis*. Tübingen: Mohr, 1904.

Riesch, G. 2004. *How the Cold War Transformed Philosophy of Science*. Cambridge University Press.

Rockmore, T. 2004. On the Structure of Twentieth Century Philosophy. In: *Metaphilosophy* 35, p. 466-478.

Rorty, R. (ed.) 1967. *The Linguistic Turn*. Chicago: University of Chicago Press.

_____ 1979. *Philosophy and the Mirror of Nature*. Princeton: Princeton University Press.

_____ 1982. *Consequences of Pragmatism*. Minneapolis: University of Minnesota Press.

_____ 1986. Pragmatism, Davidson and Truth. In: E. LePore (ed.). *Truth and Interpretation: Perspectives on the Philosophy of Donald Davidson*. Oxford: Blackwell, p. 333-355.

_____ 1991. *Objectivity, Relativism and Truth: Philosophical Papers – Volume I*. Cambridge: Cambridge University Press.

_____ 1998. *Truth and Progress*. Cambridge: Cambridge University Press.

Rorty, R. and Searle, J. 1999. Rorty v. Searle, At Last: a Debate. In: *Logos* 2.3, p. 20-67.

Rorty, R.; Schneewind, J. B.; Skinner, Q. (eds.) 1984. *Philosophy in History*. Cambridge University Press.

Rosch, E. and Lloyd, B. B. 1978. *Cognition and Categorization*. Hillsdale: Erlbaum.

Rosen, M. 1998. Continental Philosophy from Hegel. In: Grayling 1998, p. 663-704.

Ruben, D. H. 1998. The Philosophy of the Social Sciences. In: Grayling 1998, p. 420-469.

Rundle, B. 1990. *Wittgenstein and Contemporary Philosophy of Language*. Oxford: Blackwell.

Russell, B. 1896. *German Social Democracy*. London: Longmans.

_____ [1900]. *The Philosophy of Leibniz*. With a New Introduction by J. G. Slater. London: Routledge, 1992.

_____ [1903]. *The Principles of Mathematics*. With a new introduction by J. G. Slater. London: Routledge, 1992.

_____ [1905]. On Denoting. In: Russell 1956a, p. 41-56.

_____ [1910]. Knowledge by Acquaintance and Knowledge by Description. In: Russell 1925, p. 152-167.

_____ [1912]. *The Problems of Philosophy*. Oxford: Oxford University Press, 1967.

_____ [1914]. *Our Knowledge of the External World*. With a new introduction by J. G. Slater. London: Routledge, 1993.

_____ [1914]. On Scientific Method in Philosophy. In: Russell 1925, p. 75-93.

_____ [1918]. The Philosophy of Logical Atomism. In: Russell 1956a, p. 175-281.

_____ 1919. *Introduction to Mathematical Philosophy*. London: George Allen and Unwin.

_____ 1925. *Mysticism and Logic*. London: Longmans, Green & Co.

_____ [1924]. Logical Atomism. In: Russell 1956a, p. 321-343.

_____ 1935. *Religion and Science*. London: Butterworth.

_____ 1940. *An Inquiry into Meaning and Truth*. London: George Allen and Unwin.

_____ 1944. Replies to Criticisms. In: P. A. Schilpp (ed.). *The Philosophy of Bertrand Russell*. Evanston: Open Court, p. 679-741.

_____ [1950]. Logical Positivism. In: Russell 1956a, p. 367-382.

_____ 1956a. *Logic and Knowledge: Essays 1901–1950*. In: R. C. Marsh (ed.). London: George Allen and Unwin.

_____ 1956b. *Portraits from Memory and other Essays*. London: George Allen and Unwin.

_____ [1957]. Mr. Strawson on Referring. In: Russell [1959], p. 175-180.

_____ [1959]. *My Philosophical Development*. London: George Allen and Unwin, 1985.

_____ [1967-1969]. *Autobiography*, 3 Vols.. (Publicado em um volume, George Allen and Unwin Paperbacks, 1978).

Russell, B. and A. N. Whitehead 1910-1913. *Principia Mathematica*. Cambridge: Cambridge University Press.

Ryan, A. 1988. *Bertrand Russell: a Political Life*. London: Allen Lane.

Ryle, G. 1928. Heidegger's *Sein und Zeit*. In: Ryle 1971a, p. 197-214.

_____ [1932]. Systematically Misleading Expressions. In: Ryle 1971b, p. 39-62.

_____ [1937]. Taking Sides in Philosophy. In: Ryle 1971b, p. 153-169.

_____ [1949]. *The Concept of Mind*. London: Penguin, 1980.

_____ 1953. Ordinary Language. In: Ryle 1971b, p. 301-318.

_____ 1962. Phenomenology vs. The Concept of Mind. In: Ryle 1971a, p. 179-196.

_____ 1970. 'Autobiographical". In: O. P. Wood and G. Pitcher (eds.). London: Macmillan, p. 1-15.

_____ 1971a. *Collected Papers*, Vol. I. London: Hutchinson.

_____ 1971b. *Collected Essays*, Vol. II. London: Hutchinson.

Schacht, R. 1975. *Hegel and After: Studies in Continental Philosophy between Kant and Sartre*. Pittsburgh: University of Pittsburgh Press.

Schilpp, P. A. (ed.) 1942. *The Philosophy of G. E. Moore*. Evanston, Ill.: North-Western University Press.

Schilpp, P. A. and Hahn, L. E. (eds.) 1986. *The Philosophy of W. V. Quine*. Evanston, Ill.: Open Court.

Schlick, M. [1918]. *Allgemeine Erkenntnistheorie General Theory of Knowledge*. Traduzido por A. E. Blumberg, introdução por A. E. Blumberg and H. Feigl. Wien: Springer-Verlag, 1974.

_____ 1926. Erleben, Erkennen, Metaphysik. In: Schlick 1979, p. 99-111.

_____ [1930]. *Problems of Ethics*. Traduzido por D. Rynin. New York: Dover.

_____ 1930/1931. The Turning Point of Philosophy. In: Ayer 1959, p. 55-59.

_____ 1952. *Natur und Kultur*. Wien: Humboldt.

_____ 1979. *Philosophical Papers*. Editado por H. L. Mulder and B. F. B. Van de Velde-Schlick, traduzido por P. Heath. Dordrecht: Reidel.

Schnädelbach, H. 1983. *Philosophy in Germany 1831-1933*. Cambridge: Cambridge University Press.

Schopenhauer, A. [1844]. *The World as Will and Representation*. Traduzido por E. F. J. Payne. New York: Dover, 1966.

_____ [1851]. *Parerga and Parilepomena*. Traduzido por E. F. J. Payne. Oxford: Oxford University Press, 1974.

Schorske, C. E. The New Rigorism in the Human Sciences. In: *Daedalus* 126, p. 289-310.

Schroeder, S. 2006. *Wittgenstein: The Way out of the Fly-Bottle*. Cambridge: Polity.

Schroeder, W. R. 2005. *Continental Philosophy: A Critical Approach*. Oxford: Blackwell.

Searle, J. 1969. *Speech Acts*. Cambridge: Cambridge University Press.

_____ 1977. Reiterating the Differences: a Reply to Derrida. In: *Glyph* 1, p. 198-208.

_____ 1980. Minds, Brains and Programmes. In: *Behavioural and Brain* 3, p. 450-456.

_____ 1992. *The Rediscovery of the Mind*. Cambridge, Mass.: MIT Press.

_____ 1995. *The Construction of Social Reality*. New York: Free Press.

_____ 1996. Contemporary Philosophy in the United States. In: Bunnin and Tsui-James 1996, p. 1-24.

_____ 2004. Toward a Unified Theory of Reality: Interview with John Searle. In: *The Harvard Review of Philosophy* 12, p. 93-135.

Sellars, R. W. 1922. *Evolutionary Naturalism*. Chicago: Open Court.

Sellars, W. F. 1963. *Science, Perception and Reality*. London: Routledge & Kegan Paul.

_____ 1979. *Naturalism and Ontology*. Reseda: Ridgeview.

Shapin, St. 2001. How to be Anti-Scientific. In: J. A. Labinger and H. Collins (eds.). *The One Culture?* Chicago: Chicago University Press, p. 99-115.

Sigwart, C. 1873. *Logik*, Band I. Tübingen: Mohr.

Simons, P. 1986. The Anglo-Austrian Analytic Axis. In: Nyeri 1986, p. 98-107.

———— 1999. Bolzano, Brentano and Meinong: three Austrian Realists. In: O'Hear 1999, p. 109-136.

Singer, M. G. (ed.) 1985. *American Philosophy*. RIP Lecture Series 19. Cambridge: Cambridge University Press.

Singer, P. 1975. *Animal Liberation*. New York: Random House.

———— 1979. *Practical Ethics*. Cambridge: Cambridge University Press.

———— 1980. *Marx*. Oxford: Oxford University Press.

———— 1983. *Hegel*. Oxford: Oxford University Press.

———— 1992. A German Attack on Applied Ethics. In: *Journal of Applied Philosophy* 9, p. 85-91.

Skinner, Q. 1969. Meaning and Understanding in the History of Ideas. In: *History and Theory* 8, p. 3-53.

Skorupski, J. 1993. *English Speaking Philosophy 1750–1945*. Oxford: Oxford University Press.

Sloterdijk, P. 1999. *Regeln für den Menschenpark*. Frankfurt: Suhrkamp.

Sluga, H. 1980. *Frege*. London: Routledge.

———— 1993. *Heidegger's Crisis*. Cambridge, Mass.: Harvard University Press.

———— 1997. Frege on Meaning. In: Glock 1997c, p. 17-34.

———— 1998. What Has History to Do with Me? Wittgenstein and Analytic Philosophy. In: *Inquiry* 41, p. 99-121.

Smith, B. 1994. *Austrian Philosophy*. La Salle: Open Court.

———— 2000. Philosophie, Polity und wissenschaftliche Weltauffassung: zur Frage der Philosophie in Österreich und Deutschland. In: *Grazer Philosophische Studien* 58/59, p. 1-22.

Snow, C. P. [1959]. *The Two Cultures: and a Second Look*. Cambridge: Cambridge University Press, 1964.

Soames, S. 2003. *Philosophical Analysis in the Twentieth Century*, Vol. I. Princeton: Princeton University Press.

———— 2006. Hacker's Complaint. In: *Philosophical Quarterly* 56, p. 426-435.

Soble, A. 1998. Sexuality, Philosophy of'. In: Craig 1998, p. 717-730.

Sokal, A. 1996. Transgressing the Boundaries: Towards a Transformative Hermeneutics of Quantum Mechanics. Reimpresso in: Sokal and Bricmont 1998, p. 199-240.

Sokal, A. and Bricmont, J. 1998. *Intellectual Impostures*. London: Profile.

———— 1997. What is all the Fuss About?. In: *Times Literary Supplement*, 17 October 1997, p. 17.

Solomon, R. C. 1988. *Continental Philosophy since 1750: the Rise and Fall of the Self*. Oxford: Oxford University Press.

Sorell, T. and Rogers, G. A. J. (eds.) 2005. *Analytic Philosophy and History of Philosophy*. Oxford: Oxford University Press.

Stadler, F. 1997. *Studien zum Wiener Kreis*. Frankfurt a.M.: Suhrkamp.

Stairs, A. 1998. Quantum Mechanics, Interpretation of. In: Craig 1998, p. 890-895.

Stebbing, L. S. 1932. The Method of Analysis in Metaphysics. In: *Proceedings of the Aristotelian Society* 33, p. 65-94.

Stevens, G. 2005. *The Russellian Origins of Analytic Philosophy*. London: Routledge.

Stevenson, C. L. 1944. *Ethics and Language*. New Haven: Yale University Press.

Strawson, G. (ed.) 2005. *The Self*. Oxford: Blackwell.

Strawson, P. F. 1952. *Introduction to Logical Theory*. London: Methuen.

———— 1959. *Individuals*. London: Methuen.

———— 1963. Carnap's Views on Constructed Systems vs. Natural Languages in Analytic Philosophy. In: P. Schilpp (ed.). *The Philosophy of Rudolf Carnap*. Library of Living Philosophers, Vol. XI. La Salle, Ill.: Open Court, p. 503-518.

———— 1971. *Logico-Linguistic Papers*. London: Methuen.

———— 1985. *Skepticism and Naturalism: some Varieties*. London: Methuen.

———— 1990. Two Conceptions of Philosophy. In: R. Barrett and R. Gibson (eds.). *Perspectives on Quine*. Oxford: Blackwell, p. 310-318.

———— 1992. *Analysis and Metaphysics*. Oxford: Oxford University Press.

———— 1995. My Philosophy. In: P. K. Sen and R. R. Verma (eds.). *The Philosophy of P. F. Strawson*. New Delhi: Indian Council of Philosophical Research, p. 1-18.

———— 1997. *Entity and Identity*. Oxford: Oxford University Press.

_____1998. Intellectual Autobiography. In: L. E. Hahn (ed.). *The Philosophy of P. F. Strawson*. Peru, Ill.: Open Court, p. 1-21.

Stroll, A. 2000. *Twentieth-Century Analytic Philosophy*. New York: Columbia University Press.

Stroud, B. 1968. Transcendental Arguments. Reimpresso in: R. C. S. Walker (ed.). *Kant on Pure Reason*. Oxford: Oxford University Press, 1982, p. 117-131.

Swinburne, R. 1986. *The Evolution of the Soul*. Oxford: Oxford University Press.

Swift, A. 2001. Politics v. Philosophy. In: *Prospect* August/September 2001, p. 40-44.

Tait, W. 1997. *Early Analytic Philosophy: Frege, Russell, Wittgenstein*. LaSalle, Ill.: Open Court.

Tarski, A. (1935). Der Wahrheitsbegriff in den formalisierten Sprachen. In: *Studia Philosophica* I, p. 261-405; ["The Concept of Truth in Formalized Languages"] (Tradução para o inglês in: Tarski 1983).

_____1936. O pojciu wynikania logicz-nego. In: *Przegląd Filozoficzny* 39, p. 58-68; ["On the Concept of Logical Consequence"] (Tradução para o inglês in: Tarski 1983).

_____1983. *Logic, Semantics, Metamathematics*. Indianapolis: Hackett.

Taylor, C. 1984. Philosophy and its History. In: Rorty; Schneewind; Skinner 1984, p. 17-30.

_____1994. *Multiculturalism and "The Politics of Recognition'*. Princeton: Princeton University Press.

Teichmann, R. (ed.) 2000. Mind! 2000. In: *Mind – Volume 109 Supplement*. Oxford: Oxford University Press.

Thiselton, A. C. 1998. Hermeneutics, Biblical. In: Craig 1998, p. 389-395.

Trendelenburg, A. [1840]. *Logische Untersuchungen*, Band I. Leipzig: Hirzel, 1870.

Tugendhat, E. [1976]. *Traditional and Analytical Philosophy*. Traduzido por P. Garner. Cambridge: Cambridge University Press, 1982.

Uebel, Th. (ed.) 1991. *Rediscovering the Forgotten Vienna Circle*. Dordrecht: Kluwer.

_____1999. Otto Neurath, the Vienna Circle and the Austrian Tradition. In: O'Hear 1999, p. 249-270.

Urmson, J. O. 1956. *Philosophical Analysis: its Development between the Wars*. Oxford: Oxford University Press.

Waismann, F. 1956. How I see Philosophy. In: R. Harre (ed.). *How I see Philosophy*. New York: St. Martin's Press, 1968, p. 1-38.

_____1976. *Logik, Sprache, Philosophie*, com um Prefácio escrito por Moritz Schlick. In: G. P. Baker and B. McGuinness (eds.), com a assistência de J. Schulte. Stuttgart: Reclam.

Wang, H. 1986. *Beyond Analytic Philosophy*. Cambridge, Mass.: MIT Press.

Warnock, G. 1998. Ordinary Language Philosophy, School of. In: Craig 1998, p. 147-153.

Wedberg, A. 1984. *A History of Philosophy*, Vol. III. Oxford: Clarendon Press.

West, C. 1989. *The American Evasion of Philosophy: a Genealogy of Pragmatism*. Madison: University of Wisconsin Press.

Whorf, S. 1956. *Language, Thought and Reality*. Cambridge, Mass.: MIT Press.

Whitehead, A. N. 1929. *The Aims of Education*. New York: Mentor Books.

Wiggins, D. 1991. *Needs, Values, Truth*. Oxford: Blackwell.

_____2001. *Sameness and Substance Renewed*. Cambridge: Cambridge University Press.

Willard, D. 1989. The Case against Quine's Case for Psychologism. In: M. A. Notturna (ed.). *Perspectives on Psychologism*. Leiden: Brill, p. 286-295.

Williams, B. 1985. *Ethics and the Limits of Philosophy*. London: Fontana.

_____1996a. Contemporary Philosophy – a Second Look. In: Bunnin and Tsui-James 1996, p. 25-37.

_____1996b. On Hating and Despising Philosophy. In: *London Review of Books* 18 April 1996, p. 17-18.

_____2002a. *Truth and Truthfulness*. Princeton: Princeton University Press.

_____2002b. Why Philosophy needs History. In: *London Review of Books*, 17 October 2002, p. 7-9.

_____2006. *Philosophy as a Humanistic Discipline*. Princeton: Princeton University Press.

Williamson, T. 1994. *Vagueness*. London: Routledge.

_____2004. Past the Linguistic Turn?. In: Leiter 2004c, p. 106-128.

_____2006. Must Do Better. In: P. Greenough and M. P. Lynch (eds.). *Truth and Realism*. Oxford: Oxford University Press, p. 177-187.

Wilshire, B. 2002. *Fashionable Nihilism: A Critique of Analytic Philosophy*. New York: State University of New York Press.

Wilson, M. D. 1991. *Ideas and Mechanism*. Princeton: Princeton University Press.

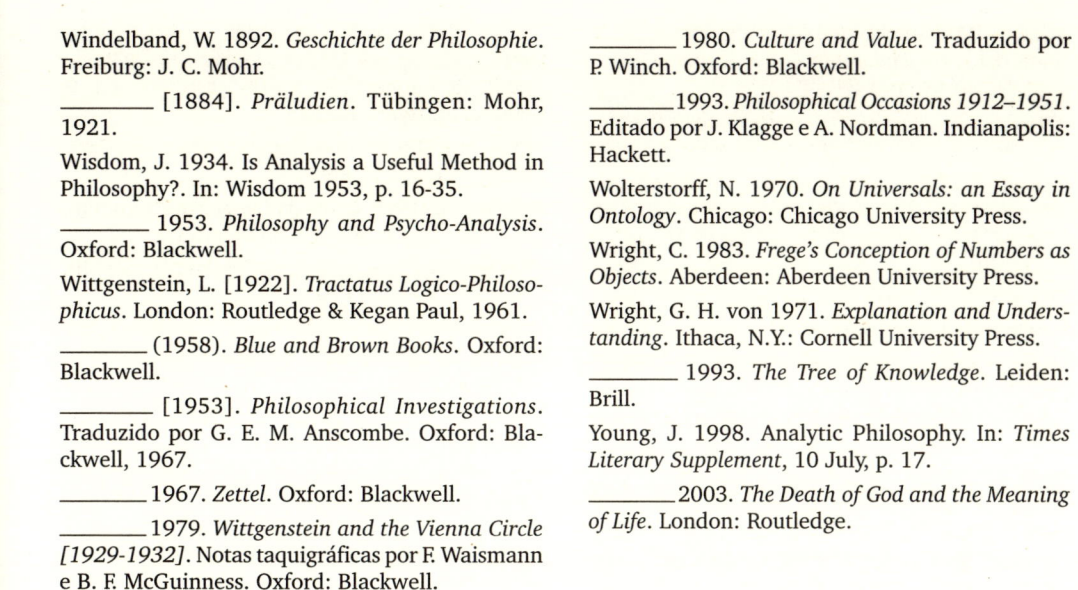

Windelband, W. 1892. *Geschichte der Philosophie*. Freiburg: J. C. Mohr.

———— [1884]. *Präludien*. Tübingen: Mohr, 1921.

Wisdom, J. 1934. Is Analysis a Useful Method in Philosophy?. In: Wisdom 1953, p. 16-35.

———— 1953. *Philosophy and Psycho-Analysis*. Oxford: Blackwell.

Wittgenstein, L. [1922]. *Tractatus Logico-Philosophicus*. London: Routledge & Kegan Paul, 1961.

———— (1958). *Blue and Brown Books*. Oxford: Blackwell.

———— [1953]. *Philosophical Investigations*. Traduzido por G. E. M. Anscombe. Oxford: Blackwell, 1967.

———— 1967. *Zettel*. Oxford: Blackwell.

———— 1979. *Wittgenstein and the Vienna Circle [1929-1932]*. Notas taquigráficas por F. Waismann e B. F. McGuinness. Oxford: Blackwell.

———— 1980. *Culture and Value*. Traduzido por P. Winch. Oxford: Blackwell.

———— 1993. *Philosophical Occasions 1912–1951*. Editado por J. Klagge e A. Nordman. Indianapolis: Hackett.

Wolterstorff, N. 1970. *On Universals: an Essay in Ontology*. Chicago: Chicago University Press.

Wright, C. 1983. *Frege's Conception of Numbers as Objects*. Aberdeen: Aberdeen University Press.

Wright, G. H. von 1971. *Explanation and Understanding*. Ithaca, N.Y.: Cornell University Press.

———— 1993. *The Tree of Knowledge*. Leiden: Brill.

Young, J. 1998. Analytic Philosophy. In: *Times Literary Supplement*, 10 July, p. 17.

———— 2003. *The Death of God and the Meaning of Life*. London: Routledge.

ÍNDICE

A

a priori 32-33, 49-50, 87-88, 121-122, 126-127, 204-205; *ver também* gradualismo
absurdo (falta de sentido) *versus* sentido 37-39, 41-42, 50-51, 58-59, 83-84
ação (intencional), *ver* comportamento
Adorno, Theodor 154-155; *ver também* teoria crítica; debate do positivismo
agressividade 171-172, 205
Alemanha 15, 34-35, 61-62, 75-77, 139-140, 160-161, 206-207
   e Áustria 72
   orgulho sobre os filósofos 72
Alemanha Oriental 75-76
América do Norte 27-28, 59-64, 66-67, 142-143, 154-155, 191-193, 207-208; *ver também* filosofia analítica; êxodo da; guerra cultural; pragmatismo; trote de Sokal
anacronismo 27-28, 82-83, 85, 92-94, 100
análise 24-25, 28, 31-33, 35-36, 39, 111-116, 129-136
   alternativa 131
   conetiva *versus* redutiva (Strawson) 134-135
   de mesmo nível *versus* de novo nível 44-45, 122-123, 132-133
   decomposicional/progressiva 28, 31-32, 39, 131-134; *ver também* redução/reducionismo como traço definitório da filosofia analítica
   fenomenológica 134-135
   noção ampla de 134-135
   ontológica 31-32, 134-135
   psicológica 31-32
   reducionista, *ver* redução/reducionismo
   regressiva 31-32
   ver também análise conceitual, análise lógica, construção lógica, paradoxo parafrásico da análise
análise a modo de Cambridge 44, 48, 65-66, 126-127
análise conceitual 39-40, 46-47, 48, 51-52, 55-56, 102-103, 111-112, 115-116, 121-122, 127, 134, 137-140, 154, 173, 178-179, 186-187, 200-201
análise lógica 31-32, 39-40, 47-48, 117, 186-187; *ver também* explicação lógica; forma lógica
Anscombe, Elizabeth 144-145
antiquarismo 93
Apel, Karl-Otto 75-76, 156, 156-159, 173, 183-184
argumentos 18-20, 57-58, 77, 135-136, 146-147, 157-163, 167, 170-171, 174-176, 212-213
   em moral 57-58
   nocauteantes 147-148, 212-213
   tipos de 148-149
argumentos transcendentais 51-53
Aristóteles/aristotelismo 24-25, 31, 33, 122, 183-184
arte 60, 129-130, 135-136; *ver também* estética
ascensão semântica, *ver* virada linguística, rótulos para a
Associação Americana de Filosofia (*American Philosophical Association*, APA) 77
atitudes proposicionais 31, 45
atomismo lógico 41-43, 45-46, 114, 131-133, 136
atos de fala e teoria dos atos de fala 48, 209-210
Austin, John L. 47-48, 55-56, 102-103, 117, 136-137, 139, 141-142, 167-168, 198-199, 209-211
Áustria 75-77
Ayer, Alfred J. 17, 82, 84, 104, 112-113, 143, 151-152
Ayers, Michael 92-93, 95-96

B

Baker, Gordon P. 92-95, 147-148, 183-184
Baldwin, Tom 76-77, 96, 204-205, 211-212
Bar-Hillel, Yehoshua 209-211
Bauch, Bruno 74
Beaney, Michael 130-131
Beckerman, Ansgar 94-95, 171-172, 208
behaviorismo 67
   lógico 17-18
Bell, David 71
Beneke, Friedrich E. 69-70
Bennett, Jonathan 95-96
Bentham, Jeremy 68-69, 108-109
Bergmann, Gustav 46-47

Bergson, Henri 70
Bieri, Peter 21-22
Black, Max 132-133
Boghossian, Paul 194-196
Bohr, Niels 195-196
Bolzano, Bernard 35-36, 71-74, 105-106, 110-111, 151-152, 185-186
BonJour, Laurence 121-122
Boole, George 36, 108-109
Borradori, Giovanna 67, 202-203
Bouveresse, Jacques 76-77
Boyd, Richard 161
Bradley, Francis H. 38-40, 149
Brandom, Robert 86-87
Brandt, Willy 211-212
Brentano, Franz 71-74, 151-152, 187-188
Bricmont, Jean 192-196, 205
Bridgman, Percy Williams 67
Broad, Charles D. 55-56, 93, 144-145, 207-208

C

Campbell, John 211
Cantor, Georg 34-35
caridade/equidade (princípio de) 54-55, 97-100
Carnap, Rudolf 42-46, 51-52, 65-67, 72-75, 83-84, 104, 109, 120-121, 134-135, 142-143, 147-148, 154-156, 167-168, 186-189, 196, 209-210
cartesianismo 88-89, 122; *ver também* mentalismo
casos enigmáticos 138-139
Cassirer, Ernst 74, 137-138, 188-189
casuística 164-165
Cavell, Stanley 77, 209-210
ceticismo 51-52, 96-97
Charlton, William 16-17, 143-144, 182
Chisholm, Roderick 185-186
Chomsky, Noam 55-56, 155-156, 161
Church, Alonzo 123-124
ciência 74, 85-86, 118-119, 146, 200-202
　abusos da 191; *ver também* pós-modernismo
　natural *versus* Geisteswissenschaften [ciências humanas] 49, 102-103, 135-138, 199-201, 203-204
　ver também filosofia e ciência; unidade da ciência *versus* filosofia 18-21, 49
ciência cognitiva 203-204
ciências culturais, sociais e históricas 86-87, 90, 137-138, 201-206; *ver também* hermenêutica; história/historiografia
cientismo 105, 136, 173, 201-202; *ver também* naturalismo
Círculo de Viena 42, 48, 65-68, 71-74, 83-84, 102-105, 112, 116, 120-121, 154-155, 166-167, 182-183, 188-189
clareza 28, 46-47, 99, 129-130, 141-146, 168, 171-172, 200-201, 208, 211-213
　ausente em alguns filósofos analíticos 143-145
　de pensamento 146
　presente em alguns filósofos continentais 144-146

Coffa, J. Alberto 126-127
cognitivismo *versus* não cognitivismo (moral) 58-60, 102-103, 153, 155-158, 203-204
Cohen, Jonathan L. 15-17, 107-108, 124, 127, 146, 159-160, 165-168, 179-180, 183
Coleridge, Samuel T. 68
Collingwood, R. G. 88, 94-95
comprometimentos ontológicos (existenciais) 39-40, 51
Comte, Auguste 70
conceitos 31, 35-36, 38-39, 45-47, 58-59, 177-178, 212-213
conceitos de semelhança de família 46-47, 125, 170-171, 178-179
　como podem ser verificados 179-180
　uma ideia coerente? 176-179
　ver também concepções de filosofia analítica, semelhança de família
conceitos essencialmente contestados 29, 171-173
conceitos genéticos 170-171
concepção anglo-austríaca de filosofia analítica 61, 70-74, 188-189
concepção anglocêntrica de filosofia analítica 61, 63-64, 68, 70
concepções/definições de filosofia analítica 22-30, 129
　centradas na ciência em oposição a centradas na arte 28
　concepção racionalista 28, 130-131, 146-149, 159, 165-166, 170-176, 184-185; *ver também* argumento
　doutrina e tópicos 27-28, 102-127; *ver também* virada linguística, metafísica
　ética e política 29, 151-168
　genéticas/históricas 29-30, 181-182, 191
　geolinguísticas 26-30, 61-80, 205-209; *ver também* anglófono, França, germanófono
　história e historiografia 27-28
　materiais *versus* formais 102-104, 129-130
　método e estilo 28-29, 129-149
　semelhança de família 29-30, 170, 176-182, 184-185, 191
conhecimento 125
　de como *versus* de que 47-48
　ver também epistemologia; instrumentalismo
conjunto/teoria dos conjuntos 34-38; *ver também* paradoxo de Russell; teoria dos tipos
conservadorismo 151
　não é um traço distintivo da filosofia analítica 153
construcionismo lógico 44-46, 48, 134-135, 137-139, 154, 173; *ver também* explicação lógica
construtivismo (social) 191-193, 196
　na filosofia analítica 196
conteúdo (conceitual/proposicional/semântico) 36-37, 112, 173-174
　não conceitual 111-113
contexto (histórico, social) 93-95, 162, 203-204; *ver também* historicismo

contraste filosofia analítica/continental 15-18, 27-30, 61-64, 68, 74, 75, 94-95, 188-189, 191-192, 196
   ainda real 21-22, 191-192; *ver também* filosofia continental, filosofia tradicional
   classificação cruzada 61
   construção de ponte entre/síntese de 191, 205, 209-211
   obsoleto 210-211
   origem do 187-189
   rejeitado ou condenado 17, 21-22
   trocas entre representantes da 175-176, 188-189, 205
convencionalismo 42-43
Cooper, David E. 70, 115, 125, 152-153
Critchley, Simon 68, 75, 82-83, 158-159, 173
cronyismo 205
cruzada 103-107

D

Dahms, Hans-Joachim 154
darwinismo 77
Davidson, Donald 23-24, 54, 77-78, 97-99, 120, 122-123, 132-134, 139-140, 184-185
de Botton, Alain 202-203
de onde vem a filosofia analítica? 17
Dedekind, Julius W. R. 34-35
dedução/demonstração/consequência lógica 31, 34-36
definição 22, 31, 45, 176
   "precisante" 174-175
   analítica (condições necessárias e suficientes) 29, 170, 176, 180-181; *ver também* semelhança de família
   lexical *versus* estipulativa 24-25, 173-174
   nominal *versus* real 23-25, 113-114
   persuasiva 146-147, 170-176
   revisionária 26, 148-149, 170-171, 173-174
deflacionismo 20-22; *ver* verdade, teoria deflacionária da; deflacionismo ontológico
Dennett, Daniel 143-144
Derrida, Jacques 26-27, 158-159, 172-173, 193-194, 199, 208-211
Descartes, René 31-32, 87-88, 96-97, 131, 145-146
descoberta *versus* justificação 50-51
desconstrutivismo 167-168
descrições definidas
   genuinamente referentes 134
   teoria de Russell
designador rígido 52-53
Deus, argumento ontológico a favor da existência de, *ver* existência, filosofia da religião
Devitt, Michael 121-122
Dewey, John 77-78, 123-124
dialética 32-34, 38-39, 131
diálogo/debate 183-185, 204-205, 211-212
disputa metodológica 204-205
distinção analítico/sintético 25-26, 32-33, 42-43, 120-121, 123-126, 175-176
   ataque de Quine à 23, 49, 59-60
   na filosofia continental 126-127
   reabilitação da 120-122
distinção sentido/significado 36-37, 39-40
dizer *versus* mostrar 42, 105
dogmatismo 200-201, 204-205, 211-212
doutrinas 32-33, 102-124, 174-175, 199-200, 204-205
doxografia 89-90, 93, 183-184
dualismo 123-124
   cartesiano 47-48
Dummett, Michael 15-17, 22, 27-28, 54-55, 67, 71, 93-94, 107-112, 130-131, 140-141, 155-156, 172-173, 185, 187-189, 199-208, 210-211

E

Einstein, Albert 146-147
eliminação (de fenômenos superiores) *versus* redução 59-60
emotivismo 57-59
empirismo 40-41, 43-44
   radical 34-35, 49
   ver também empirismo britânico
   versus realismo 71-72
empirismo britânico 27-28, 31-32, 42, 67-70, 84, 109, 138-139
empirismo lógico 48
encontro de Royaumont 61-63, 189, 209-210
Engel, Pascal 64, 76-77
Engels, Friedrich 145-146, 167
enunciado moral 57-59, 156
epistemologia
   naturalizada 49-50, 109
epistemologia naturalizada 52-53, 109
equidade, *ver* caridade
equívocos categóricos 47-48, 133-134
Escandinávia 75
Escola de Frankfurt, *ver* Teoria Crítica
Escola Polonesa 66-67, 71, 185-188
escolas, *ver* movimentos; *ver também* -ismos; taxonomia
escolasticismo 28, 156-157, 202
espírito científico 43-44, 129-130, 135-138
esquema/estrutura conceitual 51-54, 88
essência/essencialismo 52-54, 106-107
estética 83-84, 124-125; *ver também* arte
estilo 28, 71-72, 138-141, 201-204
   extensão dos escritos 140-141
   literário *versus* científico 135-136
   ver também clareza; notas de rodapé; títulos
estrutura 88-90, 92-93, 197-198
   alternativa 89-90
   caracterizações filosóficas da 88-90
estrutura linguística, *ver* esquema conceitual
estruturalismo, global, *ver* referência, concepção instrumentalista da
estruturas de diversidade/alternativas 196
   sincrônicas *versus* diacrônicas 89-90
ética 57-60, 83-84, 124, 151-152
   ambiental 153

aplicada 59-60, 63-64, 153
bioética 153
do bem-estar animal 153
eutanásia 163-165
normativa 59-60, 63-64, 153, 157-158
santidade da vida humana 163-164
tarefa psicológica da 156-157
ético-racional 156-157
eu 125-126
EUA 48-50; *ver também* América do Norte; guerra cultural
Europa, continente 27-28, 36-37, 45-46, 61-62, 67, 76-79, 173, 205-206
exclusão 205
existência ("há") 36-37, 39-40
humana 152-153
existencialismo 61-64, 188-189
experiência 52-53
experimento de pensamento 138-139
explicação lógica 45, 49-50, 117-118, 134-135
explicação, *ver* notação canônica, regimentação
extensionalismo 44
externalismo 57

F

faccionalismo 204-205
falácia genética 91-92, 196-197
falácia naturalista 57-58, 207-208
falibilismo 50-51
familiaridade 41-42
"fantasma na máquina" 55-56
fascismo, *ver* nazismo
fatos e distinção fato/valor 38-39, 42, 58-59, 157-158; *ver também* teoria da correspondência
Feigl, Herbert 48, 73-74
feminismo 154, 205
fenomenalismo 31, 43-45, 71-72
fenomenologia 61-62, 107, 152-153, 167-168, 175-176, 188-189
Feyerabend, Paul 50-51, 77, 194-196, 199
Fichte, Johann G. 72
Field, Hartry 161
filosofia 33
como uma superciência 33-34
de "poltrona" 149
disciplina autônoma/*sui generis* 33-35, 60, 115-116, 120-121, 126-127, 136; *ver também* disciplina de segunda ordem
disciplina de segunda ordem/metadisciplina 33-35, 43-44, 47-48, 74, 88, 111-112, 122; *ver também* metaética e filosofia moral de primeira e de segunda ordem
e ciência 28, 33, 49, 51, 74, 85-87, 92-93, 102-103, 115-116, 199-201
e moralidade/política 29
e religião 29
esfera unificada de discurso 22, 29-30, 212-213
esotérica/exotérica 203-204
filosofia primeira/precedente 118-119, 122

idêntica com análise lógica 41-42, 120-121
natureza da (*ver também* metafilosofia) 17-21, 24-25
ocidental 15, 79, 148-149, 185
progresso em 93-95, 202-203
protociência 116, 117
rainha das ciências 33, 117
sistemática 48, 54, 139
subtrabalhadora 116
teoria (metafilosofia) *versus* prática 115-116, 146-147
teórica 28, 129-130
ver também analítico/sintético; virada linguística; naturalismo; cientismo
filosofia alemã 68-70, 142-143, 162-163
"filosofia analítica" 146-147, 154, 170-171, 173-174, 180-181
adjetivo escalonante 146, 174-175
origens do termo 48, 141-142
sentido frouxo de 148-149, 174-175
título honorífico ou rótulo descritivo 16-17, 29, 170-176
um conceito essencialmente contestado 172-174
uma categoria útil? 191, 196, 198-199, 209-212
uso estabelecido/extensão da 24-27, 129, 174-176, 180-183
vaga 21-22, 173-175; *ver também* filosofia analítica, casos fronteiriços *versus* casos paradigmáticos
filosofia analítica 48, 82, 170-171
apologias da 16-17, 170-171
casos fronteiriços *versus* casos paradigmáticos da 26, 177-178, 180-182
contornos da 170-171, 185
corrente principal contemporânea 106-107, 112-113, 147-148, 157-158, 191, 202, 211-212
crise, derrocada ou triunfo da 15-16, 199-203, 206-207
de relance 180-181, 187
definição de 58-59, 134, 191
desde a Europa continental contemporânea 208
desenvolvimento histórico da 15, 26-27
discordâncias dentro da 102-104
diversidade da 15, 102-104, 125-126, 129-131, 203-205
e cultura 168
estado atual da 15-16, 29-30, 61, 191
êxodo da Europa continental 66-67, 79, 189
fundador da 15-16, 29-30, 68, 107, 185-187
futuro da 18-19, 29-30, 209
histórias da 15-16, 82
importância de métodos em vez de resultados 129-130
movimento revolucionário 78-80, 148-149, 203-204
natureza da, *ver* O que é filosofia analítica?
pós-fregeana 107, 185
precursores da 184-185
precursores da 185-186
raízes históricas da 15-16, 29-30, 114, 207-208

reaproximação com outras tradições 184-185, 211-212
relevância pública da 156-160, 168, 196, 202-203
tom excludente 200-201
um movimento distinto 48, 68, 102, 129-149, 159, 170, 183-184, 191, 211; *ver também* crise da
virtudes e vícios da 29-30, 176, 191, 199-209, 211-212, *ver também* "filosofia analítica"; concepções de filosofia analítica; O que é filosofia analítica
filosofia antiga 85
filosofia britânica 142-143, 207-208
filosofia continental 75, 78-79, 82, 85, 104, 106-107, 125, 137-146, 148-149, 152-154, 158-159, 164-166, 203-204
diferente de filosofia tradicional/ tradicionalista 80
diferentes partes da 79-80
em países anglófonos 76-77
origens do rótulo 61-64, 205-206
termo impróprio 27-28, 75, 79-80; *ver também* divisão analítico/continental
filosofia da ação 55-56
"filosofia do pensamento" (Dummett) 107, 112-113
base do sujeito 15-16, 112
da ciência 49-51
da linguagem 49-50, 54-56, 112
da mente 55-56
da religião 125
filosofia da linguagem comum 25-26, 102, 133-134, 167-168
ver também filosofia linguística
versus filosofia da linguagem ideal 46-47, 65-66
filosofia da linguagem ideal 45, 134; *ver também* filosofia da linguagem comum; notação canônica; linguagem natural/comum *versus* artificial/ideal
filosofia de Oxford, 105, 107, 126-127, 136-137; *ver também* filosofia da linguagem comum, filosofia linguística
filosofia linguística 28-29, 48-49, 54, 122
filosofia moral 112-113, 126-127, 157-158
de primeira ordem *versus* de segunda ordem 31
não é ignorada pela filosofia analítica 124, 151-153
parte integral dos empenhos filosóficos de filósofos analíticos? 152-153, 155-156; *ver também* metaética
filosofia pós-analítica 15, 209-211
filosofia pós-continental 209-210
filosofia prática 137-138, 152-153; *ver também* filosofia moral; teoria legal; teoria política
filosofia tradicional 27-28, 44, 78-79, 80, 82-84, 103-104, 139, 141-142, 188-189
filosofia tradicionalista 61, 79, 80, 85, 106-107, 148-149, 164-165, 167-168
contraste com a filosofia analítica suplantado pelo contraste filosofia continental/analítica 78-79, 103-104, 205-206

fisicalismo 43-44, 56-57; *ver também* materialismo
Fodor, Jerry 26-27, 55-57, 84, 173-175
Føllesdal, Dagfin 16-17, 146, 159-160, 165-166, 170-171, 174-175, 184-185, 209-210
Foot, Philipa 58-59
forma geral da proposição, *ver* forma lógica
forma/estrutura lógica (*versus* gramatical) 40-42, 46-47, 112, 122-123, 133-134
Foucault, Michel 158-159, 193-194, 208
França 15, 64, 69-70, 76-77, 193-194, 205-207
Frankfurt, Harry 134-135
Frege, Gottlob 15-16, 29, 35-42, 52-53, 65, 72-74, 91, 104-111, 113-114, 120-122, 126-127, 131, 160-163, 184-188; *ver também* distinção sentido/significado; logicismo
Friedman, Michael 15-16, 188-189
função e argumento, *ver* sujeito e predicado
funcionalismo 56-57

G

Gaarder, Fostein 202-203
Gadamer, Hans-Georg 86-87, 99-100, 115, 184-185
Gallie, W. B. 171-172
Geach, Peter 58-59, 120
Gellner, Ernest 107
genealogia 91-92, 134-135
gênese *versus* validade 32-33, 50-51, 91, 110-111
Gentzen, Gerhard 160-163
geometria, não euclidiana 34-35
germanófono 26-27, 64-68, 162-164
raízes da filosofia analítica 75
Gettier, Edmund 134
Glendinning, Simon 211
Glock, Hans-Johann 77-78, 111-112, 164
Gödel, Kurt 37--39
Goodman, Nelson 177-178, 197-198
Grã-Bretanha 61-62
Green, Karen 111-112
Grice, Paul H. 25-26, 55-56
Griffin, Nicholas 39-40
guerra cultural 29-30, 168, 191-193
"guerras da ciência" 191-192, 196, 198-199
e a divisão analítico/continental 193-196

H

Haack, Susan 167-168
Habermas, Jürgen 29-30, 75-76, 156-160, 173, 183-185, 208-210
Hacker, Peter M. S. 15-16, 25-26, 65-66, 92-93, 102, 108-109, 115-116, 148-149, 172-174, 179-187, 199-202, 207-208
Hacking, Ian 92-93, 96-97
Hahn, Hans 65-66, 154-156
Haller, Rudolf 71-72
Hampshire, Stuart 139-140
Hannah, Robert 125-126
Hare, Richard M. 22, 57-59, 142-143, 156-157
Harman, Gilbert 84
Hart, Herbert L. A. 58-59

Hegel, Georg W. F./hegelianismo 33-34, 69-70, 88-89, 93-94, 110-111, 146-147, 149, 158-159, 163-164, 167, 109, 111-112
   absoluto/espírito 33-34, 38-39, 104; *ver também* idealismo britânico, dialético
Heidegger, Martin 27-28, 61-62, 71, 88-89, 104-105, 134-135, 149, 158-159, 167, 188-189, 209-211
Heine, Heinrich 139-140
Heisenberg, Werner 195-196
Helmholtz, Herman L. F. von 73-74, 137-138
Hempel, Carl 44, 72-74, 120
Henrich, Dieter 173, 206-207
hermenêutica 86-88, 96-100, 120
   princípios da 98-100
   versão analítica 120
Hertz, Heinrich 137-138
Hintikka, Jaakko 15
hipótese de Sapir-Whorf 197-198
história da filosofia 140-141
   diferentes perspectivas sobre 93
   polêmica 93
   problemática 93-94
   ver também filosofia tradicionalista; ciências da cultura
   versus filosofia 85
   versus história das ideias 17-19, 89-90, 93-94, 183-184
"história do pensamento" *versus* "história dos pensadores", *ver* história da filosofia *versus* história das ideias
história/historiografia 60, 82, 85
historicismo 27-28, 82-100
   fraco 82-83, 91-93
   instrumental 82-83, 88
   intrínseco 82-83, 85-88
historiofobia 82-83, 93, 100, 201-202
   antimetafísica 83-84
   não é um traço distintivo da filosofia analítica 84-85
   naturalista 83-86
Höfler, Alois 72
holismo 49-50, 77-78, 107-108; *ver também* contextualismo
Hook, Sidney 72
Horkheimer, Max 154-155
humanidades, *ver* ciências da cultura
Hume, David 49, 144-145
Hurka, Tom 179
Husserl, Edmund 26-30, 61-63, 72, 107, 110, 134-135, 184-185, 187-189
Hylton, Peter 117-118, 176-177, 185

I

idealismo (absoluto) britânico 37-39, 65, 70, 110-111
idealismo 111-112, 205-206
   revolta contra 38-39, 71, 73-74, 152-153, 186-187; *ver também* idealismo transcendental

idealismo alemão 25-26, 33-34, 37-39, 71-72, 77, 105-106
   colapso do 33-34
idealismo transcendental 33-34, 38-39, 110, 188-189
ideias 32-33, 36-37; *ver também* psicologismo
identidade, pessoal 138-139
ideologia 151-152, 166-167, 194-195
Iluminismo 142-143, 158-160, 173
imperialismo cultural 29-30, 206-207
incomensurabilidade 95-96, 197-198
   epistêmica 84, 96
   incomensurabilidade semântica 95-96
indeterminação da tradução 49-50, 134
influência filosófica 183
instituições acadêmicas/culturais 22, 33, 59-62, 183, 199-202, 206-207
inteligência artificial 199-202; *ver também* ciência cognitiva
intensionalidade/intensões 49-50
interpretação radical/tradução radical 49-50, 54-55, 97-98, 139-140, 168
intuicionismo 57-59, 138-139, 148-149
"-ismos" 17-22, 102
isomorfismo entre linguagem/pensamento e realidade 40-42, 45-46, 54-55, 114

J

Jackson, Frank 57, 117-118, 121-122, 207-208
Jacobi, Friedrich H. 158-159
James, William 77-78
Jaspers, Karl 63-64
jogos de linguagem 45-47

K

Kant, Immanuel 31-38, 41-42, 51-53, 58-59, 61, 69-75, 77-78, 85, 88, 91, 98-99, 110-111, 125-126, 129-131, 137-139, 158-159, 199-201, 211; *ver também* neokantismo
Kenny, Anthony J. P. 107-108
Kim, Jaegwon 117-118, 120-121
Köhler, Wolfgang 69-70, 168
Kotarbinski, Tadeusz, *ver* Escola Polonesa
Kripke, Saul 23-24, 52-54, 106-107, 111-112, 121-122, 138-139
Kristeva, Julia 205
Krüger, Lorenz 82-83, 85-86, 93-94
Kuhn, Thomas 50-51, 77, 85-86, 194-196
Künne, Wolfgang 20-21, 75-76, 197-198

L

Leibniz, Gottfried W. 31-33, 35-36, 52-53, 84, 188-189
Leiter, Brian 117-118, 170, 205
Lewis, David K. 53-54, 139-140
liberalismo 151
   e filosofia analítica 159-160, 162, 165-167
liberdade de expressão 29

linguagem 54, 173
  abordagem formal (de semântica formal) *versus* abordagem pragmática 54
  atual 54-55
  como uma forma de comportamento/interação 54-56
  do pensamento 55-56
  funções da 27-28, 36-37, 45-46, 48
  natural/comum *versus* artificial/ideal 46-47, 49, 54-55, 102-103, 113-114
linguagem ideal/notação ideal 37-38, 42, 45; *ver também* linguagem artificial *versus* linguagem natural
linguagem ordinária 45-46, 48
linguagem privada 55-56
linguística 47-48, 203-204
Locke, John 23-24, 32-33, 116, 138-139
lógica 33-38, 40-41, 62-63, 77-78, 105-106, 108-114, 120-121
  aristotélica 35-36
  formal *versus* filosófica 110-111, 199-201
  informal, *ver* pensamento crítico
  ver também semântica, formal
lógica da ciência 42-43
lógica modal (quantificada) 52-53
logicismo 36, 37-38, 113-114; *ver também* matemática, analítica
Lotze, Rudolf H. 110-111
Lovejoy, Arthur 67
Lowe, Jonathan 185
Lyotard, Francois 183-184

M

Mach, Ernst 42, 49, 71-72
MacIntyre, Alastair 60, 85-86, 95-96
Mackie, John 59-60
Magee, Brian 25-26
mancha de Rorschach 93
Marconi, Diego 210-211
Marcuse, Herbert 154-155
Marx, Karl 17, 68-69, 145-146, 167, 183-184
marxismo 75-76, 152-154, 163-164, 167
matemática 31-33, 71
  analítica 35-38; *ver também* logicismo
  construtivista/intuicionista 196
  fundamentos da 34-38, 65
  ver também logicismo
materialismo 118-119
  eliminativo 57
materialismo australiano 56-57
McDowell, John 58-59, 122-123, 147-148
McGinn, Colin 143-144
McTaggart, John M. E. 37-39
mecânica quântica 195-196
Meinong, Alexius 39, 71
mentalismo 31; *ver também* cartesianismo
mente, lugar na natureza 55-56
Merleau-Ponty, Maurice 62-63, 88-89
metaética 58-60, 153, 156-157

metafilosofia 18-19, 156-157, 209-210
  descritiva *versus* prescritiva 16-17, 211-212; *ver também* debate metodológico
metafísica 32-33, 40-41, 200-201
  absurdidade da 42, 105-106
  descritiva *versus* revisionária 51-53, 105
  reabilitação da 27-28, 31, 51, 79, 105-107
  rejeição da 27-28, 44, 71-72, 83-84, 102-103, 156, 167-168, 173
  sem sentido 42-43, 83-84
  transcendental *versus* transcendente 33-34
  ver também ontologia
método analítico *versus* sintético 31-32
método científico em filosofia 116, 135-136
Mill, James 32-33
Mill, John Stuart 34-35, 37-38, 40-41, 49, 61-62, 68-69, 109, 121-122
modernismo reacionário 158-159
modo formal *versus* modo material 42-43
monismo anômalo 122-123, 132-133
monismo *versus* pluralismo 39
Monk, Ray 15-16, 62-63, 130-131, 172-173
Moore, Adrian W. 172-173
Moore, George, E. 28, 35-36, 38-40, 46-47, 48, 57-58, 71, 113-114, 120-122, 126-127, 131-134, 136-137, 141-142, 152-153, 157-158, 172-173, 185-186
movimentos/escolas/tradições (filosóficas) 48, 82, 102-104, 129-130, 170-171, 182-183, 185
  diferença entre escola, movimento e tradição 129, 182-183
  ver também -ismos; taxonomia
Mulhall, Steven 209-210
Mulligan, Kevin 99-100, 115, 175-176, 188-189, 203-204
mundo anglófono *versus* mundo não anglófono 16-17, 26-27, 61, 79, 165-166, 205-206
mundos possíveis 43-44, 52-54

N

Nagel, Ernest 48, 117-118
Nagel, Thomas 57, 158-159, 193
Natorp, Paul 74, 137-138
naturalismo 28, 31, 49-50, 52-53, 59-60, 74, 111-112, 172-173, 178-179, 196-197, 211
  antinaturalismo 74, 117-118
  é uma característica da filosofia analítica? 117-118
  eliminativo *versus* redutivo 57, 119
  em filosofia da mente 56-57
  epistemológico 49-50, 118-119
  fora da filosofia analítica 33-34, 109, 110, 123-124
  metafilosófico 49-50, 118-119
  ontológico 49-52, 105-107, 118-119, 122
  quineano 149
  terceira via entre naturalismo e supranaturalismo 122-123
  ver também eliminação; filosofia da ciência; cientismo; historiofobia

naturalização da moralidade 119
navalha de Ockham 40-41, 48
nazismo 27-28, 65-67, 72, 75-76, 142-143, 154-155, 160-164, 166-168, 189; *ver também* filosofia analítica, êxodo da
necessidade 104
  ver também convencionalismo
  versus aprioridade e analiticidade 52-54
neokantismo 25-26, 34-35, 70-72, 74-75, 137-138, 188-189, 205-206
Neurath, Otto 21-22, 43-44, 66-67, 71-72, 116, 117, 151-152, 154-156, 159, 167-168
neurofilósofos 117-118
neutralidade ética
  não é um traço distintivo da filosofia analítica 153-159
neutralidade moral 153-159
Nietzsche, Friedrich 27-28, 68-70, 72, 85, 105-106, 111-112, 115, 124, 145-146, 149, 152-153, 158-159, 165-167, 183-184, 193-194
nietzscheano 60, 77, 104, 172-173; *ver também* genealogia
nomes 41-42, 52-53
nominalismo 49
normatividade de significado e de conceitos 122-124
notação canônica 51, 53-54
notas de rodapé 140-141
números, *ver* conjuntos

O

o Bem 57-58
o que é filosofia analítica? 170-171, 184-185
  como ela deveria ser abordada? 21-22
  por que a pergunta é importante? 17-22, 26-27
ontologia 36-37, 51, 105-106, 132, 212-213

P

Pap, Arthur 48
Papineau, David 211-212
paradigma 50-51, 170-171
paradoxo da análise 45, 47-48, 152-153
paradoxo de Russell 37-38
paráfrase 39-41, 47-48, 102-103, 134; *ver também* explicação; regimentação
particularismo 58-59
Pascal, Blaise 149
Passmore, John 93, 125, 143-144, 152-153
Paul, George 89-90
Peacocke, Christopher 172-173, 202
Peano, Giuseppe 65
Peirce, Charles S. 65, 77-78
pensamento crítico 115-116, 212-213
pensamento(s) 107, 108-109, 112-113
  e linguagem 54-56, 111-113, 187-188
  ver também proposições
periódicos 16-17, 21-22, 102-103, 191-192, 201-203
perspectiva da terceira pessoa 54-55
Platão 28, 31-32, 162, 183-184
platonismo 33, 35-37, 40-41, 112-114, 122-124
Poincaré, Henri 74

política 66-67, 149, 203-204
  atitude apolítica 151, 153
  emancipatória 158-159
  extremista 151, 161, 164
  filósofos analíticos de direita 159-160; *ver também* conservadorismo
  filósofos analíticos de esquerda 151, 153-163, 193; *ver também* liberalismo
  impacto político/relevância política da filosofia analítica 165-167
  não há qualquer política distintiva da filosofia analítica 151-152, 153-163
  "política do reconhecimento" (Taylor) 193; *ver também* filosofia analítica, relevância da; ideologia
Popper, Karl 36-37, 43-44, 50-51, 123-124, 154, 173-174
positivismo lógico 29, 42-44, 50-53, 57-58, 65-66, 71-72, 74, 102, 104-105, 116, 126-127, 136, 139, 142-143, 151-152, 154-157, 182, 199-200
  e pragmatismo 77-78
pós-modernismo 167, 173, 179, 191-195, 199, 202-203, 205-206
pragmatismo 61, 66-69, 77-79, 159-160, 173-174, 193-196, 205-206
prática humana 46-47
pré-condições transcendentais da experiência 33-35
prescritivismo universal 57-58
pressuposições absolutas 88; *ver também* estrutura
Preston, Aaron 129, 170
Price, Herny H. 141-142
princípio de tolerância 45
  de caridade 54-55
  de equidade 96-97
princípio do contexto/contextualismo 96-97, 107-108, 185-186
  nem necessário nem suficiente para a virada linguística 108-109
Pritchard, Harold A. 152-153
problemas filosóficos 46-47, 87-88, 112-113, 171-172, 212-213
  exegéticos/históricos *versus* substantivos 85, 97-98, 171-172
procedimento fragmentário 129-130, 139-141
profissionalismo 136-137, 202-205
progresso 151, 158-163, 199-203
progresso científico/revoluções científicas 19-20
projetistas de Canberra 102-103
proposição elementar 41-42, 45-47, 132
proposições 31, 35-39, 41-42, 46-47, 110-111, 114
pseudoproblemas/pseudoproposições, *ver* metafísica, absurdidade da
psicologia 71, 110-111, 156-157
psicologismo/antipsicologismo 35-41, 72, 107-112, 184-185
Putnam, Hilary 15, 23-24, 52-54, 56-59, 106-107, 138-141, 159-161, 167-168, 184-185, 200-202, 208

Q

qualia 57
quantificação 27-28, 36-37, 45-46
questionar a questão 39, 94-95, 105-106
questões do tipo "o que é X?" 24-25
Quine, Willard v. O. 23, 25-26, 29, 35-36, 48, 51-54, 57, 65-67, 77-78, 83-86, 90, 97-98, 106-110, 115-116, 117-119, 122-124, 126-127, 134-137, 139-140, 157-158, 172-173, 187, 196
    um filósofo analítico? 115-118, 187-188
    ver também analítico/sintético; ontologia, concepção naturalista da
Quinton, Anthony 135-136

R

racionalidade/raciocínio 156-157, 159-160, 162
racionalismo
    versus empirismo 69-70, 88, 90, 146; *ver também a priori*; a filosofia como uma disciplina *a priori*
    versus irracionalismo 69-70, 75, 146-147, 188-189; *ver também* anti-intelectualismo
racionalismo continental 27-28, 146
racionalismo crítico, *ver* Popper
"racionalista" 146
Ramsey, Frank P. 39-40, 44, 117-118, 147-148
Rawls, John 59-60, 153, 158-159
razão/raciocínio 127, 200-201
razões *versus* causas 49-50, 183
realismo 191-192, 195-196, 199
    alético 197-199
    não é um traço distintivo da filosofia analítica 115
    ver também verdade, teoria antirrealista e por correspondência da
rebelião estudantil 59-60, 154-155
reconstrução racional, *ver* explicação lógica
redução/reducionismo 40-41, 43-45, 48-50
    analítico *versus* científico
    versus eliminação; *ver* materialismo, eliminativo
Rée, Jonathan 82, 95-96
referência 51-52, 98-99
    direta 52-53
Reichenbach, Hans 72-74, 84
relações 38-39
relativismo 50-51, 96-97, 191, 193-196, 205-206
    alético 196-198
    conceitual 197-198
    historicista 95-96
    ver também construtivismo
religião 60, 149
"Revolução Copernicana", *ver* idealismo transcendental
Rey, George 177-178
romantismo alemão 67-70
Rorty, Richard 77-79, 82, 95-96, 106-107, 135-136, 159-160, 167-168, 193-194, 199, 203-204, 208-211
Rosen, Michael 141-142
Ross, W. David 93, 152-153
Rundle, Bede 178-179
Russell, Bertrand 29, 37-46, 48, 65-71, 73-74, 84, 104-106, 109, 111-114, 116, 121-122, 126-127, 130-131, 134-136, 139-140, 144-149, 151-152, 154-158, 160-162, 166-168, 173, 185-189, 199-201; *ver também* teoria das descrições, teoria dos tipos
Ryle, Gilbert 17-21, 28, 47-48, 55-57, 61-63, 84-85, 132-134, 136-137, 140-141, 209-210

S

Sartre, Jean-Paul 154-155, 167
Schelling, Friedrich W. J. 69-70, 158-159
Schlick, Moritz 43-44, 65-66, 72-73, 74, 116, 119-121, 151-152, 154-157
Schmitt, Carl 158-159
Schopenhauer, Arthur 72, 85, 105, 144-145, 183-184
Searle, John 15, 55-57, 58-59, 111-112, 120, 124, 175-176, 197-199, 201-204, 209-211
Sellars, Roy W. 124
Sellars, Wilfried 48, 124, 144-145
semantica
    formal 54, 200-201
senso comum 39, 46-47
sentenças-protocolares/sentenças-de-observação 43-44
sentenças, não declarativas 54-55; *ver também* proposições
Sheffer, Henry M. S. 65-66
significado 178-179, 187-188
    abordagem referencial do 45-46
    cognitivo 42-43, 57-58, 83-84
    natureza convencional do 23-24, 45-46
    significado da vida 153, 157-158
    ver também teoria do significado; intensões
Singer, Peter 29, 153, 162-164
sintaxe lógica 43-46
sintético *a priori* 32-33, 42-43, 71-74, 102-103, 126-127
Skinner, Brian F. 67, 89-90
Sloterdijk, Peter 165-166
Sluga, Hans 93-94, 162-163, 176, 181-182, 187-188
Smith, Barry 72-74, 110
Snow, Charles P. 68, 192-193
Soames, Scott 50-51, 63-64, 102, 139, 166-167, 207-208
Sociedade Berlinense para Filosofia Científica 48, 66-67, 72-73
Sociedade de Filosofia Analítica (GAP – *Gesellschaft für Analytische Philosophie*) 75-76, 171-172
sociedade europeia 76-77, 170-171
sociedades 16-17, 102-103, 170-171, 185; *ver também* Associação Filosófica Americana [*American Philosophical Association*], Sociedade de Filosofia Analítica [*Gesellschaft für Analytische Philosophie*]
sociologia da ciência 194-196
Sócrates 29, 31, 45, 131, 149, 166-167
Sokal, Alan 193-196, 205

Solomon, Robert 125
Spinoza, Baruch 31-32
stalinismo 142-143, 154-155, 158-159, 168
Stegmüller, Wolfgang 75-76
Stevenson, Charles L. 156-157, 175-176
Stout, G. F. 71
Strauss, Leo 158-159
Strawson, Peter F. 25-26, 28, 47-48, 51-54, 89-90, 120, 133-137, 139-140, 152-153, 157-158, 198-199, 211
Stroll, Avrum 176-179, 201-202
subdeterminação da teoria por evidência 85-86
Suíça 164-165
sujeito e predicado 35-36

T

Tarski, Alfred 35-36, 43-44, 54-55 *ver também* verdade, teoria semântica da; Escola Polonesa
tautologias, *ver* verdade lógica
taxonomia das escolas filosóficas 16-17, 79, 102-103, 175-176; *ver também* -ismos
Taylor, Charles 82-83, 88-89, 193, 209-210
tecnicidade 143-145
Teichmann, Roger 202
teístas 122-124
teologia 125
Teoria Crítica 114, 154-157, 167-168, 173, 182
teoria da identidade (mente/cérebro) 56-57
  exemplar-exemplar *versus* tipo-tipo 57
teoria da verdade 54-55, 191
teoria das descrições 39-41, 62-63, 132-134
teoria do significado 115
  analítica *versus* construtiva 54
teoria dos tipos 37-38, 105-106, 144-145
teoria e prática 154, 166-168
teoria legal 58-59, 153
teoria pictórica 42, 45-46
teoria política 59-60, 112, 124, 126-127, 153
  não é ignorada pela filosofia analítica 151-153
teoria sistemática/construção de sistema 48, 73-74; *ver também* procedimento fragmentário
termo geral, *ver* predicado
tese de Neurath-Haller; *ver também* concepção anglo-austríaca da filosofia analítica
tipos naturais 52-53
títulos 202-203
tópicos 124-127
  ênfase em 125-126
  exclusão de 124-126, 151
tradições, *ver* movimentos; *ver também* -ismos
Trendelenburg, Friedrich A. 72
trote de Sokal 191-193, 209-210
Tugendhat, Ernst 75-76, 209-210
Twardowski, Kasimierz, *ver* Escola Polonesa

U

unidade da ciência 43-44, 49, 102-103, 120
Urmson, John O. 48

uso costumeiro 25-26, 51-52, 154
utilitarismo 68-70

V

valores 59-60
verdade 31-32, 100, 166-167, 195-196
  aptidão à verdade 32-33, 44, 57-58
  teoria da verdade por coerência 38-39
  teoria da verdade por correspondência 38-39, 197-199
  teoria semântica da (Tarski) 43-44, 54-55
  valor de verdade 36, 39-40
verdade lógica 35-36, 40-43
verdades analíticas, *ver* distinção analítico/sintético
verificacionismo 42-46, 49-51, 77-78, 104, 209-210
virada linguística 28, 31, 40-41, 49, 53-54, 58-59, 75, 77-78, 106-116, 136-139, 173-174, 178-179, 185-188
  aspectos diferentes da 107-108
  na filosofia continental 114-115
  não é um traço característico da filosofia analítica 108-109, 111-116
  reverso da 55-56
  rótulos para 106-107
virada retrospectiva 84, 96
visão de mundo científica/filosofia científica 66-67, 71-74, 83-84, 102, 104, 136-137, 155-156, 199-201

W

Waismann, Friederich 120-121, 147-148, 154-155
Wang, Hao 135-136
Warnock, George 58-59, 102, 136-137, 143
Weierstrass, Karl 34-35
West, Cornel 78-79, 167-168
Whitehead, Alfred N. 37-39, 65-66, 85-86
Wiggins, David 58-59
Williams, Bernard 28, 60, 64, 82-84, 88-92, 122, 134-135, 143-144, 146, 157-158, 170-171, 201-202, 209
Williamson, Timothy 111-112, 199-200
Wilshire, Bruce 82
Windelband, Wilhelm 93-94, 110-111
Wittgenstein, Ludwig/wittgensteinianos 15, 23, 28, 29, 40-49, 55-59, 62-63, 65-66, 73-75, 77, 83-84, 88-90, 104-120, 122, 126-127, 129-139, 144-149, 157-158, 160-162, 166-167, 170, 172-174, 176-179, 185-187, 199-201, 207-208
  "centrados na arte" 135-136
  "novo Wittgenstein" 136-137
  clareza como objetivo central 141-142, 144-145
  é um filósofo analítico? 136-137, 186-187
Wright, Georg Henrik von 15, 84, 120, 123-124, 209

Y

Young, Julian 152-153, 203-204